全球化背景下的国际移民问题及其经济影响

● 王冀平 单海鹏 著

中国社会科学出版社

图书在版编目（CIP）数据

全球化背景下的国际移民问题及其经济影响/王冀平，单海鹏著.
—北京：中国社会科学出版社，2018.9
ISBN 978-7-5203-3188-3

Ⅰ.①全… Ⅱ.①王…②单… Ⅲ.①移民问题—经济影响—研究—美国②移民问题—经济影响—研究—西欧 Ⅳ.①D771.238②D756.038③F171.24④F151.24

中国版本图书馆 CIP 数据核字（2018）第 214110 号

出 版 人	赵剑英
责任编辑	孔继萍
责任校对	李　莉
责任印制	李寡寡

出　　版	中国社会科学出版社
社　　址	北京鼓楼西大街甲 158 号
邮　　编	100720
网　　址	http://www.csspw.cn
发 行 部	010-84083685
门 市 部	010-84029450
经　　销	新华书店及其他书店
印　　刷	北京明恒达印务有限公司
装　　订	廊坊市广阳区广增装订厂
版　　次	2018 年 9 月第 1 版
印　　次	2018 年 9 月第 1 次印刷
开　　本	710×1000　1/16
印　　张	22
插　　页	2
字　　数	350 千字
定　　价	95.00 元

凡购买中国社会科学出版社图书，如有质量问题请与本社营销中心联系调换
电话：010-84083683
版权所有　侵权必究

中文摘要

　　史无前例的移民现象构成了 21 世纪人类社会最为壮观的国际潮流。在当代国际移民研究领域，除了移民与经济社会发展、劳动力资源流动等传统的研究方向外，随着移民引起的种族、民族矛盾的纷至沓来，国际移民与民族主义问题业已成为全球化进程中越来越引人注目的研究课题。本书对全球化背景下国际移民与民族主义问题进行了考察，对国际移民的经济影响进行了简要分析。

　　本书包括绪论、正文、结语三个部分。

　　第一章为绪论，指出了本书选题的现实意义和理论意义，回顾了国内外学术界的相关研究成果，为搭建本书的写作框架提供了必要的理论准备和分析依据。

　　第二章对全球化背景下国际移民民族主义这种崭新的民族主义类型进行理论上的阐释。尽管之前的许多关于民族主义的论述都是以民族国家为理论框架的。这并不等于说"民族国家"的概念与"民族主义"的概念必然重合。当代世界林林总总的民族主义现象的产生常常是在多种不同的语境下。民族主义运动具有与任何形式的意识形态、政治力量相结合而展开的可能性。全球化背景下，国际移民民族主义思潮既是以往民族主义的延续，同时又有一些新的元素渗入其中，构成了历史与时代背景合二为一的独特结构。民族主义的概念内涵，不应再囿于或被设定于旧有的窠臼当中。对于这一概念的提升、把握和分析，对认识和理解全球化时代的国际移民现象及其影响具有重要意义，能够为全球化时代的国际移民现象找到民族主义内容的空间表达形式。在今天的全球化时代，民族认同和民族主义在日趋多元的政治格局中的存在和强化是不可避免的，面对甚嚣尘上的民族主义问题，自由民族主义理论在我们面前提出了一个自由主义的民族主义是否可能的问题。

第三章在探讨自由民族主义理论的研究情况之前,先对两个最基本的民族主义理论——民族自决理论和一族一国论做了简要评述,目的在于厘清自由民族主义理论的发展脉络和主要观点,并通过对比阐释把自由民族主义理论作为分析全球化背景下国际移民民族主义理论基点的原因。

第四章主要论述把自由民族主义理论引入对国际移民和民族主义问题分析、评判的可行性。本章通过对自由民族主义相关思想的讨论,分析在当代国际移民民族主义话语的形态特征中,以自由民族主义理论为基本框架,对全球化背景下由国际移民问题产生的新形态的民族主义进行梳理的可能性与必要性,探讨自由民族主义理论对于全球化时代移民问题的分析所具有的独特的思想价值。

在第五章的论述中,以极具代表性的2005年发生在法国巴黎的骚乱为楔子,来引入对欧洲移民问题的探讨。20世纪60年代以来,尤其是冷战结束以后,欧洲特别是西欧成为国际移民的重要目的地,移民的到来改变了这些国家人口的民族文化构成,越来越多传统意义上的单一民族国家成为多民族、多文化的国家。移民已成为欧洲社会不可分割的一部分,传统单一族群的欧洲社会正被多元文化的多族群社会所取代。因此,处理好与移民少数族群的关系,彼此真正相互尊重并努力融为一体,才能最终解决社会分化带来的各种问题,有利于推动欧洲真正一体化的前进步伐。

第六章以亨廷顿在《我们是谁——挑战美国的民族认同》中的相关论述为引子,以美国为例来具体分析评述全球化时代移民群体的族裔文化认同日益增强对东道国主流文化认同造成的影响,以及移民接纳国主体族裔的排外主义形成的原因及其影响,并通过分析和论证来探寻"我们是谁"的答案。经过分析,笔者认为,不能把国家认同等同于文化认同,尤其是混同于对特定宗教文化的认同,当人们通过某种方式获得一国国籍,就表明他以明示的方式认可了国家权威和宪法,也将承担相应的政治义务。但这决不要求他们认可该国的主流文化乃至某一特定宗教,这一点对于美国这种移民国家和多元文化社会尤其如此。只有当不同种族的文化和利益在法律和制度框架内的平等得到真正的确立,尤其是少数种族的群体利益得到充分的尊重,而主流文化能够完全消解它的中心权利和中心意识,少数族裔文化能够提出有别于主流文化的话语的时候,这样的社会的存在才不失其为正当。在鼓励多元文化发展、化解新老国民的身份焦虑的同时，应该用共同的国民文化来凝聚不同种族和区域的移民，要注重对"国民认同"的培养与巩固，使各个少数族裔群体既对保持自己的独特文化传统怀有信心，同时又对整个国家和社会产生更高层次的责任感和归属感。

第七章在经验事实的搜集和理念系统的建立二者之间，前者是后者的基础，理念世界的最终确立绝对不能缺少现实要素，对于国际移民问题的深入考察，最为现实的经济视角的分析必不可少。这也是符合对于现实世界做进一步解释的需要。

通过以上分析，笔者认为：首先，在今天的全球移民时代，强制性地让移民少数族群同化是不必要的，实际上是不切实际的（甚至是不道德的）。来自不同国家和地区的移民拥有各种相异的主流历史、传统文化和血缘关系，当它们经过重新整合置于一个新的社会时，各种异质文化的交融与演变，对原有的主体文化产生潜移默化的影响是不可避免的，消极抗拒于事无补。

其次，在全球化背景下，国际移民这种新型"族裔社群"的形成，无疑丰富了民族主义理念的内涵，国际移民民族主义这种新的民族主义形态的出现，恐怕不是此前民族问题的简单延续或仅为程度上的加深，笔者认为二者具有明显区别。因而相应的理论分析框架也不应完全相同，换言之，也就是有关的理论需要得到发展。对这一问题的探讨，本书主要借鉴运用了自由民族主义理论的基本假设和观点，并对其进行了扬弃，即在肯定其积极价值的同时，指出其理论困境和现实局限性，在此基础上，作为分析框架来分析全球化背景下的国际移民与民族主义问题。

最后，我们应该承认，在民众普遍缺乏认同感和使命感的地方，一个国家很容易产生"政治冷感、社会疏离、逃避责任"的弊病。在多种族或多文化的社会里，刻意培育共同的文化认同绝非易事。虽然实现这个目标并不要求人们完全放弃他们自己的种族或文化认同，却有必要塑造一种涵盖面与国界吻合，包容境内一切种族和文化群体的认同。在培育民众共同的文化认同时，需要明确政治效忠与文化归属之间的区别。政治认同和文化认同可以不是单一重叠的。国家认同的主要标志是国籍认可，在政治上认同所在国，在文化上却依然可以归属自己的民族文化。认同包含不同的层次和内容，分析国际移民族群的认同，尤其要界定政治认同与文化认同两者的区别。政治认同的核心是国家认同，主要表现在个人对国家所持有的感情和认识。文化作为一种认同，主要是和文化个体归属的民族联系在一起，正如国家不能等同于民族一样，政治认同也绝不能取代文化认同。这两者在社会生活中的混淆不清，会使这一问题变得十分复杂和敏感，进而造成许多难以化解的矛盾和冲突。

关键词：国际移民；自由民族主义；多元文化；国家认同

目 录

第一章　绪论 ……………………………………………………（1）
　第一节　选题缘由 ………………………………………………（1）
　第二节　研究对象界定 …………………………………………（5）
　第三节　研究现状 ………………………………………………（10）
　第四节　研究主旨 ………………………………………………（24）
　第五节　理论框架及创新之处 …………………………………（25）

第二章　全球化背景下国际移民民族主义的内涵 ……………（27）
　第一节　全球化背景下国际移民语境中民族主义内涵的演变 …（28）
　第二节　全球化背景下国际移民民族主义 ……………………（31）
　第三节　移民接纳国主体族裔的排外主义 ……………………（35）
　第四节　移民群体的族裔民族主义 ……………………………（39）
　第五节　本章小结 ………………………………………………（45）

第三章　全球化背景下民族问题崭新的分析框架
　　　　——自由民族主义理论 …………………………………（50）
　第一节　民族主义研究的一般理论 ……………………………（51）
　第二节　自由民族主义理论概述 ………………………………（56）
　第三节　对自由民族主义理论价值多元论的提升与转换 ……（82）
　第四节　自由民族主义理论的缺憾 ……………………………（94）
　第五节　本章小结 ………………………………………………（96）

第四章 自由民族主义理论与国际移民问题 …………… (102)

- 第一节 自由民族主义理论对民族自决权的论述 ……… (102)
- 第二节 多元的民族主义理论论述 ……………………… (106)
- 第三节 自由民族主义理论对迁徙自由的论述 ………… (109)
- 第四节 自由民族主义理论对排外主义的论述 ………… (112)
- 第五节 自由民族主义与多元文化主义论述 …………… (114)
- 第六节 文化自决、公共空间与市民社会
  ——对自由民族主义文化自决观在国际移民
  问题领域的运用设想 ……………………………… (128)
- 第七节 自由民族主义对国民教育的论述 ……………… (140)
- 第八节 本章小结 ………………………………………… (146)

第五章 欧洲移民问题
——全球化背景下国际移民问题的一个缩影 …………… (150)

- 第一节 巴黎骚乱带给我们的沉重思考 ………………… (152)
- 第二节 欧洲极右势力的发展 …………………………… (171)
- 第三节 欧洲一体化与移民问题 ………………………… (182)
- 第四节 本章小结 ………………………………………… (194)

第六章 "我们是谁？"
——以美国为例分析全球移民时代的身份认同危机 …… (201)

- 第一节 移民对美国盎格鲁—撒克逊统治地位的挑战 … (206)
- 第二节 美国主流社会的排外主义思想剖析 …………… (225)
- 第三节 民族认同与文化身份 …………………………… (235)
- 第四节 对"我们是谁？"的回答——重建美国国家认同 … (246)
- 第五节 本章小结 ………………………………………… (259)

第七章 国际移民的经济影响 ……………………………… (270)

- 第一节 全球化与国际移民 ……………………………… (272)
- 第二节 国际移民对世界经济增长的积极影响 ………… (278)
- 第三节 客观看待移民对经济发展带来的"负面"影响 … (282)

第四节　本章小结 …………………………………………（290）

结　语 ……………………………………………………（294）

参考文献 …………………………………………………（319）

第 一 章

绪　　论

第一节　选题缘由

　　毋庸置疑，经济全球化是我们这个时代最显著的特征，国际性的移民问题是 21 世纪初叶全球发展面临的重要问题之一。全球范围内跨越疆界的人口流动远比引起这种流动的商品流、资本流和信息流所产生的问题更具复杂性。不言而喻，经济全球化是人口跨国流动的主要驱动力，经济全球化加速了国际移民，而实际上，国际人口迁移本身也是经济全球化的一种形式。正如英国学者戴维·赫尔德等所著的《全球大变革：全球化时代的政治、经济与文化》，一书中所说，"有一种全球化形式比其他任何全球化形式都更为普遍，这种全球化形式就是人口迁移"[①]。国际移民是全球化过程的重要因素，它改变了世界民族的分布，引发了不同民族之间的冲突，也促进了不同民族之间的融合。[②] 全球化、国际移民和民族主义不能看作是相互隔绝、自我发展的，我们可以看到它们之间有着紧密的联系。安东尼·吉登斯指出，虽然移民不是一个新现象，但是它作为全球一体化进程的一个组成部分，似乎在不断加快步伐。世界范围内的移民模式可以视为快速变化的国家间经济、政治和文化联系的一种反映。[③]

　　2013 年 9 月联合国公布了世界移民报告，2013 年全世界共有 2.32 亿

---

　　① ［英］戴维·赫尔德等：《全球大变革：全球化时代的政治、经济与文化》，杨雪冬译，社会科学文献出版社 2001 年版，第 20 页。

　　② 曾少聪：《全球化与中国海外移民》，《民族研究》2003 年第 1 期。

　　③ ［英］安东尼·吉登斯：《社会学》（第四版），赵旭东译，北京大学出版社 2003 年版，第 330 页。

移民，占全球总人口的 3.2%，移民人口较 2003 年所公布的 2000 年的世界移民人口 1.75 亿增加了近 6000 万人。根据《世界移民报告 2013》，1990—2013 年，亚洲和欧洲接收了较多的移民，亚洲接收移民 7100 万，欧洲接收移民 7200 万，世界其他洲接收移民 8900 万。从移民来源来看，来自发达国家的移民为 9600 万，占比 31%；来自发展中国家的移民为 13600 万，占比 69%。① 在全球化加速的今天，世界上绝大多数国家不是移民输出国就是输入国或过境国，一些国家三者兼而有之，完全与移民无关的国家几乎不存在了。由于人口国际迁移涉及错综复杂的政治、经济、社会、民族和国际关系等问题，这个问题在许多国家和国际事务中日益占据重要地位。② 在 21 世纪，伴随全球化的步步深入，没有哪一个国家能够完全置身于国际移民潮之外，全球各地的发达和新兴工业化的开放国家与地区首当其冲。迄今为止，面对不断增加的移民对本国经济社会带来的冲击，人们显然还没有做好充分的准备。"一般来说，哪里的移民多，哪里就有夸大种族主义、恐外症和种族优越论的趋势，排外主义成为当今散布最广的群众意识形态。另一方面，生活和工作在一个遭受排斥、被边缘化、充满种族主义的环境中的移民群体要求区别而平等的对待，要求保持文化差异，希望实现多样化和自治。移民群体中日益增长的对社会公平和安全的基本的人权要求，已经强有力地反映到政治领域中来了，并且可能会带来一种潜在的社会和政治的不稳定，许多移民集团正在挑战大的结构，并以范围更小的忠诚为名确立自己的认同。民族主义也受到了全球化过程的驱动。"③

民族作为"想象的共同体"，至今仍旧为世界各国所构建，民族国家仍旧是国际社会的行为主体。即便是老资格的欧美民族国家或在全球化进程中走向"后民族国家"的"超国家联盟"，"虽然声称民族主义理念已经落伍并将其视为发展中国家经常强调的意识形态，但是自身却面临无法摆脱的后工业时代产生的'族裔主义'或'族裔民族主义'的挑战。其

---

① 国际移民组织：《世界移民报告 2013》（中文版），中国与全球化智库译，2014。
② Department of Economic and Social Affairs, International Migration Report 2002, New York: United Nations, 2003.
③ 李路曲：《全球化时代的移民对东亚的影响》，《山西大学学报》2002 年第 5 期。

中，移民无疑是造成欧美国家'族群化'及其所伴随的'认同政治'、'差异政治'或'微观政治'现象的重要原因。所以，对移民现象及其相关问题的研究是无法回避民族政治学内容的"①。

就目前而言，民族国家和国际社会理顺移民活动的动作往往是受到突发事件的触动，都是权宜之计，缺乏理论的指导和长远的规划。移民是否能够被以一种平等的方式接纳，是否可以得到表达自己文化和宗教认同的社会空间，这些问题已经成为地方的、国家的和国际政治辩论的中心问题，就这些问题所进行的学术研究还存在很多有待人们留意、重视和开拓的空间。正如英国社会学家安东尼·吉登斯所说的："在我们的全球化时代，理念和人经历了前所未有的更大量的跨界流动。这些过程极大地改变了我们所生活的社会。许多社会因移民第一次成为族裔多元化的社会。另外一些社会则发现现存的多族裔模式发生了转型或者得到了强化。我们的全球化世界面临的主要挑战之一是如何造就一个在本质上更加世界性的社会。"②

移民问题涉及社会生活的方方面面，在以民族国家形式进行国际交往的今天，流动的人口越来越多，他们来自于与以往相比更加多样化的国家、存在着更加复杂的民族背景、承载着更加不同的文化模式、带来更多的全球化扩张的挑战。国际移民学探求的最终目标，是全球资源的合理有效共享，全球人的和平共处，共赢共荣。国际移民不但在经济方面的影响立竿见影，而且还会影响到社会关系、文化、国家政治和国际关系。移民不可避免地在民族国家内部形成民族文化多样化，改变认同，模糊传统的界限。

如上所述，研究移民问题的现实意义是本选题赖以确定的基本理由。除此之外，本选题的形成主要与以下一些因素有关。

首先是选题所具有的学术研究价值和研究空间。我们知道，民族问题与民族主义研究目前在中国与西方都是显学，有关民族主义的论著汗牛充栋，各有真知灼见，这也是本选题研究的基础，但是有关的理论著作却寥

---

① 郝时远：《海外华人研究论集》，中国社会科学出版社2002年版，第9—10页。
② [英]安东尼·吉登斯：《社会学》（第四版），赵旭东译，北京大学出版社2003年版，第352页。

寥无几，大多是个案分析和概念界定。现在已有的经典理论著作大都发表于20世纪90年代以前，被称为20世纪末最富影响力的民族主义专著的塔米尔（Yael Tamir）的《自由主义的民族主义》（1993）与安得森（B. Anderson）的《想象的共同体》（1983）①也都是20世纪80年代和90年代初的作品，对20世纪90年代以后民族主义的演变和发展，特别是对于国际移民与民族主义的问题更是很少论及。冷战结束后，包括霍布斯鲍姆在内的许多学者认为，"民族"已经失去了以前的经济功能，民族主义在这样一个现代性和全球性的世界上注定将要消失，20世纪末期的民族主义已不再是历史发展的主要动力。这种观点具有很大的代表性。然而，事实却不是如此，族裔民族主义在将要过时的时候复活了，民族主义的利益和要求在世界许多地区造成了持续不断的紧张和冲突，其消极影响显而易见。在全球化背景下，民族主义以新的形态出现，这恐怕不是此前民族问题的简单延续或仅为程度上的加深，笔者认为二者具有明显区别，因而相应的理论分析框架也不应完全相同，换言之，也就是有关的理论需要得到发展，我们需要发展出有助于我们从理论上阐明这些实践与自由民主的深层价值关系的工具。对于这个问题的研究，笔者不想进行单一个案的、深陷于具体细节的"微观式"移民史研究，而是希望能发展出一个理论性的、比较宏观的视野。笔者希望能以20世纪90年代以后，广受关注，同时也是饱受质疑的民族主义理论的一个分支——自由民族主义理论作为研究分析的基点，从这一基本理论出发，力求完善和扩展这一理论，并且对其中的不和谐之处加以处理，探寻把带给人类社会文明进步又造成巨大灾难的民族主义引入理性、温和轨道的现实路径。

其次，对于中国学者而言，这一选题具有特殊意义。"尽管当代中国人口跨境流动的数量在世界人口流动总量中所占比例有限，但是，由于中国作为世界第一人口大国所具有的巨大的潜在流动人口资源，由于中华文化在异质文化环境中表现出的特性与韧性，对于中国跨境移民趋势的研究成为当今西方移民学界关注的一大热点。"② 同时，随着中国经济的快速

---

① 钱雪梅：《文化民族主义刍论》，《世界民族》2000年第4期。
② 李明欢：《二十世纪西方国际移民理论》，《厦门大学学报》（哲学社会科学版）2000年第4期。

发展，中国市场所蕴藏的巨大潜力和中华文化所具有的独特魅力，也会吸引更多的外国人来华工作、定居。举个例子来说，20世纪90年代，韩国移民往往只在中国短期生活，现在他们更愿意长期居住。年轻人在学业完成后并不回韩国，而是对在中国工作或创业感兴趣。过去，已婚商人独自往来于中韩之间，而现在，他们往往会携家人一道住在中国。有媒体报道，2007年的中国已经成为偷渡热点国家，以致在某些国家中国大使馆人满为患，一些代办签证中介开出的费用比原来翻了20余倍。① 近年来，我国经济快速发展，人民生活水平不断提高，同时我国政局长期稳定，对于部分外籍人员的吸引力不断增强。据部分偷渡者交代，他们国家由于战乱等原因生活动荡，物价飞涨，而在中国定居生活成本低，生活安定，对他们很有诱惑力。国外媒体评论称："中国是世界上发展最快的经济体，拥有最多的人口，也是世界上最大的消费市场。"② 由此看来，今天西方发达国家遇到的难题，在中国进一步发展过程中恐怕也难以避免，全球化的大背景使人口跨境流动的趋势，任何力量也无法阻止，如何对此未雨绸缪，理应引起我们的高度重视。

第二节 研究对象界定

下面笔者将对本书的研究对象加以界定和说明，这是本书整个论述架构得以成立的关键前提和限定条件。

移民是人类社会的普遍现象，在一定意义上说，人类社会的历史就是一部移民史。特别是现代社会，随着全球化进程的加速、各种工程的大规模进行以及生态环境恶化，全球范围及一国内的人员流动和移民规模越来越大，与之相关的移民问题也凸显出来，这也使移民问题成了学术研究的显学。③

《大美百科全书》指出："广义而言，人类的迁移是指个人或一群人

---

① 《北京边检总站：中国成为偷渡新热点国家》，2007年11月，中国新闻网（http://news.cctv.com/china/20071122/108221.shtml）。

② 摘自：伊丽莎白·梁：《中国需要什么样的人才？》《中国：外国人的就业乐土》，《参考消息》2006年3月22日第16版。

③ 谭明兴：《移民的身份建构研究》，《浙江社会科学》2005年第1期。

穿越相当的距离而作的永久性移动。"① 《云五社会科学大辞典》这样定义："移民是指人口在地理上或空间上的流动，或在不同地区间的移动，从原住地移到目的地因而居所发生改变。这种迁移是属于永久性的。移民这个概念只是适用于比较能够定居的人口。"② 《世界知识大辞典》把移民指明为"永久定居的人"。③ 《简明中国移民史》中写道："像到外地赴任的官吏、游学或赶考的学者、流动经营的商人、派驻各地的军队、有期流放的罪犯、从事季节性工作的工匠或农民、逃荒或乞讨而短期离乡的灾民等等，尽管其中有些对象不乏数量大或距离远的特点，也不能视为移民。"④ 对于移民的概念，有的国家以法律的形式作出规定，主要是指以定居为入境目的的外国人。例如，美国《1924年移民法》对外来移民作出以下的定义："外来移民是指任何移民美国的外籍人，但不包括：甲，政府官员及其家属、随从、佣人和雇员；乙，来美国短期旅游、经商或娱乐的外籍人；丙，过境的外籍人；丁，合法入境由美国某一地区经邻国向美国另一地区迁移的外籍人；戊，乘外籍船只抵达美国港口并确实以职业海员身份入境的外籍人；己，根据生效的贸易和航运条约而获准入境并只从事贸易或执行有关条约的外籍人。"⑤ 这个规定在"不包括"的范围中，没有把留学生列在其中，留学生是移民，即入境后在校"潜心就读的移民"⑥。以上所列举的这些定义都不约而同地强调了"定居"。可见，是否定居是区分移民和非移民的一个重要界限，正如有学者所说的："凡是短暂居留而不是长期定居的，都不能称为移民。"⑦ 就本书的研究主题——国际移民和民族主义的关系而言，"关键的问题是移民是否会定居下来，形成族群社区，导致新的民族和文化多样化"⑧，进而导致一系列带有全球化时代新型民族主义性质的问题的产生。因此，本书将沿袭以"定居"

---

① 《大美百科全书》第19卷，外文出版社1994年版，第61页。
② 《云五社会科学大辞典·社会学》，台湾商务印书馆1973年版，第170页。
③ 《世界知识大辞典》，世界知识出版社1988年版，第910页。
④ 葛剑雄等：《简明中国移民史》，福建人民出版社1993年版，第8页。
⑤ 戴超武：《美国移民政策与亚洲移民》，中国社会科学出版社1999年版，第254页。
⑥ 同上书，第255页。
⑦ 陈孔立：《有关移民与移民社会的理论问题》，《厦门大学学报》2000年第2期。
⑧ ［澳］斯蒂芬·卡斯尔斯：《21世纪初的国际移民：全球性的趋势和问题》，凤兮，《国际社会科学杂志》（中文版）2001年第3期。

作为移民概念最重要限定条件的界定方法。不可否认，随着时代的变迁，移民的概念也会随之发生改变，临时性劳动力迁移（也称为客工或外国合同工，这些男女工人短期迁居，从几个月到几年，打工挣钱，寄款回国）、难民等是否属于移民以及如何界定，有待于具体的研究，这将不列入本书的讨论范围。

关于移民的类型，许多学者从不同的角度作出不同的划分，例如：个别移民、集体移民、大规模移民；国内移民、海外移民；合法移民、非法移民；自由移民、政府或团体有组织的移民；军事移民、民间移民；政治性移民、经济性移民、民族性移民；强制移民、暴力强制移民（黑奴贸易）、自愿移民；有的分为"移民"（参加者）、"新贵"（创业者）；有的则分为原始型、强迫型、推动型、自由型、大规模型；以及革新移民（Innovating Migrants）、保守移民（Conservative Migrants），等等。这些区分有助于说明不同时期、不同地区移民现象的特点。① 总的来说，国际移民和国内移民始终是移民分类的两个最大组成部分，就本书而言，本书的研究对象为国际移民，国内移民不在本书的研究范围之内，对移民类型的细分也不再讨论。

历史发展到今天的全球化时代，人口的国际迁移已经成为全球化的重要内容之一。人口进行国际迁移并不是一个新的现象，而是自古有之。世界历史告诉我们，虽然自有人类以来就有人口迁移，移民现象可以说和人类本身一样久远，但世界性的大规模的人口国际迁移现象却是在500年前，即在15世纪末16世纪初"地理大发现"后才出现的。当时，欧洲已进入资本主义原始积累历史阶段，掠取白银、黄金等贵金属的狂热驱使许多欧洲航海家冒着极大风险去开辟新航道，推动葡萄牙、西班牙、荷兰、英国和法国等欧洲国家先后在南北美洲建立起殖民地并向那里大量移民。从那时起至18世纪末，已有200多万欧洲人移居到新大陆。17世纪初，欧洲殖民者又在非洲搜捕黑人，将他们变成奴隶，贩卖到美洲各地的种植园和矿山从事繁重劳动。黑奴，属于强迫移民，其人数，至19世纪中

---

① 陈孔立：《有关移民与移民社会的理论问题》，《厦门大学学报》2000年第2期。

叶，不少于1600万人。① 19世纪中叶至20世纪中叶，即在上述中国第一次海外移民潮时，欧洲又有将近6000万移民涌向南北美洲、澳大利亚、新西兰以及南非等地。② 在这100年间，世界人口的迁移总计在1亿人以上，形成了世界移民史上新的移民高潮。这一高潮虽因第一次世界大战、1929年的世界性经济危机以及第二次世界大战的爆发而消退下去，但二战后不久，随着经济的恢复，一个人数更多、范围更广、流动更快、成分更为复杂的新移民潮开始兴起。据联合国人口部门的统计，生活在出生国以外的世界移民人数从1965年的7500万人增至1990年的1.2亿人，其中，有55%的移民是在欠发达国家间流动，有90%的移民集中在55个国家里。③ 又据美国情报部门2001年4月的一份调查报告称，国际移民的数字在20世纪末已升至1.4亿以上，而移民占所在国人口总数15%以上的国家也已超过50个。④

在第二次世界大战后，世界移民趋势发生了很大变化，不仅是现代通信技术和运输手段的进步而带来的移民规模的扩大、移民速度的加快，更重要的是移民方向的改变（主要表现为人口从落后的发展中国家向西方发达国家的流动）。在20世纪中叶以前，移民运动的主要趋势是从旧大陆移往新大陆，是从现代资本主义发轫的欧洲核心地区向美洲、澳大利亚等边缘地区的迁移，带有资本主义殖民扩张的性质。⑤ 从20世纪50年代开始，移民方向、内容、后果和影响都发生了变化。这时期的移民活动，是在以民族国家为基本单位的现代世界体系内发生的从资本主义世界经济

---

① 参见 Stephen Castles and Mark J. Miller, *The Age of Migration*, New York: Macmillam, 1993, pp. 43 – 64；[苏]斯·尤·阿勃拉莫娃《非洲：四百年的奴隶贸易》，商务印书馆1983年版，第30页。

② 参见 P. C. Emmer and Magnus, *European Expansion and Migration*, Oxford: Oxford University Press, 1992, pp. 1 – 12。

③ Stephen Castles, *International Migration at the Beginning of the Twenty-First Century: Global Trends and Issues*, UNSCO, 2000, pp. 274 – 275.

④ David F. Gordon, *Growing Global Migration and Its Implications for the United States*, NIE 2001 – 02D, March 2001, p. 3.

⑤ 王建娥：《移民地位和权利：对现代民族国家及其政治制度的严峻挑战》，《民族研究》2002年第5期。

的外围边缘地带向核心地区的迁徙。① 自16世纪以来，世界市场一直在不断形成和发展为中心国家和边缘国家。当资本主义从西欧、北美及大洋洲国家等中心国家向外扩展，边缘国家的土地、原材料和劳动力被世界市场经济影响和控制时，跨境迁移就不可避免地产生了。据世界银行统计，今天高收入国家的人口占全球人口不到8%，但它们的产值却占世界总产值的80%。据统计，在19世纪60年代到90年代即30多年里，世界最富的20%的人口与最穷的20%的人口之间收入差距，从1960年的30∶1扩大到1991年的61∶1，再扩大为1995年的82∶1。48个最不发达国家的人口占世界总人口的10%，它们的国民生产总值在世界总产值中所占比重不到1%。②

随着移民的汹涌而至，移民问题几乎成为所有发达国家共同面临的棘手问题。西方发达国家既是当今大规模国际移民的受益者，但同时也是移民压力的主要承担者。外国移民的进入，满足了它们在经济发展和人口结构方面的需要，弥补了它们在劳动力数量上、质量上和地理分布上的缺陷。然而，外来移民的大量涌入也对其构成了挑战。当前，外来移民不仅流量增速加快，而且其文化背景非常复杂，这为移民接受国带来了新的社会问题和文化融合问题，已成为困扰发达国家的一个综合性难题。

发达国家人口变动，是国际政治经济研究中的一个重要项目。全球化时代将是移民潮空前高涨的时代。对发达国家移民政策的研究，具有重要的现实意义。"作为人口政策，多接纳移民不失为一种手段，但是由于可能危及社会稳定，不能没有地大量引进移民。此外也不能强行给予现有移民以国民待遇。长期居住的移民参与政治活动也是个问题。"③ 如有学者所分析的："移民参与东道国的政治是一个备受争议的问题。在由此产生的各种争论之中，对移民的看法也常常是大相径庭的。他们既可能被描述为极度热爱自己的家园，因此并不是那么积极地参与东道国的政治，有时他们也被想象成过分热衷于政治的人，以至于人们害怕他们会取得政治上的主导地位。在这些争论中所谈及的移民参政问题，可以说明移民之所以

---

① Martin N. Marger, *Race and Ethnic Relations: American and Global Perspectives*, California: Wedsworth Publishing Company, 1997, p.531.
② 庄起善：《世界经济新论》，复旦大学出版社2001年版，第21页。
③ [日]山本信人：《世界进入"全球型民族主义时代"》，2007年6月18日，中国网（http://www.china.com.cn/international/txt/2007-06/18/content_8406408.htm）。

对东道国政治感兴趣,至多是出于一种工具性目的,而非出于情感上的依附。"① 人口政策与移民问题交织在一起,更是民族主义的问题。本书对全球化背景下国际移民与民族主义问题的考察,将以当今世界上接受移民最多、也是移民带来问题最多的两个地区——美国和西欧为分析对象,通过个案分析,说明全球化(区域化)下国际移民民族主义问题的特征,以及建构正确处理多民族国家内主体民族与移民少数族裔群体关系的多元主义族际政治理论的迫切性。

第三节　研究现状

本书选题是在剖析前人及当代学者有关民族和移民问题的理论与著述的基础上,把由国际移民所带来的民族主义现象纳入当今全球化的历史与地缘的时空背景下来求源、梳理、定位的。

一　国际移民问题研究现状

"人口迁移的历史与人类社会本身的发展同样久远,然而,人口的跨境迁移则是国家形成并强化后的产物。"② 我们今天所处的时代是全球化进程空前迅猛发展的时代,也是国际移民全新发展的时代,我们必须从全球化的视角来观察国际移民问题,从新时代的高度认识国际移民问题。③

关于移民问题的著述汗牛充栋,展现了多学科、多方位相互借鉴、共同探讨的丰富内涵与多元构架。国际移民研究需要建立的是一个跨学科的、综合性的分析框架,④ 它涉及政治、经济、文化、社会等多层面的分析,涉及宏观的全球性大环境、大潮流的剖析,也涉及微观的个人或小群体的主观抉择剖析。细读不同学科背景研究者的著述,可以发现不同的学

---

① [澳]墨美姬、布雷特·巴里主编《印迹2:"种族"的恐慌与移民的记忆》,李媛媛等译,江苏教育出版社2004年版。
② 李明欢:《二十世纪西方国际移民理论》,《厦门大学学报》(哲学社会科学版)2000年第4期。
③ 邱立本:《国际移民的历史、现状与我国对策研究》,《华侨华人历史研究》2005年第1期。
④ 李明欢:《国际移民学研究:范畴、框架及意义》,《厦门大学学报》(哲学社会科学版)2005年第3期。

科训练多少会在各自所关注的层面及所倚重的理论上有所反映。例如，历史学注重追溯移民的历史过程；经济学偏重于剖析移民的经济动因及移民行为所产生的经济效应；法学的研究范畴则可能更多地关注移民法的制定与实施，关注移民群体的公民权问题；人类学专注于探索并解读不同社会群体文化的相似性和相异性，在方法上强调实地调查和直接观察，人类学家不少自身就是游走于世界边缘化地带的学术移民，故其研究以精致、细腻并富有情感而彰显其特色。近年来的移民社会学著述，则十分突出"社会资本"理论的建构与实证研究，移民的亲缘纽带、信息网络及跨国族群的运作，都被从社会资本的角度加以重新解读，并注重其如何穿越跨国空间、突破政治国界的障碍而有效地运作。

以往的移民研究太过强调造成移民的原因，这是值得商榷的。今天是该把移民研究的重心从移民的原因转移到无论在学术上还是政策上都极有意义的其他方面了。例如：移民过程和后果，包括与跨国移民相关的移民融合以及社会转型的方式；移民与发展之间存在着的"未定关系"；包括家庭、亲属纽带的社会结构；正在出现的跨国化进程及其后果；移民发生的政府与政治背景，等等。从这个角度说，本选题也可算是移民研究领域的一个有益的尝试。

以下将把国际国内相关研究成果加以介绍。由于客观条件的制约，无法将所有相关论文、著述一一收集，因此只是在现有资料的基础上，对与本书选题有关的研究成果加以简单梳理。

（一）国际移民国外研究成果

从国际移民的动因来看，有推拉论、新古典主义经济理论、新经济移民理论、劳动市场分割理论和世界体系理论；从国际移民的延续来看，有网络说、连锁因果说（或称"惯习说"）和移民文化说；从国际移民的社会适应看，有"熔炉论""同化论"和"多元文化政策"。①

出于对自身国家利益的关怀，出于白色人种可能被淹没于有色人种之汪洋大海的恐惧，西方从政界到学界都对国际移民问题投以密切关注，在

---

① 曾少聪：《全球化与中国海外移民》，《民族研究》2003 年第 1 期。

国际移民研究领域取得了相当多的成果。① 1885 年地理学家莱文斯坦（E. G. Ravenstein）的作品《移民的规律》（The Laws of Migration）开创了对移民及其规律进行"一般性研究"的先河，莱文斯坦也因此而成了移民研究的奠基人。在书中，他提出了移民的 11 条规律，他认为，人口迁移以经济动机为主，是追求生产和生活条件的改善促使人们迁移。② 后来为李（E. S. Lee）所发展，归纳出关于迁移量的六条规律和关于迁移者特征的七条规律。③ 此外，威廉·托玛斯（William Thomas）和弗洛里安·兹纳涅茨基（Florian Znaniecki）两人在 1918—1920 年写的《身处欧美的波兰农民》④ 是最早研究移民文化及其社会组织的著作之一，是移民史研究经典之作。19 世纪末 20 世纪初，大批波兰人移民到美国，构成了美国一个相对独立的移民社区。该书对这一部分波兰移民进行了考察。托玛斯和兹纳涅茨基不仅正确评价了外来移民对美国文化的潜在贡献，还试图从移民自己的角度去理解他们的文化。托玛斯和兹纳涅茨基发明了一种新的社会调查方法——生活研究法。这一方法的精华在于让外来移民讲述自己的生活故事，主要是通过波兰移民与其家庭成员之间的通信，揭示移民心态的变化。作者还谈到了伴随移民活动而出现的美国社会的混乱，并对波兰移民社区中的种族问题进行了评析。以拉里·萨斯塔（Larry Sjaastad）⑤为主要代表，以定量分析移出国与移入国之间的工资差距为基础，着重从经济学的角度分析移民行为产生的动因。斯坦福大学的 Thomas Sowell 在 1996 年出版的《移民与文化》（Migrations and Cultures）一书中，着重就文化方面研究和比较了六个移民族群（德国人、日本人、意大利人、华人、犹太人和印度人）的历史以及他们对其居住国所做的贡献。因此，该书是一部从世界史的视角和国际移民的视野来研究移民和文化的

---

① 李明欢：《二十世纪西方国际移民理论》，《厦门大学学报》（哲学社会科学版）2000 年第 4 期。

② 段成荣：《人口迁移研究原理与方法》，重庆出版社 1998 年版，第 5 页。

③ 朱国宏：《中国的海外移民》，复旦大学出版社 1994 年版，第 11 页。

④ ［美］W. L. 托玛斯、［波兰］F. 兹纳涅茨基：《身处欧美的波兰农民》，张友云译，人民文学出版社 2000 年版。

⑤ Larry A. Sjaastad, "The Costs and Returns of Human Migration", Journal of Political Economy 70S：80 – 93，1962.

范例。①

当世界历史进入21世纪，随着全球化的不断深入，面对汹涌而至的移民潮，西方社会表现出强烈的忧患意识，对于国际移民发展趋势的分析层出不穷。斯蒂芬·卡斯尔斯（Stephen Castles）和马克·米勒（Mark J. Miller）②的分析颇具代表性。他们认为：从20世纪末到21世纪初叶是国际移民的时代，其主要趋势将表现为国际移民的全球化、加速化、多样化和女性化。两位学者强调指出：移民是多种因素作用下的综合性现象，是日益强化的全球经济政治体系下的一个次级体系，由于任何国家都不可能只对信息、商品、资本开放，而对人口流动实行封闭，因此，不论相关政府如何堵截，移民潮流都不可能在近期内下降。全世界从政界到民间的当务之急是：必须学会认识、理解、接受大批人口流动的社会现实。③2000年伦敦SAGE出版社出版的由澳洲Wollongong大学Stephen Castles主任撰写的《族群性与全球化——从移民工人到跨国公民》（*Ethnicity and Globalization: From Migrant to Transnational Citizen*）一书，是研究全球化时代的国际移民特别是工人移民的专著。该书把对族群性和国际移民的研究，提高和扩大到全球化的新视野。该书所列的参考书目多达283种，多数是同国际移民有关的，且多为20世纪八九十年代出版的。在美国第35任总统肯尼迪遭刺杀（1964年）一年后出版的《一个移民的国家》（*A Nation of Immigrants*）④中，不但依旧直截了当地把美国作为一个移民的国家来研究，而且为研究和比较国际移民包括华人移民提供了一个典型。还有一本书给笔者留下了深刻的印象，这就是墨美姬的《印迹2："种族"的恐慌与移民的记忆》。书中探讨了暴力、历史记忆以及"种族"与"种族关系"的问题。这是一个笔者所见到的最为彻底而独创的对以英语为媒介的理论霸权和对西方式的现代性

---

① Thomas Sowell, *Migrations and Cultures*, London: Basic Books, 1997.

② Stepen Castles and Mark J. Miller, *The Age of Migration, International Population Movements in the Modern World*, Houndmills: MacMillan Press, 1993.

③ 李明欢：《二十世纪西方国际移民理论》，《厦门大学学报》（哲学社会科学版）2000年第4期。

④ John F. Kennedy, *A Nation of Immigrants*, New York: Harper & Row Publishers, 1964, pp. 65 – 85.

与多元文化主义分析的回应。①

美国是一个移民的国家,其典型性,恐怕在世界历史上罕有其匹。正是形形色色的移民——"老移民""新移民""非自愿移民""非法移民"等——造就和发展了美国。没有移民就没有美国,这是一个毋庸置疑的命题,也是我们了解历史上的美国、理解现实中的美国的锁钥所在。②

如果说20世纪60年代以前,许多学者把移民到达美国后仍然保持自身文化特点或民族特性看成是外来移民在美国社会结构中建设和平共处生活的障碍,那么60年代以后的很多移民学者却视"美国化"政策为种族优越论和破坏少数民族文化的同义词,一些欣赏多元论的学者结合时代特征,强调社会多元论或结构多元。内森·格莱泽与丹尼尔·莫伊尼汉(Nathan Glazer and Daniel P. Moynihan)在其名著《熔炉之外》一书中,对民族性的演进与保存做了认真分析。在格莱泽和莫伊尼汉看来,美国人的民族性近年来日益增长,并且显得越来越重要。民族认同已经取代了职业认同,特别是取代了劳动阶级的职业认同。职业认同在近年来已失去了主要吸引力。就个人而言,一个人的民族身份比他的职业身份要重要得多。美国的各移民群体,突出的如黑人、波多黎各人、犹太人、意大利人和爱尔兰人,在很大程度上都已成了政治的、经济的和文化的利益集团。③

在美国民族理论界享有相当声誉的米尔顿·戈登(Milton M. Gordon)用严密的理论论证了美国社会结构中存在的多元现象。④ 查理斯·泰勒(Charles Taylor)的《认同政治》把对多元文化主义问题的认识称为"承认政治"。他认为,当代政治中的一个重要内容是要求得到"承认"(Recognition),它代表了少数民族或者说是"从属者集团"(Subaltern Groups)的利益,一般称之为多元文化主义。"承认的政治"指在一个国家的范围内,少数民族、女性、阶级、宗教、世代、身体有不便者、不同

---

① [澳]墨美姬、布雷特·巴里主编:《印迹2:"种族"的恐慌与移民的记忆》,李媛媛等译,江苏教育出版社2004年版。
② 杨玉圣:《从移民的视角探索美国》,《美国研究》1993年第1期。
③ Nathan Glazer and Daniel P. Moynihan, *Beyond the Melting-Pot*, Massachussetts: M. I. T. Press, 1979, p. 169.
④ Milton M. Gordon, *Assimilaton in American Life: The Role of Race, Religious and National Origins*, New York: Oxford University Press, 1964, p. 71.

地域居民、不同兴趣团体、不同性偏好族群等，纷纷强调自己的特殊性，争取保留甚至促进自己文化身份和生活方式的权利。①

20世纪90年代以来，美国学术界的一个热门话题就是多元文化主义，但是对于究竟什么是多元文化主义，并没有一致的说法。我国学者董小川对多元文化主义的研究视角做了一个基本区分：一是从种族出发看多元文化主义；二是从人种出发看多元文化主义；三是从理论流派出发看多元文化主义；四是本书所要分析评述的从移民角度看多元文化主义。他认为：美国多元文化主义理论是针对美国社会现实中多种文化并存现象而产生和存在的，而这种多元文化的存在一方面是由于白人社会对其他文化的排斥，另一方面是由于其他文化对白人社会的反抗所造成的。由此，美国多元文化主义可以定位在移民与反移民的框架内来认识。②"美国多元文化主义的一个重要特点是与美国当代历史中两种长久存在的重要思潮密不可分的，一个是本土主义（Nativism），另一个是分离主义（Separatism）。本土主义的排外思想在美国可以说是根深蒂固，反对外来移民的思潮从来没有停息。"③ 有些人是从经济观点出发考虑这个问题，认为移民的到来使美国人面临工作岗位的竞争、生存空间的缩小等问题；另一些人则是从种族和文化的角度来认识这个问题的，认为移民的不断增加威胁着当今美国的团结和稳定。④ 说到这里，有一位学者及其著作不得不提，这就是美国哈佛大学肯尼迪学院的著名教授亨廷顿（Samuel P. Huntington）及其在"9·11"事件之后出版的重要著作《我们是谁——挑战美国的民族认同》。这部作品可以说是他的世界"文明冲突论"之理论框架的缩小版，即美国本土的"文化冲突论"。⑤ 在这本书里他认为，一个国家如果缺乏具有领导地位的文化价值作为精神主体，那这个国家的认同一定是不牢固的，这与美国的国家认同，以及美国的国家利益，是背道而驰的。如果文化多元主义者的理念在美国的国家政治生活中真正占了上风的话，美国社

---

① Charles Taylor, "The Politics of Recognition", in Amy Gurmann ed., *Multiculturalism and the "Politics of Recognition"*, Princeton: Princeton University Press, 1992.
② 董小川：《美国文化概论》，人民出版社2006年版，第38—51页。
③ 董小川：《美国多元文化主义理论再认识》，《东北师大学报》2005年第2期。
④ 同上。
⑤ 郝时远：《民族认同危机还是民族主义宣示？》，《世界民族》2005年第3期。

会也就真的成为所谓"马赛克"(mosaic)式的社会了,这就会使整个社会失去凝聚力,公民也会因此而失去对国家的忠诚和认同感。① 他认为只要一代又一代的美国人致力于发扬盎格鲁—新教文化以及其前辈所树立的"美国信念",那么,"即便是创建美国的那些白人盎格鲁—撒克逊新教徒的后裔在美国人口中只占很小的、无足轻重的少数,美国仍会长久地保持其为美国"②。他把多元文化主义作为造成问题的罪魁祸首,他认为美国的国家认同的支柱是所谓的"美利坚信条",而这一信条的核心价值是盎格鲁—撒克逊新教文化。在他看来,要求外来移民同化于美国白人的清教徒文化完全是必要和正当的。亨廷顿的《我们是谁——挑战美国的民族认同》一经出版,即在美国国内和国际社会引起广泛的争议和批评。认为"'文化冲突论'是立足于种族主义立场的美国民族主义的宣示,其实质是以退为进的全球霸权主义"③ 的有之;认为"亨廷顿从任何意义上都是美国——乃至整个西方世界和西方文明的卫道士"的有之;④ 批评亨廷顿缺乏基本的思想史知识的有之,等等,不一而足。笔者认为,亨廷顿看到了美国社会存在的认同危机问题,这一点应该给予肯定,但是他把探讨的重点放在了日益增多的少数族裔群体对美国主流文化的冲击上,甚至制造一种"移民威胁论"来挑起和强化民族认同的危机感,这就会使人对他的种族主义似的论调产生本能的反感。

文化多元主义也受到了相当多的批评,社会历史学家爱娃·默拉乌斯卡(Ewa Morawska)在1994年提出"为同化模式申辩",得到许多人支持。她认为:对种族集团之间的合作并形成更大的社区而言,同化比多元文化主义更有用。但她主张自由同化而不是强加的同化。⑤ 执教于约翰—霍普金斯大学的历史教授约翰·海厄姆,是一位善于将哲学方法引入历史研究的知名学者。他认为以"熔炉论"和"归同论"为典型代表的同化

---

① 范可:《亨廷顿的忧思——评〈我们是谁:挑战美国的民族认同〉》,《读书》2005年第5期。

② [美]塞缪尔·亨廷顿:《我们是谁——美国国家特性面临的挑战》,程克雄译,新华出版社2005年版,第3页。

③ 郝时远:《民族认同危机还是民族主义宣示?》,《世界民族》2005年第3期。

④ 宁:《塞缪尔·亨廷顿批判"多元文化主义"》,《外国文学评论》2005年第1期。

⑤ Ewa Morawska, "In Defense of the Assimilation Model", *Journal of American Ethnic History*, 1994, 13 (2), pp. 76 – 87.

理论并不足取，因为它不允许差别存在；而多元论也有毛病，因为它未能回答人们向普遍性生活方式看齐有无必要。海厄姆提出"多元一体说"，借以解释美国民族关系的历史走势。他在1975年出版的《把这些人送给我吧：美国城市中的犹太人和其他移民》①及该书1984年的修订版（副标题改为《美国城市中的移民》②）中，集中阐述了"多元一体说"的优势：与一体化模式比较，它不排除民族分界，但它也不会让它们原封不动。它会捍卫共同文化的正当性，所有的个体都有通向共同文化的道路，同时也维护少数集团保持和提高自身完整的努力。③

以上对国外学者有关国际移民的研究成果做了一个简要的介绍，下面将对我国学者就这一问题的研究成果做一简单回顾与评价。

(二) 国际移民国内研究成果

在国内，国际移民领域相关问题的研究，大部分归为"华侨华人研究"的范畴。然而，随着全球化进程的步步深入，其所涉及的研究范畴之广，使我国的传统华侨华人研究所能覆盖的狭小领域相形见绌。近年来我国对国际移民与海外华人的研究有了很大的进展，许多重要的成果陆续发表。总体来看，在国际移民方面，主要关注各国移民史和移民政策的研究；在华侨华人方面，从经济、社会、历史等各个方面做了广泛而系统的研究。不过，现有的成果也表明在国际移民的理论和发展趋势、华人移民政策、国际移民政策比较研究、各国华裔比较研究、不同移民群体比较研究等方面，国内学术界还非常薄弱，④特别是在理论上缺乏深度，在个案研究上更显贫乏。国内学术界对国际移民的研究还未形成系统，比较主要的著作有：高伟浓的《国际移民环境下的中国新移民》⑤，梅晓云的《文化无根：以V. S. 奈保尔为个案的移民文化研究》。后者纵横文、史、哲，

---

① John Higham, *Send These to Me: Jews and Immigrants in Urban America*, New York: Atheneum, 1975.

② John Higham, *Send These To Me: Immigrants in Urban America*, MD.: The Johns Hopkins University Press, 1984.

③ 杨国美、黄兆群：《美国学术界关于移民、民族和种族问题的研究》，《世界民族》1997年第3期。

④ 刘敏：《开拓、创新、务实——评〈国际移民与海外华人研究〉》，《南洋问题研究》2005年第2期。

⑤ 高伟浓：《国际移民环境下的中国新移民》，中国华侨出版社2003年版。

融会社会、民族、文化诸学，尤其是同文明交往论接轨。对堪称独特类型的奈保尔的移民文化，追考其发展阶段，探究其精神危机，并从印度与西方存在主义寻觅其哲学根源等内容。① 邓蜀生的《美国与移民》，研究美国的移民历史，从移民的视角探索美国，对移民与美国社会变迁、美国移民政策的演变、某些少数族裔的历史命运等问题进行了考察。这是邓蜀生为我国的美国史研究拓殖的一个新天地，对美国移民政策、美利坚民族同化模式、美国华人历史的考察与思考，尤具卓识。② 黄兆群的《美国的民族与民族政策》是一本专门探讨美国民族与民族政策的专著，对美国各种族和族裔群体的经历、处境和文化特征进行了介绍，并对美利坚民族的概念、形成过程和特征作出了评论。该书是从民族和文化的角度评述美国社会演进的第一部著作，偏重理论上的分析和观念上的突破。③ 钱皓的《美国西裔移民研究》一书以古巴和墨西哥移民为重点，对西裔的祖裔认同进行研究。④ 戴超武的《美国移民政策与亚洲移民》一书以美国移民政策的整体演进为背景，探讨了19世纪中期到20世纪末美国对亚洲移民政策的演变，认为对亚洲移民政策的变化取决于美国社会经济和国内政治的发展变化，也取决于其国际政治斗争的需要，其最终目的乃是服务于美国的国家利益。⑤ 梁茂信的《美国移民政策研究》是一部系统的美国移民政策史，考察了从殖民地时期至1990年这一时段的移民政策演变轨迹，着重论述了自由移民政策、移民归化与公民资格授予政策、移民限额制度等重要政策的来龙去脉，旁及排外主义、难民政策和非法移民等问题，对于移民政策演变的整体趋向及制约因素有深入的分析，对各项具体措施的出台经过和社会反响也做了比较透彻的说明。⑥

华侨华人研究的成果则比较丰富，黄润龙的《海外移民和美籍华人》，作者在占有大量资料的基础上，通过人口学、社会学方法，系统而深入地刻画了新移民的结构特征，并通过统计分析方法，较准确地分析了

---

① 梅晓云：《文化无根——以 V. S. 奈保尔为个案的移民文化研究》，陕西人民出版社2003年版。
② 邓蜀生：《美国与移民》，重庆出版社1990年版。
③ 黄兆群：《美国的民族与民族政策》，文津出版社1993年版。
④ 钱皓：《美国西裔移民研究》，中国社会科学出版社2002年版。
⑤ 戴超武：《美国移民政策与亚洲移民》，中国社会科学出版社1999年版。
⑥ 梁茂信：《美国移民政策研究》，东北师范大学出版社1996年版。

海外移民的决定因素，同时用较大篇幅，研究了美籍华人的生存状况。就如何认识我国的"人才外流"问题，书中提出了不少颇有见地的观点。另外，黄昆章的《印尼华侨华人史》，庄国土的《二战以后东南亚华族社会地位的变化》，周南京的《华侨华人问题概论》，李明欢的《欧洲华侨华人史》，李鸿阶的《华侨华人经济新论》，李其荣的《国际移民与海外华人研究》，范若兰的《移民、性别与华人社会：马来亚华人妇女研究（1929—1941）》，都是研究华侨华人问题的代表作。

有关国际移民问题的作品数量不是很多，在这里特别要提到宋全成撰写的《欧洲移民研究——20世纪的欧洲移民进程与欧洲移民问题化》，这是一部以欧洲移民为研究对象的专著。中国学术界对欧洲移民的研究刚刚起步，此前只有零星的论文发表，尚无一部专著出版。作者从历史发生学的研究视角，运用社会学和国际政治学的分析方法，详细探讨了欧洲20世纪以来的欧洲移民进程，并进一步研究了20世纪70年代以来在欧洲国家形成的日益严峻的外国移民问题，深入分析了欧洲的外国移民问题的成因及现状。[①] 罗红波编著的《移民与全球化》，刊载了该领域意大利著名学者的文章，从不同角度对欧盟及意大利外来移民状况进行了深入的分析，并对今后的移民政策、有效管理移民流动提出了有益的建议。[②] 刘国福的《移民法出入境权研究》是一本论述移民法和出入境权的非常优秀的法学著作，批判性的研究视角尤为珍贵，填补了国内这方面研究的空白。[③]

总的来说，我国的移民研究起步较晚，特别是理论环节尤其薄弱，还存在许多要向国外学者学习借鉴的地方。

二 民族理论研究现状

民族理论是关于民族现象、民族问题以及解决这种问题的学问，研究分散于政治学、历史学、人类学、社会学等多个领域，尚不是一门独立的

---

① 宋全成：《欧洲移民研究——20世纪的欧洲移民进程与欧洲移民问题化》，山东大学出版社2007年版。
② 罗红波：《移民与全球化》，社会科学文献出版社2006年版。
③ 刘国福：《移民法出入境权研究》，中国经济出版社2006年版。

学科。① 尽管如此,对民族理论的研究仍十分深入和活跃。这些研究以民族主义为核心,涉及民族概念、民族关系、民族矛盾、民族发展趋势等我们所关注的几乎所有的民族理论问题。

民族主义一直是国内外学术界研究的热点问题,出现了一批较有影响的著作,其中不乏可以传之后世的经典作品,主要有:埃里·凯杜里(Elie Kedourie)的《民族主义》②,厄内斯特·盖尔纳(Ernest Gellner)的《民族与民族主义》③,本尼迪克特·安德森(Benedict Anderson)的《想象的共同体》④;安东尼·D. 史密斯(A.D. Smith)的《民族主义诸理论》和《全球化时代的民族与民族主义》⑤。

凯杜里偏重于思想史,安德森和霍布斯鲍姆偏重于历史(时间),盖尔纳和史密斯则偏重于社会学(结构)。埃里·凯杜里指出,民族主义在很大程度上是一个自己看待自己的问题,是一个人对自我和自己在世界中位置的估计。⑥

埃里克·霍布斯鲍姆是英国著名的左派史学家。他主要是通过三条线来阐述关于"民族"概念的认识:一是"民族"概念的理论化思考,二是"民族"概念的语言学考证及概念本身的历史演变,三是民族的"原型性要素"分析。⑦ 他将"民族"放在大的历史背景或现代化的语境下进行探讨。"民族"的现象并不是单独存在的,它是与近代化过程中的民族主义、主权国家等现象联系在一起的。只有将"民族"放在与民族主义、主权国家的关系中进行分析,民族才有可能得到更符合实际的界定。他认为,民族是近代性的产物,是近代历史发展的组成部分。正由于此,必须将"民族"的概念还原至这些历史现实中进行讨论。霍布斯鲍姆也认为民族是特定时空下的产物,它是18世纪末19世纪初西欧的政治社会变动的产物。"民族主义早于民族的建立。并不是民族创造了国家和民族主

---

① 王希恩:《当代西方民族理论的主要渊源》,《民族研究》2004年第2期。
② Elie Kedourie, *Nationalism*, London: Hutchinson, 1960.
③ Ernest Gellner, *Nations and Nationalism*, Oxford: Blackwell, 1983.
④ Benedict Anderso, *Imagined Communities*, London: Verso, 1983.
⑤ A. D. Smith, *Theories of Nationalism*, London: Duckworth and New York: Holmes and Meier, 1983.
⑥ [英]埃里·凯杜里:《民族主义》,张明明译,中央编译出版社2002年版,第147页。
⑦ 陈献光:《解读霍布斯鲍姆的民族概念》,《广西民族学院学报》2004年第4期。

义，而是国家和民族主义创造了民族。"①

在安德森看来，民族是以"想象"的方式建构的，是"一种特殊类型的文化人造物"。安德森认为，中世纪的两个文化体系即宗教共同体和王朝的式微为想象的共同体提供了空间（主要是人们的思维和想象空间）。安德森指出，在神圣的共同体、语言和血统衰退的同时，人们理解世界的方式正在发生根本的变化，而这一思维模式的转变是想象的共同体得以产生的主观因素。他说的实际上就是对时间概念的理解。小说和报纸的叙述结构既改变了人们理解时间的方式，也为人与人之间的想象进一步成为想象的共同体提供了技术性手段，使其成为可能。安德森并没有像其他现代论者那样明确地提出民族主义的概念。他提供的只是民族主义的分类。

厄内斯特·盖尔纳所著《民族与民族主义》堪称西方民族主义研究的经典之作。作者从社会学的角度，阐述了民族主义产生和流行的原因，探究民族主义的根源。在盖尔纳看来，民族主义是近代工业社会的必然产物，它诞生于满足工业社会独特社会结构的需要中。作者通过对社会结构的考察得出了自己的中心观点："在工业社会与众不同的结构性要求中产生的民族主义，的确具有非常深刻的根源。引起这场运动的，不是意识形态出现的偏差，也不是情感上走极端，虽然参与者们几乎全部不理解自己在做什么，这场运动却是政体与文化之间的关系必然进行的深刻调整的外在表现。"② 值得关注的是，作者还提出一个独特的观点，即民族主义造就了民族，而不是民族造就了民族主义。在盖尔纳看来："当总的社会条件有利于那种统一的、相似的、集中维持的高层次文化时，当这种条件遍及全社会的人口，而不仅仅涉及为数很少的精英分子时，就会出现一种局面，即定义明确的，由教育作后盾的、统一的文化单位构成了人们自愿地并且往往热情认同的近乎唯一的一种组织单位。"③ 这就是民族的最终形成。

---

① ［英］埃里克·霍布斯鲍姆：《民族与民族主义》，李金梅译，上海人民出版社2000年版，第10页。
② ［英］厄内斯特·盖尔纳：《民族与民族主义》，韩红译，中央编译出版社2002年版，第14页。
③ 同上书，第73页。

安东尼·D. 史密斯是当代西方民族与民族主义研究中的重要理论范式"族群—象征主义"的代表人物，他在该学术领域内具有很高的学术地位。史密斯除了不断地著书立说以传播自己的理论外，还始终注重全面介绍和批评当代西方民族与民族主义问题研究中的各种流派，重视剖析西方民族主义研究的渊源与流变，《民族主义——理论，意识形态，历史》即是这方面的代表作。史密斯认为，安德森、霍布斯鲍姆等人的理论代表了二战后学术界对先前流行的"演化决定论"的反动。[①]"演化决定论"视民族的兴起为历史演进过程中必然发生的现象。史密斯民族概念的一个很突出的特点就是强调民族群体的"族性符号"（ethnic-symbolism），即神话、历史记忆、宗教仪式、礼仪习俗、艺术风格等，认为民族（nation）就是"一个具有名称的特定人群，他们居住于一个历史上既已存在的疆域，具有共同的神话、记忆、独特的大众文化和为全体成员所享有的共同权利和责任"[②]。史密斯的《全球化时代的民族与民族主义》坚持民间、传统文化在民族主义中的作用，强调某种连续性（批评对民族主义现代主义解释的断裂论），认为族裔的民族主义一般来说与经济发展趋势没有联系。

自20世纪60年代开始，尤其是90年代初以来，包括西方在内的世界正在经历所谓的"族性复兴"（ethnic revival）和"第三次民族主义浪潮"的冲击，西方民族理论也由此再度走向繁荣，有关民族主义和族性问题的书刊、演讲和课程充斥于各种媒体和讲坛。现在的讨论无论在广泛性、深入性和专门性方面都远远超过了以往。毕竟，现在的民族问题所处的时代是一个全球化的时代，同时，又是一个由民族主义所确立的政治模式不但早已存在，而且似乎正面临"终结"却又更加繁荣而令政治家们不断烦恼的时代。在这方面，当代西方民族理论家们的研究无疑已超越了前人。

三　自由民族主义理论研究现状

自由民族主义作为能够使自由主义与民族主义彼此和解、甚至相互结

[①] Anthony D. Smith, "The Nation Invented, Imagined, Reconstructed?" in Marjorie Ringrose and Adam J. Lerner eds., *Reimaging the Nation*, Buckingham: Open University Press, 1993, pp. 15 – 16.

[②] Anthony D. Smith, "Dating the Nation", in Daniele Conversi, *Ethnonationalism in the Contemporary World*, London: Routledge, 2002, p. 10.

盟的理念，具有格外的吸引力，它为我们的社会认同提供了新的想象空间，为全球化社会的未来发展提供了一种可能的新的政治文化选择。赫尔德、以赛亚·伯林的相关论述对于自由民族主义这一特定的论题尤为重要，为自由民族主义理论的最终形成提供了思想源泉。而对自由民族主义理论的系统论述则由伯林的学生耶尔·塔米尔完成，其论证结构紧密犀利，涵盖了丰富扎实的内容，对自由民族主义理论进行了深入细致的剖析。关于这一理论的历史渊源、发展脉络、经典作品及其评析，将在正文中详细论及，在此不再赘述，以下将主要对自由民族主义理论在中国的研究状况做一简要的介绍。

处于现代化转型时期的中国，各种矛盾的复杂性与尖锐性使人们需要太多的渠道来宣泄，而亢奋的民族主义情绪无疑为非理性的宣泄提供了最为"安全"的突破口。在社会情绪受激进思潮支配的情况下，最激昂的大言高论者经常会获得交口称赞的声誉。如何对这种民族主义情绪加以正确引导，是中国学者义不容辞的责任，这就需要我们在世界性的学术大视野下，既坚持中国学者的本位立场，又展示虚怀若谷的开放性，开创新的研究领域，推动学术理念创新。

20世纪末自由民族主义理论崛起，这一理论在培育民族理念的同时，并不忽视民族理念必须兼顾的其他人类价值。这种价值兼容并蓄，要求不断规定具有合理性的民族目标和达到这些目标的途径。这种温和的民族主义强调民族群体价值观与个人自由价值观的相互协调，引起了中国学者的兴趣，涌现了不少站在自由主义立场讨论民族问题的好文章。比如应奇的《从自由民族主义到宪法爱国主义》①认为，从伯林的自由民族主义、经泰勒的承认的政治到哈贝马斯的立宪爱国主义，是观察多元文化主义境遇中的政治论证发展的一个很有意义的视角。许纪霖的《现代中国的自由民族主义思潮》②和《共和爱国主义与文化民族主义》③通过对自由民族主义思想的分析比较，认为梁启超、张君劢所代表的自由民族主义印有中

---

① 应奇：《从自由民族主义到宪法爱国主义》，《社会科学战线》2002年第1期。
② 许纪霖：《现代中国的自由民族主义思潮》，《社会科学》2005年第1期。
③ 许纪霖：《共和爱国主义与文化民族主义》，《华东师范大学学报》（哲学社会科学版）2006年第4期。

国儒家深刻的特征,从他们对个人、社群和国家的相互关系的处理、从他们对公德与私德的理解以及精英主义的态度而言,可以说是一种现代儒家式的自由民族主义。另外还有一些代表性的文章不再一一赘述,如徐贲的《自由主义民族主义》、秦晖的《自由主义与民族主义的契合点在哪里?》、刘军宁的《民族主义四面观》、杨支柱的《自由主义的民族理论》、顾昕的《伯林与自由民族主义思想》、危舟的《对民族主义的自由主义式思考》、甘阳的《伯林与"后自由主义"》,等等。以上这些作品通过对自由民族主义理论的评介,探求把其运用于中国的现实路径,希望在培育国民自信、宽容、平和、关怀和尊重民族传统的同时,又培育出其尊重外来文化的健康心态,力争把中国建设成为一个既尊重个体生命价值,以保护公民自由、幸福和安全为立国原则,又具有强大的凝聚力和向心力的大国。

第四节　研究主旨

本书的研究宗旨是:(1)在已有的研究基础上,进一步探索国际移民现象的现状、影响和意义。(2)解决应该怎样看待和估价全球化时代由国际移民现象所引发的民族主义的萌生、发展,及其对民族国家的冲击和影响的问题。但是,笔者不试图提出一个终结性的结论,正如埃里·凯杜里在其名著《民族主义》第二版前言中所说的那样:"我并未尝试去讨论民族主义者到底应被安抚还是应被抵制。对这一问题做出决定必须取决于每种情况的特殊环境,其结果是幸运还是灾难,将依赖于这些有力量采取这种决定的人的勇气、智慧和运气。对一位学者来说,对这一问题提出自己的建议实属不妥:学者不是预言家。"[①] 笔者所做的只是有关全球化背景下国际移民与民族主义问题的一个尝试性的研究,所得出的也是一个初步的结论。(3)尝试使用自由民族主义理论的基本思想来对全球化背景下,由国际移民问题产生的新的形态的民族主义进行梳理,探寻自由民族主义由抽象理论转化为现实的可能路径。笔者认为,以自由民族主义理论为基本框架来分析和解决问题,在很多情况下是可行的。

---

① [英] 埃里·凯杜里:《民族主义》,张明明译,中央编译出版社 2002 年版,第 11 页。

第五节　理论框架及创新之处

本书研究主要借鉴运用了自由民族主义理论的基本假设和观点，并对其进行了扬弃，在肯定其积极价值的同时，指出其理论困境和现实局限性，在此基础上，将其作为分析框架用来分析全球化背景下的国际移民与民族主义问题。之所以在纷繁众多的民族主义理论中做此选择，一方面固然是自由民族主义理论的理论基底"价值多元主义"在全球自由主义和民族主义的思潮中，自由民族主义有其独特的思想价值；自由主义对于民族主义政治的提升和转换，对于全球化时代由国际移民所引发的民族主义诉求，无疑有着积极的借鉴作用。另一方面，其理论独树一帜，在人们把民族主义看作邪恶之源、对民族主义痛陈其害之时，独辟蹊径地从自由主义角度来探索民族主义的积极道德价值，"在追求民族视野的同时保持对一整套自由价值的信仰"，① 促使我们能够重新对民族主义之利弊进行思考，看到了匡正民族主义政治的希望之光。民族主义并非在本质上是一种"恶"的意识形态，它一直是而且仍然是鼓舞人心的重要源泉。同时自由民族主义理论还处在发展初期，无论是理论本身还是其现实价值尚有让人质疑之处，有很大的研究拓展空间。最重要的是，正如有学者所指出的："既然民族主义看来不会从世界政治中消失，那就不如接受自由主义的民族主义，因为它无疑是民族主义中最温和的一种。既然民族主义是一个不可回避的现实，那就不如尽量用自由主义理念来减低它走向极端的可能。"② "在民众普遍缺乏认同感和使命感的地方，一个国家很容易产生政治冷感、社会疏离、逃避责任的弊病。"③ 在多种族或多文化的社会里，刻意培育这种认同感绝非易事。虽然实现这个目标并不要求人们完全放弃他们自己的种族或文化认同，却有必要塑造一种涵盖面与国界吻合，包容境内一切种族和文化群体的认同。如何既保持差异又保持统一呢？这几乎

---

① ［以色列］耶尔·塔米尔：《自由主义的民族主义》，陶东风译，上海人民出版社2005年版，"导言"第3页。

② 徐贲：《自由主义与民族主义》，《读书》2000年第11期。

③ Erica Benner, Nationality without Nationalism, *Political Ideologies*, Vol. 2, No. 2, 1997, pp. 190–207.

是所有存在大量国际移民的国家都在面对的问题。自由主义的民族主义的某些观点或许可以提供借鉴。基于以上理由，所以尽管本人学力有限，但仍愿意在探寻自由民族主义由抽象理论转化为现实，真正成为一种现实的乐观主义的路途中尽自己的绵薄之力。

　　本书的创新之处在于：首先是选题新颖。本书选择把全球化背景下的国际移民问题与民族主义问题结合起来进行研究，不仅国内学者没有此方面的专著，国外学者也没有对此进行过专题研究。其次是本书的论证方法新。随着第二次世界大战后，特别是20世纪70年代中期以后全球化进程的加速和国际移民数量、模式、性质的急剧变化，移民研究也理应经历深刻变化。本书观察移民问题的视角已从个体扩大到家庭、社区；研究问题的层面也一改以前的移民研究侧重经济基础的模式，扩展到政治、文化等上层建筑；而研究方法也从原来的单学科如地理学、经济学，发展到诸如政治经济学、历史学、社会学、人口学等多学科和跨学科研究。本选题在分析全球化背景下国际移民问题产生的背景、原因及对其未来发展进行预测的基础上还应用到相关的国际移民理论作为解释工具，这些理论有助于我们了解国际移民发生、持续、发展与生存的机制与途径。最后是理论从来不是现实真实的抄袭，也不是现实真实的反映。我们所从事的是社会科学，而社会科学的基石是批判，批判则要求我们仔细地检查所采用的观点，要求这些观点具有严格的理论基础、具体的实际内容和能说明问题的创新功能。因此，本书尝试创造性地借鉴运用理论，不拘泥于理论本身的观点，在对其进行扬弃的基础上，大胆提出个人的设想，这一点在第四章体现得尤为明显。

第 二 章

全球化背景下国际移民民族主义的内涵

民族主义是当今国际关系实践中最具力量和最富影响力的现象之一，安东尼·D. 史密斯曾这样形容民族主义的影响力："民族主义在'人民'心中的鼓动和共振作用，只有过去的宗教能与其媲美。"①"如果说资本主义和共产主义的冲突正在全球政治中消失，那么，民族主义便替代了它的位置。……在东欧和苏联，民族主义曾被高度集权的政治体制和社会主义的国际主义加强了的联系所抑制。在西欧，民族间的紧张状态曾被冷战这个更大的问题所遮掩，被该地区的经济增长和繁荣所缓和。而共产主义在东方的崩溃将在整个欧洲大陆释放出民族主义的幽灵。"②"从硝烟弥漫的巴尔干到危机迭起的高加索，从西欧的排外主义风潮到卢旺达惨绝人寰的种族仇杀，民族冲突与种族仇杀、宗教与领土纷争、排外主义与恐怖主义相互交织、彼此渗透，共同构成了冷战后汹涌而至的民族主义浪潮。"③今天的民族问题最显著的特征，是其全球化的时代背景。全球化作为一种全球政治、经济、文化的结构的整体性转换，无疑将形成一种全新的价值依托。我们没有办法预见将来会出现什么问题，以什么样的方式来作为形成"想象的共同体"的号召。"全球化，当其发生之时，可能召唤的是某些新形式的不同的民族主义和更一般的认同政治。所以，目前正发生的大

---

① ［英］安东尼·D. 史密斯：《民族主义——理论，意识形态，历史》，叶江译，上海人民出版社2006年版，"绪论"第3页。
② David S. Mason, *Revolution in East-Central Europe: The Rise and Fall of Communist and the Cold War*, New York: Westview Press, 1992, p.173.
③ 王栋：《民族主义的堕落？——对冷战后民族主义的反思》，《国际政治研究》1999年第1期。

规模的国际性流动远未能产生某种与民族主义相反对的世界主义,而更多地将(以可见或不可预见的方式)凸显人们日常生活中文化的差异与认同。"① 本章将主要探讨在全球化背景下由国际移民问题所引发的民族主义的新的概念内涵。

第一节　全球化背景下国际移民语境中民族主义内涵的演变

在近代思想史上,民族主义是随着欧洲资产阶级的形成和发展而出现的一种思想和运动。何谓民族主义?提出这个问题虽然简单,但是要为民族主义下定义并不是一件简单的事情。② 海斯曾经说过:"关于爱国主义,民族性和民族主义这一课题的深入、系统的总结和研究,在任何语言中都不存在。"③

民族主义是一个外延和内涵都相当广泛和复杂的概念,许多中外学者给出了自己的定义。在这些形形色色、众说纷纭的定义中,我们仍然能够发现其中存在的两种基本的倾向。一种定义倾向于认为民族主义是一种实在的政治形态和政治运动,特别是建立民族国家的运动。布勒伊说道:"民族主义一词用来指一种政治运动,它寻求或掌握国家权力,并用民族主义为理由去证明其正当性。"④ 盖尔纳认为:民族主义是一种关于政治合法性的理论,其基本理念是政治单位与民族单位应该重合。⑤ 金应忠、倪世雄认为"民族主义"的最初含义包括:在政治上,它最典型的表现是要求成为一个主权国家,而成为主权国家的主要目的在于保护和促进民族利益。一个民族如果在政治上不能获得建立主权国家的权利,用民族国

---

① [美] 克雷格·卡尔霍恩:《民族主义与市民社会:民主,多样性和自决》,黄平、田禾译,邓正来、[英] J. C. 亚历山大编:《国家与市民社会》,中央编译出版社2002年版,第366页。
② 郑信哲:《民族主义、爱国主义及其关系问题》,《世界民族》1999年第4期。
③ Carlton J. H. Hayes, *Essays on Nationalism*, New York: The Macmillan Company, 1928, p. 2.
④ John Breuilly, *Nationalism and the State*, Manchester: Manchester University Press, 1993, p. 2.
⑤ [英] 盖尔纳·厄内斯特:《民族与民族主义》,韩红译,中央编译出版社2002年版,第1—5页。

家的形式来表达自己的意志,要保护和促进民族整体和民族利益是不可能的。① 马克斯·韦伯认为,民族主义是一种"情绪",是一种情感的共同契约,它的适当表现是企望组成一个国家,因此它一般有助于这样一个国家的诞生。② 根据《布莱克维尔政治学百科全书》(The Blackwell Encyclopedia of Political Thought),民族主义是"一种政治上的学说和情感。该学说从根本上讲,强调合理的政治单位是与民族单位同生的。它的假设是:所有的人都具有所谓民族性特征。他们生活在政治上集中的单位中,这种单位是唯一合理的强制机构,只有当它被认为体现了前面所说的民族性时,它才构成一个正当的单位。这种学说认为,如果一个政治单位受到其他民族的统治,而本民族的一些成员受到兼并,或者如果在本民族自己的单位中实际来自其他民族的成员过多,那么,这种政治单位的合理性和政治上的正当性就受到了损害"③。"从现实的角度看,民族主义大都是某一国家的民族主义,但凡是国家,都不鼓励国家内某些族群的局部利益,而是强调国家的整体利益,所以,一般情况下民族主义与国家主义是一致的(其他情况另当别论)。"④

另一种倾向是认为民族主义是一种抽象的思想状态和意识形态的表达。例如,伯恩斯这样描述民族主义:"民族主义虽然不是新东西,但肯定是当代文化最突出的现象之一,它曾被描绘为近代人的宗教。"⑤ 美国当代著名的民族主义学者 Louis L. Snyder 在其所编《民族主义百科全书》(Encyclopedia of Nationalism)一书中指出:"民族主义是一群生活在明显的地理区域内,使用共同语言,拥有可表达民族抱负的文学,以及在若干个案中拥有相同宗教的人们,所具有的一种心灵、感情或情操状态。"⑥

---

① 金应忠、倪世雄:《国际关系理论比较研究》,中国社会科学出版社 1992 年版,第 101 页。

② 张建华、李凤飞:《作为一种世界性潮流的民族主义》,《世界经济与政治》1996 年第 1 期。

③ 邓正来:《布莱克维尔政治学百科全书》(修订版),中国政法大学出版社 2002 年版,第 530 页。

④ 崔卫峰、刘新莉:《"民族主义"内涵之我见——以法国民族主义的产生和特点为例》,《新疆社科论坛》2005 年第 4 期。

⑤ [美]爱·麦·伯恩斯:《当代世界政治理论》,曾炳钧译,商务印书馆 1983 年版,第 423 页。

⑥ L. L. Snyder, *Encyclopaedia of Nationalism*, New York: Paragon House, 1990, pp. 224 – 247.

南非学者 D. J. 科特策提出，"民族主义"是一种以民族为核心的思想和人生观。① 王逸舟认为，民族主义是一种强烈的、通常已经意识形态化的族际情感。② 徐迅认为，民族主义的基本含义是：对一个民族的忠诚和奉献，特别是指一种特定的民族意识，即认为自己的民族比其他民族优越，特别强调促进和提高本民族文化和民族利益，以对抗其他民族的文化和利益。③ 安东尼·吉登斯认为民族主义是"一种心理学的现象，即个人在心理上从属于那些强调政治秩序中人们的共同性的符号和信仰"④。

由上可见，所谓民族主义，虽然意义繁杂，但大体上也可归纳为两个要点：（1）它是指建立民族国家（Nation-state）的理论，它强调原则上每一个民族应有属于自己的国家，这个国家必须是独立的、与他国平等的、具有独特文化的。（2）它是指忠于民族的心理状态，即强调民族的每一分子，应认同自己的民族，为了保卫和发展民族利益，必要时甚至奉献牺牲也在所不惜。

应该承认，上面列举的任何一位学者有关民族主义的概念界定都有其真知灼见，但我们也必须认识到任何一位学者的任何一种定义都不能囊括民族主义形塑与演进过程中所遇到的所有问题，而只能对其所处时代和历史情境中的相关问题作出阐述。民族主义是一个连续性的历史概念，具有时间的纵深度和空间的广延度。一百多年前马克思所分析的民族主义与今天的民族主义无论在内涵、性质、特征等方面都存在着巨大的差异，即便是 20 世纪初以研究民族主义著称的学者海斯等人视野之中的民族主义概念，恐怕也不能完全适用于今天的情形。民族关系是动态的，国家的地理与历史、国家理论、国际地缘政治格局、族群的历史、居住区域及文化模式、政体与政党、宗教等诸多制约民族关系的主客观因素也处于一种动态变化的状态里，其中任何因素的变化都可能影响到国家内部的民族关系。"关于民族主义观念的形式从来不会完全合乎逻辑地组成一个整体，而是

---

① D. J. Kotze, *Nationalism: A Comparative Study*, Cape Town: The University of Cape Town Press, 1981, p. 7.
② 王逸舟：《当代国际政治析论》，上海人民出版社 1995 年版，第 96 页。
③ 徐迅：《民族主义》，中国社会科学出版社 1998 年版，第 40 页。
④ ［英］安东尼·吉登斯：《民族—国家与暴力》，胡宗泽、赵力涛译，三联书店 1998 年版，第 141 页。

经常动荡不堪,这就是在民族主义观念孕育与发展过程中'历史的演进历程'和'偶发性的历史现象'共同发生作用的结果。"① "民族主义是一个最成问题的问题,简直就像一条变色蜥蜴一样,不断地改变它的肤色,以适应不同的政治环境。"② 冷战后民族主义的诉求主要表现为与全球化问题相关的国家权力、经济利益及宗教文化利益。全球化打破了原有的空间观念,导致了社会关系、人物身份的交叉与错位。由于构成民族主义本质的全球性要素骤然凸显,使我们得以观察一种新的民族主义表现形式。对于全球化时期的民族主义,应该提出以新的全球结构为基础的分析形式。一是因为这种民族问题与全球性问题相关并因全球化而产生;二是这种民族主义与全球化密不可分。全球化、国际移民和民族主义不能看作是相互隔绝、自我发展的,我们可以看到它们之间有着紧密的联系。

民族主义最明显的特征就是:强调本民族的利益。即"它总是倾向于把本民族的利益提高到高于其他民族的地位"③。民族主义是民族在生存和发展过程中,基于对共同历史、文化、宗教信仰的认同,面对复杂的社会环境,努力保持自身生存、发展的一种情感和思想体系。民族主义本质上首先是一种抽象的集体的心理状态和情绪,是对民族历史和文化的认同、归属、忠诚的一种强烈的情感和持久意识,这种心理状态的基本特征是对本民族身份(如共同语言、宗教、文化等)的确认和强调,并追求与之相称的群体权力和地位、文化和经济利益,是强调本民族的特征和传统,维护本民族权益,处理民族问题和对外关系的行动准则与价值观,也是实现民族要求的实践运动,它可以外化为实在的政治行为,在全球化时代国际移民问题研究的语境下,以排外主义、移民群体认同日益加强并挑战东道国原有主流文化等政治现象为承载。

第二节 全球化背景下国际移民民族主义

"我们是什么人,什么族"这一意识通常只有在同异民族接触时才会

---

① 郭晓东:《民族主义观念的嬗变:系谱论与反系谱论的视角》,《民族研究》2006 年第 5 期。
② 余建华:《民族主义:历史遗产与时代风云的交汇》,学林出版社 1999 年版,第 3 页。
③ 宁骚:《民族与国家》,北京大学出版社 1995 年版,第 114 页。

产生，特别是伴有某种形式的摩擦接触时，"我们"的意识还会强化。全球化时代，"巨大的经济变迁与人口流动带来的结果使许多人感到十分脆弱，处境危险。难怪他们要在传统语言、族裔联系以及宗教中寻找慰藉。随着世界一体化程度不断加深，越来越多的无根之人会在他们熟悉的种族联系与文化传统中寻求庇护"①。族裔团结往往纯粹是个人或群体利益最大化的理性选择结果，特别是与其他重要的个体或群体相连时更是如此。"在与个体层面相对的集体层面，族裔仍保持着一种强大的、爆炸性的，往往是持久的力量。族裔分类和族裔组织对人类交往和冲突都非常重要。"② 族裔总的看来是一种优先的、既定的而且是强有力的社会约束，有时甚至是势不可当或难以言表的社会约定。不可否认，族裔核心为民族认同提供了最深刻的情感内容。在现代化进程中必然出现社会体制变迁和各种权力、利益的重新调整，族群成为群体凝聚的一个理想单元和进行社会动员的有效工具。正如史密斯所说："民族主义仍具有强大威力……我们不是在现代化和全球主义的力量中，而是在族裔共同体与族裔类型的历史与文化中找寻民族主义的力量与韧性。"③

在今天的全球移民时代，"移居国外的人们，要么与其他民族的移民共同组合成为新的民族，要么在当地民族中间形成特殊的聚居地并形成特殊的民族观念；接受移民的国家要么成为形成新民族的'熔炉'，要么产生拒斥外来移民的情绪，甚至出现当地居民与移民的对立"④。在全球化背景中，移民的文化保持、身份认同和民族共同体意识通常会被视作对主流文化和同质化的抵抗，特别是当移民文化与移居国的文化差异成为种族分界标志时，主流群体便有可能把移民文化当作原始的、静态的和回归的标志，并把移民的种族共同体视作一种对主流文化和民族身份的威胁。对于移民族群来说，在敌意的环境中，移民文化就扮演着一个重要角色，它为移民的身份来源和抵抗排斥与歧视，提供了一种精

---

① ［英］安东尼·D.史密斯：《全球化时代的民族与民族主义》，龚维斌、良警宇译，中央编译出版社2002年版，"中文版序"第2页。
② 同上书，第38页。
③ 同上书，"中文版序"第4页。
④ ［英］安东尼·D.史密斯：《全球化时代的民族与民族主义》，龚维斌、良警宇译，中央编译出版社2002年版，"中文版序"第10页。

神上的支援。①

各族群在积极捍卫和争取本族的权力和利益时，处于有利地位的族群或处于不利地位的族群，都会努力推动族群问题的"政治化"，以动员自己的追随者并以族群为单位建立一个争取政治权力、经济利益的集团基础。在"政治化"的氛围中，族群矛盾也就成为社会动荡、暴力冲突和国家分裂的主要原因之一。有人可能会提出这样的疑问——移民群体是否能称为民族？即便能称为民族，鉴于其很少把建立独立国家作为诉求，在这种情况下，其不断增强的民族认同感和经济、文化诉求是否能称为民族主义？下面笔者将就这一问题做一阐释。

民族主义定义是以"民族"的概念为前提，但这并不意味着"民族"先于民族主义而存在。我们常常发现没有民族的民族主义。这些民族主义并非局限于争取民族独立，或更一般意义上的为了某些政治目的。就如我们所见到的那样，这些民族主义涉及文化和社会的重要领域，特别是民族的认同理想与其他意识形态所忽视的文化问题相关联——并且每一种民族主义都在不同程度上追求不同程度的民族认同。但是不同的民族主义总是回归于民族这一最终目的。② 族群意识在一定的政治条件和政治气候下，有可能演变为"民族意识"，换言之，就是从强调文化层面的群体意识转变为强调建立新的政治实体的群体意识。这就是通常所说的"民族主义"。盖尔纳认为，"事实上，当社会生活的经济基础要求文化的同质性或延续性（而不是无阶级性）时，当与文化相联系的阶级差异变得有害时，族群问题就会以'民族主义'的形式进入到政治领域，而没有族群特征和渐进的阶级差异仍会被容忍"③。"作为具有一定文化传统与历史的群体'族群'（Ethnic group）和作为与固定领土相联系的政治实体的'民族'（Nation）之间，存在重要的差别。但两者之间并没有一道不可逾越的鸿沟。通过一定的内、外部条件的影响，两者之间可以相互转化。不同的词汇用法实际上体现出人们在理解和引导族群关系时的不同

---

① Stephen Castles and Mark J. Miller, *The Age of Migration*, New York: The Guilford Press, 2003, p.39.

② ［英］安东尼·D. 史密斯：《民族主义——理论，意识形态，历史》，叶江译，上海人民出版社 2006 年版，"绪论"第 11 页。

③ Ernest Gellner, *Nations and Nationalism*, Ithaca: Cornell University Press, 1983, p.94.

导向。"① "尽管它们的形式可能会发生变化，但是族裔和民族联系的本质，无论在什么社会政治变革发生的情况下，都不会改变。"② 盖尔纳认为族群意识可以转化为"民族意识"，族群问题可以转化为"民族主义"运动。③ 族群意识在一定的国内政治条件和国际政治气候下，有可能演变为民族意识，并试图通过民族主义运动而实现民族自决，建立独立的民族国家。在这个过程中，强调语言、宗教差异和改写族群历史会成为建立民族意识和进行社会动员的主要工具。所以各国在处理族群关系时，不宜鼓励族群的独立政治意识和政治诉求，防止国内的族群问题转变为民族主义运动。④

就盖尔纳所认为的族群意识可以转化为"民族意识"，族群问题可以转化为"民族主义"运动，有学者认为完成这种转化所需要的首要条件就是这个社会中的族群不但具有自己的文化特征，而且还需要具有相对固定和公认的"领土"（传统上具有一定排他性的本族集中聚居地）和本族群自己的发展历史。正因为缺乏这个条件，移民族群即使具有自己的文化特征（语言、宗教等），也很难在迁入国发展自己的"民族主义"独立运动。⑤ 对此，笔者认为，在美国等西方国家中，所谓后现代市民社会的分裂也突出地表现出维护社区空间和形成飞地意识的取向。对于美国等西方国家来说，不可避免地包含着种族排斥的内容。飞地意识中的族类分隔观念，属于社会学研究范畴的模式与交往后果中的一种类型——"种族和族裔关系"，这种模式被称为"族裔飞地"。虽然典型的"族裔飞地"例证是指加拿大的魁北克省及其所谋求独立建国的法裔群体等在较大范围内出现的地域性隔离现象，但是这种意识却在西方社会裂变中普遍存在。因为这种意识的核心是认同，而各类群体特别是族类群体的认同空间未必一定需要类似于魁北克这样的地区化依托。对于高度城市化和族类碎片化的

---

① ［美］詹姆斯·布坎南、罗杰·D.康格尔顿：《原则政治，而非利益政治——通向非歧视性民主》，张定淮、何志平译，社会科学文献出版社2004年版，第1页。
② Clifford Geertz, The Integrative Revolution, in Clifford Geertz ed., *Old Societies and New States*, New York: Free Press, 1963, p. 16.
③ 马戎：《民族社会学——社会学的族群关系研究》，北京大学出版社2006年版，第107页。
④ 同上书，第111页。
⑤ 同上书，第107页。

西方国家来说，这种意识也普遍发生在城市生活的社区范围内。① 形成"飞地意识"的或通过社区管理等微观单位的文化边界而相互隔离的任何群体，往往很少共享任何除了对群体忠诚之外的忠诚。② 尤其对于那些因受歧视而处于主流社会边缘的族类群体来说，这种争取社区空间和认同斗争的典型模式通常是内向的和保护性的。③ "认同对个人来说，意味着自我确证的形式，在某一社会背景中，它意味着对某一特别的民族或种族的归属感。"④ 这种归属感所产生的飞地意识或飞地本身则源于两种原因：一是由于受到主流社会（主体民族）的排斥而使充满不平等感受的群体（少数民族、民族群体）回到隔离的社区，以保护自己不受侵害；二是也可以因为族裔优越感或族裔中心主义而产生。⑤ 通过以上分析，笔者认为，就族群意识转化为民族意识的这一条件（社会中的族群不但具有自己的文化特征，而且还需要具有相对固定和公认的"领土"即传统上具有一定排他性的本族集中聚居地和本族群自己的发展历史）而言，很多西方典型和非典型的移民国家都已具备。

第三节 移民接纳国主体族裔的排外主义

现代民族国家的所有政治安排和法律制度，都是在具有排斥性的民族主义意识形态前提下建构的，没有为少数民族外来移民的政治权利留下空间。⑥ 早在19世纪，詹姆斯·斯图亚特·密尔就提出，民主制度最适应于那些由单一民族形成的民族国家中。由单一民族组成的

---

① 郝时远：《美国等西方国家社会裂变中的"认同群体"与 ethnic group》，《世界民族》2002 年第 4 期。
② Frank N. Magill ed., *International Encyclopedia of Sociology*, London and Chicago: Fitzroy Dearborn Publishers, 1995, Volume 1, p. 468.
③ [美] 卡尔·博格斯：《政治的终结》，陈家刚译，社会科学文献出版社 2001 年版，第 240 页。
④ 同上书，第 298 页。
⑤ Frank N. Magill ed., *International Encyclopedia of Sociology*, London and Chicago: Fitzroy Dearborn Publishers, 1995, Volume 1, p. 468.
⑥ 王建娥：《移民地位和权利：对现代民族国家及其政治制度的严峻挑战》，《民族研究》2002 年第 5 期。

民族国家，是代议制民主实施的理想范围。① 在这种把民族和国家等量齐观的思想指导下，民主政治的外延就与民族的外延在逻辑上重合在一起，在民族国家基础上建立起来的代议制民主制度，自然也就带有了与种族多元化背道而驰的排斥性质，包括外来移民在内的非公民自然不在代议制度所代表的范围之内。外来移民的公民权，不仅仅是他们在民族国家疆域内的居住权和基本人权的问题，而且关系到他们在特定国家的疆域之内平等地参与全球化经济过程的权利，关系到在劳动力市场上获得平等的就业机会和同等报酬的权利，关系到是否让他们通过代议制民主的途径参与政治决策和社会财富再分配、享受基本的社会福利和保障的问题。公民身份所包含的如此众多的权利和利益，使民族国家内部一部分原有居民把公民权及其所包含的各种权利、利益和机会视为既得利益，不许外来移民染指。特别是对那些来自欠发达国家的移民，不许他们分享国家福利这块蛋糕。②

从社会心理学的角度分析，近年来西欧各国出现的针对外国移民的新纳粹种族暴力行为，和选民在大选中对排斥移民的极端右翼政党的支持，表现出来的是在民族国家框架之下的公民对权利、利益、资源、福利的独占心理。这种独占心理发生在民族国家的社会氛围之中，反映出在狭隘民族主义意识形态前提下建立的民族国家及公民权制度既与启蒙思想家的世界主义大相径庭，也与全球化移民带来的种族文化多样性背道而驰。同时，它还反映出建立在狭隘民族观念基础上的民族国家的排斥机制对社会风气和公民伦理道德的建构作用以及根深蒂固的社会影响。③

社会经济情况恶化、失业率高时，人们往往容易产生对现政府的不满情绪，对新的政权形式怀有幻想，甚至为实现某种政权形式而走上极端。而当这一问题与移民问题交织时，又会使失业人员和其他对现状极其不满的人将心中的怨恨发泄到外来移民身上，从而产生极端种族主义，甚至制

---

① Feliks Gross, *The Civic and the Tribal State*, Westport, Conn.: Greenwood, 1998, p. 69.
② 王建娥：《移民地位和权利：对现代民族国家及其政治制度的严峻挑战》，《民族研究》2002 年第 5 期。
③ 同上。

造暴力排外事件。"无论是针对穷人的苛刻措施，对外国人的吸收的苛刻条件，还是对外来人口政治参与权甚至是联合与同盟的基本权利的剥夺，其根本动因往往都是对竞争与恶化的恐惧。当在工资或工作条件方面无法找外来人口带来的不良后果时（事实往往是这样，因为后备军的影响是极少的），话题就会转向所谓间接后果（生活质量、基本教育状况或邻里关系的恶化），要么就凭空杜撰出其他各种理由，然而，真相只有一个，那就是定居人口对流动人口的恐惧。"① "反移民运动实际上是以单一种族社会或自治社会的神话为基础的认同运动。"② 罗伯特·吉尔平在谈到劳动力要素与民族主义关系时指出："在过去，土地与资本是最带有民族主义感情色彩的生产要素，而今，在发达国家，劳动力（劳动）已成为三种生产要素中最倾向民族主义和保护主义的了。"③

"民族'自我'在任何时候都是相对于'他者'而定义的。"④ "在他者意识出现之前，根本没有民族主义。"⑤ "为了净化共同体，需要对共同体中的外来成分以及族裔少数群体采取强硬态度……现在他们逐渐被看作是经济上的对手，而且还被看作难以融合的文化成分，更有甚者，有人认为他们会腐蚀民族的道德品质和生物纯洁性。要求保持民族的独特文化传统的愿望很快就转化为一种不安，担心共同体的存在会受到威胁，这是一种民族即将衰落的意识，因此进而又会转化为对所有东西的疯狂仇恨。结果他们会谴责族裔少数民族，认为与他们或大民族长期在一起生活过的这些人，对他们民族的生存及特征构成直接的威胁，因此如有可能就应该把他们铲除掉。人们不断感到移民破坏了民族的结构，因为他们要求区别而

---

① ［澳］墨美姬、布雷特·巴里主编：《印迹2："种族"的恐慌与移民的记忆》，杨淑学译，江苏教育出版社2004年版，第97页。

② ［奥］斯蒂芬·卡斯尔斯：《全球化与移民：若干紧迫的矛盾》，黄语生译，《国际社会科学杂志》1999年第2期。

③ ［美］罗伯特·吉尔平：《国际关系政治经济学》，杨宇光等译，经济科学出版社1989年版，第74页。

④ ［美］杜赞奇：《从民族国家拯救历史》，王宪明译，社会科学文献出版社2003年版，第14页。

⑤ M. Guibernau, *Nationalism: The Nation-State and Nationalism in the Twentieth Century*, London: Polity Press, 1996, p. 51.

平等地对待，要求保持文化差异，希望实现多样化和自治。"① 移民常常被当成民族认同建构中的反面的他者，针对移民的歧视、边缘化和种族主义在世界历史上屡见不鲜。它们被认为扰乱了民族国家统一的文化和政治建构，对民族国家的统一性和本真性提出了挑战。

英国历史学家霍布斯鲍姆曾对19世纪的竞争受挫者、民族排外主义和右翼政治之间的关系进行过分析，他认为：民族主义与中间阶层紧密联系的一个因素就是经济原因，这种方式促使它和中间阶层的人士转向政治上的右派。仇视外族人对于商人、独立工匠和某些受工业经济进步威胁的农夫，很容易具有吸引力，尤其在财政紧迫的不景气时期。外国人逐渐成为资本主义的象征，而资本主义正是瓦解古老传统的力量。对无法精确解释自己不满的人来说，民族主义特别能替他们表达集体的愤恨。而国家能作为他们集体身份的"真正捍卫者"，爱国心可以补偿他们在社会上的卑下地位。② 由霍布斯鲍姆的这段话又引出了一个问题，这便是如何区分爱国主义和移民接纳国主体族裔的排外主义，这个问题非常重要，因为以"爱国"的名义行排外之实，是这种民族主义最为普遍的表现。"当民族主义者转向对付国内的外来敌人时，也是利用仇外心理挽救自尊心，但此时离种族主义已近在咫尺，爱国主义却被减弱。仇外思想通常能使公民的国家转变为民族的国家，但却很少能将民族的国家变为公民的国家。"③ "Nationalism经常被使用来表示对国家的忠诚而不是对民族的忠诚，为了达到一个更精确的用法，康纳提出用Patriotism来表示对国家的忠诚，而将Nationalism留出作为民族内的成员资格。"④ "爱国主义"，就是"对国家的爱，这个单词源自父亲这个词根，指示着给予对父母忠诚的情感"⑤。

---

① ［英］安东尼·D. 史密斯：《全球化时代的民族与民族主义》，龚维斌、良警宇译，中央编译出版社2002年版，第113页。

② ［英］艾瑞克·霍布斯鲍姆：《帝国的年代》，贾士蘅译，江苏人民出版社1999年版，第198—201页。

③ ［法］吉尔·德拉诺瓦：《民族与民族主义》，郑文彬、洪晖译，生活·读书·新知三联书店2005年版，第121页。

④ Bertrand M. Roehner, *Separatism and Integration*, London: Roman and Littlefield Publishers Inc., 2002, p. 8.

⑤ Louis L. Snyder, *Varieties of Nationalism: A Comparative Study*, New York: Holt, Rinehart and Winston, 1976, pp. 43–44.

笔者想以上这段评述可以作为我们区分爱国主义和排外主义的一个重要根据。"民族主义，即便是以最弱形式出现的民族主义，也不能与爱国主义相混淆。爱国主义是一种人们普遍怀有的不需要与任何人敌对的情感，它不需要像极端民族主义那样用敌意来培育。爱国主义作为一种对自己社会拥有责任的情感和意识，与公民民主国家有着内在的联系。"①

第四节　移民群体的族裔民族主义

社会学家路易斯·沃思（Louis Wirth）从社会条件和团体权力斗争的标准，将民族主义区分为如下四类②：（1）霸权性民族主义（Hegemony Nationalism）。一种民族团体透过国家的统一和国力的扩张，而追求更多的民族利益。（2）分离性民族主义（Particularistic Nationalism）。一部分分离主义者要求民族自治甚或独立，也可能与其他地区的本民族团体合组新国家。前者如西班牙的巴斯克（Basques）要求自治，后者如前南斯拉夫的斯洛伐克（Slovanians）、克罗地亚（Croats）和波斯尼亚（Bosnians）要求独立，以及加拿大的魁北克（Quebecios）要求独立，至于要求分离而另组新国家者，以北爱尔兰的 Irish 最典型。（3）边缘性民族主义（Marginal Nationalism）。在两个国家的边界地区，经常存在着混合文化的人，但这些人又各自信守本民族的传统，这样有时候就难免产生文化认同失调与文化冲突。（4）少数民族的民族特性（Nationalities in the Minorties）。少数民族经常会为了维护、认知自己的传统民族性而奋斗，也企图在其他民族的统治下维持自己的文化，因此会产生民族寻根、反对同化、坚持使用母语与信奉民族传统宗教等。由上面这个对民族主义的分类来看，移民群体的族裔民族主义可以归入第四类民族主义类型，未必以建立民族国家为皈依。移民群体的族裔民族主义与一般民族国家的民族主义之间的显著区别在于这一群体边界的模糊（分散在各居住国，未有固定

---

① ［美］菲利克斯·格罗斯：《公民与国家——民族、部族和族属身份》，王建娥、魏强译，新华出版社2003年版，第48页。

② Louis L. Snyder, *Varieties of Nationalism: A Comparative Study*, New York: Holt, Rinehart and Winston, 1976, p. 37.

的疆域)、人数的不定(依据社会动员的广度而不同)。移民群体作为居住国的少数民族,对外不可能如民族国家的民族主义那般具有扩张性;对内,亦不具有主体民族那种强大的分裂性;同时,还具有组织性不强,往往不易发展成势力庞大且极富挑战性的泛民族主义的特点。

随着现代社会移民风潮与劳工流动,形成了新的现代"少数民族",他们通常生活和工作在一个遭受排斥、被边缘化、充满种族主义的环境中。他们在远离祖国与家乡而又得不到主流文化的认同或自身难以融入主流文化时,这种"独在异乡为异客"的乡愁意识就更加强烈。在时空的经纬上,他们是散居者和漂泊者,"无以为家",没有精神的根源感,四处漂泊;他们是飘零的,但决非无家可归,在心灵和精神上,他们拥有基本的族群价值观和身份意识。全球化时代,移民群体有其地点分散的一面,但也有其精神凝聚的一面。这种关系的联系凝聚,通过社会网络和社会资本得以实现。在移民社会中,通过地方风俗和社区历史的阐释来寻求社会归属感、确定共同的祖先和血缘关系是一种常见的构建身份策略。移民到了新的社区,在人数和文化上均处于弱势和非主流,这样,在长期与当地人互动的过程中,移民在日常生活、思维方式和生活方式等方面更多地是吸收或容纳当地的文化元素。但是,移民在互动中并不总是消极的,在文化本土化的同时,他们也积极地通过对本群体传统风俗和社区历史的阐释来塑造自己的身份,利用社会网络(social networks),尽可能地建立最广泛而且可适用的社会关系框架,在这个框架中,每一个人作为一个"节点",连接起其他人,构成网络。凭借这样的社会资本(social capital),在网络或广泛的社会结构中,个人通过他们的成员资格就拥有了掌握稀有资源的能力以及个人在需要时动员和运用这种资源的能力。①

关于移民族裔群体在东道国社会仍保持祖籍国文化认同的原因,笔者认为有以下几点。首先,在现代社会,文化与认同常常结合起来形成特定的文化认同,成为个人或集体界定自我、他者,加强彼此的同一感以凝聚成拥有共同文化内涵的群体的标志。对祖籍民族文化的认同是移民及其后

---

① 关于社会网络和社会资源的定义,参见 Steven Vertovec, *Transnational Social Formations: Towards Conceptual Cross-fertilization*, Paper-presented at Workshop on Transnational Migration: Comparative Perspectives, June 30 – July 1, 2001, Princeton University, WPTC – 01 – 16。

裔在异国他乡生存和发展的心理需要。人从一生下来就与自己的民族建立起了一种血缘的亲情纽带，民族和种族的文化印记将始终是其自我意识的一个不可分割的组成部分。移民及其后裔要在一个异域的文化氛围中生存和发展，族裔群体所给予的"家"的归属感和在陌生的社会文化中对祖籍民族与文化认同所带来的满足感是移民融入移居国东道国社会过程中不可缺少的心理需要；而由于初来乍到和社会地位低下，他们渴望一种自尊和来自社会其他群体的尊重，其中包括文化的、宗教的和人格上的各种心理因素。[1] 来自东道国主流社会的种族歧视和排外主义浪潮成为族裔群体保持双重文化认同的最直接原因。主流社会中时常表现出来的种族歧视和持续不断的排外主义成为他们融入东道国社会、实现其美好梦想的主要障碍。移民往往只得聚族而居，长期依靠族群来保障他们的政治和经济利益，甚至人身安全，族群就成为他们抵御外来民族和种族仇视的主要力量，对本民族的文化认同也就成了相伴他们在东道国社会不断拼搏奋斗的精神支撑。[2] 其次，移民由于种种原因来到这个陌生的世界，有着共同文化认同的族群为移民提供了踏入东道国社会的一切基础，是他们开始新生活的现实需要。许多移民穷困潦倒，孑然一身，最初能够为其提供经济帮助的往往都是那些说着同一种语言、有着共同生活习惯和文化背景的同乡。他们建立各种族裔组织，帮助移民熟悉环境、寻找工作并为他们提供住宿和所需的基本经济资助。移民在获得经济自立、融入东道国社会之前，族群始终是他们所依靠的群体力量。他们长期聚族而居，自然而然形成了一个个"国中之国"，如"小意大利"（little Italies）、"小波兰"（little Polands）、"犹太人区"（Jewish Ghettos）、"唐人街"（China Town）等；同时，在族群内部建立各种族裔组织，如：希伯来移民助济社、中华会馆、波兰人全国委员会、爱尔兰人联合会等。这些以相互帮助和支持为目的的族裔社区和组织客观上起到了凝聚族裔成员、保持本民族文化认同的作用，同时也为吸引更多同族移民的到来提供了可能。最后，东道国用强迫同化政策让移民放弃原有传统、语言和习俗，这不仅不可能成功，而且会带来反感和抗拒。移民不是被动的行动者，而是有着强烈主体能动意

---

[1] 朱全红：《论美国族裔群体的双重文化认同》，《学海》2006年第1期。

[2] 同上。

识的行动者，强迫同化只能促使民族更加追求差异性和民族性。当一个民族或族群离开了它原先的领土，而生活到了一个具有不同文化的社会，为了生存，它不得不适应于它所移居的那个社会的文化和习惯，不得不接受那个国家的统治。同时，由于每个最初的文化群体都带有轻视外来文化群体的倾向，生活在一个新土壤上的族群也就很难保护自己的传统。随着时间的推移，这些群体的文化传统就会被弱化，民族的个性会被居统治地位的民族所同化。有鉴于此，来自完全不同的社会和文化环境的族群为了本民族的生存和利益，就要抵制那些居统治地位的民族的同化；并通过采取各种手段，如开办民族语言学校，举行各种不同的民族庆祝活动等方式，以抵制统治民族的不公正行为，维护和强化移民群体对本民族的认同。

在20世纪60年代以前，许多学者预料，"工业化、城市化和教育普及会削弱种族意识，普遍性将取代特殊性"①。然而，事实告诉我们，美国和西欧国家的高度工业化和城市化虽然在相当大的程度上"消化"了农民，但却未能"溶解"那些聚居在一起的移民群体。多元文化的社会氛围虽然"增加了整合性群际交往的机会和可能性，但也增加了来自不同群体的人们之间发生冲突的场合和可能性"②。20世纪末期，当全球化浪潮逼近的时候，散居世界各地的各民族种族群体并非如同化论者料想的那样，逐渐消弭于主流社会中不见身影；相反，各移民群体的民族性不但愈加凸显，而且在数量和规模上日益壮大，通过社会网络的空间分布和社会资本的功能运用，他们在全球各地整合自身文化资源，抵御可能面临的外部压力和社会动荡。移民的意识很多还停留在祖国，对祖国发生的事情十分关心。而在他们现在居住的国家，不仅遭到冷遇，还要面对一些结构性问题，对当地社会积蓄了许多的不满。卫星电视与互联网的普及，使移民融入当地社会面临着新的障碍。通过卫星电视，移民可以观看自己国家的节目；通过互联网，可以阅读自己国家的新闻。当地的广播电台也有面向移民，用他们的母语制作的节目。在这种状况下，近年来，移民不再选

---

① ［美］西摩·马丁·李普塞特：《一致与冲突》，张华青译，上海人民出版社1995年版，第352页。
② ［美］彼得·布劳：《不平等和异质性》，王春光等译，中国社会科学出版社1991年版，第236页。

择融入当地社会,而是在当地社会建立一个移民社区。此外欧美社会的保守化使移民问题越发表面化。这造成了当地新的社会问题,同时也成为移民社区一种新的民族主义的表现形式。

移民在新的土地上开始新生活的过程中,由于陌生的环境和来自主流社会不太友好的歧视,来自同一祖籍国的移民一般都是聚族而居,互相帮助,共同发展以求生存。各移民群体往往继续保持着种族的认同,其人口与政治的分量也不断增加。这种聚居模式无形地为这些族裔群体增添了非常重要的政治资本。"人多势众",一定规模的人口迁移必然会对迁入地的族群政治格局和社会政策带来影响。[1] 这就存在着形成亚文化群和各种聚居区的趋势,从而有可能损害国家的统一和本国居民的文化认同。那么,出现的将不会是民族融合的国家,而是一个割裂的、多元文化的社会,其中民族归属与社会阶层就会相互制约(民族阶级),这样可能导致极度的紧张与冲突,部分还会引起对外政策的相应变化。[2] 尤其应该引起注意的是,文化上的疏离有可能逐渐产生心理上的隔阂,并最终导致政治上的分离。

而对于主流民族,外来的族群毕竟成了现实,但他们为了防止这些族群对主流社会的利益分享,往往坚持文化的普遍性,并通过各种方式同化外来族群。这样就使主流民族的文化和外来族群的文化处在矛盾之中。如果多数人的民族和少数人的民族间的不信任增长的话,社会连接纽带就会逐渐被销蚀掉。社会边缘化和社会隔离结合在一起可能催化产生一场新的民族主义运动。"20世纪后半期最令人困惑的趋势之一就是政府正不断被其社会结构下的少数民族——即族群民族主义——烦扰、哄骗与挑战。"[3]

当生活在一定疆域中的一部分人,因为种族出身和文化背景的差异而被排斥于当地主流政治和社会生活之外,不能和其他人享受同等的政治、经济权利,自己的文化习俗、生活方式得不到应有的尊重,而被当地的主

---

[1] 马戎:《民族社会学——社会学的族群关系研究》,北京大学出版社2006年版,第355页。

[2] [德]赖纳·特茨拉夫主编:《全球化压力下的世界文化》,吴志成、韦苏等译,江西人民出版社2001年版,第44页。

[3] Frederick L. Shiels, *Ethnic Separatism and World Politics*, Lanham: University Press of America, 1984, p. 1.

流社会视为异类的时候，社会的冲突和分裂就不可避免。当社会中的一部分人被推向边缘、推向贫困，并且使他们改善自己地位、增进自己财富、改变自己生活水平的希望一再落空的时候，人们内心积聚的愤怒和仇恨情绪就必然会寻找各种渠道发泄出来，采取极端行为强行变革现存制度、变革这种社会秩序和社会分层的可能性就不可避免。

移民精神生存空间里的隐形种族歧视并未能因各种制度化的歧视法规的彻底废除而得以解决。移民处于精神生存空间的两难困境，"他们意识到他们面临两种痛苦的选择：他们可以保留自己疏远的、边缘化的地位，或者以自我抹杀为代价被同化"[1]。这一无法逃脱的现实，将导致移民群体族群意识的集体觉醒，促使其进一步思考自身的社会地位，在共同经历的基础上达到空前的族群认同。"移民们发现自己面临着双重障碍，一方面，他们不是能够对世界做出自主反应的真正主体；另一方面，非移民又有理由把他们作为猜忌的对象，因为他们在客观上助长了剥削的维持与加强。"[2] 他们常常被边缘化，受到歧视，这种地位使他们高度重视个人和群体的认同。这可以有两种截然不同的形式：一种是分离主义和原教旨主义，它们常常是孤立和种族主义经验的产物。另一种形式则存在于民主社会内部，是为取得平等权利、为使其独特的文化群体获得承认而进行的动员。正如法国的北非青年所做的那样，这种活动引发了对以参与和文化开放为基础的"新公民权"的呼吁。"借助于民族主义的解释逻辑，个体的不幸遭遇将得以与民族的苦难命运有机地合为一体，由此超越了个人的卑微感，上升为一种悲壮体验。而日常经验与抽象理念互为增援，不断地加固了民族主义宏大叙事的建构，最终为身处社会变迁压力下的人们提供了自我认同和价值归属的可能。"[3]

"移民群体在族类政治化的社会裂变中出现了'族裔复活'，并产生

---

[1] [以色列] 耶尔·塔米尔：《自由主义的民族主义》，上海人民出版社 2005 年版，"前言"第 19 页。

[2] [澳] 墨美姬、布雷特·巴里主编：《印迹 2："种族"的恐慌与移民的记忆》，杨淑学译，江苏教育出版社 2004 年版，第 80 页。

[3] 刘擎：《伯林与自由民族主义：从观念分析向社会学视野的转换》，《社会学研究》2006 年第 2 期。

了政治要求。"① 移民群体的族裔民族主义就现阶段的发展来看,并不一定需要实现完全的政治独立,并不否认现存国家的政治权威,其目标在于限制国家的权力管辖范围,而不是试图全盘否定现存的国家权力。"分离主义的策略是一种高代价的策略,大多数的政治精英将不会乐于采行此种策略,除非在现行体系中显然一切通往权力之路均被阻塞,或者除非外部介入已形成一个对他们有利的合理期望。一般而言,在多元民族国家中的民族少数团体其计划的极大化是倾向于主张自治、自我管理、或联邦的形式。"②

当代社会中最大的认同是民族和国家的认同,最大的危机也是民族和国家的认同危机。由于认同危机的核心是对价值观的认同危机,因此民族国家的认同危机也就是民族国家所信奉的核心价值观的危机,而对民族和国家的认同,也就是对民族和国家的制度、信念、文化和价值观的认同。民族国家的政治文化在国民的层面上仿佛是采取共有的形式;然而,在多民族国家内部,却大抵有以代表优越民族精英分子的意志为指导思想的倾向。具有不同背景及文化的人们在多元国家里可以相互容忍,族群认同与协商可以在现存国家实体中被表达而不会威胁到国家的统一。反之,族群之间的容忍不能培养,那么国家崩溃的结果不会导致安定的民主政治,只会促进分离以及更多的族群斗争。

第五节 本章小结

在全球化时代,我们发现自己陷入了政治认同与族裔分离的冲突大旋涡。对于很多人来说,一种"狭隘"的、有分裂倾向的民族主义成为当代世界最大的政治危险源,而族裔与民族认同仍然是各地高度紧张敏感的政治话题。③ 国际移民问题这一曾经是边缘性的社会问题,在全球化时代逐渐成为影响各国政治、经济、文化、宗教、非传统国家安全等多个领域

---

① 郝时远:《美国等西方国家社会裂变中的"认同群体"与 ethnic group》,《世界民族》2002 年第 4 期。

② Paul R. Brass, *Ethnicity and Nationalism*, California: Sage Publications, 1991, p. 61.

③ [英]安东尼·D. 史密斯:《全球化时代的民族与民族主义》,龚维斌、良警宇译,中央编译出版社 2002 年版,"序言"第 2—6 页。

的核心问题。对移民浪潮的恐惧点燃了人们的怒火，重新引起了人们对文化认同、民族团结以及民族利益与民族大事维护的兴趣，极端主义分子把这一兴趣推向了仇外主义和仇犹主义，而比较温和的群体则把这一兴趣变成了对防御性国家民族主义的重申。① 美国、澳大利亚、加拿大作为西方主要的移民国家，总为其归化移民的历史而得意。它们已有150多年大规模归化移民的经验，并且成功地归化了大批来自世界各地的移民，而未对其统一、稳定和繁荣造成任何严重的威胁。然而，今天很多人担心，历史上的这种成功归化的模式现在正处在危险中。一种普遍的忧虑是，当今的移民将会留居在"同族聚居区"内，因而导致社会日益"巴尔干化"。② 国家内部族群之间的结构性不平等是一种相对概念，处于一种类似此消彼长式的不断变化的过程中。族群间的结构性差异可以为民族主义的社会动员提供资源，而种族身份固化容易导致族群成为边界清晰的利益集团，为民族主义势力的发展留下空间。民族问题在一定情况下可能被提升到社会主要矛盾的理论高度，从而可能使暴力成为争取族群利益的道路选择，多民族国家的内部秩序因此可能瓦解。

尽管之前的许多关于民族主义的论述都是以民族国家为理论框架的。这并不等于说"民族国家"的概念与"民族主义"的概念必然重合。"民族主义话语不可以还原为国家形成和政治操纵。它有独立的意义，在文化领域，它表现出不只接受国家建设计划的界定，而且常常通过大众行动来改革和对抗国家建立计划。"③ "对大多数学者而言，民族主义是一种试图把民族等同于国家的运动。他们认为如果民族与国家之间没有这种紧密的结合，民族主义就几乎没有社会或政治意义。在现代史上，最重要的并不是民族主义，而是民族国家现象。民族主义者通过民族自决的原则不断地拔高、追求民族国家。如果不具有与国家的那种联系，民族主义就会仅仅是民间关注的事情。但是，正如我们所见，民族主义意识形态关注的是民

---

① ［英］安东尼·D. 史密斯：《全球化时代的民族与民族主义》，龚维斌、良警宇译，中央编译出版社2002年版，第15页。

② ［加］威尔·金里卡：《少数的权利——民族主义、多元文化主义和公民》，邓红风译，上海人民出版社2005年版，第158页。

③ Lars-Erik Cederman, Nationalism and Bounded Integration: What it Would Take to Construct a European Demos, *European Journal of International Relations*, Vol. 7, No. 2, 2001, p. 143.

族,而不是国家。民族必须被扶植、保护,并使之发挥效力,任何能提供这种保护并赋予这种效能的框架都被认为是适合的框架。地域性国家是扮演这种保护性角色最明显、最合适的候选者,但不是唯一的候选对象。因此,对国家与民族两者重合一致的推动,是民族主义的一种经常性的、强有力的手段,但决不是不可避免的成分。这意味着民族主义必须与民族国家分开,民族认同与国家主权分开。"①

当代世界林林总总的民族主义现象,常常是产生在多种不同的语境下。民族主义运动具有与任何形式的意识形态、政治力量相结合而展开的可能性。"当某一自然领土上的居民们开始感到自己在共享同一命运,有着共同的未来,或当他们感到被一种深层的同志关系联系在一起时,民族主义便产生了。"② "概念绝非漫无目标的玄学思辨,而是根源于特定地域,成长于特殊社会背景,成型于既定历史时空。"③ 从族际政治的视角来看,只要存在族际接触,就不可避免地存在民族主义的动因。因此,不少学者感叹民族主义十年而易。④ 由于在民族主义意识形态框架中,民族是一个综合性的集合概念,超越种族、语言和宗教,因而其内在规定性便与建构民族国家的要求——地域、人口和主权相吻合。在此,民族可以有两种理解:一是指具有国家背景的所谓政治民族,此种民族是放在国际关系的大背景下来理解的,相当于英语中的 nation;二是指国家内部以种族、语言、宗教信仰等不同背景相区分的人类集团,相当于英语中的 ethnic groups、people 等,具有文化民族的含义。以此观之,民族问题就包括两方面内容:其一是政治民族之间的关系,即国家之间的关系;其二是一国内部的民族关系,即文化民族或族群之间的关系问题。⑤ 与此相应,与民族相关的民族主义也拥有两个不同层面:既有国家层面的民族主义,也

---

① [英] 安东尼·D. 史密斯:《全球化时代的民族与民族主义》,龚维斌、良警宇译,中央编译出版社 2002 年版,第 131 页。
② [英] B. 安德森:《民族主义的现在和未来》,少辉译,《天涯》2000 年第 1 期。
③ [英] 埃里克·霍布斯鲍姆:《民族与民族主义》,李金梅译,上海人民出版社 2000 年版。
④ [美] 肯尼斯·米诺格:《民族主义》,亚当·库珀、杰西卡·库珀主编:《社会科学百科全书》,上海译文出版社 1989 年版。
⑤ 王联:《民族问题与当前国际政治态势》,《当代世界》1999 年第 10 期。

有多民族国家内部的民族主义。①

全球化背景下,国际移民民族主义思潮既是以往民族主义的延续,同时又有一些新的元素渗入其中,构成了历史与时代背景合而为一的独特结构。"恰如某些河流沉没地下,又在不太远的地方重新冒头,使人们在新的河岸看到同一水流。"② 民族主义的概念内涵,不应再囿于或设定于旧有的窠臼当中。对于这一概念的提升、把握和分析,对认识和理解全球化时代的国际移民现象及其影响具有重要意义,其为全球化时代的国际移民现象找到了民族主义内容的空间表达形式。尽管国际移民民族主义不代表世界民族主义的总体走向,但却是国际关系中一股相当引人瞩目的力量。作为其内涵的移民群体的族裔民族主义和移居国社会的排外性质的公民民族主义势力的发展走向,很大程度上取决于两者冲突和包容的程度。只有当彼此包容日趋深入的时候,移民群体的族裔民族主义的发展才会有良性发展的舞台和被容纳的空间,这种民族主义的族群性内容有可能融入民族主义的公民性实践中。反之,如果这种融合远不足够,甚至引发与居住国的民族矛盾与冲突的话,那么移民群体的族裔民族主义就有可能会朝两个方向演变:或趋于萎缩、淹没在主流社会的认同中,这种可能在日益鼓励张扬文化个性的今天不太可能实现;或趋于高昂、爆发出新的力量,甚至走向回归祖籍国和分裂移居国的极端。随着国际移民规模的愈益扩大,许多民族国家对公民日益多元化的身份意识变得敏感和不安。

民族主义既是国际政治中一项重要变量,同时也表现在国内政治范畴之内。在国内政治范畴中,民族主义表现为多民族国家中不同民族对本民族利益的强调与维护,包括主体民族对非主体民族的压迫,以及非主体民族对主体民族的反抗等。公民民族主义和族裔民族主义通常共存于现代民族国家,人民既被看作是公民,又被看成是族裔的成员。在现代世界中,任何一个国家的成功都依赖于这种共生关系。当这种共生关系趋于完美时,当公民与族裔两种成分之间不存在缝隙时,文化和公民权就会彼此加强,国家的作用得到充分实现。相反,当这种共生关系被削弱或者被拆

---

① 吴前进:《冷战后华人移民的跨国民族主义——以美国华人社会为例》,《华侨华人历史研究》2006 年第 1 期。

② [法] 托克维尔:《旧制度与大革命》,冯棠译,商务印书馆 1997 年版,第 31—32 页。

散，当公民的或者族裔的要素中一方逐渐占据了优势，国家的团结和权力就会被削弱，就可能导致公民身份与族裔的冲突。①

由国际移民问题所引发的民族主义，其产生有着社会政治、经济、文化各方面的原因，其影响从现阶段来看无疑是消极方面大于积极方面，而各国政府对其采取的政策都是权宜之计，缺乏长远规划。大量外来移民的到来，一方面改变了移民接受国原有的种族结构，使其逐步向美国那样的种族多样化社会发展；另一方面也引起了一系列的政治、经济、社会问题，如移民对所在国民族国家认同提出的挑战、移民的公民权问题、移民和当地社会的关系、移民对当地就业市场的冲击、移民文化和当地文化之间的差异、移民对所在国人口结构的影响、移民政治经济地位和社会文化权利问题等，从而对传统民族国家的观念和政治实践提出了挑战。民族公民身份这个"弱式认同"在整合民族共同体的努力中起到了至关重要的作用。②

民族主义是一个历史范畴，对待民族主义只能坚持现实的态度，承认它的存在，承认它在一定意义上的合理性，并用正确的方法引导它。民族在当代最大的变化和特点是交融性和包容性，这种特点和势头正随着人类社会的发展而越来越明显和越来越强劲。这就要求一切民族意识、民族精神、民族思想和民族主义都要有博大而深广的包容性。在全球移民时代，传统的民族意识、民族精神、民族思想和民族主义不能再作为指导我们今天处理民族问题的金科玉律。对待民族主义不能像对待理论学说一样，应该对移民群体的历史、文化和目前的喜好有所了解，并且要深入到民族现象所依据的、民族主义所借以激励的真实生活感受中去。这也说明了建构当代正确处理多民族国家内主体民族与移民少数族裔群体关系的多元主义族际政治理论的迫切性。

---

① [英] 安东尼·D. 史密斯：《全球化时代的民族与民族主义》，龚维斌、良警宇译，中央编译出版社 2002 年版，第 119 页。

② Juan M. Delgado-Moreira, Multicultural Citizenship of the European Union, Aldershot: Ashgate Publishing Limited, 2000, p. 95.

第 三 章

全球化背景下民族问题崭新的分析框架
——自由民族主义理论

"在20世纪的历史中,民族国家的理想达到了它的顶点,并开始衰落。现在广泛接受的观点是:绝大多数的国家不是、从来不曾是、也不可能是单一民族国家。国家的自我形象的这种转化典型地表现为从民族同一性政策向多元文化主义政策的转化。"① 从20世纪70年代开始,在移民群体的压力下,除了法国外,西方各主要的移民国家都逐渐放弃了同化主义模式,而采取了更为宽容和多元化的政策,允许并实际上支持移民维持他们的各种族裔传统。然而很多人对这种政策表示了担心。施莱辛格认为,多元文化政策正鼓励"把全国分裂成一小片一小片争论不休的飞地、同族聚居区、部落……鼓励并赞扬文化及语言的种族隔离"②。应该说,移民要求实行多元文化政策表明了他们对历史上同化政策的不满,反映了他们谋求保持自身独特民族文化的愿望。而人们对多元文化政策的担心,对移民族裔民族主义的忧虑也不无道理。多元文化政策虽然有创造一个更加包容和公正的社会的崇高而真诚的动机,但是,在实践中,却无法保证不产生种族分离、国家分裂的灾难性后果。对此,我们应该如何评断呢?我们又应该如何看待因为移民问题而萌生在国家主体民族中的极端民族主义的表现——排外主义呢?在今天的全球化时代,民族认同和民族主义在日趋多元的政治格局中,其存在和强化是不可避免的,面对甚嚣尘上的民

---

① [以色列]耶尔·塔米尔:《自由主义的民族主义》,陶东风译,上海人民出版社2005年版,"前言"第10页。

② Arthur Schlesinger, *The Disuniting of America*, New York: Norton, 1992, p.138.

族主义问题，自由民族主义理论在我们面前提出了一个自由主义的民族主义是否可能的问题。

第一节 民族主义研究的一般理论

伴随着两极对峙的冷战格局成为历史，世界政治事务和社会生活中的民族因素呈现日益增多的趋势，出现了所谓的第三次民族主义浪潮。民族主义再次成为世人关注的焦点，特别是全球化背景下由国际移民潮而引发的新形态的民族主义问题更是让人瞩目，其呼唤以新的理论工具对民族主义问题进行深入研究。自由民族主义理论作为20世纪末新兴的理论形态，作为分析此问题的理论基点，具有独特的价值。

在探讨自由民族主义理论的研究情状之前，先对两个最基本的民族主义理论做一介绍，是非常有必要的。如此，不仅有利于我们厘清自由民族主义理论的发展脉络和主要观点，更重要的是有助于我们了解把自由民族主义理论作为分析全球化背景下国际移民民族主义的理论基点的原因。

一 民族自决理论

民族自决权又称"人民自决权"，是《联合国宪章》规定的一项重要原则，是国际人权法确定的一项基本人权。它最早是由德国哲学家康德提出的，其哲学依据是所谓"道德自律"之说：人的道德性建立在个人内在自由意志的普遍法则上，即道德性在于个人服从其内在的良知。"一个道德善良的人即是一个自律的人，为体现这自律，他必须是自由的，既然如此，自决即是'最高的政治之善'。"[①]据此解释，道德的斗争乃是在于实现个人道德之完美自我。以此类推，一个民族的独立自决便是在道德上可以证明的崇高目标。自决原则的提出适应了当时欧洲民族主义兴起的要求，并成为民族主义的最高要求和最集中的体现。从广泛意义上说，英、法、西等西欧近代民族的形成就可看作民族自决思想的具体表现。马基雅维利的"将意大利从蛮族手中解放出来"[②]，要求意大利统一的呼声和黑

---

① ［英］埃里·凯杜里：《民族主义》，张明明译，中央编译出版社2002年版，第70页。
② ［意］尼可罗·马基雅维利：《君主论》，潘汉典译，商务印书馆1985年版，第121页。

格尔的"每个国家对别国来说都是独立自主的,独立自主是一个民族最基本的自由和最高的荣誉"①,都包含着民族自决思想。不过,民族自决被作为一项国际关系准则提出,则是在北美独立战争和法国大革命之中。伴随着18世纪法国大革命的发生,以这种形式表现出来的民族自决学说得到进一步普及,尤其在东欧更为典型。民族主义者们坚定地相信:行使自主权,并决定他们命运的唯一途径是争取政治独立和自决权。这种学说后来扩展到中东、南亚,最后又传到非洲。在西方殖民话语时期,民族自决是反对殖民主义的重要手段和目标。"战后阶段,自决学说被所有的反对现存制度的运动所利用。对这些运动来说,某种激进的主观主义似乎能够将真实性与革命的积极性(实践)相结合,从而能够用情绪和结构的新范式取代陈旧的社会秩序。各个阶层和团体可能都被赋予自决权和不受限制的自我表达权。"② 总的来说,"一般的自决理想与特殊的民族自决之间存在的差异,突出了自决学说的模糊不清之处。从哲学上说,自决学说设想,人类有能力完全自由地指导他们自己的生活,因此它无法说明内部强制的根源以及产生于传统、社会制度和集体性历史的结构限制。而且自决学说无法解释能够行使自决权的自我。自我经常就是怀疑、模糊和冲突的客体。以与民族自决有关的问题而言,必须提出其他标准用语确定的自我范围。这些标准明显地是语言以及后来的肤色"③。

民族自决权(The Right of National Self Determination)就是每个民族独立处理自己的事务、决定自己命运的权利,它是民族意志的重要体现。民族自决权的思想源于资产阶级革命时期的天赋人权说和人民主权说。1776年的美国《独立宣言》和1789年的法国《人权与公民权宣言》是反映这些思想的最具代表性的历史文献。马克思、恩格斯从支持资产阶级民主革命、争取无产阶级利益出发,历来赞成民族自决。俄国十月革命期间,列宁提出了以反对民族压迫和殖民统治为核心内容的民族自决思想,并把它同殖民地与附属国人民争取解放联系起来。第二次世界大战后,民

---

① [德] 黑格尔:《法哲学原理》,范杨、张企泰译,商务印书馆1961年版,第339页。

② [英] 戴维·米勒(英文版主编)、[英] 韦农·波格丹诺(英文版主编)、邓正来(中译本主编):《布莱克维尔政治学百科全书》,中国问题研究所等译,中国政法大学出版社2002年版,第744页。

③ 同上。

族自决权在《联合国宪章》《关于人民与民族的自决权的决议》《给予殖民地国家和人民独立宣言》《国际法原则宣言》《关于自然资源永久主权的宣言》《公民权利和政治权利国际公约》《经济、社会及文化权利国际公约》等一系列国际文件中多次得到确认和重申，并作为一项重要的集体人权获得了广泛的认可和接受。

18世纪，东欧国家在反对沙俄的民族压迫时就是以民族自决作为民主主义的政治口号，它们的目的就是反对封建专制和民族压迫，建立独立、统一、民主的资产阶级国家。在北美独立战争中，北美殖民地人民以欧洲启蒙思想家的"社会契约论""天赋人权说"为依据，在1776年《独立宣言》中指出：一个民族要在世界上取得"自然法则"和"自然神明"所赋予的独立与平等地位，就必须解除其与另一个民族之间的不平等关系，宣告："作为自由独立的合众国，它们享有全权去宣战、媾和、缔结同盟、建立商务关系，或采取一切其他凡为独立国家所处理应采取的行动和事宜。"① 这是民族自决权思想的首次明确表述。

第一次世界大战后，1918年美国总统威尔逊提出建立和平的"十四点计划"，主张以民族自决权解决战败国海外殖民地及战败国境内各民族问题的原则，强调尊重"殖民地人民的公意"。经过巴黎和会，民族自决原则成为国际法的一个基本原则。二战期间，美英首脑发表的《大西洋宪章》再次确认民族自决权原则，宣布："（二）凡未经有关民族自由意志所同意的领土变更，两国不愿其实现。（三）尊重各民族自由选择其所赖以生存的政府形式的权利。各民族中的主权和自由权有横遭剥夺者，两国俱欲设法予以恢复。"② 因此，《大西洋宪章》实际上成为1945年《联合国宪章》中有关民族自决规定的雏形。

民族自决权的另一源头是马克思主义的民族理论。经典作家的民族自决理论有个发展过程。19世纪中叶，马克思、恩格斯认为殖民地附属国的解放不是通过自决，而是只有通过发达资本主义各国，特别是英国工人

---

① 周一良、吴于廑主编：《世界通史资料选辑》（近代部分上册），商务印书馆1972年版，第93页。

② 朱庭光主编：《外国历史大事集》（现代部分第二分册），重庆出版社1989年版，第414—415页。

阶级的解放才能实现。但是，对爱尔兰问题的研究使马克思和恩格斯认识到，要实现国际社会的民主变革和工人运动的国际团结，就必须首先实现各民族的自决。1878 年马克思明确提出民族自决权原则："必须在运用民族自决权的基础上，并通过在民主和社会主义基础上恢复波兰的办法，来消除俄国佬在欧洲的影响。"① 进入 20 世纪后，特别是第一次大战和十月革命时期，列宁从当时世界殖民地问题及沙皇俄国民族矛盾尖锐的现实状况出发，在《论民族自决权》《社会主义革命和民族自决权》等一系列著作中，有针对性地系统阐述了民族自决权理论，使之由一般资产阶级民主主义的口号发展为马克思主义关于民族问题的一种完整理论。他认为民族自决权不仅适用于欧洲，还适合于亚洲以及一切殖民地。列宁明确解释了民族自决权的含义："所谓民族自决权就是民族脱离异族集体的国家分离，就是组织独立的民族国家。"②

自决学说引起的问题，通过列宁和伍德罗·威尔逊在第一次世界大战后所采用的战略，以不同的方式得到了解读。自决原则被列入《联合国宪章》，它被普遍承认是民族合法性的基础以及政治自由的主要体现。民族自决权被国际社会普遍认为是一项基本人权，是充分享受其他人权的前提和保证。坚持民族自决权，对于维护世界各国的主权完整和独立，反对霸权主义和强权政治，促进国际人权事业的健康发展，具有深远的意义。

二 一个民族，一个国家

民族国家（nation state）是在欧洲中世纪晚期出现并在资产阶级革命时代普遍形成的。而且"众所周知，19 世纪和 20 世纪的政治演讲都认为民族与国家实际上是共生与同义的"③。19 世纪的西方资产阶级思想家普遍认为民族国家是最好的国家形式，欧洲每一个文明民族都有自决的权利，可以通过各种手段建立自己的民族国家。黑格尔认为，"民族国家是政治实体的最高形式，是民族精神的政治外壳，是民族意志和命运的物质

---

① 《马克思恩格斯全集》第 19 卷，人民出版社 1995 年中文版，第 164 页。
② 《列宁全集》第 20 卷，人民出版社 1960 年版，第 397 页。
③ Andrew Vincent, *Nationalism and Particularity*, London: Cambridge University Press, 2002, p. 36.

体现。他把自由理解为民族自决权的品格在个人身上的反映,因此真正的自由只能在民族国家的范围内实现"①。盖尔纳认为:民族主义首先是一条政治原则,它认为政治和民族的单位应该是一致的,民族主义作为一种情绪或者一种运动,可以用这个原则做最恰当的界定。民族主义情绪是这一原则被违反时引起的愤怒感,或者是实现这一原则带来的满足感,民族主义运动是这种情绪推动的一场运动。②"违反民族主义有关国家和民族合一的原则,会深深伤害民族主义情绪。"③ 德意志民族主义先驱赫尔德认为:"最自然的国家,莫过于具有一种民族特点的一个民族……把一百个民族硬捏在一起并由一百五十个省份组成的帝国,决不是个政体,而是一个怪物。"④

"一个民族,一个国家"理论是指:一个国家所包含的人民只具有单一的民族特性,认为只有具有"一族一国"的经典模式方为民族国家。"民族国家一体论"是在西欧资产阶级革命创建国家的过程中诞生的,是民族主义的政治要求,民族国家是它的崇高理想和终极目标⑤,"他们希望世界的政治地图能重新划定,使各民族有其自己的独立国家。为实现这个计划起见,各帝国的领土须依民族的界限而分解起来,同时使一民族的各分散部分统一起来,成为一个新国家"⑥。这是近代西欧资产阶级思想家对国家领土与民族居住地域一致性的理想追求。国家与民族同一,实现"一族一国"的理想模式,是民族主义最初在欧洲兴起时最激动人心的主张。应该说,"一个民族,一个国家"理论与民族自决理论实属相同渊源,具有交叉的联系。历史发展到今天,"一个民族,一个国家"的"单一民族国家"模式在当今世界国家格局中几乎是不存在的。"在现实中,

---

① [美]乔治·霍兰·萨拜因:《政治学说史》(上、下),盛葵阳、崔妙因译,商务印书馆1986年版,第720—721页。

② [英]厄内斯特·盖尔纳:《民族与民族主义》,韩红译,中央编译出版社2002年版,第1页。

③ 同上书,第175页。

④ 王缉思:《民族和民族主义》,《欧洲》1993年第5期。

⑤ [美]汉斯·摩根索:《国际纵横策论》,卢明华等译,上海人民出版社1995年版,第215页。

⑥ [美]海斯:《现代民族主义演进史》,帕米尔译,华东师范大学出版社2005年版,第105页。

单一的'民族国家'——国家与民族完全重合,即一个国家只有一个民族,一个民族只存在于一个国家中——是非常少见的。"① "一个民族一个国家的民族理想虽然被广泛接受,却从来没有实现过。"② "世界上近百分之九十的国家是多族群的国家,并且它们中的半数存在着严重的族群分裂问题。"③ 每一个国家中都或多或少地存在少数民族。即使单一民族国家确曾存在,也由于全球化背景下日益增多的移民而表现出社会群体的异质性。"一国一族"论早已丧失其现实基础,理应终结。民族分离主义把"一个民族,一个国家"作为其理论根基,产生了大量的民族冲突,带来了连绵不绝的民族战争。虽说利益分配不公和政治地位不平等是分离主义的真正源头,但对民族—国家古典理论的眷念,也不能不说是问题的关键之一。

第二节　自由民族主义理论概述

一　自由民族主义理论的渊源及其在当代的发展

自 19 世纪初,欧洲就开始了对民族国家问题和民族主义问题的研究。20 世纪 60 年代之前,西方学术界对民族和民族主义问题给予了更多的关注。民族主义一直是国内外学术界研究的热点问题,许多从事历史学、民族学、政治学、文化人类学、宗教学及文学研究的专家学者都参与了民族主义的研究,出现了一批较有影响的著作,其中不乏可以传之后世的经典作品。20 世纪 60 年代以后,尤其是 90 年代初以来,包括西方在内的世界正在经历所谓的"族性复兴"(ethnic revival)和"第三次民族主义浪潮"的冲击,西方民族理论再度走向繁荣,有关民族主义和族性问题的书刊、演讲和课程充斥各种媒体和讲坛。现在的讨论无论在广泛性、深入性和专门性方面都远远超过了以往。毕竟,现在的民族问题所处的时代是一个全球化的时代,同时,又是一个由民族主义所确立的政治模式不但早

---

① Walker Connor, Nation-building or Nation-Destroying?, World Politics, XXIV, 3, 1972, p. 319.
② [以色列] 耶尔·塔米尔:《自由主义的民族主义》,陶东风译,上海人民出版社 2005 年版,第 145 页。
③ Anthony Giddens, *The Nation-State and Violence*, Cambridge: Polity, 1985, pp. 216–220.

已存在、而且似乎正面临"终结"而令政治家们不断烦恼的时代。在这方面,当代西方民族理论家们的研究无疑已超越了前人,关于民族主义理论的研究综述,很多学者多有论及,不再赘述。在此主要介绍和评判的是尽管发轫于18世纪中期,但直到今天仍被作为民族主义理论新贵的自由民族主义理论。本书尝试以自由民族主义理论的基本思想作为基点,来对全球化背景下,由国际移民问题产生的新的形态的民族主义进行梳理,探寻自由民族主义由抽象理论转化为现实的可能路径。

自由主义和民族主义产生于同一大的时代背景。民族主义作为近代以来世界最强大的政治和社会力量之一,人们普遍认为,它的正式形成是在18世纪末和19世纪初,其标志性事件是北美独立战争、法国资产阶级革命和费希特的《对德意志民族的演说》的发表。18世纪是启蒙和理性的时代,人们借助于经验的、理性的方法去认识自我及其所处的世界,试图以一种新的思维模式去看待欧洲及其文明。"民族主义清楚无误地出现于18世纪的欧洲——一个比以往任何有历史记录的时代,更具批评性与自我反省的时代,一个特别革命的世纪。"[1] 正是在这一时期,出现了民族主义意识的第一批表述者和思想家,例如雅恩(Friedrich Ludwig Jahn)、阿恩特(Ernest Moritz Arndt)、费希特(J. G. Fichte)、赫尔德(J. G. Herder)、马志尼、黑格尔。[2] 自由主义和民族主义在早期是缠绕一体的,最初的民族主义是公民的、自由主义和个人主义的,它们建立在理性、平等和个人自由的价值基础之上。[3] 在18—19世纪民族主义的初生时期,它是民主性的,是启蒙运动的一部分。它与爱国主义相联系,远不是20世纪的极端形式。[4] "主权属于人民这一概念,承认不同阶层在根本上平等这一观念,组成了现代民族思想的精义,而同时它们就是民主的基

---

[1] Carlton J. H. Hayes, *The Historical Evolution of Modern Nationalism*, London: The Macmillan Company, 1931, p. 8.

[2] 徐波、陈林:《全球化、现代化与民族主义:现实与悖论》,[英]安东尼·D. 史密斯:《全球化时代的民族与民族主义》(代序言),龚维斌、良警宇译,中央编译出版社2002年版,第3—5页。

[3] L. Greenfeld, *Nationalism, Five Roads to Modernity*, London: Cambridge University Press, 1992, p. 420.

[4] [美]菲利克斯·格罗斯:《公民与国家——民族、部族和族属身份》,王建娥、魏强译,新华出版社2003年版,第48页。

本原则。民主的诞生，伴随着民族性的自觉。民族主义是民主呈现在这个世界上的形式，民主被包含于民族的概念，恰似蝴蝶生于茧中。最初，民族主义就是作为民主而发展的。"①

法国大革命加速了欧洲范围内民族主义和自由主义的结合。法国大革命是第一次近代民族主义者的革命，它为以后的欧洲民族主义确立了一种可以效仿的模式，因此可以说，是法国大革命催生了近代西欧的民族主义。② 民族主义在法国也带有呼唤自由与平等的民主主义诉求，要求打破封建特权，建立一个普遍平等的自由社会。民族主义与自由主义的早期缠绕还在于它们在理论上的联系，尤其在"民族自决权"理论上的渊源关系。西方学者常将民族主义理论的起源溯至康德，康德强调了人个人意志的"自治"和"自决"。③ 正是康德的这一理论，为民族主义开启了"民族自决"的思路。"民族自决"脱自于"个人自决"，而"自决理念有十足的启蒙运动渊源。启蒙运动时期形成完整的自决论，由卢梭粗启雏形，至康德而大备"④。康德和卢梭们成就了自由主义的"自决"理念，也成就了"民族自决"的理论基础。已故当代英国民族理论家凯杜里就此评论说："其本身在很大程度上是一种民族自决学说的民族主义，在这里找到了其生命力的最旺盛源泉。"⑤ 康德伦理学理论的核心是人的"自治"或"自决"，而人要实现自己的"自治"或"自决"，就必须是自由的。正是这种"自治"或"自决"理念同"民族"的连接铸就了民族主义理论的核心内容。⑥ 康德也说过："自决是支持民族主义的强有力学说。"⑦ 康德本身并不是一个民族主义者，但他关于个人自决的观点在其后继者中

---

① 郭洪纪:《文化民族主义》，扬智文化事业股份有限公司1997年版，第62页。
② 李宏图:《西欧近代民族主义思潮研究：从启蒙时代到拿破仑时代》，上海社会科学院出版社1997年版，第10页。
③ Philip Spencer, Howard Wollman, *Nationalism—A Critical Introduction*, London: SagePublications, 2002, p. 6.
④ [英] 约翰·麦克里兰:《西方政治思想史》，彭淮栋译，海南出版社2003年版，第692页。
⑤ [英] 埃里·凯杜里:《民族主义》，张明明译，中央编译出版社2002年版，第24页。
⑥ Philip Spencer, Howard Wollman, *Nationalism—A Critical Introduction*, London: Sage Publications, 2002, p. 7.
⑦ Louis L. Snyder, Encyclopedia of Nationalism, New York: Paragon House, 1990, p. 361.

得到了发挥。黑格尔认为:"每个国家对别国来说都是独立自主的,独立自主是一个民族最基本的自由和最高的荣誉"①;"一个道德善良的人即是一个自律的人,为体现这自律,他必须是自由的,既然如此,自决即是'最高的政治之善'"。②

与英法的自由主义者不同,费希特代表了一种在德国盛极一时的自由观念。费希特离开了极端强调个体价值的康德,他强调作为一个整体的民族(统一的德意志共同体)的自我实现,从强调理性转而强调意志,自由变成了自我表现的观念。费希特明确提出,一个人的完全自决最终要求民族的自决。③ 费希特的《对德意志民族的演讲》充满了对自己所属德意志民族命运的忧虑和期望,"包含着现代民族主义教义的经典性论述"④。

"与民主主义结合的西欧民族主义是近代西欧国家建立的巨大动力,而德国由于其特有的政治发展状况,导致民族主义与政治长期脱节,形成文化民族主义。"⑤ 这种文化民族主义思潮源于德国的狂飙突进运动,强调属于人类心灵上与感性的东西,与注重人类理性至上的法国启蒙运动具有显著的差别。赫尔德是其中的代表人物。赫尔德是一位德国新教教士,也是一位著名哲学家和文学评论家,他创建了现代浪漫主义国家概念。赫尔德忠实于卢梭和康德,在他自己的思想中加入和平主义的理论,创造了一种文化和民族意义上的而不是政治和个体主义意义上的宽容。他认为对多样性的研究只会带来对多样性的尊重。⑥ 他的著作阐明了民族国家模式丰富的文化、美学和心理基础,因而有助于解释这种模式持久的吸引力。赫尔德的浪漫主义,一大基调就是缅怀过去,赫尔德认为:不同时代的民族文化都有其独立性价值,在历史演变中的每个时段都具有其独立意义,都有着自己的道德与幸福的社会理想。这种历史观又直接地促成了他的民

---

① [德] 黑格尔:《法哲学原理》,范杨、张企泰译,商务印书馆1961年版,第339页。
② [英] 埃里·凯杜里:《民族主义》,张明明译,中央编译出版社2002年版,第70页。
③ 同上书,第135页。
④ [英] 戴维·米勒(英文版主编)、[英] 韦农·波格丹诺(英文版主编)、邓正来(中译本主编):《布莱克维尔政治学百科全书》,中国问题研究所等译,中国政法大学出版社2002年版,第260页。
⑤ 王联主编:《世界民族主义论》,北京大学出版社2002年版,第50页。
⑥ [法] 吉尔·德拉诺瓦:《民族与民族主义》,郑文彬、洪晖译,生活·读书·新知三联书店2005年版,第169页。

族文化观，赫尔德认为：在上帝的眼中，每个民族都是独一无二的，具有不可代替性。同时，所有民族文化都是完全平等的，只有异同之差别，而不存在所谓的任何价值上的差别。每个社会都有它自己前进的方式与目标，都按自己的方式前进，即按自己的轨道朝自己的目标迈进。除此之外，他又认为，每一个民族共同体都有权以自己的方式探求幸福，我们必须努力成为我们自己。每一个人都要忠于自己的民族祖先，每一个民族的学术、感情与民族的身体气质和物质环境紧密联系，并运用这一原理解释所有的观念与制度。① 作为一个自由主义者和一个民族主义者，赫尔德也为国际关系的自由民族主义理论打下了基础，直到今天，这种理论仍具影响力。从整个自然界，赫尔德感受到上帝的存在；从整个人类史，他感受到相同的神的力量，或者说力量的作用，感受到人类的潜质正在被发现和展示。民族文化是人类历史的篇章，每一章节都要根据它本身的境界去理解和欣赏。历史是一座各种民族之花争奇斗艳的花园，谁也不能遭到邻人的排挤或者被专横的园丁连根拔除。文化的多样性是整个人类进步的关键，也是欧洲所拥有的特定生命力的关键所在。"赫尔德相信所有的民族文化都具有一种共同的人性——或者说人类的基本天性——而这种基本人性的潜能是如此巨大，以至于每一种民族文化都可能是它的独特表现。民族文化的确具有共同的道德基准，但表现形式截然不同。"② 他是高举人文理想的大旗而单纯执着人类精神的守望者，试图摆脱各种现有束缚而独辟蹊径拯救失落的灵魂。"浪漫主义所描述的人是具有感性和欲望的，生活在某一共同体之中，与整个自然相融合的具体的存在。这是一种不断确认个人的理性自律，同时又在共同体和自然界中最大限度表现自我的具体的人。"③ "赫尔德相信所有的人都确实具有共同的人性，只不过历史却将人类划分为相互分离的种族。每一个种族形成了独具特色的民族文化——一系列建立在长期以来对特定的环境和共同的历史经验的反应的基础之上的相互联系的观念、记忆和情感。这些各具特色的文化是人类的自然附属

---

① ［美］汤普森：《历史著作史》（下卷·第三分册），谢德风等译，商务印书馆1996年版，第187页。
② ［美］戴维·卡莱欧：《欧洲的未来》，冯绍雷等译，上海人民出版社2003年版，第67页。
③ Charles Taylor, *Hegel and the Modern Society*, Cambridge: Cambridge University Press, 1979, p. 81.

物，其中每一种都详尽叙述了其对人类潜质的领悟，每一种都得从它自身的境界去加以理解。"① "赫尔德关于自由国家和谐共存同时完善各自文化的设想，和斯密传统的关于自由经济体在国际市场和平贸易以充分利用它们各自的优势的设想明显相似。"② "赫尔德是帝国主义的大敌人。他排斥任何民族限制或阻碍另一民族的自然发展，他以为这种企图是犯罪的行为。……赫尔德的人道主义比卢梭的或博林布鲁克的还要纯粹，还要'开明'。"③ "通过吸收其他文化的精华，单个的人能够大大丰富其自身的想象力，而且还可能拓宽其所属文化的视野。但与此同时，他们不可能做到抛弃民族特性而不毁掉他所拥有的文化的完整性和生命力。"④ "赫尔德百科全书式的知识积累是为了用来证明在文化中存在与同化现象抗争的元素。他于1803年去世，他的主要思想架构也成形于法国大革命之前。"⑤ 赫尔德认为，民族不是一个国家，而是一个文化实体；同一民族的人说共同的语言，生活在共同的地域，有着共同的习惯、共同的历史和共同的传统。⑥ 赫尔德从没有声称自己是民族主义者⑦，但伯林（Sir I. Berlin）却称他是"民族主义、历史主义和民族精神之父"⑧，伯林认为："作为一个系统的原则和思想，民族主义的出现大致可追溯到18世纪最后25年的德国，更为确切地说，是赫尔德（Johann Gottfried Herder）提出的两个概念，即民族精神和国家精神。"⑨ "在赫尔德看来，一个民族不是一个国家，而是一个文化实体，同一民族的人说共同的语言，生活在

---

① [美]戴维·卡莱欧：《欧洲的未来》，冯绍雷等译，上海人民出版社2003年版，第61页。

② 同上书，第63页。

③ [美]海斯：《现代民族主义演进史》，帕米尔译，华东师范大学出版社2005年版，第25页。

④ [美]戴维·卡莱欧：《欧洲的未来》，冯绍雷等译，上海人民出版社2003年版，第62页。

⑤ [法]吉尔·德拉诺瓦：《民族与民族主义》，郑文彬、洪晖译，生活·读书·新知三联书店2005年版，第170页。

⑥ [伊朗]拉明·贾汉贝格鲁：《伯林谈话录》，杨祯钦译，译林出版社2002年版，第95页。

⑦ Sir I. Berlin, *Against the Current*, Oxford: Oxford University Press, 1981, p. 11.

⑧ Sir I. Berlin, *Vico and Herder*, New York: Vintage Books, 1976, p. 145.

⑨ Sir I. Berlin, *The Crooked Timber of Humanity*, New York: Alfed A. Knopf, Inc., 1981, p. 24.

共同的地域，有着共同的习惯、共同的历史和共同的传统。赫尔德没提血缘或生物性的传承及其他任何遗传因素，他从根本上反对一切种族主义思想。"① 赫尔德理论的核心都与民族和文化有关，除了关于文化民族的概念和语言的论述之外，赫尔德在民族方面的论述还涉及一些至今为人们所反复讨论的基本问题。比如关于"认同"，现今被人们认为是民族或族群的重要特征，但这在赫尔德那里早就有了论述："是赫尔德最先说明归属于共同体是人的一种本质的需要。"② 赫尔德表明了在外来文化的重大影响下，人们有一种"自我寻求"的急迫追求，因为他们害怕文化认同在心理上受到淹没甚至被根除，赫尔德的观点代表了德意志文化领域对法国文化侵袭的反抗。赫尔德理论的核心观点是民族传统和文化传统的广泛多元性。③ 他主张多元性，认为不能用一种文化的标准来衡量另一种文化，"千万不能用希腊标准或西方的现代尺度去衡量和评判埃及"④。"赫尔德深刻的民族观是非进攻性的，他所要求的无非是文化自决，他否认一个民族会比另一个民族优越。"⑤ 以赫尔德为代表的德意志浪漫主义正是通过强调个性、自然、感情和特殊性，奠定了"文化民族主义"的基调，并成为赫尔德反对奉行普世主义和世界主义思想的法国人的文化同化与文化征服的重要依据。

谈到 18 世纪民族主义理论的发展，还有一个人不得不提，这就是边沁，海斯把他作为介于雅各宾和传统民族主义之间的"自由民族主义"理论的代表人物，称他为"第一个自由民族主义者"⑥。（当然海斯所讲的18 世纪发源于英国的"自由民族主义"与本书所要谈到的自由民族主义有很大的区别。）边沁今日最大的声誉是功利主义哲学的创始者；这种哲学是他的民族主义的根据。功利主义是快乐主义的一种学说。依此观念，

---

① ［伊朗］拉明·贾汉贝格鲁：《伯林谈话录》，杨祯钦译，译林出版社 2002 年版，第 95 页。

② 同上书，第 84 页。

③ 同上书，第 90 页。

④ Sir I. Berlin, *Vico and Herder*, New York: Vintage Books, 1976, p. 189.

⑤ ［美］内森·嘉德尔斯：《两种民族主义概念——以赛亚·伯林访谈录》，陆建德译，辽宁教育出版社 1999 年版，第 255 页。

⑥ ［美］海斯：《现代民族主义演进史》，帕米尔译，华东师范大学出版社 2005 年版，第 93 页。

人类的根本冲动是追求快乐而避免痛苦。这种理论看来是自私的，利己主义的。边沁也坦白地这么承认过。但关于这种理论的应用，他申辩说，各人在追求自己最佳的利益、获得自己的幸福时，最能增进同胞的利益和最大的幸福。因为一个人无论做什么使同胞不快乐的行为，结果一定会使自己也同样地不快乐。所以功利主义的任务便是增进个人最大的快乐幸福，也就是"最大多数的最大利益"。"在从'重商主义'向流行的'经济民族主义'转变的同时，也伴随着从'专制主义'向'民主制度'的政治转变"①，所有这些都是源于对个体权利的重视和强调。哲学家哈特对政治哲学的这种变化曾作出如下的概括："旧的信仰是，某种形式的功利主义必定能够把握住政治道德的本质"，新的信仰则是"真理必定在于关于基本人权的学说，它倡导保护特定的个人的基本自由和利益"。② 以功利主义者而论，边沁是一个个人主义的使徒。一个人不必想到一般的社会，只需想到社会中的个人单位，因为个人的开明的私利必然会实现全人类的开明的私利，这就是说，全人类的快乐幸福。③ 边沁是一个英国的爱国者，但他也是一个以 18 世纪最佳姿态出现的世界主义者，他觉得这两种忠顺心理在心中不会发生冲突。边沁视民族爱国主义为一个事实，一个非常功利化的事实。他明晰地认定各民族的存在，其差异为种族、气候、宗教支配民众风俗的势力。边沁相信民族是国家和政府的正当基础。他在一篇以法兰西民族为对象的演讲里，竭力规劝他们让他们的殖民地自治。他也为英国的殖民地做同样的请求。他提出同样的原则，对波兰的瓜分表示愤慨。④ 他的民族主义的目的是使最大多数的个人与民族得到最大的幸福，这种目的不容好战精神，或帝国主义精神，或任何侵略行为的存在。他在他的民族主义里是一个和平主义者和反帝国主义者，一个主张小英格兰者（a Little Englander），一个坚决拥护一切大小民族自决权的勇士。⑤

---

① ［美］罗伯特·赖克：《国家的作用——二十一世纪的资本主义前景》，上海市政协编译组译，上海译文出版社 1998 年版，第 13 页。

② H. L. A. Hart, Between Utility and Rights, in Alan Ryan ed., *The Idea of Freedom*, Oxford: Oxford University Press, 1979, p. 77.

③ ［美］海斯：《现代民族主义演进史》，帕米尔译，华东师范大学出版社 2005 年版，第 95 页。

④ 同上书，第 100 页。

⑤ 同上。

19世纪是民族主义在欧洲最为兴盛的时代,自由主义理论家们无法回避这个社会现实,纷纷对民族和民族主义做出了自己的理论回应。比如密尔(J. Mill)在《代议制政府》中对"民族"的论述,雷南(E. Renan)关于"民族是什么"的著名演讲,阿克顿勋爵著名的《论民族主义》。在《论民族主义》一文中,阿克顿富有卓见地指出了区分有关民族主义的两种政治路径。在他看来,英国式的民族主义乃是"属于自由理论",而法国式的民族主义则是"民主理论的产物"[1],都涉及诸多有意义的问题。德国自由主义经济学家李斯特(Friedrich List)有关民族的论述也具有重要意义。关于民族资格问题,他认为:"大量的人口、广袤的疆土、丰富的自然资源等,这些均是民族的构成要件。……民族深受人口与领土限制","幅员狭小的国家,永远无法在自己的国境之内,使各项成果臻于完善"。[2] 这一概念实际上提出了多少人口、多大地方、多少资源才能有资格作为"民族"的问题,"民族原则"适用于什么范围和地方才算合理的问题。自由主义主流的特色就是强调个人主义和个人自由,而且在某些思想脉络下把个人孤立化(或称原子化),否认或者不重视人具有社群和文化的归属性。在80年代,一批英美的政治思想家正是抓住这一点,发展出社群主义(Communitarianism),对自由主义展开了猛烈的批判。自由主义与社群主义之间的争论,目前依然方兴未艾,其中相当一些话题围绕着民族主义问题而展开。与此争论直接相关,多元文化主义和多元文化公民权的问题,成为当今世界政治哲学界的最热门话题之一。

启蒙运动以来文化的最大特点就是对确定性、中心性和统一性的追求。深受赫尔德多元文化主义思想影响的当代自由主义大师以赛亚·伯林,把赫尔德提出的价值多元论和文化多元论提升到了自由主义基础和核心的高度。"对现代性境遇的洞察,对文化多样性的维护,对自由'在家'感受的珍视,这一切是伯林作为一个具有反启蒙主义倾向的自由主义者的立场,正是这种特定的自由主义才驱使伯林对民族主义抱有同情与

---

[1] [英]约翰·阿克顿:《论民族主义》,侯健、范亚峰译,《自由与权力》,商务印书馆2001年版,第125页。

[2] [英]埃里克·霍布斯鲍姆:《民族与民族主义》,李金梅译,上海人民出版社2002年版,第32页。

支持的态度。但他所支持的是一种特定形态的民族主义——'非进攻性的'或者说'文化性的'民族主义，是赫尔德式的和平的民族主义。"①他秉承赫尔德传统，批判"世界公民主义"，承认并且尊重个人的民族、社群、文化、传统和语言的归属感。在批判各种形式的价值一元论和文化一元论的基础上，提出了今日被称为"伯林自由主义"的核心观念，即：价值的多元性及其不可通约性（the plurality and the incommensurability of values），不同文化与文明的多样性及其不可通约性（the multiplicity and the incommensurability of different cultures and civilizations）。在现当代政治思想领域，对伯林思想的研究渐已成为显学。在对伯林自由观的讨论过程中，英美政治哲学家罗尔斯、约翰·格雷、查尔斯·泰勒等从各自研究角度出发对伯林思想进行批判与继承，进一步促进了对伯林自由思想的深化理解。正如约翰·格雷所说：约翰·洛克和伊曼纽尔·康德的哲学代表了对一种普遍政权的自由主义规划，托马斯·霍布斯和大卫·休谟的哲学则表达了和平共存的自由主义。以赛亚·伯林正是第二种自由主义的代表人物。②伯林的多元主义信念是其思想史和哲学论述的核心，他将多元主义视为自由价值的关键所在。启蒙哲学倡导一种康德所说的"普遍的人类历史观念"，这种观念主张全人类会逐步趋向同一，世界上的所有民族最终都会接受同样的价值、信仰、制度、目标、方向和实践。对此，伯林认为：不存在普遍、绝对的准则或标准，以分辨价值的高低等级。如伯林所论："人类的目标是多样的，它们并不都是可以公度的（Incommensurable），而且它们相互间往往处于永久的敌对状态。假定所有的价值能够用一个尺度来衡量，以致稍加检视便可决定何者为最高，在我看来这违背了我们的人是自由主体的知识，把道德的决定看作是原则上由计算尺就可以完成的事情。"③"有复杂的、客观之目的与价值，它们彼此之间无法兼容并蓄。不同的社会于不同的时期，或在同一社会的不同团体、或不同阶级、社会、或族群，或者在它们之中的任何个体成员，都各自追求这复

---

① 刘擎：《伯林与自由民族主义：从观念分析向社会学视野的转换》，《社会学研究》2006年第2期。
② ［英］约翰·格雷：《自由主义的两张面孔》，顾爱彬、李瑞华译，江苏人民出版社2005年版，第2页。
③ ［英］以赛亚·伯林：《自由论》，胡传胜译，译林出版社2003年版，第245页。

杂、分歧的目的或价值。更有甚者，任何人与群体都可能发觉自身处于这样的情境：因为是终极的、客观的、无法相互整合价值或目的之诉求、彼此之间产生矛盾冲突。"① 他认为：我们的生活充满深刻的冲突和艰难的选择，那种认为各种价值都能和谐相处的一元论只不过是一种无视经验事实的形而上学幻想。正如罗杰·豪舍尔所指出的那样：伯林自由主义的着眼点是"差异"，是强调"他者"永远不可能被完全"同化"。对于"民族主义"的含义，伯林进行过比较详细的阐述。他指出，首先，民族主义相信人属于某一个人类群体，而这个群体的生活方式和其他的群体是不同的；构成群体的个人的特性是由群体的个性所塑造的，群体的共同历史、风俗、法律、记忆、信仰、语言、艺术和宗教表达方式、社会机构、生活方式等因素，塑造了人及他们的目标和价值观。其次，这种社会生活方式与生物有机体的方式较为相似，它不能由个体或组织随意形成。它适当发展所需要的东西构成了它的共同目标，这些目标最为高级，在与其他价值发生冲突的时候，这些最高级的目标就应该占据上风，因为只有这样才能使这个民族免于堕落和毁灭。最后，民族主义者相信，如果民族的生活是大树，他们就是一片树叶、一条嫩枝，是生活的大树给了他们生命；所以假使他们由于外部的环境或他们的刚愎自用而与这种生活分开的话，他们就会变得毫无目标，甚至枯萎，最多只剩下曾经经历过和兴奋过的怀旧记忆。总之，只有按自己民族生活的方式来行动和发挥作用，并理解这些行动和作用，才能对他们过去曾经是什么以及我过去的所作所为赋予某种意义和价值。② 伯林的自由主义深刻地预示并探讨了今日自由主义面临的主要问题，特别是"多元文化主义"（multicuturalism）与"民族主义"等问题，成为20世纪90年代冷战结束后广受关注的自由民族主义理论的思想源泉。"善的生活以多种方式出现，认为运用理性就能产生出一致意见的观点，至少跟柏拉图《对话录》中的苏格拉底一样古老。"③ 沃尔泽

---

① Isaiah Berlin, The Crooked Timber of Humanity, New York: Alfred A. Knopf, Inc., 1981, pp. 79–82.

② ［英］约翰·格雷：《伯林》，马俊峰、杨彩霞等译，昆仑出版社1999年版，第106—109页。

③ ［英］约翰·格雷：《自由主义的两张面孔》，顾爱彬、李瑞华译，江苏人民出版社2005年版，第4页。

认为,"自由民族主义是对民族主义的修正和自由主义的复杂化"①。

但是伯林并没有发展出一套关于自由民族主义的规范政治理论②,直到20世纪80年代末90年代初,冷战结束,世界风云变幻、民族主义浪潮重新涌动之时,伴随着一系列从自由主义角度来探索民族主义积极道德价值的学术著作纷纷问世,自由民族主义理论才引起了广泛关注。其中最受各方瞩目的当属伯林的学生——以色列著名学者耶尔·塔米尔（Yael Tamir）的《自由主义的民族主义》。这是其在伯林指导下完成的博士学位论文,对自由民族主义的概念和思想进行了较为系统的论述,在西方民族主义学术界引起极大反响,与安得森的《想象的共同体》一起被称为20世纪末最富影响力的民族主义专著。③

截至目前,塔米尔对自由民族主义理论的研究是公认最为深入的一位,其作品《自由主义的民族主义》也被视为自由主义的民族主义的代表作（少数的几本全书讨论民族主义哲学的著作之一④）。塔米尔的这本著作对于自由主义和民族主义的关系、文化选择、民族自决和自治的关系、少数民族的权利、自由主义的公正观等问题的精彩论述令人耳目一新。塔米尔指出:自由主义的民族主义是以自由主义理念为民族共同理念的民族主义。自由主义的民族主义的出发点是一切民族应当享有平等权利,其核心是关于个人权利的理论。其对自由主义所秉持的个人自由理念再次进行了强调,每个人都是生而平等和自由的,无论在上帝面前还是在法律面前都是独立的主体,有着独立的人格和尊严。个体可以进行自我选择、自我决策且对自己的行为负责,并且有追求世俗幸福的权利。在强调文化特殊性的同时,也需要强调人权的普遍性。在强调个人的社会和文化环境的同时,也需要强调个人的自由意志。民族主义本身并不是民主的威胁,民族文化意义上的国家意识甚至还是民主的必要条件。现代民主必须

---

① [美]迈克尔·沃尔泽:《自由主义,民族主义与改良》,马克·里拉、罗纳德·德沃金、罗伯特·西尔维斯编:《以赛亚·伯林的遗产》,刘擎、殷莹译,新星出版社2006年版,第155页。

② David Miller, "Crooked Timber or Bent Twig? Isaiah Berlin's Nationalism", *Political Studies* 53, p. 120.

③ 钱雪梅:《文化民族主义刍论》,《世界民族》2000年第4期。

④ [加]威尔·金里卡:《少数的权利——民族主义、多元文化主义和公民》,邓红风译,上海人民出版社2005年版,第158页。

依靠某种政治之外的群体感。自由主义的民族主义认可民族主义本身的价值,可以说正是从现实文化群体和政治群体不可分割的关系着眼的。关于文化选择,塔米尔认为文化群体成员身份认同不是不可选择的,人们能够就其生活目标做出自主的选择,但选择的能力依赖于文化背景,个人自由依赖于个人在文化社区中的成员资格。随着时间的变化,人们可以对这种文化背景本身提出疑问,选择他们希望在其中生活的文化。塔米尔认为,要表达一个人的文化认同,需要一定程度的"民族自决"。由于塔米尔把民族定义为特定文化的承担者,所以她把民族自决的权利解释为其特定文化能够继续存在和发展的权利。她论证说,每个民族都有权利以其文化性的传统价值和惯例来形成其群体成员觉得熟悉和习惯的社会、政治制度。但是一个群体行使了自决的权利,不等于为群体成员行使自治权利创造了条件。每个民族都拥有自己的主权民族国家,这是不可能的。发展某民族文化的权利可以通过多民族国家中的自治权实现,而这种自治权可以通过联邦制或联合民主制等机制实现。"虽然不可能保证每个民族都有自己的国家,但是所有的民族都应该有自己的公共领域,在这个公共领域中,他们可以建构自己的多数性。因此,应该放弃民族国家的理想转而追求另外一种更加可以实际的,更加公正的理想。"[1] 塔米尔非常支持类似欧盟这种地区组织的建立,认为其有利于保护和实现民族自决的理想,正如她在书中所言:"保证所有民族实施其民族自决权的能力将导向这样一个世界,在这个世界中,传统的民族国家衰落了,把自己作出经济、战略以及生态方面决策的权力转交给地区组织,以及把建构文化政策的权力转交给当地的民族共同体。"[2] "较之以压迫与统治为基础的政治机构,一个把民族之间的平等视为当然的地区性组织,更可能保护宽容与差异。"[3]

《自由主义的民族主义》一书重点研究的是自由民族主义理论的基础,其出发点是关于人性的描述,作者从自由民族主义的角度探讨民族主

---

[1] [以色列] 耶尔·塔米尔:《自由主义的民族主义》,陶东风译,上海人民出版社2005年版,第154页。

[2] 同上书,第156页。

[3] 同上书,第154页。

义的积极价值,试图为解决当代世界民族和种族的矛盾提供某种理论和实践上的思路。她把群体归属的观念与个人自主的观念结合起来,认为个体既是文化的产物,又是自己生活的主人,避免了狭隘民族主义的文化决定论,也避免了自由主义的极端个人主义倾向。塔米尔指出,民族自决权首先是一种文化的而不是政治的诉求,也就是说这是一种维护一个民族作为一个独特的文化实体的存在的权利。塔米尔对自由主义的民族主义的理论阐述由六个部分组成。分别讨论了文化选择、文化权利、民族自决和自治的关系、自由民族主义的特点,特别是与极权、威权民族主义的区别。

自由民族主义的出发点是一切民族应当享有平等权利,其核心是关于个人权利的理论,换言之,民族权利和民族成员的权利应具有同等的自由价值观。她还讨论了民族主义的"公正观"问题,以自由民主社会的政策实践为例证,说明自由主义社会政治规范其实早就包含着民族主义的非中性公正观(非中性公正观认为,成员相互之间有特殊的责任和义务,成员理应偏袒同群体成员)。塔米尔的这本著作对于自由主义和民族主义的关系、文化选择、民族自决和自治的关系、少数民族的权利等问题的精彩论述令人耳目一新。塔米尔是一位以色列哲学家,在这部著作里反映出她试图把犹太人复国主义信念同自由主义对人权和个人自律的信仰统一起来。①

除了塔米尔,还有两位重要的自由民族主义的阐述者及其著作也不得不提。威尔·金里卡(Will Kymlicka)的《自由主义、社群和文化》(Liberalism, Community and Culture)(1989)②、《从启蒙世界主义到自由民族主义》③、《少数的权利:民族主义、多元文化主义和公民》④;戴维·米勒(David Miller)的《论民族性》(1995)⑤ 和《伯林的民族主义》

---

① [加]威尔·金里卡:《少数的权利——民族主义、多元文化主义和公民》,邓红风译,上海人民出版社 2005 年版,第 274 页。
② Will Kymlicka, *Liberalism, Community and Culture*, Oxford: Oxford University Press, 1989.
③ Will Kymlicka, "From Enlightenment Cosmopolitanism to Liberal Nationalism", in W. Kymlicka, *Politics in the Vernacular*, Oxford: Oxford University Press, 2001.
④ [加]威尔·金里卡:《少数的权利——民族主义、多元文化主义和公民》,邓红风译,上海人民出版社 2005 年版。
⑤ David Miller, *On Nationality*, Oxford: Clarendon Press, 1995.

(2005)①。在《自由主义、社群和文化》一书中，金里卡集中为西方自由主义传统辩护并加以修正。从学理上对自由主义传统精神（从密尔到罗尔斯）进行梳理，并区别和探察了自由主义思潮内部的各种主要争论。考察处于弱势的少数文化群体的政治地位及法权状况，主要是对美加两国土著民和南非种族隔离政策的分析，从而提出"文化成员身份"这一新概念、新视点，对自由主义理论加以调整和补充。在《从启蒙世界主义到自由民族主义》一文中，金里卡在驳斥传统的启蒙运动的世界主义的基础上，为自由民族主义的主张辩护，但是他也指明了两者的相通之处。他认为，虽然二者有冲突，然而把自由民族主义描述为放弃世界主义也会造成误导，应该说自由民族主义会重新定义世界主义。《少数的权利：民族主义、多元文化主义和公民》是一部论文集，金里卡从政治、体制、教育、语言等方面对西方民族主义做了系统的研究，并从政治角度出发，在自由、公正、民主的自由主义理论体系内对其加以归纳和阐述。在戴维·米勒对自由民族主义理论先驱——伯林的民族主义论述及其与自由主义之间的关系做出深入考察之前，几乎没有人对此重要问题做出过系统而深入的探讨，米勒所做的工作对准确把握自由主义的理论内涵是极为必要的。

二 自由民族主义理论评析

（一）对社群主义批判的回应

20世纪80年代以来由社群主义发起的对当代自由主义的强烈批判，对自由主义理论构成了强有力的冲击。社群主义是当代西方政治哲学的最新发展，是在批评新自由主义的过程中产生的。社群主义从社群出发，强调公共利益，对当代西方政治哲学的发展产生了重要影响。社群主义试图在自由主义和共和主义之间找到平衡。社群主义认为个体是社会的产物，个体生活在特定的社会关系网络之中。因此，社群的价值和文化内涵决定个人的价值和理想。② 在社群主义看来，社群是构成个人自我认同的核

---

① David Miller, "Crooked Timber or Bent Twig? Isaiah Berlin's Nationalism", *Political Studies*, Volume 53, Issue 1, March 2005, pp. 100 – 106.

② Avineri, Shlomo and De-Shalit, Avner, *Communitarianism and Individualism*, Oxford: Oxford University Press, 1992, p. 10.

心，社群的规范、义务、关系、风俗和传统，对"我"不只是重要，而且使"我"之所以成为"我"。在个人利益、社群利益和国家利益方面，社群主义强调国家和社群利益优先于个人利益。① 社群主义创始人泰勒认为，西方的自由主义的思想过分强调个人的权利和利益，而忽视了个人对社会应尽的义务，忽视了社会对个人的作用。在泰勒看来，这是自然主义、工具主义和个人主义所导致的结果。自由主义被批评为：把个体性和个人权利放到了不恰当的优先地位，而忽视了人的集体性、共同性。其出发点是孤零零的人，他们的唯一追求和考虑就是自己的权利，它只考虑个人的利益而不考虑家庭的、社团的、社群的利益，过度地强调个人权利从根本上忽视了人的社会性特征。其理论逻辑是个人本位，忽视了个人的社会性、集体性。社群主义认为，不应当单纯地考虑确保个人运用其自由选择权力的条件，我们还需要维持和促进那些对于我们的幸福感和尊严感十分重要的社会纽带。从直接的知识根源说，社群主义是对西方政治思想中自古就有的社群观点的继承和发展，尤其是对亚里士多德、黑格尔和梯尼斯的社群理论的继承和发展；从间接的知识根源来说，它是对20世纪70年代后盛行的以罗尔斯为代表的新自由主义的反应。一种政治哲学的产生归根结底是有其现实基础的。社群主义兴起的现实基础是建立在个人主义哲学之上的西方政治固有的一些缺陷和它所面临的一些新问题。② 简而言之，社群主义的理论建构在形而上学即哲学基础的方面，是用社会本原取代自主的个人；在政治哲学方面，是用社群利益取代个人自由的中心位置；在道德哲学方面，是用共同的善取代个人权利的优先性。

正如梭罗莫·艾维尼里（Shlomo Avineri）和艾维纳·德夏里特（Avner De-Shalit）所说：社群主义者对新自由主义的挑战是富有成果的，它使社群主义者和新自由主义者都反思其各自的理论，并有助于双方砥砺各自的论据。从总体上说，政治思想已经从这场争论中获益匪浅。③ 面对社群主义的挑战，传统自由主义应战乏术，自由主义在新的历史条件下需

---

① Sandle. Michel. *Liberalism and Limits of Justice*, London: Cambridge University Press, 1983, p. 65.

② 俞可平：《当代西方社群主义及其公益政治学评析》，《中国社会科学》1998年第3期。

③ Shlomo Avineri and Avner De-Shalit eds., *Commnunitarianism and Individualism*, Oxford: Oxford University Press, 1992, p. 11.

要得到改良和发展,自由主义思想界陷入了自发轫以来前所未有的困境之中——在必须打破传统而又必须在传统的基础之上进行创造上严重地吊着各自的"诡"。就此而言,自由民族主义也许是一个不无意义的尝试。"对自由主义的最好捍卫就是把社群主义思想中最有价值的东西整合进来,这是可能的,因为自由主义理论具有这样的潜力。"①"社群主义是个人主义极端发达的产物,是对个人主义不足的弥补。它的价值也只有在自由主义和个人主义极端发达的前提下才得以凸显,它自己的不足也只有通过自由主义才能得以补偿。"②

自由民族主义提倡人类个体的自由、自觉与自主。自由主义的思想内核是个人自由至高无上,这一点是无人怀疑的,这是其内在的质的规定性,抛开这一点,自由主义就失去了安身立命的基础。自由主义,"首先意味着自由的个人不服从任意的强制"③。所有人类历史都趋向一个作为终极目的的自由王国。

对外是超越了一切束缚与强制,向内则是开辟一片心灵的净土,使心灵有个安顿处的精神居所,即心灵的宁静与自由,其体现了对个体精神自由的向往。自由民族主义寻求民族精神的自由主义表达的维度,民族特性为个体自由选择提供了具有社会意义的框架。自由民族主义力争不脱离人的社会关系去寻求个人的"本真本己"的存在,个人选择在这一框架中仍然有充分的空间。这正如霍布斯鲍姆所形容的那样:"大多数的集体认同更像人们穿的衬衣,而不像皮肤,也就是说,至少从理论上讲,他们是可以选择的,而不是不可避免的。尽管流行的时尚控制着我们的身体,但是穿上另外一件衬衣要比换上另外一只胳膊容易得多。"④ 最好的生活仍然是个人在其中能够选择值得从事和完成什么事,以及希望成为什么人的生活。在自由民族主义看来,个人和

---

① Allen E. Buchanan, *Assessing the Communitarian Critique of Liberalism*, Ethics, No. 99, July 1989, p. 878.

② 俞可平:《政府:不应当做什么,应当做什么——自由主义与社群主义的最新争论》,《政治学研究》1998 年第 1 期。

③ [奥]哈耶克:《自由主义》,刘军宁等编:《公共论丛:自由主义与当代世界》,生活·读书·新知三联书店 2000 年版,第 122 页。

④ [英]艾瑞克·霍布斯鲍姆:《认同政治与左翼》,周红云译,《马克思主义与现实》1999 年第 2 期。

民族的自由是最高的价值和终极目标。国家变成了一种工具。个人的自由与福祉，我们称之为国家的政治联盟之成员的自由与福祉是社会和政治制度之目的。作为个体，人人都有主观意识所界定的独一无二的特性，形成并实施个人的规划，拥有坚持这一生活规划的不可转让的权力。正像自由主义者 J. 拉兹所表述的，"个人自由理想背后的统治观念是人们应创造他们自己的生活"。① "一个自主的人是由成功追寻自我选择目标和关系所组成的良好存在。"②

但是，真正的自由主义绝不赞成海盗式的、极端的个人主义，而是认为个人只是在完成义务的条件下，在衍生出相互依存和责任、道德秩序的有效限制和人类同情力量的情况下才享有自由。社群主义者关心随着现代工业、城市力量的兴起而带来的社会的分裂破碎，关心社群和权威的失落，但是却没有探讨相反的危险：社群可能是压迫性、权威型的，可能侵犯到个人。自由民族主义认为，如果社群的价值不能化约为构成社群的人类个体的价值，那么，在社群之内和社群自身都是没有价值的。社群的要求权最终来源于个人的权利。自由民族主义致力于社团价值观与个人自由价值观的相互协调，竭力遏止由自由主义的过分发展所带来的个人主义消极影响。社群主义者认为，新自由主义关于理性的个人可以自由地选择的前提，是错误的或虚假的，理解人类行为的唯一正确方式是把个人放到其社会的、文化的和历史的背景中去考察。换言之，分析个人首先必须分析其所在的社群和社群关系。重视自己的自由，也重视其他人的自由，在思想和行动上都尊重民主，这样的个人是民主制度得以存在和坚持的唯一的、最终的保障。"共同利益的概念内在于集体性自我意识的本质之中。集体性自我意识并不抹煞个人的自我意识；它只是通过个人自我意识的行动而影响个人行为。在另一方面，任何个人都不可能在毫不具备集体性自我意识的情况下生存。没有集体性自我意识，社会便不可能存在。哪里存在人与人之间的持久关系，哪里就会产生集体性自我意识。集体性自我意识是将自我视为集体之一部分的认知状态，它内含着一种将集体利益置于个人或地区与

---

① Joseph Raz, *The Morality of Freedom*, Oxford: Clarendon Press, 1986, p. 369.
② Ibid., p. 370.

集团利益之上的规范。所有社会都会产生某种程度的集体性自我意识。但这并不意味着集体性自我意识总会高于个人的自我意识。情况往往相反。而且这也决不意味着具有较大包容性的集体性自我意识总会高于较小包容性的集体性自我意识。正是这种具有广大包容性的集体性自我意识阻止社会彻底陷入自然状态。"① 个人的身份是由自我和他自身所处的集体共同决定的。个人和集体的这种关系并不是永远固定不变的，因为事物永远处于变化发展的过程中。不论是个人还是集体都在否定一些旧东西，从而形成新的自我。因此，在多元文化社会里，各种生活方式的平等共存意味着每个公民都享有同样的机会在其传统文化世界中健康地成长；意味着每个公民都享有同样的机会深入了解该文化及其他任何一种文化，以便确定是坚持还是超越它们；也意味着每个公民都可以毫无顾忌地置其命令于不顾，或者通过自我批判宣布与其脱离关系，以便彻底告别传统，乃至告别这种认同而奋发生活。

自由民族主义者正是抱有渐进、迂缓、调和的自由主义信仰者。社群主义过分强调"义务"，忽视了做人的权利，而个人主义则是过度地看重了"权利"。自由民族主义者努力探寻个人主义与社群主义的合理内核，探寻在既反对彻底打倒传统又主张对外包容的同时来进行创造性地接榫、转化、贯通的路径。

（二）自由主义与民族主义的结合

"民族主义"曾经在历史上起到了非常大的作用，极大地推动了历史的前进。如今，"民族主义"由于其经常伴随着"民族问题""民族冲突""恐怖主义"等字眼的出现而出现，其众多贬义性质的概念，如极端民族主义、宗教民族主义、泛民族主义等的反复出现，以及民族主义的排外性与全球化和现今国际社会的主流愿望相矛盾等因素，不免走向贬义化。自由主义的民族主义强调"族群归属感"与个人自由同为最基本的终极价值，主张一种"单纯的、温和的、本能的、民主的民族主义"，希望以自由主义理想去制约和防止民族主义可能之恶，实现开放社会之建构。这种温和的民族主义，其要义在于强调民族成员的自主理性、反思和

---

① ［美］爱德华·希尔斯：《市民社会的美德》，李强译，邓正来、［英］J. C. 亚历山大编：《国家与市民社会》，中央编译出版社2002年版，第44页。

批判。自由主义的基本理念是肯定个人的自由，强调个体之间的平等。在进行民族识别时，自由民族主义主张给予个人以较大的选择空间和自由。在自由民族主义看来，民族不复是一种命定的东西，而是选择的结果。它在培育民族理念的同时，并不忽视民族理念必须兼顾的其他人类价值。这种价值兼容并蓄，要求不断规定具有合理性的民族目标和达到这些目标的途径。这种温和的民族主义强调民族群体价值观与个人自由价值观的相互协调，以便遏制自由主义过分发展所带来的个人主义和由极端民族主义所造成的绝对集体主义。它的民主的民族群体理想是民族自决与公民自治的自然衔接。在自决价值问题上，它远比极端民族主义更具有说服力。① 把民族主义与自由主义有效地整合起来，用自由主义的政治运作来实现民族主义的正当要求，而不是把这种民族主义的实践寄希望于民族的强权政治，或者说并不是以牺牲民族成员的个人利益和基本权利来实现所谓的民族振兴。从这个角度讲，自由主义在校正民族主义的危害方面显然有着积极性的纠正意义。在自由民族主义大师伯林看来，如果某种信念要求个体为社会的自由牺牲自己，那么这种信念与任何别的信念相比，对个体在伟大历史理想的祭坛上被屠杀负有更大的责任。② 美国政治学家摩根索也曾这样说过："作为一种政治现象，民族主义为两种自由提供了精神源泉，即集体自由和个人自由。前者为一个民族摆脱另一个民族统治的自由，后者为个人根据自己的意志加入这一民族的自由……所以，民族自决原则的实现是民主政治和民族主义的实现。"③ 民族主义的基本内核是个人权利，由此，民族主义不仅仅是排他的力量，也是社会内部经济、政治、文化发展的推动力。民族主义与自由主义密切关联，与之结合则成为为社会个人权利的充分实现提供保障的民族国家的管理形式。否则，就可能走向种族主义等极端的道路。④

由于民族主义本身并非普适性的政治价值，其自身特点决定了它并没有一套特定的政体原则和制度安排。也就是说，民族主义本身并非一套自

---

① 徐贲：《自由主义与民族主义》，《读书》2000 年第 11 期。
② ［英］以塞亚·伯林：《自由论》，胡传胜译，译林出版社 2003 年版，第 169 页。
③ Hans J. Morgenthau, "The Paradoxes of Nationalism", *Yale Review*, Vol. XIVI, No. 4, June 1957, pp. 481–483.
④ 尹保云：《论民族主义的发展》，《战略与管理》1999 年第 1 期。

成系统的政治逻辑，它需要附属于某种特定的政治形式以实现自身的价值。从形态上来说，自由主义是一种普世性意义的政治理论，它可以赋予民族主义更高层面上的政治整合，通过自由主义的政治模式和政治价值实现民族主义和民主主义结合的全新锻造。从民族主义自身生存的角度来看，在国际社会如果每一个民族都以自己的至上性为权利诉求的依据，就很难达成合理的政治承认，人类社会经过长时间的历史积累和自身进化所形成的政治秩序也会面临挑战，甚至解体乃至崩溃。如果不能有效地寻找到赖以建立的政治基础，那么这种民族主义在给人类造成巨大灾难的同时，自身也将很快消逝在人类的历史长河中（法西斯主义的可耻毁灭就是例证）。为了自身的生存，它显然只能以更高的具有普世性的国际正义为基石，这种国际法中的政治正义原则，在自由主义的政治理论中可以得到恰当的应对。自由主义的法治秩序和宪政体制成为整合民族主义的政治基础，它把民族的政治主张与民主的运作程序结合在一起。经由自由主义的政治锻造，使自由主义的政治架构在民族和民主的政治关联中凸显出来。

自由民族主义认为，"民族主义"对民族整体利益的强调与其说是对个人权利的否定，不如说是对个人自由的扩展和延伸，其终极目标还是对民族个体利益的保护。将民族利益看得高于一切，而其他群体（家庭、地方社群和教会等）以及个人的价值都必须服从和让位于民族整体的价值，这是自由民族主义所警惕的民族主义反自由的一面。在伯林看来，集体性的自决并不具有内在的价值，而只是一种条件，与其他许多条件一样，其目的是个人和群体的自由发展。"民族自决"对于伯林来说只是"工具性"的。[1] 这正如托克维尔所说："社会的辉煌繁荣是所有人的幸福，故而一贯为国家牺牲公民；现代思维则相信，国家是为个人而存在的，是为了保护和教育每一个人。在革命和民族运动中已经粗略表现出来的这一观念，到了哲学家的思想中便变得更为精确了。那就是：个人即世界。"[2] 这与边沁的思想也有契合之处。边沁是一个个人主义的使徒，在

---

[1] David Miller, "Crooked Timber or Bent Twig? Isaiah Berlin's Nationalism", *Political Studies*, Volume 53, Issue 1, March 2005, p. 117.

[2] Emerson, "History Notes of Life and Letters in New England", in Perry Miller, *The Transcendentalists*, Cambridge: Harvard University Press, 1978, p. 494.

他看来，一个人不必想到一般的社会，只须想到社会中的个人单位，因为个人的开明和私利必然会实现全人类的开明和私利，即全人类的幸福。政府唯一合适正当的目的是"最大多数的最大利益"。仅仅三种特殊的国家功能便能够达到这个目的；这三种功能是：稳固的保证、财产的保护和个人享福机会均等的担保。① 按照边沁的观点，人们虽说关心的是自己的得失，但其结果却满足了彼此相互的需求。在追逐一己私利的过程中，会形成一套相互依赖的关系。

民族利益为最高利益、个人利益应服从整体利益等观念很容易被其普通社会成员当作合理的、正确的观念所接受，而普通社会成员不会去深入思考这些观念的内在根据是否站得住脚。在民族主义这样一种民族至上的政治神话中，作为个体成员的民族分子，其独立的地位、尊严与权利根本不可能与民族或国家的地位、尊严与权力相抗衡，更不可能成为民族国家的正当性基础。民族成员被认为可以为民族这类总体利益而作为工具被使用和牺牲。自由主义虽然并不排斥民族、国家、民族利益、国家主权等的法权地位，但是自由主义政治却把个人的权利置于民族或国家之上，认为只有以个人的自由、幸福等目的为价值指向的民族主义和民主主义才是真正具有合法性与正当性的民族主义和民主主义。个人的命运和福祉处于民主和公民社会的核心地位，不能为了一种制度和一种观念而牺牲一个人。政治进步的尺度不能在强加在政治制度上的理论中去寻找，而只能在个人的命运中去寻找。② 自由民族主义认为，实现民族义务的方式不应该是通过自我牺牲，或者把自己的福祉与利益置于集体的福利之下，而是通过参与一种文化的对话。塔米尔形象地形容说，我们教给我们孩子的语言，睡觉前给孩子讲的故事，唱给他们听的摇篮曲，就像为民族而牺牲的宣言一样，是履行我们的民族义务的好方法。③

一个民族或一个国家的合法性并不在于它天然所具有的民族主义的正

---

① ［美］海斯：《现代民族主义演进史》，帕米尔译，华东师范大学出版社 2005 年版，第 95、97 页。

② ［美］菲利克斯·格罗斯：《公民与国家——民族、部族和族属身份》，王建娥、魏强译，新华出版社 2003 年版，第 75 页。

③ ［以色列］耶尔·塔米尔：《自由主义的民族主义》，陶东风译，上海人民出版社 2005 年版，第 86 页。

当性，而在于全体成员的认同，或至少是多数原则下的认同。在这里，每一个个人，都并没有被视为手段和工具而从属于民族的总体目标和至上利益，民族并不是有着自己的总目标，而是以个人的多样性目标为目标的，或者说民族变成了手段和工具，它是用来服务于个人自由的多样性的。这种多样性的民族共同体才是自由主义，才有可能从根本上解决民族主义的问题。民族利益不是个体所拥有的唯一利益。"人类最重要的自我认同应该存在于近代市民社会的个人自由和人权中。而'民族的自我认同'只具有次要的意义，如果过分强调'民族的自我认同'，不仅会削弱自由主义，而且还会造成对他人的不宽容，从而导致社会的解体。"[1] 自由民族主义理论尝试让民族个体学会关注自己的命运、关注小人物的命运，改变迷信他者力量和英雄权威的奴性生存状态。既尊重个人的自主性，也强调其所赖以存在的特定民族文化归属感。自由民族主义者既是自由主义者，也是民族主义者，他们所追求的是以个人自由为基础、具有民主政治内容和民族文化认同的民族国家共同体。

三 自由民族主义的价值多元论

自由民族主义倡导多元论，我们可以把多元主义分为三个不同的层次，即文化的、社会的和政治的层次。它们分别尊重和信仰文化的多样性、社会的差异以及政治上的"权力的多样化"，政治多元主义主要来自独立但并不相互排斥的团体之多样性。自由民族主义在此的讨论主要涉及的是文化的多元主义。

自由民族主义的理论基底是价值多元论，是伯林在批驳价值一元论的基础上建立起来的。价值多元论是伯林自由主义的核心。[2] 在伯林看来，如果试图用某个特定的"善"或价值来统领所有生活的目标，以求得社会的和谐与统一，无论这种企图是出于多么良好的意愿或以多么崇高的名义，都是极为不可取的。假定所有的价值能够用一个尺度来衡量，这就与人是自由主体的原则相违背。按照伯林的观点，每一种文化都有其存在的

---

[1] Charles Taylor, *Multiculturalism*, *Examining the Politics of Recognition*, Princeton: Princeton up, 1994, p. 91.

[2] John Gray, *Berlin*, London: Fontana Press, 1995, p. 1.

理由，都曾在或者正在对人类历史的发展做出自己的贡献。因此，每一种文化都有其独特的价值，这种价值是与其特殊的环境相匹配的。与此相应，每一种文化都有着自己的价值准则，评价一种文化现象的价值，只能以其存在于其中的文化系统的价值准则来评价，不存在一种超越一切文化形态的普遍的、绝对的价值准则。不同种类的文化形态在价值上是平等的、多元的、相对的，从而是不可比的，它们之间无所谓先进和落后、高级和低级之分。所以，不能以一种文化形态的价值准则评价另一种文化形态中的行为。

　　自由民族主义所倡导的多元主义在全球化时代对弱势文化的生存与发展尤其具有积极意义。生活方式的全球趋同与民族文化、深层心理的差异已经成为当今世界显见的事实。文化求同的趋势和求异的要求使文化趋同与冲突彼此依存、相辅相成地构成了全球文化发展悖论的两端。如果说，文化趋同反映的是深层次的人类经济伦理与科技理性不可抗拒的力量，那么，文化冲突则反映出人类对不同文化传统和价值信念的坚持。只有在二者之间保持必要的张力，并在这种张力之间寻找平衡，人类文明才能够健康持续发展。地域间的阻隔与封闭的打破是全球化时代历史发展的必然。当这种必然性成为现实之后，由比较而显示的差异就会在整个社会文化领域引起巨大的震荡。在这种文化冲撞中，强的一方就占有优势，表现出主动扩张的优越感；综合实力弱的一方则往往只能被动地反省和自我改造，经过一个痛苦的调整适应过程，才能逐步积聚起新的生命力和对自身价值的自信。这种"刺激"作用虽然在一定程度上改变了本土文化传统的流向，但在总体上是一种锻炼机体和催发新生命的促进。在这种情况下，本土文化传统的内核还坚固，不仅保持着自己的基本特征，而且还在艰难地发展、演进。这条延续传统的主线之所以不容易被外来因素改造和化解，既是因为其内在结构的严密坚固，更是因为其不断地自我推进和出新。这有助于从更深的层次理解和把握本土和外来之间的关系，找准不同价值体系的不同基点，从而确定自己的位置和前进方向。自由民族主义的价值多元论有助于我们从历史和实践的角度认识人类多元文化共存的现实意义和价值，在实践的语境中去反映人类文化变迁的真实面貌。

　　自由民族主义价值多元论通过提出语言、文化等的不可通约性，肯定了多元价值共存合理性和必要性的同时，也增加了多元文化互相竞争与冲突的可能，这种多元价值共存的世界远不是令人乐观的，它意味着人们不得不接受价值多元并存和纷争的局面。"从许多方面来看，多元主义既是自由主义的产物，也是它的一个问题。"① "如果自由主义拥有未来，那就在于放弃对最佳生活方式之理性共识的追求。作为大规模移民、新的通信技术和持续的文化实验的结果，如今几乎所有的社会都包含多种生活方式，有许多人属于不止一种生活方式。"② 对此，伯林也承认，多元价值冲突的局面完全可能（甚至不可避免地）是悲剧性的。我们总是可能陷入进退两难的悖论，这种进退两难在逻辑上是不可解决的。伯林指出"当终极的价值不可调和的时候，原则上不可能发现清晰的解决办法。"③ 这实际就暴露了伯林论题内在蕴含着双重悲剧的紧张：为了避免一元论的极权主义悲剧，我们必须维护多元价值的正当性，但多元价值之间的冲突意味着无法兼得的选择，会导致无可挽回的损失。在以强调秩序与稳定的威权政治来避免多元冲突造成的牺牲，和以尊重与维护文化多样性的民主政治来避免个人自由的牺牲之间，我们无法确切地知道哪一种需付出的代价更为惨重。换言之，我们仍然无法确认，多元主义在应对文化和价值多样性的冲突中是否比一元论更为优越。如果像约翰·罗尔斯试图证明的那样，多元价值之间的冲突可在一个公共理性框架之内，通过制度设置，得到原则上的和解，那将消除或大大缓解伯林论题中的紧张，即多元论由于冲突的和解而优于一元论，那么自由民族主义无疑将被证明是普适有效的最佳政治方案。④ 如何为自由主义的普适性提供一个哲学的论证，尽量消除各种价值和生活方式之间的冲突，是罗尔斯一生的学术追求。他通过将"正当"（Right）与"善"（Good）分离，试图使各种不可公度的价值既受到同等的尊重、享有实现的空间，同时又受到公平的约束。罗尔斯试图

---

① Richard Bellamy, *Liberalism and Pluralism, Towards a Politics of Compromise*, London: Routledge, 1999, p. 10.

② [英] 约翰·格雷：《自由主义的两张面孔》，顾爱彬、李瑞华译，江苏人民出版社2005年版，第2页。

③ [英] 佩里·安德森：《〈新左派评论〉的重建与西方左翼思潮的发展》，学习中国（http://study.ccln.gov.cn/fenke/zhexue/zxjpwz/zxzxzl/232241.shtml）。

④ 刘擎：《面对多元价值冲突的困境——伯林论题的再考察》，《华东师范大学学报》2006年第11期。

论证，以公平的正义为核心的政治自由主义虽然会对各种完备性的善及其价值内涵施加限制，但这种限制并不有意偏袒任何一种特定的完备性论点，从而解决（至少大大减轻）伯林的"不可避免的冲突"的悲剧性。但罗尔斯的论证是否成功地克服了伯林提出的价值冲突论，仍然存在许多的争议。格雷就认为罗尔斯的政治自由主义方案在解决多元价值冲突的问题上是完全失败的，他质疑罗尔斯将"正当"与"善"分离的可能性。即便是罗尔斯本人也还是不得不承认："在各种所珍视的价值之间不得不进行选择的时候，我们面临着这些价值孰先孰后的巨大困难，也面临着其他一些困难，而这些困难看起来并没有明确的答案。"[1] 高尔斯顿也曾提出基本善的主张来缓解伯林多元论在价值冲突问题上的内在紧张，他认为某些善是基本的，它们是任何有意义的人类生活的组成部分；除了极少数基本善，关于个人对美好生活，对公共文化和公共目的的理解，存在广阔的、合法的多样性空间。[2] 但是这种"基本善"首先是难以定义，对于什么是人类共同的价值标准存在争议。其次，在实践应用中也非常困难，可能使价值冲突重新登场，正如伯林所说："不同的文化形式也产生出不同的道德和价值，这些文化尽管包含着一些重叠交叉的特征，但也有许多不同的、不可通约的优点、美德和善的观念。这种根源于不同文化或社会结构的善的观念也会是互相冲突的。"[3] 更为重要的是，伯林的价值多元论及其所蕴含的文化多元主义，对自由主义的规则普遍主义也构成了挑战。"从价值多元论的真理得出来的结论是自由主义制度不可能具有普遍的权威性。"[4] 这无异于宣告"自由主义的危机"。因为伯林的价值多元论暴露了自由主义无法奠定其"绝对主义基础"。伯林用价值多元论为自由主义提供了新的基础，但他的理论却又在根本上动摇了自由主义的普遍主义性质，甚至动摇了自由价值的优先性。如果价值是多元而不可公度的，我们

---

[1] ［美］约翰·罗尔斯：《作为公平的正义：正义新论》，姚大志译，上海三联书店2002年版，第342页。

[2] Galston, William A., *Liberal Pluralism*, Cambridge: Cambridge University Press, 2002, pp. 4–7.

[3] ［英］约翰·格雷：《伯林》，马俊峰、杨彩霞等译，昆仑出版社1999年版，第41—45页。

[4] 同上书，第163页。

何以能够主张自由具有普遍的优先性？多元与自由之间究竟存在着怎样的关系？"价值多元性本身没有给出我们支持自由主义的理由，实际上没有给出偏好任何特殊的政治安排的理由，从价值多元论走向自由主义，这是一种特定的历史选择，更多的是出于与西方本土文化经验相关的理由，而不是普适主义的原则。由此推论，对自由主义唯一可行的论证（至少部分地）是历史主义的辩护。"①

自由民族主义理论价值多元论的这一理论困境，反映在全球移民社会的现实中，就为我们提出了以下难以解答的问题：首先，自由民族主义没有明确说明在什么样的政治体制中，自由主义能够同民族主义在可能的最大程度上相互兼容，正如乔治·克劳德（George Crowder）所说："多元主义告诉我们的是必须选择、而不是选择什么。"② 自由民族主义主张多元与差异，其中含有民主的要素。启蒙运动中所创立的民主强调用共识与公共意志、人道主义把人置于中心位置上，这使自由民族主义理论家必须认真构想民主政治的思想与政制建设。其次，一个由移民群体构成的群落如何在主流社会中彰显其文化特质和个体差异性？在彰显其文化特质和个体差异性并为之而自豪、为之而产生优越感的时候，能否为主流社会公民或主流社会的极端民族主义者所容忍？允许跨文化移民保持其文化自决的多元文化主义，是社会进步的标志还是可能导致社会分裂的隐患？这是不能回避的社会现实问题，对此，自由民族主义理论并没有提供令人信服的答案。

第三节 对自由民族主义理论价值多元论的提升与转换

尽管伯林对多元文化的论证在价值冲突问题上存在缺憾，但我们不能因此而低估了他思想的意义。这种观点尽管屡受质疑，但其根本的立论基础却并没有动摇。伯林论述的内在紧张包含着重要的、值得不断重新考察与阐释的思想遗产。"如果多元论与一元论都具有危险，那么哪一种危险更大？哪一种损失会更严重？"诸如此类的问题，也许从理论层面上，我

---

① George Crowder, Pluralism and Liberalism, *Political Studies*, 1994 (42), pp. 293–305.
② Ibid..

们永远无法给出确切的答案，我们也无法判断多元价值之间是否必然产生冲突，这些问题的解决恐怕只能依据具体的背景条件而论。作为当代政治理论学者，不应当仅仅满足于写作"对论述的论述"，仅仅生产"关于文本的文本"。汉娜·阿伦特（Hannah Arendt）对西方政治哲学传统的一种批评认为，这种传统关注于"对"（about）政治进行思考，而不是"作为"（as）政治来思考。① 对于极其复杂的社会历史问题，我们不能期待存在那种一劳永逸的基础主义解决方案。作为一种政治哲学的伯林思想，其最重要意义也不是为实践提供理论基础，而是使我们在进行政治实践时减少盲目的乐观和幻想。在伯林看来，"我们确切地知道重要的价值之间一定会彼此冲突"②，并且这种不可公度的价值之间一旦冲突便不可能和解，因而牺牲也不可避免。

一 在实践中去探索在多元价值之间达成和解的可能

伯林无疑是一个悲剧哲学家，他惊醒了人类追求完美和谐的美梦。但是在实践中我们必须接受这种悲剧性的宿命么？伯林思想在学术界所引起的激烈论辩也促发我们在实践中去开启另一种视野，一种反基础主义、反唯理主义的视野。当我们无法做出明确的理论上的判断时，必须抛弃唯理主义的教条和普适主义的幻想，在实践中去探索在多元价值之间达成和解的可能。马克斯·韦伯所说的"除魅"（disenchantment）之后所造成的"诸神之争"，意味着一种永远的紧张，一种道德与政治意义上的不断冲突与和解的反复实践。这要求我们弃绝一劳永逸的基础主义。"思想观念不是孤立的抽象存在，就像学术著作中的句子和段落不能孤立存在一样。思想观念以个人和社会为媒体，转化为行为和现实。因此，思想观念具有一种不可预测的命运，而且这个命运是由人来锻造的。"③ "'历史'并不是把人当作达到自己目的

---

① ［加］菲利普·汉森：《历史、政治与公民权：阿伦特传》，刘佳林译，江苏人民出版社2004年版，第273页。
② Amy Gutmann, Liberty and Pluralism in Pursuit of the Non-Ideal, *Social Research*, Volume. 66, No. 4, Winter 1999, pp. 77–79.
③ ［美］菲利克斯·格罗斯：《公民与国家——民族、部族和族属身份》，王建娥、魏强译，新华出版社2003年版，第80页。

工具来利用的某种特殊的人格。历史不过是追求着自己目的的人的活动而已。"① 离开了人的活动，社会就无从存在，历史规律便无所依附。强调人的主观能动作用，这是人类理性能力高扬的体现。人通过生活与实践，不仅赋予客观世界以价值和意义，而且赋予主体自身的存在以价值和意义。价值的本质问题局限在理论的圈子里是无法解决的，这是形而上学思维的必然结果。理论也好，思想也好，都必须接受事实的检验。事实将会说话。而且与这些理论、思想相联系的政策和行为，也要接受事实、后果、人类代价以及道德标准的裁判。马克思主义认识到："凡是把理论导致神秘主义方面去的神秘东西，都能在人的实践中以及对这个实践的理解中得到合理的解决。"② 一部人类文明史就是一部经验的点滴积累史。价值问题也是如此，价值并不像自由主义所认为的是纯主观的东西，价值关系是基于主客体之间的实践关系、认识关系之上的主客体之间的对立统一关系。从单纯任何一方来认识价值的实质都难以解开价值之谜。在现实生活中人们对于敏感的民族问题的处理，乃是必须谨慎从之的艺术，而不是非此即彼的极端选择。伯林论题的悲剧性成为我们道德与政治实践的压力，也是催生我们去进行积极的政治思考、判断与理解的动力。在理论层面上通过分析疏理无法克服的困境，在具体的社会历史情境中却有可能得到解决。"人不是抽象价值观念所指挥的木偶。实践中的价值冲突，并不是抽象价值观念的直接碰撞，而是通过具体语境中对具体问题的施为行动来开展的。在具体的情景中，每个人或者群体对自身价值的实现具有优先性考虑和实现程度的考虑，还有与其他价值的关系与结构性的考虑。这便形成了价值实践形态的丰富可能。在抽象层面上不可公度的价值之间的冲突，在实践形态中却有可能获得和解。"③ "价值在实践中不是孤立的，它在实践中形成某种关系，而开始相互转化，使本来在概念上的不兼容的价值，在实践中获得和解。"④ 对于这一点，塔米尔已经有所认识，"灵活性

---

① 《马克思恩格斯选集》第 2 卷，人民出版社 1972 年版，第 118—119 页。
② [德] 马克思：《关于费尔巴哈的提纲》，《马克思恩格斯选集》第 1 卷，人民出版社 1972 年版，第 18 页。
③ 刘擎：《面对多元价值冲突的困境——伯林论题的再考察》，《华东师范大学学报》2006 年第 11 期。
④ 同上。

的妥协不只是反映了道德准则实施的困难,而且也反映了道德领域的更深刻、更内在的复杂性"①。"合理性以及并非一刀切的妥协是任何有效的政治解决方案的关键。"② 自由主义的基本原则就是时刻要有"妥协的准备"。③ 回顾历史,某种均衡的取得与其说来自认同,不如说来自妥协。认同的独木桥走不通,妥协仍不失为一线希望。要知道,"人类社会中有些问题本就没有圆满解决方法,有些曲线轨迹本就无法变直……有些道德上的痛楚本是理性所不能减轻,且不能治愈的"④。妥协,在20世纪革命的话语里是最丢脸、最掉价,甚至是最无耻的事。然而在自由主义的畛域里,妥协是宽容、兼容、包容的又一表达。宽容应该减轻一种不妥协的意见分歧所造成的社会破坏。⑤ "在信仰由认识层面(在这一层面,各种涉及存在的世界观不可调和)向实践层面(在这一层面,自身伦理道德至多同社会的法和道德在认识论上有某些契合之处)过渡时,宽容起着对这些信仰进行过滤的作用。宽容的前提是一种无法调和的信仰分歧的存在。"⑥ 我们对待不同价值冲突应持有这样的态度:"对于经过启蒙的基督教徒、穆斯林和犹太教徒来说,即使消除了偏见,彼此间仍然会存在教义和教义解释方面的分歧,这将导致对另类学说的合理拒绝,从而也使宽容变得非常重要。宽容并不触及自身的真理信仰和这种信仰的坚定程度。从宽容中产生的压力并不会导致自身信念的相对化,而会对这种信念的实际有效性施加某种限制:只有在平等和无条件包容所有公民的规范所划定的边界之内,它才是实际有效的。宽容态度带来的唯一后果就是:只有在所有公民均享有平等权利的前提下,人们才可以奉行自身宗教所规定的生活方式,或贯彻自身世界观所主张的伦理道德原则。这一限制是平等、对称地施加于所有公民的,其认识论意义在于,它作为一个自由法制社会的道

---

① [以色列] 耶尔·塔米尔:《自由主义的民族主义》,陶东风译,上海人民出版社2005年版,第112页。

② 同上书,第8页。

③ [英] 波普:《自由主义的原则》,王炎等编:《公共论丛:自由主义与当代世界》,生活·读书·新知三联书店2000年版,第147页。

④ Zygmunt Bauman, *Postmodern Ethics*, Oxford: Blackwell, 1993, p. 245.

⑤ [德] 哈贝马斯:《哈贝马斯精粹》,曹卫东选译,南京大学出版社2004年版,第478页。

⑥ 同上书,第481页。

德和法，必须将各种反映个人伦理观的信念协调起来。""在多元社会中，一旦一个宗教团体所主张的生活方式与更大的政治共同体的生活方式发生冲突，那么，它就必须放弃全面支配所有人的生活的企图。世界观多元化的事实迫使所有的宗教学说进行自我反思，在这样的反思中，宗教信徒们将学会一种承认人权的道德，而一旦具有了这种道德，他们就会放弃为贯彻信仰的真理而采取的政治强制手段，承认宗教信仰的自愿性和自由。在这方面，无论对内还是对外，都不应该使用暴力。"[①] "不但世界观的多元化呼唤宽容，具有强烈同一性特征的语言和文化生活形式，如果它们在其总体信念的基础上，不仅在生存意义的视角下，而且在真实性和正确性的有效性层面上必须做出判断的话，同样需要宽容并必须表现出宽容。"[②] "宽容是对人类理解力局限的一种补救。"[③] 宽容的目标不是理性的共识，而是和平的共存。没有哪一种生活对所有的人来说都是最好的。自由主义在这里只是一种权宜之计。权宜之计的目标不可能平息各种价值观之间的冲突，而是调和崇尚这些相互冲突的价值观的个人以及他们的生活方式，使他们能够共同生活。这种生活不一定需要共同的价值观念，而是需要使之得以存在的思想条件和制度保证。权宜之计是适应于多元化这一历史事实的自由主义的宽容。价值观念是多元的，生活的方式、生活的要求、生活的利益也是多元的，解决其间的冲突有许多种而不是一种正确的方法。[④] 美国跨文化学者大卫·卡尔（David Carr）提出了跨文化道德行为的四条原则：（1）对不同文化的人采取自己希望得到的尊敬态度；（2）尽可能准确地描述你所感知的世界；（3）鼓励其他文化的人用他们独特的方式表达自己；（4）努力寻找同其他人的共同点。[⑤] 我们需要建立起这样一种尊重他人、表达自己、寻求认同的创造性的跨文化品格。跨文化品格是一种生活方式，通过这种方式建立起一种自我定义，这种定义把

---

① ［德］哈贝马斯：《哈贝马斯精粹》，曹卫东选译，南京大学出版社 2004 年版，第 477 页。
② 同上书，第 482 页。
③ ［英］约翰·格雷：《自由主义的两张面孔》，顾爱彬、李瑞华译，江苏人民出版社 2005 年版，第 3 页。
④ 同上书，第 4 页。
⑤ ［美］拉里·A. 萨默瓦、理查德·E. 波特：《文化模式与传播方式》，麻争旗等译，北京广播学院出版社 2003 年版，第 471 页。

人性融合起来,而不是分离开。跨文化品格所映射的是人类的一种发展模式,它的成长是开放的,超越了个人自身的文化范围。① 跨文化品格是一种宽容,是对差异的愉快承认。跨文化又是一种"互动移情",即用自己的感觉去体验他人的感觉,目的是实现一种"你""我"的一致性。通过移情,超越人际间、群体间、种族间、民族间乃至于国家间的冲突,达到人类道德精神的崇高理想——和平或大同。②

二 通过对话与反思积极面对价值分歧

要使不同的价值尽可能在共同体中共存,让人们和睦相处,这就要求个人必须保持自我反思和批评,对于任何一种选择必须经过理性的评价,通过不断对话与交流,在现实情景中进行谨慎的、认真的选择判断。人们谈多元文化或差异性,最终不外是要建立一个自我(或我群)与他者之间的良好的、发展的关系。多元并不意味着对抗,在更大程度上意味着宽容和对话。多元的意义不是分裂,而是不同团体保持开放、交叉和交往的一种状态。思考和判断的动力很大程度上是来自外部迫切的冲突造成的损失局面,以及个人政治行为中内在的自我批评要求。他们在面对具体的冲突中达成暂时协议,这种协议不仅仅是如格雷所认为的利益妥协的权宜之计,而是为了多种价值有意义共存、政治共同体的团结而进行的一种实践。唯有如此,才能在失去了衡量标准和一般准则的价值多元世界中达成和睦相处。"现代政治并非原则政治,而是利益政治。"③(这表明了妥协的可能)在这一视角上,价值不可通约与冲突的悲剧性成为道德与政治实践的压力,但同时也是催生公民积极进行政治思考、判断与理解的动力。不同的文化认同之间之所以无法进行理性的对话、沟通以及无法达成共识,除了情感偏向与利益诉求等因素以外,更重要的是因为不同文化认同的人持有一种本质主义的一元的、绝对的、非此即彼的主体性观念、自

---

① [美]拉里·A. 萨默瓦、理查德·E. 波特:《文化模式与传播方式》,麻争旗等译,北京广播学院出版社2003年版,第478页。
② 王涛:《跨文化交际中的东西方价值观差异与道德融合》,《东南大学学报》2005年第9期。
③ [美]詹姆斯·布坎南、罗杰·D. 康格尔顿:《原则政治,而非利益政治——通向非歧视性民主》,张定淮、何志平译,社会科学文献出版社2004年版,第1页。

我观念与认同（身份）观念。为此，我们应当提出一种流动主体性、多重自我与复合身份的概念，来阐释文化身份（认同）与语境之间的关联性，化解而不是加深文化认同危机。要看到，文化交流与融合是文化发展的重要推动因素。现代社会的快速转型打破了一切凝固的生活方式，文化要想富有生气，也必须从批判和打破中获取自我转化的力量。对话本质上是一种倾听的艺术。对话将生成一种双方都未曾料到的新视界。文化对话首先预设了价值的多元性，它承认平等和差别，平等意味着彼此信任，差别意味着互相尊重。文化对话的目的，是要倾听不同的声音，向不同的视野开放，并且分享真知灼见，所以，对话乃是扩展我们视野、深化我们自我反思以及开拓我们文化意识的机会。一切真正的对话，其结果，将不只是对话的主体双方因分享对方的思想价值而于己有益，更重要的是，它还会生成一种新的、更广阔的文化视野。

自由主义如今面临的最大问题，是如何回应文化道德价值问题，不再是用消极的办法，用括号将善的问题搁置起来，将之放逐到私人领域，而是积极地面对价值的分歧，重新将之置于公共领域予以对话和讨论，寻找自由民主生活最一般的伦理基础和价值底线。[①] 每个时代都需要一种能为社会绝大多数成员普遍认同的价值观，并以此作为人们行动的导向，去协调他们的行为，推动社会稳步发展。在价值多元纷呈，甚至彼此冲突、对立的情况下，更需要有一种占主导地位的价值观念，在多元价值之间保持合理张力，抑制各种价值主张之间的紧张关系，从而统一人们的思想、维护社会的稳定和发展。价值取向的无主导性在现实中常常表现为价值虚无主义和价值相对主义，无论哪一种情况，都给人的现实价值选择造成极大困惑。如若没有一些最基本的共同价值观，否认某些最基本的人类共同标准，就不能不导致对危害人类文明的负面文化现象也必须容忍的结论，社会稳定和人类和谐的愿望也就无从谈起。伯林把多元思维方式绝对化，强调彻底的多元化，认为不同价值之间毫无共同性、根本不可通约、无法比较。这就基本放弃了在不同价值之间进行对话、交流和批判的可能性。在这样一个各种价值分崩离析的图景之中，"和而不同"——各种价值和谐共处的前景是不可能出现的。人类互相理解、互相尊重，使得人们生活在

---

① 许纪霖：《回归公共空间》，江苏人民出版社2006年版，第119页。

一个推己及人、惜老怜贫的美好世界的理想也终将是一个"乌托邦"。"古往今来，地球上不知道有多少国家，多少民族，几乎每一个民族都有自己的文化创造。文化不论大小一旦出现就必然向外流布。这可以算是文化的一个特点，全体人类都蒙受了这个特点之利。如果没有文化交流，我们简直无法想象，今天的世界、文化会是一个什么样子，人民生活水平会是一个什么样子。"① 也正如迈克尔·沃尔顿指出的那样：无论怎样多元繁复的社会，只要把人类看作是一个一起生存的共同体，我们就不得不为这些人发明一套通用的意义，代表着达到正义的方法……也可能是唯一的方法。② 即便是对多元文化和多元生活方式的宽容，也只能借社会的共识来实现，对现实利弊的评判，必须从某个价值参照系出发去进行。正如哈贝马斯所言，道德普遍主义在当代社会是十分必要的，因为这一价值不是别的，正是对每个人自由权利的最有力维护。他认为："普遍主义意味着在认同别的生活方式乃至合法要求的同时，人们将自己的生活方式相对化；意味着对陌生者及其他所有人的容忍，包括他们的脾性和无法理解的行动，并将此视作与自己的权利相同的权利；意味着人们并不固执地将自己的特性普遍化；意味着并不简单地将异己者排斥在外，意味着包容的范围必然比今天更为广泛。"③ 伯林的价值多元主义思想为文化的多元发展提供了理论根据和新的思考层面，但其本身的弱点和局限性又阻碍了多元文化的发展。人民在日常交往中形成的共识，不仅构成了国家合法性权力的源泉，而且这种合法性又构成了整个社会结合的纽带，改变了由于社会多元可能带来的分裂。如伦理道德中的真善美、商业经济中的诚信意识、科技文化发展中的合作与共享精神，等等。不同的文化产生不同的价值观，然而不同的价值观却可以产生出求真、求善、求美的普遍道德，即共同的人类精神，通过人类的共同探求，达到殊途同归的人类理想。在不同的文化结构中，有些要素虽然具有鲜明的民族或地域特征，但其内在的功能却有着相似之处。例如佛教信奉释迦牟尼，基督教信奉耶稣基督，伊斯

---

① 季羡林：《东学西渐丛书·总序》，河北人民出版社1999年版，第1页。
② [美]迈克尔·沃尔顿：《正义诸领域》，褚松燕译，译林出版社2002年版，第36页。
③ [德]哈贝马斯：《哈贝马斯访谈录：现代性的地平线》，李安东等译，上海人民出版社1997年版，第137页。

兰教信奉穆罕默德，它们之间相互排斥，有时甚至势如水火。但从文明的角度上看，它们又都有着满足人们终极关怀的极为相似的文化功能。在这种情况下，如果人们只看到外在的文化形式的差异性而看不到内在的文明价值的一致性，就可能带来盲目的文化冲突，甚至把这种文化的冲突误认为是文明的冲突。在这一问题上，很容易使人们联想起美国学者亨廷顿的颇具影响力的《文明的冲突》。① 无论如何，国际社会对民族文化多样性的保留、传承和发展正在形成普遍共识，每一种文化都是全人类的文明成果，每一种文化都有其特别的优长之处。被亨廷顿等人视为威胁的伊斯兰文化，其实非常强调平等伊斯兰教认为，在真主安拉面前人人平等，任何人都可以与安拉进行直接的心灵上的沟通，而不需要一个中间的阶层来帮助。在伊斯兰文化中，人格的尊严是神圣不可侵犯的，不管你的种族肤色、性别差异还是贫富差异，在人格上都是平等的。人的一般本性，乃是真善美的人性。人道主义乃是人类社会赖以生存和发展的前提，是人类社会的普遍价值。孟子说："行一不义，杀一不辜，而得天下，皆不为也。"② 法国作家雨果说："在绝对正确的革命之上，还有一个绝对正确的人道主义。""三个天真小孩的生命比国王、王座、王权和15个世纪的君主政治更重。"③ 如上所述，不同的价值和道德规范并不只是体现出差异性和冲突性，也呈现出所有文化的人们所共有的、饱含人类精神的基础观念。正是这种精神使我们人类具有了最重要的价值和认同性，并在此之上维护我们人类精神的价值和尊严。

三 中国古老哲学思想给我们的启示

在谈到对自由民族主义多元论的提升与转换问题时，中国的古老哲学或许能提供一些有益的启示。中国作为世界文明的发源地之一，在长期的历史发展过程中，创造了光辉灿烂的民族文化。中华民族传统文化源远流长，是一个相当稳定的文化体系，在长期的发展过程中形成了自身独具的

---

① 陈炎：《"文明"与"文化"》，《学术月刊》2002年第2期。
② 杨伯峻：《孟子译注》，中华书局1960年版，第63页。
③ 北京大学西语系资料组编：《从文艺复兴到十九世纪资产阶级文学家艺术家有关人道主义人性论言论选辑》，商务印书馆1971年版，第328、332页。

特征。中国优秀传统文化的价值越来越为人们所重视。它揭示和展现了自古以来中国人在生产实践、社会生活实践、文化创造实践和日常生活实践中，所发现和创造的一系列真、善、美的价值理念、文化艺术形态、典章制度、精神境界和生命智慧。它提供给我们一种独特的文化价值取向，一种文化建设的主张。西方民主社会强调民主、人权、科学，但是缺乏人性的平衡，缺乏和谐。尝试把中国哲学的基本精神、中华民族的精神气质、中国思想文化的人学意蕴，转换为当今全球化时代可供借鉴的精神财富是非常有意义的事情。因此，我们不仅要对中国传统文化内在的价值、意义、传统、习惯、知识经验和规范体系进行考据和诠释，更要立足于今天的社会生活，发扬那些与时代精神相协调的传统，剔除、克服和抛弃那些与时代精神相抵牾的东西，使之成为我们生活感悟、行为反思、人际交往、心理感通的一部分。

中国人的感情模式重视包容性，而不以全或无，绝对的黑、绝对的白的方式看世界。即使在哲学理念中，中国人也没有绝对的美德概念，与绝对的恶相对立。中国人有互补性的阴阳概念，阴阳概念承认不同要素的存在，对哪一个要素都不可以彻底否认。要么设计一个大而模糊的图式足以容忍各种要素，以将它们完全地结合起来；要么以情境为中心，在不同的情境中，不同要素显示其重要性。中国哲学提出了"道并行而不相悖""和而不同"等思想，这些思想在当今社会仍具有重要的现实意义。儒道两家互补地发展了天人合一的思想，这种思想在《周易》中已经萌芽。汉代董仲舒提出了"天人合德"的概念，直至宋代张载以"天人合一"的概念表述出来。世界是一个和谐的过程，人类可以通过自我修养以及配合自然来化解事物之间的差异与冲突；事物之间以及事物内部存在着"对偶"现象，"对偶"之间既是相对的、相反的，又是互补的、互生的。在天人合一的体系里，情感的内在力量是实现整体和谐的力量，是社会团结的最终基础。

中国传统文化作为一个有机的整体是兼容并蓄、丰富多彩的。儒家文化在中国传统文化的历史发展过程中凸显了巨大的影响力，"儒家文化的伦理价值在某些方面主动地塑造了中国文化的认同"[①]。以孔子为代表的

---

① 杜维明：《现代精神与儒家传统》，生活·读书·新知三联书店1997年版，第383页。

儒家学说在两千多年中国古代思想文化发展史上占据了居中制衡、不可撼动的地位。即使在作为儒家存在的经济基础、社会条件、政治制度已不复存在的今天，作为思想文化现象的儒学仍引起中国乃至世界范围的广泛关注和强烈兴趣。儒学不同于西方的宗教神学，它是一种关于人的本性的哲学，它把建构人与人之间的合适性关系看作是社会的基础。2004 年 10 月，国际儒学联合会、中国孔子基金会、联合国教科文组织在北京联合主办"纪念孔子 2555 周年国际学术研讨会"。这个研讨会的主旨是研究如何吸取孔子的智慧，解决当代人类的问题。国内外许多学者建议将中国传统文化中"和而不同"这一原则推而广之，使它成为解决当今不同国家、不同民族以及不同文化之间纷争的原则。他们指出，中国传统文化中的"和而不同"原则可以在全球化趋势下的多元文化发展中提供有正面价值的资源。"和而不同"的共生共处之道，是文明对话不可或缺的基本原则。① 按照孔子在《论语》中对于"和"与"同"的辨析，和谐社会就是在承认社会差别和文化多样性的前提下追求"和而不同"的动态平衡。"和而不同"的原则，是中国传统文化的观念之一，其最高理想就是："万物并育而不相害，道并行而不相悖。""和而不同"的意思是说，承认"不同"，即承认差异，通过互济互补，在"不同"的基础上形成"和"，即达到统一、和谐，才能使事物得到发展。"和而不同"作为儒家文化传统的核心理念，表现了该传统的宽容精神和包容胸怀。

在全球化这一难以逆转的潮流之下，在国际移民所带来的问题与日俱增的情况下，如何解决其中的问题，使之发展朝向一个繁荣昌盛的人类社群，而不致因为冲突的激化导致人类的悲剧和文明的毁灭，是我们首先需要深思熟虑和给予更多关注的。对于化解价值冲突来说，无论在观念还是实践的层面，儒家传统都的确具有格外宝贵的历史资源，值得我们发掘探讨，以利世人。在冲突日增的时代，儒家对和谐的特别重视尤其受到了其他文化传统的欣赏。儒家"和而不同"的主张更是被屡屡言及，成为在保持不同文化传统各自独立性前提下化解冲突、和平共处的指导原则。中庸之道可以不与西方的自由传统之宽容同祖同宗，但却可以有同气相求的

---

① 胡一：《全球化·多元文化·"和而不同"原则》，《福建论坛》（人文社会科学版）2006 年第 3 期。

精神意念和气质。在"中庸"的思想境界里,至少可以避免绝对之反"容外态度"(xenoacceptance)招致的偏激祸端。这里笔者注重的是其宽恕之道、怀柔之心。"中庸之道"符合渐进的路数,在一定程度上为宽容提供了可能性。

英国历史学家汤因比甚至把世界的希望寄托于中国。在他与日本创价学会会长池田大作的谈话中谈及世界统一的问题时,汤因比显得特别兴奋。他说:"将来统一世界的大概不是西欧国家,也不是西欧化的国家,而是中国。"这不是猜想,也不仅仅是希望,而是"因为中国有担任这样的未来政治任务的征兆",这里才是中国今天在世界上有"令人惊叹的威望"的原因所在。从秦始皇统一中国以来的2000多年中,在政治上几亿民众一直是统一为一个整体的;文化上的影响渗透到遥远的地区;而且2000多年来,中国一直成为"影响半个世界的中心"。虽然近百年来全世界似乎是在按西方的意图统一了"政治以外的各个领域",但是"恐怕可以说正是中国肩负着不止给半个世界而且给整个世界带来政治统一与和平的命运"。汤因比说:"只有当中国的文明的精髓引导人类文化前进时,世界历史才能找到真正的归宿。"[①] 我们相信,在全球趋势下多元文化发展的进程中,"和而不同"这一蕴含中国文明精髓的哲学思想将会重新闪烁其智慧之光。

群体和谐是儒家礼仪文化、也是东方文化的重要思想特征,它有利于和谐人际关系,发扬团队精神,有利于克服与避免个人主义。但是可能压抑或限制个体人格和个人自由竞争能力的发挥。个体自由是西方文化重要的特色,它鼓励人的个性自由发展,刺激人的自由竞争能力的发挥。但是,鼓励个体自由容易培养极端个人主义,难以养成集体主义观念。这是两种不同的文化,反映两种不同的社会背景与文化心理,也产生两种不同的社会效果。我们必须把东方的群体和谐文化与西方的自由主义文化结合起来,既避免极端个人主义,又鼓励人的个性自由发展。把个人利益与整体利益协调起来,这是一种对东西方文化的发展超越,也是中西文化相互融通的一种新模式、新思路。

[①] [日]池田大作:《展望二十一世纪——汤因比与池田大作对话录》,荀春生等译,国际文化出版公司1985年版,第289页。

第四节　自由民族主义理论的缺憾

相较于民族国家理论，自由民族主义有其进步与优越之处，但并不是说自由民族主义在解决移民问题时是完美的，其有着自身的不足与缺憾。

首先，自由民族主义关于文化的观点太过偏狭，其把文化视为了一种内部结构固定的事物，认为各个文化的特征是各自文化所先天固有的、不变的本质属性，并进而把它们永久对立起来。个人或群体所信奉的价值是在具体的社会历史语境中建构的，它当然不是任意的，却也不是一成不变的。不同的文化群体之间具有相互依赖、相互影响、相互学习、相互穿透、相互沟通的过程。我们不能回避各个群体之间的各种相互依赖与相互穿透的复杂现实，而去假设群体跟群体之间是一座座不同的文化孤岛。文化的多样性及其发展的活力永远是在不同文化之间的相互交流、借鉴和融合中实现的。罗素在《中西文化之比较》中说："在往昔，不同文化的接触曾是人类进步的路标。希腊学习埃及、罗马借鉴希腊、阿拉伯参照罗马帝国、中世纪欧洲又模仿阿拉伯，而文艺复兴时期的欧洲则仿效拜占庭帝国。"[①] 古老的文化传统将会在确认自己文化内在精神的基础上，充分吸收其他文化来营养自己，而形成文化的新的飞跃。

其次，价值不可通约性的论断容易造成"形式多元主义"。价值在针对客观存在的客体、主体进行评价时才能产生，即价值不是事物固有的属性，而是对事物价值评价的产物。价值依存于评价者，对于同一事实的价值判断会因评价者而异。尽管价值是多元的，但我们不妨把价值的多元性看作是人类由于发展阶段及其所处条件的差异造成的偏差，多元性并不是绝对的、永远固定不变的东西。作为事实的文化反映的知识（主要是科学技术）具有普遍性是毋庸置疑的。现在有一种倾向值得警惕，那就是不加区别地将各种文化并列起来，反对对它们进行任何价值评估。于是，宽容蜕变为无原则，不同文明的对话则因此走向几乎悬置任何价值判断的状态。现在，这种潮流日益极端化，以致使用好坏、是非、进步落后等与价值判断相关的词语成为禁忌。从表面上看，形式多元主义让民主原则在

---

① ［英］罗素：《一个自由人的崇拜》，胡品清译，时代文艺出版社1988年版，第8页。

文化领域获得彻底实现,与之相应的该是文化在各个层面的自由发展,但实际情况却恰好相反。形式多元主义的盛行不但造就了不同层面的文化冲突,而且阻抑乃至消除了批评的声音和校正异端的力量。

最后,自由民族主义理论将错综复杂的社会问题简单地化为文化问题,进而设想通过文化展示(而且仅仅限于外在文化景观的展示)消除根源于生存竞争的族群矛盾。如果将复杂多样的现代问题都归结为同质化或文化问题的话,其结果只会使问题简单化,使视野变窄。对国际移民史的研究告诉我们,事实远不止如此。"没有政治框架的文化自决恰恰是现在面临的问题,像赫尔德那样的理想主义者显然并没有考虑到这问题。"[①] 举个例子:当需要大量外来劳动力时,移民被当成客人而受到主流社会的欢迎;然而,当失业率上升,劳动力市场的需求发生变化之后,客人就被描绘成了从第三世界到发达国家瓜分现有社会福利的入侵者,排斥外来移民的社会舆论随即占了上风,这种情况并不鲜见。移民的社会适应问题,决不仅仅是文化问题,经济、政治各方面的因素都在起作用。

尽管自由民族主义理论还存在种种问题,但是,无论如何,自由民族主义理论提出了解释文化传统和民族性,以及解决民族、文化等差异问题的新思路,具有广大发展前景。不管这一设想能否在实践中完全适用,作为一种坚持最低基本价值,同时具有高度智慧的自由改良主义,其理论贡献是不可忽视的。它提醒我们,要实现人的真正自由与民主,不是仅仅通过政制的变革就可实现的,关键还在于要建立相应的政治文化环境。个体主义(individualism)不同于利己主义(egoism),它既是西方文化的内容,又是西方文化的目的。个体主义是自由、平等、民主的基础,是西方价值观的核心。自由民族主义在政治哲学研究上开辟了一个新的领域,开启了一种新的视角。它引导我们思索:在一个自由民主的社会中,什么样的个人与社群关系最为理想,现代社会是否需要在质上改善个人与社群的关系,以及重新塑造奠基于此种新关系上的道德、社会和公共秩序?谁又能真正代表社群的利益,社群对它的成员又被允许拥有多大的强制力?自由民族主义在论述个人与群体的关系问题上,在某种程度上与马克思主义

[①] [美]内森·嘉德尔斯:《两种民族主义概念——以赛亚·伯林访谈录》,陆建德译,辽宁教育出版社1999年版,第260页。

有相通之处。马克思曾多次论述了个人与社会整体相互依赖的关系，指出，一方面个人无法离开社会而独立存在，社会是个人赖以存在与发展的必不可少的环境条件。只有在集体中，个人才能获得全面发展其才能的手段，也就是说，只有在集体中才可能有个人自由。另一方面，社会发展的基本宗旨、基本意义在于使每一个社会成员获得自由和全面的发展，社会整体发展的实现也有赖于个人的充分发展，人类理想的社会"将是这样一个联合体，在那里，每个人的自由发展是一切人的自由发展的条件"①。

第五节　本章小结

有学者认为："自由主义者和民族主义者是难以融合的。"② 自由民族主义的产生与发展给这种观点以有力的驳斥。纵观自由主义发展历程，可以发现"自由主义自始就含着一种民族主义"③。"民族国家和民主是作为法国革命的双生子而出现的。在文化上它们都处于民族主义的庇荫之下。"④ "一种要求高度亲身介入——直至自我牺牲——的角色：普遍兵役制只是公民权利的另外一面。民族意识和共和主义理念都表现在随时为祖国而战、为祖国而献身的精神之上。这说明了民族主义和共和主义从一开始就处于互补关系之中：一方成为另一方出现的工具。"⑤ 早期的民族主义本质上还是具有自由主义色彩的，"自由主义的理念行为其实早就包含了民族主义的某些价值"⑥。历史学家指出："在其初始之际，民族主义打破了传统的、陈腐过时而束缚人的社会秩序，并以人类的尊严感、以参与历史和管理自己事务的骄傲和满足感填充着追随者的心灵。这种使人获得

---

① 《马克思恩格斯全集》第18卷，人民出版社1961年版，第76页。
② ［美］戴维·卡莱欧：《欧洲的未来》，冯绍雷等译，上海人民出版社2003年版，第69页。
③ ［美］海斯：《现代民族主义演进史》，帕米尔译，华东师范大学出版社2005年版，第98页。
④ ［德］哈贝马斯：《哈贝马斯精粹》，曹卫东选译，南京大学出版社2004年版，第251页。
⑤ 同上书，第253页。
⑥ 徐贲：《自由主义与民族主义》，《读书》2000年第11期。

解放的感情正是 19 世纪欧洲早期民族主义的特征。"① 民族主义与自由主义在理论上是确有联系的，尤其是在"民族自决权"理论上的渊源关系。两者在自由主义思想家的"自治"或"自决"理论阐述中实现了对接。康德伦理学理论的核心是人的"自治"或"自决"，而人要实现自己的"自治"或"自决"就必须是自由的。正是这种"自治"或"自决"理念同"民族"的连接铸就了民族主义理论的核心内容。② 欧洲 1848 年革命失败后，民族主义的民主共和理想受挫，它逐渐转向狭隘的爱国主义，建立民族国家的意识形态被放在了第一位，自由和民主的理想则被搁置在一边。

　　自由主义本质上是一种"祛魅"的产物，是世俗化时代的公共宗教。自由只能提供给人选择的可能，民主赋予人以平等的尊严，但它们并不能因此给人的生活带来意义，告诉你美好的价值何在。现代性的世俗化以工具理性的方式摧毁了人的内心世界和社会道德生活的完整性，使价值危机在民主化以后格外地凸显出来。③ 由于理性主义片面强调理性特别是工具理性在社会发展中的作用，而忽视了人的自我完善和价值理性，这必然地导致了真理和价值的严重断裂。随着资本主义的发展，理性已越来越转变为狭隘的工具理性。工具理性的过度膨胀，使人类已面临着众多的诸如战争危机、恐怖活动、环境污染、资源匮乏等全球性问题，危害着人类的生存和发展。这也直接导致了西方以反理性为特征的浪漫主义和后现代主义文化思潮的兴起。民族主义是一个颇有争议的意识形态，因为它是一把双刃剑，既有可能与自由主义相结合，也有可能与专制的威权主义或反西方的保守主义相联系，成为其政治合法性的借口。民族主义作为现代性的内在要求，不是一个要与不要的问题，关键在于如何将之与自由主义的政治理念相结合。④ 现代民族主义观念的诞生与发展是与共和宪政理念在西方世界的启蒙与拓展相伴随的。然而，西方现代民族国家的构设虽然依托于

---

① Hans Kohn, *The Age of Nationalism, the First Era of Global History*, London：Harper & Brother, 1962, p. 12.

② Philip Spencer and Howard Wollman, *Nationalism—A Critical Introduction*, London：Sage Publications, 2002, p. 7.

③ 许纪霖：《回归公共空间》，江苏人民出版社 2006 年版，第 120 页。

④ 同上书，第 125 页。

作为意识形态的民族主义，从民族主义、自由民主理念中获取政治合法性支持，但是，早期曾经针对封建王朝展开猛烈批判的民族主义观念在现代民族国家构设过程中却无法融洽地与民主宪政体制保持意识形态层面的一致。原本在民族共同体范围内颇具"革命性"的"民族自决""民族身份认同"已经开始与国家领域中的"公民权利""公民资格确认"发生内在性冲突。① 如何完成自由主义和民族主义在全球化时代的对接确实是个难题。

每个时代政治哲学的任务的核心就是寻找一种新的信仰和生活理想，整合那个时代的困扰，解决现实问题，自由民族主义也不例外。民族主义是历史的产物，它有存在的合理性。自由民族主义理论使我们看到了在自由主义政治理念中对民族主义进行驯化和改造的可能，其深刻地把握住了原发民族主义的精神实质，其所揭示的民族主义的内核切中了民族主义的一个重要方面，即民族主义自身正面的、具有普遍意义的内涵，而这一点一直以来并不为人们所重视。自由民族主义理论认为：一方面，个人面临着必须选择的处境，而这种选择既创造着自我，又影响着社会；另一方面，个人的目标和价值观念以及个人的选择本身，又受着社会文化传统的塑造和制约，个人的自由和幸福离不开民族和文化传统这棵大树。自由民族主义所指的价值主体不仅是个人，而且还包括由不同文化来区分的民族群体；更为重要的是，个人不是抽象的孤立的个人，而是处于群体之中并部分地由群体塑造的历史发展中的个人。

文化的多样性，无论现在还是过去，都是一种历史性的力量。现代西方文明和当代的欧洲文化是多种文化集团和民族相结合的结果，它借鉴吸收了各种各样的遗产，融合了各种不同的文化传统。世界上的其他文化也是如此。② 自由民族主义理论的理论基底是伯林的价值多元论，它肯定了当代多元文化繁盛的现实，有利于全球化时代各种文化特别是弱势文化的生存和发展。然而，自由民族主义价值多元论通过提出语言、文化等的不

---

① 郭晓东：《民族主义观念的嬗变：系谱论与反系谱论的视角》，《民族研究》2006年第5期。

② ［美］菲利克斯·格罗斯：《公民与国家——民族、部族和族属身份》，王建娥、魏强译，新华出版社2003年版，第29页。

可通约性，肯定了多元价值共存合理性和必要性的同时，也增加了多元文化互相竞争与冲突的可能。其实，任何一种文化都既不同于其他，又不同于历史上的自身。文化的变迁就是不断地调适人与自然、人与他人和人与自身的关系的过程。多元文化就是在文化变迁和调适过程中对应多样性的社会关系历史地形成的。相对主义的多元主义表面对各种文化传统都能肯定，其实否认宇宙间存在统一性的终极真理。无形中消解了不同文化之间比较与对话的必要性，反而不利于文化之间的彼此沟通与相互取益。任何一种现存的具有生命活力的文化，都是一种开放性文化系统，其系统内部的能量总是与外界保持着相互交流状态。"传统"并非一成不变，文化是生生不息的绵延过程，任何一个民族的文化都伴随着历史的发展而不断吐故纳新，并与其他文化相互交流、相互渗透。尤其对移民族群而言，其文化伴随迁移而变化，是适应生存需求的必然反映。无数实例业已证明，不同文化在相互交往中彼此都在发生变异，尽管这是一个十分漫长的过程。可以说，无论是某一民族国家的发展史，或是整个人类社会的发展史，不外是种种不同文化在直接或间接交往中相互渗透、相互影响的历史。[①] 人类文化在交流过程中，不同文化会互相排斥，同时也互相发现，互相融合。一部人类发展的历史，可以说就是文化多样性之间相互融合并衍生新的多样性的历史。在尊重各民族文化价值的基础上，主张各种文化在优胜劣汰、互补共进的平等竞争中发展，以文化的多样性、丰富性为人类文化的发展注入活力，这才是我们面对多元文化所应具有的正确态度。就此而言，伯林强调了存异的一面，而忽视了求同的必然。实际上，以不同民族为载体的不同文化之间求同与存异的不断磨合，一直是作为人类社会的发展动力而发挥其作用的，来自不同文化的人们只有理解和尊重对方的文化并善于沟通才会和谐相处。

多元社会中，存在着文化、宗教、生活方式等各方面的差异性，在这些差异中达成政治共识需要以宽容为原则。一个社会有没有宽容将是判断其是否自由、开明的重要价值尺度。《大英百科全书》里这样解惑说："宽容（来源于拉丁字 tolerare）：容许别人有行动和判断的自由，对不同

---

① 李明欢：《"多元文化"述评》，《文艺报》2000年6月。

于自己或传统观点的见解的耐心公正的容忍。"① "宽容"并不等于"赞同"。"一个自由主义者可能反对你的观点,但坚决维护你持反对意见的权利。"② 我们对宽容的理解不能只是停留于将自身与他者区分开来的被动的宽容,而且还要把宽容看成一种不同文化背景中的主体间能够相互合作,有益于身心健康和社会化功能的积极的交往智慧。对于那些将自己的伦理价值视为信仰真理,要求得到普遍承认的人来说,这是不可接受的。对于每一个不仅按照伦理价值而且遵循伦理的真理来规划自己生活的人来说,与体现异己信念的生活方式的相遇,必然会引起他对这种信念的拒绝,而这时,他恰恰应该表现出宽容。③ 应该说,在各价值群体之间相互尊重、平等协商、多交流、多对话的基础上,一种相对合理的全球价值秩序的建立并非不可企及。

关于对自由民族主义多元论的提升和转换问题,中国传统文化思想也可提供宝贵借鉴。中国文化追求和谐不仅表现在人与自然的关系上,而且还表现在注重社会和人自身的和谐方面。如儒家就追求和的境界,倡导"己所不欲,勿施于人","上不失天时,下不失地利,中得人和,则百事不废",主张人与人之间以和为贵,建立互相宽容、尊重的人际关系,社会要追求和平。这种注重天人合一、追求和谐的文化精神不仅是中国文化中的宝贵资源,而且在解决当今世界生态环境恶化、战争冲突不断等一系列全球性问题上也可以发挥重要的作用。④

自由民族主义理论把文化视为一种内部结构固定的事物,认为各个文化的特征是各自文化所先天固有的、不变的本质属性,并进而把它们永久对立起来,把文化之间的差异绝对化的观点,与文化相对主义有相似之处。自由民族主义理论的这种文化理解具有抵制文化霸权主义的进步意义,但同时也可能成为维护民族文化糟粕的理由,甚至为文化专制主义提供借口。历史上各个民族和国家由于处于不同的地理环境、不同的宗教文

---

① [美]亨德里克·威廉·房龙:《宽容》,迮卫、靳翠微译,生活·读书·新知三联书店1985年版,第13页。
② 刘军宁:《共和·宪政·民主》,生活·读书·新知三联书店1999年版,第338页。
③ [德]哈贝马斯:《哈贝马斯精粹》,曹卫东选译,南京大学出版社2004年版,第480页。
④ 范俊玉:《论世界文化体系的多元特征》,《学术探索》2004年第11期。

化背景、不同的历史发展阶段而发生的冲突和碰撞，在某种意义上也成全了不同文化间的相互了解和融合，尽管这种跨文化交际的主旋律充满了战争、屠杀、偏见、歧视、民族中心主义、仇外主义等不利因素。我们应辩证地看待民族文化的发展，不能用静止的、固定的目光凝视民族文化的发展。一个民族吸收其他民族的物质文明与精神文明成果，其文化特质必将发生变异甚至有所流失，这是文化发展的必然，不是文化的衰亡。有时候，不同的甚至差别极大的两种文化也可以由隔膜、对立、冲突走向对话、理解、融通，达到某种程度的价值共识和价值共享；两种文化在碰撞中，会产生文化的新因子甚至产生某种新文化的信息。文化是一个活跃的机制，它需要不断地创新，需要不断地用新的现实去修正它历史的记忆。如果是以人类学家静态写生与原样记录的方法描述文化特征，那么还不太容易出错。如果想要进一步发掘文化的本质属性，概括该文化的特殊价值观类型，就要冒相当大的风险。

第 四 章

自由民族主义理论与国际移民问题

前面的第三章主要是回溯了自由民族主义理论的渊源及其发展历史，在肯定其积极价值的同时指出了其理论困境和现实局限性，本章将尝试借鉴运用自由民族主义理论的相关假设和观点，在对其进行扬弃的基础上，作为分析框架用来分析全球化背景下的国际移民与民族主义问题。笔者不试图提出一个终结性的结论，笔者所做的只是有关全球化背景下国际移民与民族主义问题的一个尝试性的研究，所得出的也是一个初步的结论。毕竟，"政治哲学的任务不是给予实践以基础，其目标是使人们带着更少的幻想回到实践"[①]。自由民族主义毕竟不是一种实践性的改革方案，如果我们期望人类普遍的自由价值与对自身民族的特殊偏爱之间达成和解，只能在具体语境的实践中实现，开拓出富有实践性的自由民族主义的改良路径。本章试图通过对自由民族主义相关思想的讨论，分析在当代国际移民民族主义话语的形态特征中，以自由民族主义理论为基本框架对全球化背景下，由国际移民问题产生的新形态的民族主义进行梳理的可能性与必要性；探讨自由民族主义理论对于全球化时代移民问题的分析所具有的独特的价值。

第一节 自由民族主义理论对
民族自决权的论述

民族自决理论是 20 世纪影响最为深远的理论之一。民族自决权

---

① ［英］约翰·格雷：《自由主义的两张面孔》，顾爱彬、李瑞华译，江苏人民出版社 2005 年版，第 184 页。

就是每个民族独立处理自己的事务、决定自己命运的权利，它是民族意志的重要体现。自治是指某个人或集体管理其自身事务，并且单独对其行为和命运负责的一种状态。列宁曾明确解释了民族自决权的含义："所谓民族自决权就是民族脱离异族集体的国家分离，就是组织独立的民族国家。"①

在现代化进程中，学者们和政治家们都十分强调人类个体的解放，要求民主、自由，支持民族自决理念。按照经典民族主义理论的解释：国家的边界应该与民族的边界相一致，每个民族都应该建立自己的国家，人民自决是国家合法性的源泉。经典理论的历史意义应给予充分的肯定，其在世界民族民主运动中所起的积极作用不容忽视。但是其负面影响也绝不可小觑，试想一下，到目前为止，全世界大致有数千个大大小小的民族群体，如果他们都要诉求民族国家的政治独立与主权地位，那么几乎目前所有的国家都会濒于解体。在客观的当代社会生活中，这些核心理念和有关的做法把族群的问题凸显出来，使之有可能成为一个社会利益与权力斗争的政治载体，使族群越来越带有"政治集团"的色彩。

在现代政治话语中，个体决定其政府的权利依然是自由主义与民族主义的一个基本宗旨。但是自从18世纪末以来，历史道路的标志性特征恰恰是一系列社会、经济、政治的巨变——移民、多民族居住的新国家的建立，以及包容原先被排除在政治过程之外的那些群体。这些都削弱了国家公民与民族成员之间的同一性，把公民自我统治的权利等同于民族成员的自决权利不再显得合理。② 对此，自由民族主义理论对于民族自决问题给出了一个较为合理的阐释和较为妥善的解决方案，即民族自决的要求并不与政治主权的要求同义，这是一种在自由民族主义中占据核心地位的主张。塔米尔认为民族主义不应该被看作仅仅是控制国家权力与国家机构的努力，政治权力只是手段，文化才是目的。民族自决权所突出的是一种文化的而不是政治的诉求，就是说这是一种维护一个民族作为一种独特的文化实体存在的权利。对于民族自决权的文化阐释有两个主要的优点。首

---

① 《列宁全集》第20卷，人民出版社1960年版，第397页。
② ［以色列］耶尔·塔米尔：《自由主义的民族主义》，陶东风译，上海人民出版社2005年版，第55页。

先，它把这个权力置于赋予不同文化群体——比如少数族群与土著人——的一般权力的语境中；其次，它在当前的世界上显得更加适合，这个世界正在经历着超民族的经济、战略以及生态合作的明显优势与不断增长的对于维护民族与文化的独特性的关切——这种关切正在导向对于建立自治的民族实体的强烈要求——之间的紧张。①

政治行动是民族主义的重要部分，但是却不是它的本质。民族自决权首先是一种文化诉求。民族自决不必通过民族自治的方式才得以实施（这在实践中也是行不通的）。塔米尔驳斥了"在每个民族承认要求的背后，潜藏着建立一个独立民族国家的诉求"②这一观点。"正如伯林界定的，民族自决权是一种对身份的追求，而不是对穆勒式的自由与公民自由的追求。民族自决与国民权利及政治参与没有多少关系，它表达的是生活在一个有意义的环境中的欲望，在这种环境中人们可以体验到一种熟悉感或对统治者的认同感。"③塔米尔认为，生活在自由民主社会的少数民族成员（比如加拿大的魁北克人、澳大利亚的土著人、或者法国的巴斯克人），他们的自由与公民权利并没有被剥夺，但是却感到被边缘化与被剥夺，这是因为他们受到不是自己的文化塑造的政治文化与政治制度的统治。民族自决的权利可以通过文化的自主性、地域自治性、联邦制度等得到实现，这样做，"虽然不可能保证每个民族都有自己的国家，但是所有的民族都应该有自己的公共领域，在这个公共领域中，他们可以建构自己的多数性"④。

对于民族自决权的文化阐释把这种权利解释为个体表达其民族认同的权利，以及个体保护、维持、培育他们作为一个独特实体的民族的生存权利。民族自决权只是文化权利的特殊情形。民族自决权的文化阐释表明：目的在于保护少数民族文化的、宗教的、语言的身份认同，保证他们与多数民族生活在一起的机会，以及"与多数民族友好合作而又同时维护自己与多数民族不同的特征，并满足其随之产生的特殊需要"的那些措施

---

① ［以色列］耶尔·塔米尔：《自由主义的民族主义》，陶东风译，上海人民出版社2005年版，第50页。
② 同上书，第62页。
③ 同上书，第65页。
④ 同上书，第154页。

是非常重要的。① 塔米尔的这一观点无论是对民族国家内部各个族裔的和谐共存，还是对于族裔群体自身的发展都具有积极意义。在当今世界，绝大多数国家都是由多个民族构成的。在这种情况下，实现个人利益最大化的方式，并不是经由民族自决来建立自己的单一民族国家，如果不顾后果地一意孤行，就算勉强达到目的也大多是需要付出极为惨重的代价。并且这样做，从民族优化的进化理论看来，也是不可取的。一个民族通常是在与其他民族的和平共处与相互竞争中得到优化和改良。同一国家之下若干民族的共存本身就是对自由的验证，它也是文明进步的一个主要表现。多民族的自由民主国家所赖以生存的基础不是种族性，而是其政治制度，最根本的是实现对于个人自由权利的合法性保障。这种政治制度体现着人类崇高的人文理想，体现着对自由、正义与美德的追求，是普遍的人道原则与特殊的民族个性的和谐，其突出了每个民众明确的政治要求和目标。在这种政治制度下建立的多民族国家能够为各个民族的繁荣和发展提供更大的自由空间，这较之一个民族一个国家的民族主义理想体现着更高的进步状态。正如阿克顿所说："对社会自由的不宽容是专制统治的本性，其最有效的救治手段必定是，而且只能是民族的多样性，同一国家之下若干民族的共存不仅是自由的最佳保障，而且是对自由的一个验证。它也是文明的一个主要促进因素，它本身即是自然的、上帝规定的秩序。"②

多民族共存的观点有利于将移民的群体认同限制在"文化认同"的范围内，使少数民族族群成为仅仅在文化传统上保留其特点的、边界模糊的社会群体，有助于淡化移民群体对国家或主体民族的政治诉求。安东尼·D. 史密斯也曾说过，"民族主义的意义不仅仅局限于政治世界。它还具有文化和知识的意义……民族以及民族文化和心理的重要性甚至更为深刻"③。我们总是习惯于陷入把民族主义与政治相连的定式思维之中，而忽视了民族主义的文化诉求，这种把少数族群"文化化"的思路，在

---

① Y. Dinstein, Collective Human Rights of Peoples and Minorities, *International and Comparative Law Quarterly*, 1976, p. 116.

② [英] 约翰·阿克顿：《论民族主义》，《自由与权力》，侯健、范亚峰译，商务印书馆2001年版，第127页。

③ [英] 安东尼·D. 史密斯：《民族主义——理论，意识形态，历史》，叶江译，上海人民出版社2006年版，"绪论"第2—3页。

今天全球化背景下处理国际移民问题时有着重要的借鉴意义，即遵循把移民问题"去政治化"的大方向，引导他们把自己看成是单纯的"文化群体"，而逐步减少它们作为"政治群体"的色彩。

源自自由主义的民族主义从每个民族都有尊重其他民族自决权的义务出发，自由民族主义又推理出了强迫移民少数族裔同化于东道国的不正当性。自由民族主义认为：一旦个体已经正式地加入一个政治共同体，他们就应该被当作平等的一员。政治文化应该向所有的人开放，应该鼓励少数民族参与并融入政治领域。的确，进入政治文化要求少数民族的成员参与一个原本不属于自己的民族文化的政治领域，应该承认他们在这个问题上的困难，利用政治参与困难东道国来促进其归化到东道国民族文化中是不正当的。特别是，贫困国家中的个体常常被迫在和自己的人民生活在一起或在为改善自己的生活境遇而参与到另一个社会中生活之间做出选择。如果在选择后者的时候个体的动力是工具性的考虑，那么，他们的决定就不能看成是一种文化选择的表达，把它视作是放弃民族的权利并表达了归化于另外一种文化的愿望是误导性的。[①] 在这里，实用主义的理由再一次支持道德的理由：当一个政治实体对于文化差异变得更加宽容的时候，它就减少了民族不稳定的风险。

第二节　多元的民族主义理论论述

自由主义的民族主义要求一种宽容与尊重自己群体之内的成员与自己群体之外的人的差异性的心理状态。由于自由主义的民族主义是通过对民族群体生存的普遍性承诺而得到申述的，所以它从定义上说就是多中心的。自由主义的民族主义这一本质特征有助于把它区别于许多其他常常与民族主义联系在一起的运动——帝国主义、种族主义、法西斯主义以及纳粹主义。[②]

自由民族主义强调"价值多元论"，承认并且尊重个人的民族归属

[①] ［以色列］耶尔·塔米尔：《自由主义的民族主义》，陶东风译，上海人民出版社2005年版，第166页。

[②] 同上书，第87页。

感。伯林的价值多元论不同于以前自由主义的一个重要之点，就是他讲的价值主体不仅是个人，而且还包括由不同文化来区分的民族群体；更为重要的是，他讲的个人不是抽象的孤立的个人，而是处于群体之中并部分地由群体塑造的历史发展中的个人。具体的个人总是归属于特定的民族，在这个特定的民族内总是有其特定文化的。这种对于特定民族和特定文化的"故乡感"乃是一个人最基本的情感之一。民族和民族主义本质上并非有无是非的问题，而是人们得以寻找其精神寄托的一种思想途径。归属的问题，是伯林在德国浪漫主义诗人、哲学家赫尔德的思想中发现的，"是赫尔德最先说明归属于共同体是人的一种本质的需要"①。文化归属感是赫尔德社会学思想的根基。"一颗充盈着轻浮的世界主义的心是找不到归宿的。"② 民族精神已经贯穿在生命存在体之中，已经成为个体的精神寄托，不管他走到天涯海角，这些精神世界的民族特征都不会消逝。个体需要借助民族情感来记录和表述他们对故土的思念，对久经艰辛突遇成功的惊诧，对谋生痛楚和失败的无奈。自我身份的不确定性使现代人生活在巨大的虚无感之中，变成在文明边缘孤独流浪的"他者"。"人，作为单纯的普遍的人是无法确认自己的，人只能依靠于文化、语言、宗教等特定的共同体。"③ "在这样一个所有事情都在变幻不定，没有一件事情是确定的世界里，男人和女人肯定而且永远在寻找他们的归属，而且他们在一个认同群体内会发现这一点。"④ 在移民的思想中弥漫着浓烈的欲望化情绪。但这并不是一种追求单纯物质利益的简单情绪，其间包含了要求实现精神欲望的焦灼情绪。移民们即便在生活上是富足的，仍然始终在精神上是孤独分离、颠簸漂泊的。伯林的朋友、犹太政治哲学家马格利特曾回忆说，有一次伯林问他，"你认为什么是所有犹太人的共同之处？我所指的是来自

---

① [伊朗] 拉明·贾汉贝格鲁：《伯林谈话录》，杨祯钦译，译林出版社 2002 年版，第 84 页。

② Bernard Suphan ed., *Herder's Sämtliche Werke*, 33vols, Berlin, 1877 – 1913, Vol. 17, p. 212. 转引自 [美] 戴维·卡莱欧《欧洲的未来》，冯绍雷等译，上海人民出版社 2003 年版，第 62 页。

③ Charles Taylor, *Hegel and Modern Society*, Cambridge: Cambridge University Press, 1979, p. 114.

④ [英] 艾瑞克·霍布斯鲍姆：《认同政治与左翼》，周红云译，《马克思主义与现实》1999 年第 2 期。

萨那（Sana）、马拉克什（Marakesh）、里加（Riga）、戈尔德斯·格林（Golders Green）的所有犹太人"。然后，伯林自己立即回答说："一种社会性的不自在的感觉，没有一个地方能让犹太人感到全然在家。"① 如何抚慰焦虑的文化身份漂移状态，确立自我的精神家园所在，并达成理想的文化精神与文化人格的建构，就成为一个重要的问题。今天移民对于自身身份的寻找早已脱离了早期移民那种单纯的由于物质匮乏与精神创伤而形成的对于去国怀乡的忧思之情，在所谓的皈依母体文化的路途中，更多的是借母体文化的语言与历史来进行自我个人的文化想象与文化建构。他们在以自己独特的想象重新演绎着对于自身文化特性的全新思考，这是自我文化身份确认的一种方式。

在赫尔德和伯林看来，抽象的个人是不存在的，基于抽象个人之观念的世界主义是空洞的。② 我们不是康德所说的"自由漂流的主体"③，我们归属于特定的群体，而最切实的群体，就是我们的民族。伯林敏锐地洞察到，现代性给文明带来的巨大转变，使人们感受到"无根"的、失落的痛苦。因此需要创造出心理上的等价物，以代替作为旧秩序基础的、已经消失的文化、政治和宗教价值。而民族认同正是最为可能的"心理上的等价物"，为精神上"无家可归"的现代人提供的家园。"民族乃最高权威的观念……在一种神秘的或救世的狂热之中，取代了教会、国王、法治或其他终极价值的来源，从而缓解了群体意识受到伤害所引起的痛苦"④。伯林关于归属感的论述，移民恐怕有最为深切的体会。历史表明，在大多情况下，移民国家的主流社会缺乏可以使移民融入主流社会的开放性。由于各种原因，生活在其他民族或其他国家之中，对于身处异族文化之中的移民来说，在与主流民族的文化价值冲突中，不能共同分享国家的公共文化，不能共同分享那些可以构成想象中的国民共性的价值观念、象

---

① Margalit, Avishai, "The Crooked Timber of Nationalism", *in The Legacy of Isaiah Berlin*, New York: New York Review of Books, 2001, p. 149.

② Nathan Gardels, Two Concepts of Nationalism: An Interview with Isaiah Berlin, *New York Review of Books*, November 21st, 1991, pp. 19 – 23.

③ John Gray, *Berlin*, London: Fontana Press, 1995, p. 102.

④ ［英］以赛亚·伯林：《民族主义：往昔的被忽视与今日的威力》，《反潮流：观念史论文集》，冯克利译，译林出版社2003年版。

征符号、典礼仪式等。许多移民感到自己被排斥在民族国家"大家庭"之外,即便取得了合法的公民资格,仍不得不面对"他者"的现实生活,他们深刻地感受到了这一点。故国对他们是遥远的,而所在国又视他们为"他者",心灵敏感的移民,在为生存奋斗之余,往往会有一种孤独感和无根感。自己在这个群体中无法摆脱"他者"的地位,自己的喜好、自己的愤怒、自己的哀伤,没有办法为周围的人所理解,他们没有一个属于自己的世界。痛苦、愤怒、迷惘中产生的自我失落感要对"我是谁?"找出一个答案。所以由移民群体所构成的特殊的社会群落一再坚持其自身原有的信仰的做法也就毫不奇怪了。在伯林论述的基础上,塔米尔对归属问题做了进一步探讨,把其作为支持文化多元性的论据。与民族主义者(民族主义者把文化与民族的归属看作是一种命运而不是选择)不同的是,塔米尔认为个体有选择自己文化归属的权利,但是,"进行文化选择的权利只有在一个文化的多元性得到保护的世界上才是有意义的"。"个体可以通过两种不同的方式从文化多样性中获益。在'较强的意义'上,文化的多样性保证对于自己文化的反思发生在一个名副其实的语境中,这个语境提供了供模仿的模式甚至归化的选择;在'较弱的意义'上,文化的多样性具有审美的价值"①。塔米尔极为赞同其老师伯林所说的"多样性本身就是美好的"。② 因为按照自由主义理论,自由首先意味着人们在各种不同的社会实践之间做出价值选择。通过强调个人在文化归属上拥有选择的权利,以及强调归属和自由的平衡,塔米尔展示了其对价值多元主义的信奉。

第三节　自由民族主义理论对迁徙自由的论述

迁徙自由是人的自然本性的必然要求,人的自然本性是趋利避害,人总是趋向于在环境比较好,有利于自身生存和发展的地域居住、生活。迁

---

① [以色列]耶尔·塔米尔:《自由主义的民族主义》,陶东风译,上海人民出版社2005年版。

② Nathan Gardels, Two Concepts of Nationalism: An Interview with Isaiah Berlin, *Review of Books*, New York, November 21st, 2000, p. 22.

徙自由肯定了个人追求幸福的自由进程，是对独立人格的承认与尊重。迁徙自由是个人自由的一个重要方面，是对个人追求幸福生活、实现人生价值的选择自由的确认和保障。由此观之，限制迁徙自由既制造不平等，又违背人性，更不符合宪法倡导的自由权。

全球化时代汹涌而至的移民潮为自由民族主义的实践带来了困扰。"自由主义的民族主义致力于自由主义的迁徙自由的理想，同时也致力于民族共同体维护自己独特性的权利，但在一个合作组织中同时容纳这两个理想的尝试是极成问题的，因为自由的移民可能会威胁合作组织中每个部分的民族特性。"[1] 正如有学者所说的：移民入境权利的界限在于一个政治共同体保护其生活形式之完整性的权利。[2] 但是"对移民的各种限制造成了对于民族中的少数人要求平等对待的权利的破坏，因为它们只服务于多数人的需要"[3]。道德的眼光要求我们不能片面地从富裕地区居民的视角出发，也要从外来移民角度出发，从那些在这里寻求幸福、寻求自由和有尊严生活的人们的角度出发。[4] 约翰·罗尔斯曾提出这样一个著名的原初立场的理想实验：在"无知之幕"背后，考虑到对自由的可能的限制，人们采取的是那个希望移民的外人视角。因此，在原初的立场上，人们会坚持移民权利也被包括在基本自由体系之中，其理由与他会坚持把宗教自由权利包括在内的理由是一样的：它可能证明是对自己的生活计划具有根本意义的。[5] "一个自由民主的实体对于非成员的移民加以限制是否具有正当性呢？这是自由民族今天所面临的最严峻挑战之一。"[6]

---

[1] ［以色列］耶尔·塔米尔：《自由主义的民族主义》，陶东风译，上海人民出版社2005年版，第163页。

[2] M. Walzer, *Spheres of Justice: A Defence of Pluralism and Equality*, Oxford: Blackwell, 1983, pp. 32–63.

[3] ［以色列］耶尔·塔米尔：《自由主义的民族主义》，陶东风译，上海人民出版社2005年版，第165页。

[4] ［德］哈贝马斯：《哈贝马斯精粹》，曹卫东选译，南京大学出版社2004年版，第270页。

[5] J. H. Carens, "Aliens and Citizens: The Case for Open Borders", *Review of Politics*, 1987, p. 258.

[6] ［以色列］耶尔·塔米尔：《自由主义的民族主义》，陶东风译，上海人民出版社2005年版，第164页。

自由民族主义认为：首先，应该在难民权利与移民权利之间做出清晰的区分，永远不能取消赋予生命处于危机之中的个体以避难权的义务。其次，当个体在非常具备公民资格这样的正当印象之下进入了特定的领土之后，回溯性地改变这些关系是不恰当的。最后，自由民主的原则规定，一个民族的实体维持其民族特性是正当的——如果它的大多数公民希望这样的话。基于这样的理由，一个民族实体可能看作有权利限制移民，以便维持一个能够生存的多数的存在。就第三点，需要特别加以说明。限制移民以便保持特定国土的民族特性这一点，自由主义的民族主义意味着：只有当一个民族已经履行其保证所有民族之间的平等这个全球义务的情况下，它通过限制移民而进行的同质性追求才是正当的。因此，那些关心如何避免向移民——他们有可能改变现有的民族与文化现状——敞开国门的压力的富裕国家，应该着手致力改进贫困国家的生活水平，这样做既是出于道德的理由，也是出于谋划的考虑。这一观点有力地批驳了社群主义的相关论述："边界和国土面积对任何国家而言都是至关重要的问题，它们对人口、经济资源，以及国家安全问题及前景起着决定性的作用。对社群主义者的民族国家而言，边界甚至有着更为重要的意义，因为它决定着国家的政治文化和国内社会的凝聚力，并由此决定着在共同一致的基础上一个政府得以维持的前景。"①

对于自由民族主义关于迁徙自由的论述，笔者基本上是认同的。在此，还想补充一点个人的见解。笔者认为，有必要在迁徙自由与定居自由之间做出区分。迁徙自由是一项基本人权，定居自由则是一项国家的权利，因为它是经由公民意志的民主程序而合法化的。由于难以控制定居（对入境不加限制的国家将面临非法移民入境并定居的危险），各国便经常地采取限制入境的方法来控制移民数量。这一点在欧洲特别是法国表现得尤为明显。但是，考虑到限制迁徙自由所付出的政治成本太高以及所需承受的沉重的道义上的代价，对迁徙自由和定居自由进行区分以及对这种区分付诸政策实践并加以保障执行还是非常必要的。

---

① ［美］戴维·卡莱欧：《欧洲的未来》，冯绍雷等译，上海人民出版社2003年版，第285页。

第四节　自由民族主义理论对排外主义的论述

塔米尔把在西方移民大国由移民问题诱发的排外主义的族裔民族主义视为对自由民族主义"乖戾的转译"。排外主义的流行依赖于这样的事实：它们把经济利益的承诺——更好的工作前景与薪水，调低了的房价等——与文化同质性的获得联系起来。自由主义的民族主义与其"乖戾的转译"之间的区分是，后者使用了种族的语言而不是选择的语言，而且它推进的政策事实上阻止个体的归化。①

这种当代的新种族主义，往往不是以种族优劣论，而是以相对主义的种族（或文化）多元化为基础，以强调"差别权"的方式提出来的。"尽管西方国家制度性的种族歧视与种族隔离已经消除，法理上的种族平等也似乎已经成为共识，但在观念上，传统的种族偏见和全球化背景下以敌视移民为主要诉求的新种族主义，仍然有所发展。这似乎不像是以往所说的种族主义，因而特别具有欺骗性与危险性。"② 极端的文化相对论虽然可能打击了旧种族主义或血统种族主义，但却给新种族主义或文化种族主义打开了大门。将民族看作种族模型和文化模型，排外的民族主义正是以文化区别权或是种族特权的名义表现自己，在公众中取得合法地位的。尽管伯林力图将价值多元主义与相对主义区分开来，认为那些多元的价值虽然不一定能通约，但都是客观的、人性的，然而如果要使对这种多元客观性的认可不至于走到虚无主义，是非常困难的。在法国，多元文化论则被勒庞理念的信奉者以强调"差别权"的方式推向极致，他们认为，外来移民理应固守他们的文化，而最好的方式就是"让移民们回家去"。如此反移民的新种族主义是以对"差别"的赞扬，将民族隔阂固定化、合法化。从与国际移民相伴而生的文化碰撞与交融出发，既要批判"消除差别"的种族主义（如"强迫同化论"），也要识别并且批判在"多元文化论"

---

①　[以色列]耶尔·塔米尔：《自由主义的民族主义》，陶东风译，上海人民出版社2005年版，第167页。

②　秦晖：《差异权，还是文化选择权？——评塔吉耶夫"种族主义源流"》，《南方周末》2004年8月12日第2版。

旗号下，以"褒扬差别"固化民族差异的新种族主义，这无疑是国际移民学必须解读的又一难点。[①] 其从保护特定生活形式的种族——文化内涵的角度对自由移民权利施加限制。信奉法国政治家勒庞（Jean-Marie Le Pen）理念的人们声称：我们这些法国人要求我们的差别权，我们的人民有支配自己的权利，捍卫我们特性的权利。于是，他们鼓吹反犹，但并不像希特勒那样直接谩骂犹太人，而是谩骂所谓威胁了"差别权"的世界主义者。他们鼓吹驱逐非洲裔移民，但不是说"黑鬼滚下海去"，而是说"必须'安排'第三世界的移民回家"。因此，在家里生活的理想变成了反移民仇外思想的工具。这种新种族主义的特点首先是对文化相对论价值的翻转（断言各种文化是绝对无法对比的）；其次是放弃不平等的主题而将文化差异绝对化，从而否定混合，肯定各种文化不可挽回的相互不可吸收性。

当然，种族排外主义只是利用了自由民族主义与文化相对论类似的观点——价值之间的不可通约性。在本质上，种族主义必然是既反对普世主义，又反对个人自由。种族主义的目的在于将脱离了集团类别的个体归位，即它归根结底是对个体权利的漠视。无论是反差别的种族主义（如种族同化主义），还是爱差异的种族主义（如种族隔离主义），其要害正是这种侵犯人权和基本的个人自由的强制性。自由民族主义理论以个人自由为核心，必然要尊重每个人的选择。而种族主义的共同点都是剥夺这种选择权，通过将个体非个体化而导致将人非人化。

反种族排外主义的根本两难命题是：必须尊重差别，一边保持人类的多样性，或是混合的义务，一边实现人类的同一性。而这个人类同一性指的是什么呢？能够摆脱这种两难命题的同一性指的只能是：自由。无论属于哪个种族，他都有权利（在不侵害别人类似权利的前提下）认同于或是认异于他想认同或认异的那个或那些文化。换言之，这个意义上的反种族主义意味着反对一切形式的种族强制，不管这种强制是公然打出种族的旗号还是隐蔽在诸如文化之类的字眼下。这样反对种族主义，就是反对强制同化，但绝不是强制反同化。相反，真正反种族主义的立场必须反对在种族或文化问题上的一切强制：既反对强制同化，也反对强制反同化。在主

---

① 李明欢：《国际移民学研究：范畴、框架及意义》，《新华文摘》2005 年第 16 期。

张文化多元化或所谓差别权的同时，应当申明每个人都有：（1）选择特定的文化认同或不认同的自由；（2）有同时认同多个文化的自由；（3）有认同某些文化的某些部分而不认同另一些部分的自由；（4）但最重要的是：每个人都不能把自己的选择强加于他人。文化多元主义如果不包括上述原则，那就很有可能（而且事实上已经）造成以文化间多元主义为理由实行文化内一元主义，以文化特殊为借口践踏民主、自由、人权的弊端。①

由以上分析得出的一个重要结论是：只高举一面旗帜——不管它是平等、自由或者民族解放——的意识形态运动都应该受到质疑。人类的利益、偏好、需要的范围是非常广泛的，而一个合理的政治哲学将尝试平衡所有这些东西，而不是以牺牲所有别的为代价来追求其中一个。②

第五节 自由民族主义与多元文化主义论述

还有一个重要问题必须在此加以解释说明，那就是多元文化主义思想和自由民族主义理论的关系问题。联合国教科文组织第三十三届大会2005年10月20日以压倒性多数通过了《保护文化内容和艺术表现形式多样化公约》（简称《文化多样性公约》），它确认文化多样性是人类的一项基本特征，是人类的共同遗产，认为文化多样性创造了一个多彩的世界，强调各国有权利采取它认为合适的措施来保护自己的文化遗产。③ 公约的通过，意味着文化多样性原则被提高到国际社会应该遵守的伦理道德高度，并具有国际法律文书的性质，已经成为当今世界大多数国家普遍接受的国际关系准则。它表明文化多样性成为国际社会的重要特征，并称之为与经济全球化和世界多极化并列的三大世界潮流之一。多元文化主义这个术语在当今被广泛使用，但对它尚未有公认的定义，在不同国家以及不同的使用语境里有着不同的含义。多元文化主义关注以少数民族、移民为

---

① 秦晖：《差异权，还是文化选择权？——评塔吉耶夫"种族主义源流"》，《南方周末》2004年8月12日第2版。

② ［以色列］耶尔·塔米尔：《自由主义的民族主义》，陶东风译，上海人民出版社2005年版，第167—168页。

③ 廖先旺：《联合国教科文组织通过文化多样性公约》，《人民日报》2005年10月22日第3版。

代表的弱势群体问题。"多元文化主义增强了移民介入到主流社会中的权利，禁止了主流社会中的种族隔离或偏见行为，改善了这个社会的制度对文化差异的灵敏性，促进了群体间的平等。"① 事实上，多元文化主要是与主体文化相对而言的，在西方社会它主要指外来移民文化，由于各种原因，移民尤其是新移民往往处在社会的边缘，无法充分参与社会活动和享受公民权利，成为主要的弱势群体。因而民族文化多样性问题与弱势群体密切联系。而文化多样性和弱势群体问题在实质上是社会公正和平等的问题，是主体社会如何对待和整合以外来移民为主的弱势群体、消除社会矛盾、构建和谐社会的问题。众所周知，自由民族主义思想的基础是价值（文化）多元论。伯林是当代多元主义的最有力的倡导者，其思想是多元文化主义的重要精神来源。二者都强调多元文化的重要性，关于多元文化主义一种突出的论述是使用"多元文化的"（multicultural，形容词）来解释现代大规模移民所形成的族群差异。在本书所要进行的国际移民问题研究的语境下，把二者进行区分和把握具有特别重要的意义。

一 "承认的政治"——多元文化主义的理论根基

文化多元并不等同于多元文化主义，前者主要是一种现象描述，后者则是一种政治理论，一种意识形态。在我们这样一个多元的社会里，民族与民族之间、国家与国家之间以及不同群体之间都存在着一个文化渗透问题。但是，在相互渗透的过程中怎样对待各种文化的地位问题。不同的学术流派、不同的哲学家有着不同的回答。泰勒的"承认政治学"就是回答这个问题的一种答案。因为我们不能共同分享国家的"公共文化"，不能共同分享那些可以构成"想象中的国民共性"的价值观念、象征符号、典礼仪式等，所以造成了由各个民族成员或种族成员所构成的特殊的社会群落之间文化冲突的情况。泰勒主张文化的多元性，认为每个群体特有的文化价值及生存应得到平等的承认，因此，提出了一种平等的文化多元主义。多元文化主义给了弱势者一些修辞的力量，让他们比较能够有一个身份的基础去要求被承认、反对歧视。我们历史地看多元文化论，它的确比以前那样一种民族大熔炉的迷思要进步。

---

① Will Kymilicka, *Finding Our Way*, Oxford: Oxford University Press, 1991, p.65.

无论是在官方语言，或政治疆界、权力分配等领域，政府无法避免支持某一个特殊的文化，也必然会造成某一个族群成为政治单位的多数。因此，只有保证所有的民族都有机会维持一个不同的文化，这样才可以保证所有民族成员的文化身份受到平等保障。由于不同文化族群的处境不同，所以，真正平等对待这些少数文化的方式，就是给予不平等的对待。① 有一本畅销书的书名就是《通过文化仪式来进行抗争》，这部书很快就在美国社会上广为流行且颇具影响力。在这部书中，作者反复阐述了如下观点：我们必须立即改变文化与文化之间所存在的这种起决定性作用的主流与从属的关系，因为在这种关系中，主流与从属的社会文化结构势必产生文化的碰撞与冲突，势必导致主流文化和强势文化对从属文化和弱势文化侵蚀并且同化的结局。②

　　忽视了不同族群在文化、政治和经济方面的特殊要求，没有保护种族或者族群文化群体在政治共同体中所应有的生存发展及各种平等的社会政治权利的内容，这是以少数民族为代表的弱势群体无法真正充分地享有民主、自由和平等的原因。而多元文化主义的核心就是反对歧视和承认弱势群体的集体权利，尊重族群差别，承认个人对族群的认同和归依心理所蕴涵的巨大社会能量，探讨族群沟通和群体权利保障，把保障族群政治权利提高到与尊重公民个人政治权利同等的地位，给予个人、党派和族群政治权利同样的尊重和关注。③ 泰勒认为应该承认各种文化和认同的特殊性，使各种文化和认同获得平等尊重。由此，泰勒讨论了文化多元主义。泰勒指出民族主义政治的汹涌澎湃，部分原因就是人们感受到周围其他人的轻视或不尊重。多民族社会之所以可能分裂，其中一个主要原因是某个群体不能得到其他群体对其平等价值（可以感觉到的）的承认。

　　身份、特性和认同的概念，来源于社会心理学。泰勒借用黑格尔的精神现象学，提出，国家存在认同的政治和承认的政治。认同的政治，指的

---

　　① Jeremy Waldron, "Minority Cultures and the Cosmopolitan Alternative", in Will Kymlicka ed., *The Rights of Minority Cultures*, New York: Oxford University Press, 1995, p. 113.

　　② Stuart Hall and T. Jefferson eds., *Resistance through Rituals*, London: Hutchinson, 1976, pp. 12 – 13.

　　③ 王建娥、陈建樾等：《族际政治与现代民族国家》，社会科学文献出版社2004年版，第8页。

是异族文化认同主流文化;而承认的政治,则认为应该是异族文化与主流文化平等,主流文化承认并接纳前者。泰勒,他本身既是一个社群主义者,同时也是一个首要的多元文化论者。泰勒认为人类社会在本质上是具有对话特征的,个人的自我认同是需要得到他人的承认的,族群成员的自我认同是需要其他族群承认的。由此,泰勒提出"政治承认"学说,即人的自我认识和社会身份与社会给予的政治承认有直接关系,强调主体社会对少数民族为代表的弱势群体给予政治承认,强调政府进行干预以提高某一社会群体参与社会公共领域和获得社会资源的机会。

泰勒在《自我的根源:现代认同的形成》（*Sources of the Self: the Making of the Modern Identity*）[①] 一书中,从诠释学的立场,探讨了西方人现代认同的文化根源。在《承认的政治》中,泰勒在社会层次上阐释认同的对话性质,在文化层次上阐释认同的真诚性。在他看来,文化的不平等主要是因为政治的不平等;要建立真正的文化平等,必须改变现有的不合理的政治和经济权力结构,所以,多元文化主义的最终目的不是追求"文化平等",而是"政治权力平等",是争取不同群体（尤其是那些在历史上长期受到歧视和压迫的群体）在分享社会的政治、经济和文化资源方面的平等。泰勒的"政治承认"源于他对自由民主政体的解释。一般来说,西方政治哲学家把自由民主政体归结成一条原则:"把所有的人都看作是自由和平等的人"（Treat all people as free and equal beings）。不过,如何贯彻和执行这一原则,民主政体一直存在着两种观点。一种认为,当公民在社会运作问题上发生意见冲突时,政府应保持中立态度,不偏向任何一方。另一种认为,只要所有公民的权利得到保护,且没有一个人被迫接受某种价值观,那么政府就有权干预、提高某一社会群体的文化价值。泰勒认为第二种观点更民主,并由此提出其"政治承认"一说,即人的自我认识和社会身份与社会给予的政治承认有直接关系,"不承认或错认会造成伤害,甚至成为一种压迫,使人陷于虚假、贬低的生活困境"。多元文化主义直指政治权力中心,要求政府部门和社会机构对不同社会文化群体予以"政治承认"。

平等的承认追寻的是一种普遍主义的政治（politics of universalism）。

[①] Charles Taylor, *Sources of the Self: the Making of the Modern Identity*, New York: Harvard University Press, 1989.

这种政治强调所有公民享有平等的尊严，其内容是权利和资格的平等化，决不允许一等公民和二等公民的存在。泰勒承认那种以平等的名义而把各种文化纳入一个同质性模式的自由主义多元文化主义理论在实践中产生了其自己的悖论，即平等但隔离。这种现象一方面使人们对各种差异愈来愈宽容，另一方面也使人们在群体之间设立与保持界限。其结果是使这种群体界限的认同和相伴相生的排他成为新的种族隔离、民族隔绝、移民排斥的口实。多元文化主义没有消除文化差异与社会平等之间的矛盾，它为少数族裔维持差异打开了通道，但却使他们失去了一些改善社会地位的机会。文化固然是其成员做出选择的参照背景，而主流社会却是他们最重要的实践场所。少数族裔一般都处于社会边缘，如果他们拒绝融入主流社会，往往难以改变弱势的地位，形成以文化为分野的社会阶层。多元文化主义具有内在的分裂倾向，它以民族政治认同统合族裔文化认同，比同化论更为包容。然而，当民族认同从文化关系向政治地域关系转变后，"想象的共同体"已经变得空洞起来，不再有强大的亲和力。这种情形常常使原有的族裔文化认同变成可怕的分裂性力量，严重地削弱民族共同体。有学者批评：多元文化主义阻碍了社会平等，加剧了民族的分化。[1]

洛克菲勒在《自由主义与围绕承认的政治》一文中，从自由民主主义出发，表明了对泰勒多元文化主义的担心，即给特定的民族和文化以特权是否会造成基本人权的崩溃？洛克菲勒从这一担心出发，在一定程度上肯定泰勒意见的同时，提出人类最重要的自我认同应是作为"普遍人性的承担者"。作为个人的自我认同，这一自我认同应该存在于近代市民社会的个人自由和人权中。而民族的自我认同只具有次要的意义，如果过分强调"民族的自我认同"，不仅会削弱自由主义，而且还会造成对他人的不宽容，从而导致社会的解体。[2]

多元文化主义本身在理论上的模糊性、诉求上的广泛性，以及在实践中的一些硬性做法已经引起了许多争议。对多元文化主义政策持怀疑的观

---

[1] Juan M. Delgado-Moreira, *Multicultural Citizens of the European Union*, Aldershot: Ashgate Publishing Limited, 2000, p. 78.
[2] [日]岛崎隆：《从近代价值观到多元文化共生的历程——从查尔斯·泰勒提出的问题所看到的》，转引自王玉梁《中日价值哲学新探》，陕西人民出版社2005年版，第527页。

点认为：这种政策体现出一种理论假设，认为民族之间的界限是固定不变的，因此社会成员将无法改变自己对于族群身份的认同，因为如果那样做的话，他可能会面临来自所属族群内部的道德压力；另外，这种政策似乎认为民族或族群内部一般都具有高度的一致性，而实际上，许多民族或族群可能是一种地域与文化的"不稳定的联盟"，其内部关系受价值观念与实际利益冲突的影响会产生分裂；再者，多元文化主义是否会在一定情况下成为民族主义社会动员的政策资源也是值得怀疑的问题。[1]

一个比美国式的联邦松散一些、比邦联紧密一些的政治共同体形式，被很多多元文化主义者视为能够适应文化歧异时代需要的理想政权组织形式。加拿大政府与魁北克省政府之间的关系可以视为把这一理念付诸实践的样本。多元文化主义的脆弱性在加拿大的政策实践中已经得到了较为明确的体现。

加拿大基本上是一个由不同种族的移民所组成的国家。除少数土著人之外，这个国家绝大多数人口是来自世界各地的移民。加拿大的民族问题伴随着殖民地移民进程而产生，移民历程使加拿大成为一个主要由外来民族组成的多民族和多种族国家。不同的文化传统、生活习俗、宗教信仰、族裔心理以及价值观念，衍生出盘根错节的民族矛盾和利益冲突。魁北克问题一开始即是基于移民力量对比而凸显的，成为影响加拿大政局稳定的主要因素。

面对多移民、多民族并存以及法语居民要求独立的社会现实，加拿大政府选择了多元文化政策，其最大的目标就是解决魁北克法裔居民的分裂主义倾向问题。加拿大联邦建立以来，魁北克民族主义运动经历了数次兴衰以及旧保守主义与新激进主义的交替，从追求文化生存与政治自治权，到追求"自己家园的主人"与"特殊社会"地位，再到追求政治主权与独立，不仅使加拿大无法形成统一的民族认同，还使这个国家几度陷入分裂的危机，对其民族文化安全构成了严重的威胁。与其说法裔加拿大人和英裔加拿大人是一个民族共同体中的两个成员，还不如说他们是两个相互独立的社群。"英裔加拿大人和法裔加拿大人沿着一个双排的楼梯向原先

---

[1] 关凯：《多元文化主义与民族区域自治——民族政策国际经验分析》，《西北民族研究》2004年第2期。

已经安排好的目的地攀登,除了在政治领域内碰面外,在其他领域里,他们谁也看不见谁,谁也不理解谁,与欧洲大陆上的英国人与法国人相比,他们彼此之间更为陌生。"①

尼尔·比森达斯(Neil Bissoondath)编辑的《推销幻觉:加拿大多元文化主义的迷信》一书指出:"前移民时代的加拿大人口几乎全是白人和基督徒。多元文化主义已经严重削弱了加拿大的自我界定。我们不知道我们是谁。移民已经被获准得到太多并继续要求更多的权利,留给主流社会的只剩下迷惑和羞怯。毫不奇怪,这必将导致一种强烈和不利的反应。"②作家比尔·盖尔德纳(Bill Gairdner)对多元文化主义的谴责更为激烈,他在其著作《加拿大的困境》中写道:"多元文化主义侵蚀了加拿大的国家基石,它是另一种形式的种族主义,多元文化主义必定会分裂民族和破坏国家。"③

二 自由民族主义对多元文化主义的评析与修正

自由主义的基本权利不诉诸公民作为国家成员的身份,而是诉诸公民作为人类成员的身份。文化缺少丰富性和多样化,也就缺少个性和自由。文化的多样化与自由探索的科学并不冲突,与之冲突的倒是传统的"理性"。正是它经常地利用凝固、歪曲的科学形象兜售老朽的信念,消除异己的样式;而在后现代的文化立场中,却到处都充溢着人类不断变化的观念、意识和希望。人类掌握的认识和实践手段不计其数,人类获得的各种知识和真理无穷多样。只有包括艺术审美、产品消费、爱好情趣、婚姻家庭、生活风格、个性特征、意识形态、政治制度等在内的多样化形式,才真正体现人类文化的本质,对人类的生死存亡才真正有益。单调和齐一性不仅会减少人的快乐和智力、情感与物质上的源泉,而且本质上也是违背人性的。

---

① David V. J. Bell ed., *The Roots of Disunity: A Study of Canadian Political Culture*, New York: Oxford University Press, 1992, p. 98.

② Neil Bissoondath, *Selling Illusions: The Cult of Multicuturalism in Canada*, Toronto: Penguin, 1994, p. 98.

③ 转引自韩家炳《加拿大和美国学者关于多元文化主义的评论》,《国外社会科学》2006年第4期。

正统的自由主义强调个体的优先性，个人自由是自由主义政治哲学的核心，也是其倡导的首要的价值，人类个体可以"凭自己的意志选择、履行或放弃任何一种社会角色或归属"①。意志、选择、反思以及评价是自由主义的人的观念的核心。② 而多元文化论或社群主义则重视文化、社群等集体概念，"其把社会角色与归属看作是内在的，看作一种宿命而不是选择的问题"③。社群主义批评自由主义最大的错误在于其个人主义的预设，亦即忽视个人是社群成员这样的身份，而只在乎个人作为权利的承载单位，所以无法站在族群整体的立场，改善少数族群或文化所面临的不正义处境。但是也许不论重视个体或是重视集体都是一个不正确的出发点，纳丁斯（Nel Noddings）就指出，人对社群具有强烈的归属感，但是人属于哪一个社群则是一种偶然，没有人必然是某一个社群的成员，因此最重要的不是个人也不是社群，而是关系，因为人不是和固定的社群成员产生关联，和任何人都可能产生关系，所以他强调关系具有优先性。④ 自由民族主义可以视为重视个人自由与社群关系的典范，它克服了传统自由主义不考量个人的文化身份，只重视公民的平等权利的缺陷。社群所涉及的不只是成员之间的互动和互相依赖，而且是一种共同的意识，而这种共同感就是根植于文化身份。"多元文化主义和民族主义可能没有固定的联系，但是颇为清楚的是，在20世纪它们至少已经尴尬而危险地纠缠在一起了。"⑤ 自由民族主义的观点也许可以为主张个人自由、集体权利的论辩双方，开启另一个值得思考的方向。

自由主义的民族主义尝试把握什么是自由主义与民族主义这两种思想派别的基本特征，它借鉴了自由主义对于个人自主性与个体权利的承诺，以及民族主义对于群体成员身份的重要性的强调。自由民族主义认为："个体把捍卫自己所选择的民族身份看作是其幸福生活的重要方面，看作

---

① J. Rawls, "Justice as Fairness: Political Not Metaphysical", *Philosophy and Public Affairs*, 1985, p. 289.

② ［以色列］耶尔·塔米尔：《自由主义的民族主义》，陶东风译，上海人民出版社2005年版，第9页。

③ 同上书，第10页。

④ Nel Noddings, "On Community", *Educational Theory*, 1996, pp. 245–267.

⑤ ［英］C. W. 沃特森：《多元文化主义》，叶兴艺译，吉林人民出版社2005年版，第1页。

是证明其他利益的合理性的一种利益,它赋予了个体拥有维护他们选择的文化的权利这个诉求以实质性意义。"① 文化认同提供自我认同一种稳定的基础和安全的归属感,这也意味着人的自尊必然是其族群文化受到尊重,如果一个文化没有被普遍尊敬,其成员之尊严和自尊自然也会受到威胁。② "一种文化的工具价值是依赖于对它的接受的,只有当我们选择接受我们的文化归属及其所含的价值的时候,文化才的确具有其工具性价值。如果在反思之后我们准备反对我们生于其中的文化,那么这种文化将失去它的权威性以及为我们提供一种用以指导我们选择的评价标准的能力。主张那些因为反对他们自己民族的文化准则而决定移民或归化另外的文化的个体应该返回到自己的民族文化以寻找评价标准,这种观点是荒谬的。"③ 自由主义的个人应该被看作某一个文化社群的个人,其所具有的文化身份是一项重要的善(good)。④ 虽然自由主义强调个人自我选择价值的重要性,但是任何个人的选择都是从我们认为有价值的选项(options)中进行,而选项的范围却不是我们可以选择,而是由文化传统所决定的;换句话说,我们从事任何有意义生活的选择,并不是在真空中选择,而是在文化的脉络中进行,只有当文化认定某些活动有价值时,这些活动才对我们有意义。因此文化是个人选择的脉络(context of choice),它提供给我们不同的生活方式。⑤

自由民族主义认为:只有个人自由是唯一真实的自由,是真正的现代自由。⑥ 个人是独立存在的个体,个人权利反映了作为根基的康德式原则,即个人是目的而不仅仅是手段。自由民族主义将个人权利置于首要地位,认为只有个人是权利的承载主体,群体仅是由个人组成的联合体,任

---

① [以色列] 耶尔·塔米尔:《自由主义的民族主义》,陶东风译,上海人民出版社2005年版,第26页。
② Jeremy Waldron, "Minority Cultures and the Cosmopolitan Alternative", in Will Kymlicka ed., *The Rights of Minority Cultures*, New York: Oxford University Press, 1995, pp. 88 – 89.
③ [以色列] 耶尔·塔米尔:《自由主义的民族主义》,陶东风译,上海人民出版社2005年版,第27页。
④ Will Kymlicka, *Liberalism, Community and Culture*, Oxford: Clarendon Press, 1989, p. 162.
⑤ Ibid., pp. 164 – 165.
⑥ [法] 邦雅曼·贡斯当:《古代人的自由与现代人的自由》,阎克文译,商务印书馆1999年版,第38—41页。

何群体最终都还原为个人。而多元文化主义则以群体诉求为主要形式,要求承认少数群体权利。自由民族主义认为民族和族裔群体的共同利益对于个人自由有着重要的意义,它为个人实现自由选择提供了必要前提。多元文化能够给个体提供更多的价值选择机会,赋予个体更多自由,以及更加丰富的精神世界,有利于个体精神的进一步完善。倡导非霸权主义、非本质主义的人文研究,提倡一个没有权威、没有中心与边缘,不存在任何特权位置的文化空间。在这个空间中,个人可以平等地表达自己的思想,与其他声音对话。

  对于文化偏好的尊重不仅是由于它们的内在美德,而且也由于它们反映了自主的选择。文化的归属应该被尊重,是因为它们表达着一个人对于自己想要成为的那种个体类型以及他想要过的生活类型的选择。民族文化并不是一个牢笼,文化联系并不是镣铐。个体不仅应该有权利选择其希望归属的民族群体,而且也应该享有界定这种成员身份的意义的权利,即是说,他们应该决定他们希望采取的文化实践,决定表达这种文化的方式。① "只有当一个文化的成员提出特定的文化要求的时候,这个要求才有权得到优先考虑,而接受一个由非成员提出的、关于归属于一个特定群体的成员应该被孤立在一个封闭的少数民族居住区的要求在道德上则是不合理的。"② 多元文化主义在文化权利与成员身份的固有本质之间建立了紧密的联系,这就不恰当地剥夺了(比如说)改变信仰的权利。按照多元文化主义,人没有选择自己信奉的文化的自由,因为我们没法选择自己的族裔,多元文化主义指定给我们的所谓"自己的文化",早在出生之时就注定了。一个华人,他自己的文化只能是中华文化,不能是越南文化,也不能是非洲文化。这是活活剥夺了人选择的自由。为什么一个人一定要认同自己族裔的传统文化?难道以一个人先天的族裔背景规定他要学习的文化,没有种族主义的意味?在美国的多元文化论里头,大家可以看到有所谓的犹太裔美国人、有意大利裔美国人、有华裔美国人、有日裔美国人、有非裔美国人,但你从来没有听到过英裔美国人。也就是说来自

---

  ① [以色列]耶尔·塔米尔:《自由主义的民族主义》,陶东风译,上海人民出版社2005年版,第28页。
  ② 同上书,第29页。

"五月花号"移民的后裔的前面不需要前置词,他就是美国人,在他们这样一种美国人之下的那些美国人,多元文化才需要给他们前面加一个前置词,好比非裔美国人。这就是一种被强加的标签,是变相的种族歧视。自由民族主义认为,"文化共同体中的成员身份是一个个人选择的问题,但是这个选择并不意味着成员们已经作出选择做一个少数民族。这种状态是由非成员们的选择强加于他们的,而且可以被看作提供了支持他们选择过一种有意义、有价值的生活而又不必放弃其文化归属的理由"①。

文化权利不应该被赋予过于突出的作用。塔米尔对此进行了举例说明:设想一下土著人并不是居住在加拿大,而是居住在人口稠密的地区,他们依然要求大片的土地以保持他们的文化。向这个要求让步将意味着剥夺别人建造自己家园的权利。可以假定,在这样的情况下收回土著人的部分土地并把它给别人是合理的,即使我们因此而迫使土著人的生活方式发生变化。换言之,"这是我们在自己的群体中行事的方式"这样的诉求是要求特殊考虑的一个理由,但却不是结论性的。② 这不是基于它们被选择的事实,而是基于其过分的、显而易见的性质。应该在个体以"自己的方式行事"的权利与相关的直觉需要、可以接受的怪异程度等因素之间寻找一个合理的妥协。

真正的多元文化主义应该提倡的是每个人的自我潜能的开展,每个人都是依其特性而开的一朵独特的花。目前停留在群体层次的多元文化只是在谈各个群体的同构性,谈异质的各种群体。它并没有去谈真正的特殊性应该如何展现的问题,它总是认为自己是作为一个激进的特殊主义去质疑普遍主义,但是它自己恰恰是建立在一种次普遍主义之上,也就是说它预设每个群体里面的成员都一样,至少他们的文化质素都一样,然后以此来对立其他,这事实上是一种不自觉的次普遍主义。目前的多元文化没有办法去谈群体跟群体之间所构成的网络关系,以及个体在这种交互关系里头所应具备的能力问题。③ "当代多元文化主义产生的直接历史背景是20世

---

① [以色列]耶尔·塔米尔:《自由主义的民族主义》,陶东风译,上海人民出版社2005年版,第33页。
② 同上书,第32页。
③ 赵刚:《"多元文化"的修辞、政治和理论》,《社会学研究》2006年第3期。

纪 50、60 年代的民权运动。民权运动采用的是以种族为基础的群体斗争的方式来争取群体权利,这种斗争方式是对强调个人权利的美国传统的一种极具创意性的反叛,但它却成为一种有效的意识形态和组织方式,'群体诉求''群体权利'也因此成为多元文化主义运动的核心思想和策略。"① 文化多元主义的社会运动最核心的地方是反对歧视和要求集体权利。在反歧视和要求集体权利旗帜下包裹着的则是社群意识本身。作为多元文化主义理论根基的社群主义把文化权利看作是一种群体权利,认为个人只有通过它们在一个集体中的成员身份,才能要求这一权利;个人只有在一个共同拥有某些特征的人组成的共同体内才能实现这一权利。自由民族主义对此一一进行了批驳,首先,我们所以能够获得一种利益是因为我们在特定的群体中的成员身份,这并不能改变它作为个体利益的基本性质,保护这种利益的权利应该被看作是一种个人权利。其次,权利的本质来自它的合理性而不是权利的某些方面得以最佳实施的方法。自由民族主义认为,坚守民族文化的权利不一定要通过集体才能实施,民族文化的某些特征即使在完全孤立的状态下或者不出家门也能获得。无疑,孤立个体享受文化的充分利益的能力受到更多的限制。

　　自由主义关注的焦点是个人的自由和创造力,而非社群主义者的团结一致。② 自由民族主义认为,我们希望维护一种群体的利益——在我们的讨论中就是民族文化——原因是它的综合普遍的价值,但是这不同于赋予个体以维护它们的民族身份的权利以及参与他们这个群体的社会、文化以及政治生活的权利。后者必须建立在个体成员在遵从其文化的过程中获得的利益的基础上,而前者可能同时考虑非成员的利益。如果我们把维护一种特殊文化的权利诉求建立在非成员的利益的基础上,那么我们将发现自己处于悖论中:把文化权利赋予那些实际上不想要这种权利的人。比如我们可能会认为印第安文化应该受到保护,因为它的艺术或诗的成就,但是这不能证明如果印第安人不在乎印第安人文化而把文化权利赋予他们是正当的。在决定什么时候一个人应该被赋予一种权利的时候,外在的偏好不

---

①　王希:《多元文化主义的起源、实践与局限性》,《美国研究》2000 年第 2 期。
②　[美]戴维·卡莱欧:《欧洲的未来》,冯绍雷等译,上海人民出版社 2003 年版,第 69 页。

应该加以考虑。① 赋予群体以代表权,或主张各种各样的群体都应该比例恰当地在所有的公共领域有其代表,其动力不是对于群体福利的关切,而是对于其个体成员的关切。

社会学家萨伯哈斯·拉姆查兰(Subhas Ramcharan)谴责了多元文化主义,在他看来,多元文化主义夸大了差异,加剧了过去体制安排上的不平等和分离的实践。② 多元文化主义把文化权利阐释为一个共同体维护其本真文化的权利,这无形中把族群边界清晰化,否认各族群成员之间已经出现的文化融合和认同意识的融合,在很大程度上暗含了对文化选择多样化的担忧。"由于传统文化的核心因素已经被修正、稀释、妥协直至最后放弃,美国种族群体的身份受到了威胁。对于这些群体的成员而言,一直受到保护的这些传统文化的核心要素,已经被从他们曾经归依的社会与文化的发源地移走了。"③ 种族的共同体因此面临本真性的危机。对此,自由民族主义认为,文化权利不仅意在保护个体遵从他们的既定文化的权利,同时也包括保护他们重新创造自己的文化的权利。一系列道德选择与群体选择的最终结果是生活方式的多样化,文化阐释的多样化,以及新的民族群体的出现。在选择的过程中,个体可能借鉴其他民族的传统,创造新的、仍未定型的文化类型。很难说个体是归化了另外的文化,还是改变了自己的文化。移民来到新的国家,其原有的族裔特性被释放出来的同时,也受到了东道国主体文化的强大影响。在这一过程中,族裔团体的文化与东道国主体的文化始终处于一种动态调整中,双方的文化都出现了不同程度的改变。个体既能够在其群体身份方面、也能够在其道德身份方面实施选择的观念,包含了对于动态的、多元的文化观的尊重。现代文化不排斥影响与变化,它们不能够被保存在旧的结构形式中,不能被封闭与僵化。举个例子,多元文化主义通过唤起人们对自身文化的根本价值的记忆,并奖赏那些保持做"华人"的人,把华人移民"族群化"。从这一点来看,多元文化主义的族群主张如同种族主义一样狭隘,或者它就是种族

---

① [以色列] 耶尔·塔米尔:《自由主义的民族主义》,陶东风译,上海人民出版社2005年版,第38页。

② Subhas Ramcharan, *Racism, Nationalities in Canada*, Toronto: McClelland and Stewart, 1982, p.110.

③ S. Steinberg, *The Ethnic Myth*, Boston, Mass.: Beacon Press, 1981, p.63.

主义的另一面。在家用筷子、说中文已经成为一个道德问题、一种族群压力,而不是个人选择。确保了华人处于社会的边缘,多元文化主义的公共政策把移民藏于黑暗之中。移民迁移不是为了寻找自己的族群特性;迁移的一大代价便是由于官僚们刻意把移民身份政治化和商品化而被打上种族的烙印。① 多元文化主义本质上是一项缓和与牵制种族的策略,是一种管理多元社会里种族关系和种族社区的方式。作为一项政策,多元文化主义要求人们为移民社区的异国风情着迷,但是把移民排斥在公共领域边缘,并作为一项政策,它通过每一次固定和强化文化来加固种族隔离墙。②

多元文化主义更多地是作为一种政治的意识形态。在来自不同团体许多有效的政治动员中,多元文化主义往往成为共同的价值目标。文化多元主义的政治意图是非常明显的:它的目的是反对剥削被压迫群体。多元文化主义所包含的"文化"的内容超越了传统意义上的"文化"范围,实际上成为一种明显而直接的政治诉求。③ 泰勒在他的自我观中强调人的目的性,可以说,"目的"是他的思想中的一个重要范畴。泰勒理论的目的是要用它们来解决他所关心的现实政治问题,他的"承认的政治学"就是这一目的的结果。泰勒认为现时代的政治对承认的需要和要求是由承认和认同的联系所决定的。多元文化主义含有强烈的政治理念。与此不同,自由民族主义理论把文化放在了核心的地位,认为"民族主义不应该被看作仅仅是控制国家权力与国家机构的努力",强调"政治权力只是手段,文化才是目的"④。

泰勒把对多元文化主义问题的认识称为"承认政治"。他认为,当代政治中的一个重要内容是要求得到"承认",它代表了少数民族,或者说是"从属者集团"(subalterngroups)的利益。显然,"文化承认的政治",比泰勒"承认的政治"要深思熟虑得多。自由民族主义揭示了隐藏在现代宪政主义普世话语背后的另一种选择:不要将族裔政治化,一种能够保

---

① 陈国贲:《城市的内在混合性:一项关于多元文化主义的批评》,《江苏社会科学》2005年第3期。
② 同上书,第197页。
③ 王希:《多元文化主义的起源、实践与局限性》,《美国研究》2000年第2期。
④ [以色列]耶尔·塔米尔:《自由主义的民族主义》,陶东风译,上海人民出版社2005年版,第6页。

障不同族群平等对话的当代宪政主义体系。

但是多元文化主义和自由民族主义二者都避而不谈阶级的问题,在他们对社会的多元想象里,社会是平面的,社会没有一个纵深,没有一个垂直差异。在阶级鸿沟愈益扩大的时候,根本不去面对阶级议题。在它们看来,社会的内部只有文化的差异性而已,阶级并不存在。其强调的是各个不同的文化孤岛的美学特色,而没有去谈论这些不同的人群在这个社会里所受到的不公平的待遇,以及不公平和差异之间的复杂的相互构成关系。在这里,不平等被悬置了,把重点集中在美学化文化差异上。但是,一个人或群体在社会被歧视,难道跟他的物质存在没有关系吗?假如一个群体在这个社会中始终处在一个失业或就业的边缘,以及道德破坏、社区破坏的处境,你能够想象这样一个群体在这个社会中,会跟其他的群体一样成为相互承认、相互认同的主体之一,然后一起点缀这个百花齐放的多元文化地景吗?其结果只能如社会学家彼得·S. 李(Peter S. Li)和 B. 辛格·博拉亚(B. Singh Bolaria)所说的,用文化方案来解决植根于政治与经济基础之上的种族不平等和种族歧视这一难题只是一种幻觉而已。[①]

第六节 文化自决、公共空间与市民社会
——对自由民族主义文化自决观
在国际移民问题领域的运用设想

"通过把文化的而不是政治的诉求置于民族主义的核心,我的意思是民族主义不应该被看作仅仅是控制国家权力与国家机构的努力。政治权力只是手段,文化才是目的。政治行动是民族主义的重要部分,但是却不是它的本质。关于民族主义并不必然体现为建立民族国家的权利的主张也不应该被理解为一种把民族主义私人化的尝试。每个团体都力争影响政治决策的过程,但是这并不使它成为一个政治团体。民族群体也不例外。"[②]

[①] Peter S. Li and B. Singh Bolaria, *Racial Minorities in Multicultural Canada*, Toronto: Harcourt Brace and Company Canada Inc., 1983, p. 462.

[②] [以色列] 耶尔·塔米尔:《自由主义的民族主义》,陶东风译,上海人民出版社2005年版,第6页。

自由民族主义对于民族自决权的文化阐释把这种权利解释为个体表达其民族认同的权利，以及个体保护、维持、培育他们作为一个独特实体的民族的生存权。共享的公共空间的存在是保证民族作为有生命力的、积极的共同体得以维持的必要条件。文化自决与拥有公共领域的渴望是紧密联系的，这个公共领域不只是作为一个为保证人的个体利益目的而建构的合作领域，而且也是作为个人公共身份得以表达的空间而建构的。对于移民少数族裔而言，"普遍的公民身份只不过是在同化与排斥之间进行选择的代号"[①]。"把特定的社会与政治机构视为特定文化的代表，视为民族身份的载体的能力，是民族自决愿望的核心。"[②] "毫无疑问的是，民族国家可以保证最大程度的民族自治，以及最大范围地享受民族生活的可能性。但是通常的假设是：权利的实施是受到限制的，以便保证所有的个体都有一个平等的自由空间。在这个基础上，我们可以认为，每个民族成员享受民族自决权的自由是要受到限制的，以便允许所有其他民族的成员也享有这种权利。由于不是所有的民族都能够获得这种民族自治的程度，也由于如果把这种权利的实施限于能够确立国家的民族将导致不平等，因此就必须寻找别的解决办法。"[③] 自由民族主义认为，民族自决权可以通过一系列不同的政治安排——民族机构的确立，自治共同体的形成，联邦或联盟国家的形成——得到实现。每种具体情况的特定条件将决定特定环境中的最佳方案。"我们可以得出结论说，所有的民族都应该平等地享受其特定环境所许可的最广程度的民族自决权。采取文化的、个人主义的民族自决权观念，使得我们能够把民族自决权的正当理由——不管它们是特定国家内部的少数民族还是多数民族——与被赋予族性群体与本土土著人的权利的正当理由放在同一个连续体上。这些群体的成员在维护他们独特的身份方面共享一种至关重要的利益。"[④] 民族自决权的文化解释表明：目的在于保护少数民族的文化的、宗教的、语言的身份认同，保证他们与多数民族生活在一起的机会，以及与多数民族友好合作而又同时维护自己与多数民族

---

① ［以色列］耶尔·塔米尔：《自由主义的民族主义》，陶东风译，上海人民出版社 2005 年版，第 20 页。
② 同上书，第 68 页。
③ 同上。
④ 同上书，第 69 页。

不同的特征，并满足其随之产生的特殊需要的那些措施是非常重要的。①

由自由民族主义理论所谈到的这个"共享的公共空间"（在这样的空间里面，民族的文化、语言以及冲突得到表达）发展的问题，联系本书正在探讨的国际移民民族问题的特定背景，笔者产生一个大胆的设想，可否在不危及公民国家其他族裔根本利益的情况下，建立一个文化上的"共享的公共空间"，来满足移民少数族裔文化自决的渴求。移民可以属于各种各样的群体，可以在参加移居国社会政治经济生活的同时却在文化上自成一体，也可以根据个人的自由选择完全"淹没"在移居国社会当中。我们知道，公民权利之所以具有保障自由的性质，是因为其中含有普遍人权的内容。② T. H. 马沙尔把公民权利分为民权、政治权和社会权。③公民自决权包括对生活方式的自卫权。④ 首先是放弃政治的强制手段，包括针对自己成员的信仰强制——让人们享受结社的自由。⑤ "种族冲突绝不是不可解决的，少数民族的权利与需要可以通过权力分享与自治的结合而得到保证。担心这样的安排将不可避免地导致分裂与内战是没有根据的。"⑥ 笔者的这一设想在很大程度上也受到了"市民社会"思想的启示。在公民国家里，公民的文化、宗教或族属，被视为私人事务，属于市民社会的范畴。国家的职能是有限的，全部社会关系领域相应地被分为公共领域和私人领域，前者属于国家，后者则属于市民社会。⑦ 笔者认为，这种少数族裔文化上"共享的公共空间"可以被归入市民社会范畴之中。沃尔泽就曾建议用市民社会的理念来统摄社会主义的、资本主义的和民族主义的理想。⑧

---

① ［以色列］耶尔·塔米尔：《自由主义的民族主义》，陶东风译，上海人民出版社2005年版，第70页。

② ［德］哈贝马斯：《哈贝马斯精粹》，曹卫东选译，南京大学出版社2004年版，第267页。

③ 同上书，第262页。

④ M. Walzer, *Sphere of Justice*, New York, 1983, pp. 32 - 63.

⑤ ［德］哈贝马斯：《哈贝马斯精粹》，曹卫东选译，南京大学出版社2004年版，第471页。

⑥ T. R. Gurr, et al., *Minorities at Risk: A Global View of Ethnopolitical Conflicts*, Washington DC: United States Institute of Peace, 1993, p. 301.

⑦ ［美］菲利克斯·格罗斯：《公民与国家——民族、部族和族属身份》，王建娥、魏强译，新华出版社2003年版，"导言"第7页。

⑧ 邓正来、［英］J. C. 亚历山大编：《国家与市民社会》，中央编译出版社2002年版，"导论"第3页。

下面将对笔者的这一设想展开具体阐述，首先让我们来看看学者们对市民社会概念的评述。

"尽管市民社会'话语'不断扩散，市民社会概念本身亦不断增多，但迄今为止还没有人发展出一系列的市民社会理论。"① 最早提供教会与国家、精神领域与世俗领域相区分的先例的是犹太教，其教义论证了这样一种信念：一个社会在表面上可以臣服于外来的征服者，但又在精神层面上坚持保留一种与统治者相分离的宗教同一性。② 透过对国家权力的划分或对市民社会领域的界定，市民社会获致了非政治的生命。国家的存在是为了维护个人的天赋权利，而个人权利的不可取消性则构成了国家权威及其权力的限度。人们需要与分享他们的文化和生活观点的人相对持久地生活在一起。他们需要一个公共领域，在这个群体里他们的基本价值被分享，并且这些价值的含义可以被讨论。

市民社会与国家的界分对于我们关于维护自由的概念来说是至关重要的。③ 市民社会与政治社会相对的认识，源于 18 世纪的反对专制主义的学说。④ 在 19 世纪，对市民社会的概念作出最详尽论述的是黑格尔的《法哲学》，在黑格尔看来，市民社会——或者毋宁说是社会中的市民部分——既不同于家庭，也不同于国家，它有助于个人利益的实现。⑤ "我们的目标应当是尽可能地将国家与社会区分开来，以便一方面为个人自由争取最大的空间；另一方面则使善意的、自我调整的力量能在其间发挥作用。"⑥ 社会在政治领域之外拥有其自身的品格的观点，在社会自主性得以展现的那些领域，政治权力应当尊重社会的自主权。这意味

---

① 邓正来、[英] J. C. 亚历山大编：《国家与市民社会》，中央编译出版社 2002 年版，"导论"第 5 页

② 同上书，第 77 页。

③ [加] 查尔斯·泰勒：《市民社会的模式》，冯青虎译，见邓正来、[英] J. C. 亚历山大编《国家与市民社会》，中央编译出版社 2002 年版，"导论"第 29 页。

④ 同上书，第 15 页。

⑤ [美] 爱德华·希尔斯：《市民社会的美德》，李强译，见邓正来、[英] J. C. 亚历山大编《国家与市民社会》，中央编译出版社 2002 年版，"导论"第 35 页。

⑥ [加] 查尔斯·泰勒：《市民社会的模式》，冯青虎译，见邓正来、[英] J. C. 亚历山大编《国家与市民社会》，中央编译出版社 2002 年版，"导论"第 30 页。

着对政治权力的一种新的限制。① "维持这种制约是为了一个积极的理想,即个人自由与集体自由的理想。" "市民社会要求并强化自主领域的多元性以及在这些领域内或领域之间行动的自主机构的多元性。市民社会接受利益与理想的多样性,任何由众多人组成的社会都会产生这种多样性。它允许个人及机构追求多样化的目标,但并不允许不择手段地追求这些目标。"② 泰勒认为:自由主义以公民社会不受到国家的干涉而日益自治自足为政治共同体集体自治的理想的标准。③ "自由主义对现代性的辩护基于一个论断,即随着现代化的进行,会出现新型的、有助益的各种专门的团结形式。"④ "人们很容易理解个人利益的放纵会释放出各种会摧毁传统的血亲、氏族与社会忠诚的力量。要想摆脱现代生活的混乱无序,重新肯定集体性力量的断然举动似乎是一个方便迅捷的办法。自由主义者必须在现代社会中指认出新型且精巧的组织原则,并且保证这些原则在被人们认识以后,人们能够认为现代社会的团结性程度不比早先的社会秩序薄弱。"⑤

　　市民认同同时兼具个人性、地区或集团性、整体性三种特质。它关注整体的福祉或较大的利益。更为重要的是,市民认同是个人的自我意识被他的集体性自我意识部分取代时的一种行为;作为一个整体的社会以及市民社会的制度或机构乃是他的集体性自我意识的对象。"市民社会包括一个公众的或公共的、但却不是根据政治予以架构的领域。它的第一个特征极为关键,即市民社会不是私人领域。仅把市民社会等同于不受国家督导的自主性社团的存在——是无法恰当地处理市民社会这一历史概念的。市民社会的概念所界定的乃是公众社会生活的一种模式,而非一系列私人的

---

　　① [加]查尔斯·泰勒:《市民社会的模式》,冯青虎译,见邓正来、[英]J.C.亚历山大编《国家与市民社会》,中央编译出版社2002年版,第21页。
　　② [美]爱德华·希尔斯:《市民社会的美德》,李强译,见邓正来、[英]J.C.亚历山大编《国家与市民社会》,中央编译出版社2002年版,"导论"第40页。
　　③ [加]查尔斯·泰勒:《吁求公民社会》,见汪晖、陈燕谷主编《文化与公共性》,生活·读书·新知三联书店1998年版,第9页。
　　④ [美]列奥·马修:《凝聚性"公众"的分立成型》,程农译,见邓正来、[英]J.C.亚历山大编《国家与市民社会》,中央编译出版社2002年版,第279页。
　　⑤ 同上书,第280页。

飞地。"① 宗教信仰与崇拜的自由以及结社与受教育的自由，显然也是市民社会的组成部分。②

综上所述，对于市民社会我们可以得出这样的印象："市民社会这个概念被用来指称在国家直接控制之外的各种资源，其对集体性生活提供了不同于国家组织的另一种可能性选择。"③ 市民社会是多元的，至少，它是一个具有众多私人活动的社会，这些活动在家庭之外，且未被纳入国家之中。④ "市民社会与国家相对，并部分独立于国家。它包括了那些不能与国家相混淆或者不能为国家所淹没的社会生活领域。'市民社会'的概念表述了自下而上地创建独立的而不是受国家道德社会生活方式督导的纲领。"⑤ 市民社会是防止人们的独特个性被大众的规范化所淹没的坚强屏障。同一个人作为市民社会的成员和作为政治国家的公民，从本质上讲是有很大差别的。

在国家和个人之间，还有一个极为重要的单位，即各种不同的族群，这个世界不再是国家和个人的舞台。这种族裔群体成员身份对某些特殊个人的认同和生命意义的影响是极为重要的。移民等少数族裔传统文化本身是一种很好的文化资本，可以用来应对都市化造成的人际疏离、社区归属感不强等问题，公民社会中少数民族的存在不一定是问题。一个族群的边界，不一定是地理的边界，而主要是"文化边界"。在生态性的资源竞争中，一个群体通过强调特定的文化特征来限定我群的"边界"以排斥他人。在异质环境中，移民团体更倾向于比较熟悉的文化环境（社团为其提供），人们在交流沟通中，能获得精神上的慰藉和情感上的共鸣，这样

---

① [加] 查尔斯·泰勒：《市民社会的模式》，冯青虎译，见邓正来、[英] J. C. 亚历山大编《国家与市民社会》，中央编译出版社2002年版，第23页。
② [美] 爱德华·希尔斯：《市民社会的美德》，李强译，见邓正来、[英] J. C. 亚历山大编《国家与市民社会》，中央编译出版社2002年版，第40页。
③ [美] 克雷格·卡尔霍恩：《民族主义与市民社会：民主，多样性和自决》，黄平、田禾译，见邓正来、[英] J. C. 亚历山大编《国家与市民社会》，中央编译出版社2002年版，第334页。
④ [美] 爱德华·希尔斯：《市民社会的美德》，李强译，见邓正来、[英] J. C. 亚历山大编《国家与市民社会》，中央编译出版社2002年版，第34页。
⑤ [加] 查尔斯·泰勒：《市民社会的模式》，冯青虎译，见邓正来、[英] J. C. 亚历山大编《国家与市民社会》，中央编译出版社2002年版，第4页。

的社团组织总是在你最缺乏信心的时候,给你勇气和温暖,让你有一种回家的感觉。这种文化上的"共享的公共空间"的设立,也可以称其为一种文化自治,与我们所熟知的强调区域自治的观念不同,这一方案没有限制在狭窄的地域原则之上。文化自治可以保障自由,保障个人和集体的族体文化权利。各个族裔应该建立起以个人自由原则为基础(即应该根据个人的选择确定其族属,由这种选择确定他们的族体成员关系)的公共社团。各个族裔对本民族教育和其他民族文化机构采取保护,将民族文化与政治统治分离开来。"在民主的政治制度下,种族文化集团具有基本的人权,在不与其他公民的基本权利发生冲突的前提下,保持自己的传统方式。"[1] 公民的个人尊严不仅体现在拥有各种基本的自由权利,而且也在于通过参与社群的公共生活,获得生命的价值和意义。[2] "个人,只有经过社会化,才能充分地个体化。"[3]

这种文化上"共享的公共空间"没有具体的、功利性的目的,由其所设立的公共社团也只是一种情感性的团体(由一群彼此分享共同的文化历史背景、信仰和爱好,或者血缘、族群或地缘基础的个人,或者自愿、或者天然地聚集在一起而形成的团体),其中的人际关系不是利益交换的关系,而是靠情感、信念和公共文化作为枢纽在起作用。戴维·米勒认为:人的联系方式分为三种:市场、国家和社群。在市场中人们是自愿地交换个人财产;在国家关系中,国民们通过法律的权利和义务规定,进行利益的再分配;但在社群之中,大家是通过公共的认同发生情感和利益上的联系,社群的信仰就是每一个成员个人的信仰,成员们自愿为成就集体的目标而奉献个人的努力。[4]

现在有一种对自由主义庸俗化的解释,把个人理解为理性人或经济人。经济学是不讲道德的,但是经济学并不能代表人性的真实,充其量其

---

[1] [美]菲利克斯·格罗斯:《公民与国家——民族、部族和族属身份》,王建娥、魏强译,新华出版社2003年版,第29页。

[2] 许纪霖:《回归公共空间》,江苏人民出版社2006年版,第126页。

[3] J. Habermas, "Struggles for Recognition in the Democratic Constitutional State", in Ciaran Cronin and Pablo De Greiff eds., *The Inclusion of the Other: Studies in Political Theory*, Cambridge: MIT Press, 1998, p. 343.

[4] 许纪霖:《回归公共空间》,江苏人民出版社2006年版,第127—130页。

所代表的是市场关系中的人性，除了市场之外，人还需要在社群中生活，还需要在哈贝马斯所说的生活世界中表现自我。要知道亚当·斯密在写《国富论》之前，是先写了一部《道德情操论》的。在民主进程中，公民被要求超越于自身私利，接受在公共善之上的普遍的观点。这种公共善、普遍观念共同构成了同质化社会的基石。公民资格被理解为超越特殊的普遍、超越差异的同一，这本身就是对某些族群成员公民资格的剥夺。

缺少各种形式的民间社会组织去维系和沟通政府与移民少数族裔群体之间的联系，缺乏这种社会中间层，政府直接面对着原子化的移民个体，这样不但增加了交易成本，而且束缚了社会发展的活力。"现代的个体从属于一个复杂的成员身份网络，这个网络对于减轻对非成员身份的恐惧是有帮助的。毕竟，有些人不是某个共同体的成员，而我们也同样不属于这个共同体（如一个教会），但同样这些人却可能是另外一个我们所从属的共同体的成员——比如工会。"① 这种文化上的"共享的公共空间"的建立，有利于协调好组织化利益团体和国家的关系，可以把原子化的个人有机地组织到各类组织中，成为国家与移民等少数族裔群体沟通的桥梁。将这种市民社会中的组织化利益联合到国家的决策结构中，确保了国家的和谐与稳定。

全球化时代，人口流动性非常高，许多移民对所居住国缺乏认同感，对于他们而言这里仅仅是一个赚钱谋生的地方，在这里缺乏宗教、道德、文化等社群让他们留恋。人们被迫剪断了与以前传统社群的联系，对他们而言，这是一个完全陌生的人际网络，所有的人都戴着"口罩"，没有自己真实的面孔。所接触的人，都是非人格的交往，缺乏情感的联系，在这样一个戴着面具生活的交往空间之中，无法获得情感上的满足。现代社会需要各种各样的亚社群，需要联络移民心灵的群体。社群中的交往，是不带面具的人格交流，是人性的自然流露，与个人的自我实现有关，在这个群体里，成员之间更容易信任和合作。社会由无数个社群网络纵横交错组成，每一个社群都给其成员以关怀，以一种文化的、心灵的和精神的归属感，让其为之骄傲、为之留恋和为之奉献。

---

① ［以色列］耶尔·塔米尔：《自由主义的民族主义》，陶东风译，上海人民出版社2005年版，第114页。

这种文化上"共享的公共空间"的存在，不仅起到了移民少数族裔与政府间的中间人的作用，而且阻止了全面权威的国家的出现。[全面权威的国家在历史和现实中屡见不鲜，在极端的情形下，极权主义的原教旨主义国家，确切地说是极权主义的政府，把国家控制的范围几乎扩大到了人类关系的全部领域，诸如宗教和家庭。德国纳粹的术语"统一步调"（gleichschaltung）表达了由政党和国家把广泛的个人和私人领域提高并整合的过程。而这些领域在现代民主社会被认为是不受国家控制的领域。①]假如国家太多介入到个体的社会行动中，那么它将会被集中的压力和可能难以满足的要求所压倒。它可能也不能使人民的信心有个潜在的发展，它需要使不能满足这些要求的情况继续存在。因此种族群体的存在对于将人民对国家政府的期待转到对其他社会群体方面，是会有某些好处的。②

需要引起注意的是，在努力促成各种形式的族裔文化自治实现，并给予体制化的保障，增强人们在文化上的归宿感的同时，还需要在民族国家范围内广泛树立更高的道义原则来规约人心。我们相信，现代社会的公民是有公共意识和社会责任的，当他们面对社会事务时，是具有公共责任，能够超越个人的利害有所担当的。一个现代的社会不仅要讲个人的权利，同时也要有公民的责任感，对公共利益的责任感。各移民族裔群体必须服从国家与社会利益，各族裔只有在国家统一与繁荣的前提下，其发展才有出路。一个公民可能会从他的族裔、职业、性别、家庭、社区，他的政治活动和他的宗教信仰感受到一种强烈的认同感。民族认同未必是一种胜过所有其他认同的认同形式。自治是否成功，须取决于自律。自律不仅是一个法治的观念，而且需要社群的认同。如果移民在所移居的国家获得一种宾至如归的家园感，就会对这个国家产生认同甚至自豪感。当大多数移民都将所移居国视作自己的家的时候，自律就形成了，而少数越轨者就会受到很大的无形压力。通过平等合理的对话，在没有任何预设的背景下对话，寻找彼此都能接受的底线，最后在某些重要的问题上形成重叠共识。

---

① [美]菲利克斯·格罗斯：《公民与国家——民族、部族和族属身份》，王建娥、魏强译，新华出版社2003年版，第30页。

② [美]伊曼纽尔·沃勒斯坦：《沃勒斯坦精粹》，黄光耀、洪霞译，南京大学出版社2003年版，第11页。

国家认同可以在族群间互动的基础上发展起来。社会是由分离的特定利益群体所组成，这些群体又有相互交叉的成员，在日常的世俗生活中，人们或许更多地表现为自利之心，但在危机时刻，当个人的命运与国家的命运、他人的命运融为一体的时候，人的道德就有可能自我提升。这种美德要求并不高，只要有起码的恻隐之心即可，而恻隐之心，按照孟子的说法，是人与动物的最本质的区别。①

"社会共同体内包含了各色人等，他们乐意信奉和加入各种利益导向的联合。这种发展意味着利益趋于繁杂多样，各色人等则依其利益一致性而形成各种群体。各利益群体无须为了实现其各自利益去攫取主权。这即是说，如果利益群体为了实现其利益就必须（或自认必须）要么彻底控制国家，要么退出国家（比如创建自己的国家），那么问题就不再是说服感化，而是为权力而斗争了。只有当某一政体框架里的公民相信在此框架内可以通过组成联合或结社而获得各种利益时，感化才有自己的活动天地。"② 笔者这里所说的要建立的文化上"共享的公共空间"是一种通过基本权利的实现，来使现代生活世界稳定和谐的制度性框架。这种公共空间是国家主流群体与少数族裔群体之间建构良性互动关系的中介，它作为介于二者之间的中间结构，在二者之间隔开了一条广阔的缓冲地带，避免了将任何冲突都归宗于政治冲突的可能性，缓和了国家政治层面上所承受的巨大压力。其最终目的是让少数族裔群体既能按照自己的方式生活，又具有足够的自由和信心参与对话。"必须把基本权利看作是现代市民社会的组织原则"③ 并不是要通过壮大市民社会，建立自由空间而逐渐改变国家的政治制度。如何在多元共存中实现社会整合与政治稳定是关注的重点。这样一种文化自治的实现，既能反映出新型的集体认同的核心，又能表述出基于这种认同的计划赖以促进更加自由且更加民主社会的诞生的各种条件。自由民族主义思想不再透过政治结构来界定社会。集团是形成相对独立于政治国家之外的市民社会的关键。"它越来越深入社会领域，同

---

① 许纪霖：《回归公共空间》，江苏人民出版社2006年版，第135页。
② [美]列奥·马修：《凝聚性"公众"的分立成型》，程农译，见邓正来、[英]J.C.亚历山大编《国家与市民社会》，中央编译出版社2002年版，第297—298页。
③ [美]简·科恩、安德鲁·阿雷托：《社会理论与市民社会》，时和兴译，见邓正来、[英]J.C.亚历山大编《国家与市民社会》，中央编译出版社2002年版，第205页。

时也失去了其政治功能。"①

国家的成员具有多种身份，就个人和国家一级而言，他是公民；就和社会的关系而言，他是一定群体中的成员，其中特别是一定民族的成员。个人在成为国家的公民的同时，也是族群的成员。它是由包括各种不同种族、民族、性别、宗教、文化等构成的特殊团体。多元主义公民国家与部族国家之间的根本区别，在于公民国家在政治上把一个人的族属、文化、宗教、政治信仰与他的政治身份以及国家成员身份区别开来。公民的文化、宗教或族属被视为私人事务，属于市民社会的范畴。国家的职能是有限的，全部社会关系领域相应地被分为公共领域和私人领域，前者属于国家，后者则属于市民社会。作为民主的、多元主义的、理性的现代公民国家，在政治认同与族属认同分离的情况下，承认了双重或多重认同的同时存在。不同族裔的公民在遵守国家宪法——不违背国家根本利益的情况下，可以自由地发展自己本民族的文化。必须授予所有民族和其他少数集团最充分的文化自治。政治主权永远不与族属相联系，因为这种联系会导致民族主义的危险爆发。② 对于移民个人来说，一个人既面向过去，也面向将来；既致力于保存过去的根，也致力于开创通向未来的路；希望成为公众文化的一部分，同时也保持私人空间和自治；既盼望有归属感，也保持个人的独特性。文化自治的实现使种族集团成员在相对较小的、个人的社区中保持一种归属感的同时，还可以作为一员，参与到复杂的民族国家社会中，并从中受益。

也许有人担心文化自治的实现会加剧多民族国家族裔分层的现象，会对国家的政治共识造成破坏性影响。对此笔者认为，在多元社会里，分属不同族裔群体的社会成员能够达成某种程度的政治共识。首先，社会成员都是理性的存在者，一方面，每个人都有自己的各种利益要求；另一方面，作为社会的存在物，每个人都有自律的理性，具备审慎的交往能力以及选择和承担选择后果的理性能力。在此基础上，人与人之间就有可能基

---

① [德] 哈贝马斯：《哈贝马斯精粹》，曹卫东选译，南京大学出版社 2004 年版，第 118 页。

② [美] 菲利克斯·格罗斯：《公民与国家——民族、部族和族属身份》，王建娥、魏强译，新华出版社 2003 年版，第 5 页。

于某种理由进行对话商谈，达成某种政治共识。多元利益结构是一个紧密的合作系统，这个合作系统为达成政治共识提供了一个商谈的平台。利益的互惠共享、相互依存的发展态势，决定了人们只有通过与他人合作才能实现自己的利益和价值。在这样一个合作系统里，人们有可能也必须达成某种共识，共同遵守、共同约束。社会成员的这种利益相关是政治共识的根本基础，每个人都是不同特定群体中的成员，但是都生活在一个共同的社会共同体里，个人的利益不可能独立存在和实现，而是与他人利益紧密相关。在对自我利益和社会共同体利益的关怀下形成共同的生存文化传统，生存文化传统是政治共识的基本语境。在多元社会中，不可能得到完全一致的政治共识，只有通过民主的磋商和妥协才能达成某种程度的共识。政治共识本身是各利益群体利益妥协的结果，所以可以通过公共权力来制衡利益冲突。这样一种合理的政治共识的最终目标，就是建立一个多元共生、自由平等、宽容、秩序井然的和谐社会。地球上每个民族都有自己的个性和文化，这才构成了世界多彩的文化景观。和谐的社会是一切民族优秀文化存活成长的土壤。自由主义认为，只有一国的公民珍惜自由民主制度本身，乐于享有这种体制所保障的各种权利，在这个基础上，他们才可以形成足够的国家认同，并且视其他宗教文化族裔的成员为公民同胞，而对他人的价值信念与文化认同予以适当的尊重与宽容。

西方有句谚语叫作："有好篱笆才有好邻居。"笔者觉得可以用来形容文化自治的实施。对分歧，能消除就消除，不能消除可以调和，不能调和可以回避，不能回避可以抑制。不能抑制呢？还可以反其道而行，坦陈立场，指明分歧之所在，划定界限。篱笆标出了双方的领地，你的是你的，我的是我的，这个雷池不能逾越。篱笆把你我的歧异鲜明揭示出来，它划定了对方的"正确限度"，或者说，限定其正确的"有效范围"。它以开诚布公的争论来沟通彼此的立场，在确定各自的"正确限度"上达到相互理解。但是人们内心中都是渴望交流和沟通的，篱笆不同于墙的地方是它不会把人们隔得太远。人们之间或多或少有着内在的联系。这种区分也只是相对自治，而非绝对隔离。这与费孝通先生提出的"各美其美，美人之美，美美与共，天下大同"有异曲同工之处。"各美其美"说明尊重文化的多样性，首先要尊重自己民族的文化，培育好、发展好本民族的文化。"美人之美"就是要尊重其他民族的文化，承认文化的多样性必须遵循各种文化一律平等的原则。"美美与共，天下大同"说明尊重文化的多样性是繁荣世界文化的必然要求。各民族在民族平等的基础上，保持文化的多样性，世界才会更加丰富多彩。我们追求的理想社会不应该是遥远的乌托邦，而是民主时代可实现的复合平等社会。个人权利和集体权利诉求之间在某种程度的均衡，将塑造当代社会。

第七节　自由民族主义对国民教育的论述

在20世纪的历史中，民族国家的理想达到了它的顶点，并开始衰落，与之激烈竞争的是通过教育进行民族建构的理想。现在广泛接受的观点是：绝大多数国家不是，从来不曾是、也不可能是单一民族国家。国家的自我形象的这种转化典型地表现为从民族同一政策向多元文化主义政策的转化，它要求我们重新界定大多数政治结构的角色，特别是学校的角色。教育的目的不再是把所有的公民都固化为同质化的公众，而是发现协调那些公开承认自己的差异的个体的方法。① 所有多民族国家都面临相似的问题：如何既保持差异又保持统一。

自由民族主义把教育分为两个领域：一个是民族教育（national education），一个是公民教育（civic education）。在它们发展过程中的每一个阶段，其中一种教育类型的成功都会使对方成为必需。公民教育意在传递知识，强化以尊重法律为基础的积极的、反思性的政治参与。民族教育的直接目的是维护与强化民族及其文化。所有的民族教育的共同之处在于尊重民族的语言、传统以及实践，颂扬民族的自由。民族国家的发展曾经把二者合二为一，在一个精心尝试掩盖国家与民族的差异为特征的时期，民族教育逐渐与公民教育趋向同一。教育制度被用作一种"熔炉"，通过产生自由而平等的公民这样的尝试来消融差异。教育的意识形态体现了两个似乎矛盾但是事实上互补的思想派别，一个被贴上"中性"教育的标签，另外一个被贴上"同化主义"教育的标签。在谈到这一点的时候，塔米尔举了美国的例子："即使像美国这样的移民国家，在18世纪与19世纪

---

① ［以色列］耶尔·塔米尔：《自由主义的民族主义》，陶东风译，上海人民出版社2005年版，第10页。

初这段时间也采用了意在把所有成员转化为民族同胞的教育政策。……教育这个熔炉并没有打算塑造一个忠实、平等地反映所有不同社会群体的新人，相反，这个熔炉被用以把所有孩子都铸造为一种特定的美国人；一个说英语的、信奉新教的白人——有人说是男性白人。"[1] 学校被假设为在文化、道德、政治上中立的，反映着法制与法典的力量，它唯一的推动力是巩固对于法律与公平游戏原则的尊重的欲望。这样，学校是对所有公民平等开放的。因此，公民教育被期望摆脱所有的差异性。家庭出身、宗教归属、种族关系等都被看作是私人的事务，因此，对于公民生活来说是非本质性的，甚至是干扰性的。但是，当盎格鲁—撒克逊以外样式的美国人版本得以发展壮大而被视为危机的时候，熔炉的偏见本质就显露出来。教育的熔炉并不意在产生作为抽象普遍存在的公民，而是产生愿意采纳英语作为自己的语言，支持一整套被认为是美国化的规范、习俗、传统以及道德原则的美国人。对于移民来说，它也可能是由一个残酷的选择——是保存自己的身份还是为自己在一个新的社会划一块地盘——推动的自我否定的信号。

　　弱势的少数民族成员很快发现，一系列形式化的公民权利对于保证他们的平等地位来说是远远不够的，他们意识到面临两种痛苦的选择：他们可以保留自己疏远的、边缘化的地位，或者以自我抹杀为代价被同化。被"隔离却平等"的政治——这种政治原来意在保持教育中的种族隔离与社会不平等——的阴影所笼罩，少数民族的成员不愿意要求专门的学校或者班级——这种学校或班级的目的是巩固他们自己的传统、语言以及历史。他们正在面临一个两难选择：要求这样的设施将意味着不仅承认而且接受国家所给予的特殊化性质，而忽视其重要性则会极大地降低少数民族保存自己身份的机会。任何为了平等权利而进行的斗争都不能把国家转变为文化上中性的机构，只有在这一点变得显而易见的情况下，少数民族才能开始要求以平等为名的特殊待遇。但是即使提供了这样的教育手段，少数民族的成员依然感到孤立于公共领域之外。他们当然可以做出决定去熟悉占统治地位的民族的文化，但是这需要他们投入大量时间与精力，而这种时

---

[1] ［以色列］耶尔·塔米尔：《自由主义的民族主义》，陶东风译，上海人民出版社2005年版，第16页。

间与精力对于主要民族成员而言就可以投放到别处。(这一点对于生活在英语拥有话语霸权的全球化时代的不以英语为母语的人们应该有着切身的体会。)正是少数民族的问题使人们意识到,仅仅被赋予平等权利是不够的,严格遵守平等对待的原则常常会把压迫或者弱势永久化。"因为不同文化未必皆处于平等地位(至少有强势与弱势之别),若要一律平等对待,就有可能伤及弱势文化。"① 塔米尔的论述让我们加深了对类似"肯定性行动"这种主张政府和社会公共机构的积极介入,甚至采取特殊照顾的办法帮助弱势群体消除各种不平等障碍之措施的必要性的认识,它的目标是使长期以来被排除在主流社会之外的弱势人群早日摆脱受压迫、遭排挤的状态,成为社会中的平等成员。但是,我们必须认识到,"肯定性行动"所体现的不仅是一种补偿性正义的原则,它还需要裁判历史和现实无限的复杂性,将历史、现实、政治、经济、文化的因素融入政策的考虑当中,这就需要一个巨大的国家机器来进行整理和运作,要确保类似"肯定性行动"这样的政策措施得以健康有序地制定执行,还需付出长期的艰苦努力。我们的社会远非一个族裔和性别公正的社会,而向此方向转变则是普遍的共识。

塔米尔认为,我们社会显而易见的民族差异、文化差异以及宗教差异,使得把孩子引入自由的权利与理性话语的最起码的公民教育成为必需。没有这样的一种引导,就不可能产生以对参与者的平等尊重与关注为基础的跨文化的话语。在一个具有民族差异的政治体系中,尤为重要的是,所有孩子都学会尊重拥有不同生活方式、价值以及传统的他者,把他们看成政治体系的平等成员。在这种起码的公民教育之外,每个民族群体应该在它的青年一代中巩固与其自身的特殊共同体、自身的历史、语言与传统相关的知识,因此,把公民教育从民族教育中分离出来,对于多民族社会的持续的和平存在是十分关键的。

通过对公民教育和民族教育的区分,自由民族主义认为,国家强化公民教育的做法是合理的,与此同时,民族群体——少数民族与多数民族都一样——应该被赋予拥有除公民教育之外的自己的教育体系(无论是以独立学校的形式存在,还是以专门的课时或专门的课日的形式存在)的

---

① 江宜桦:《自由主义、民族主义与国家认同》,扬智出版公司 1988 年版,第 213 页。

自由。公民教育应该尝试在所有人中创造一种公民式的友谊,但是不应该通过把所有人都同化到一种文化中,而应通过尊重文化差异来进行这样的尝试。正是多元民族主义及相关的民族教育的强化,表明了公民教育的重要性,正是对于归属与尊重各种深厚文化的重要性的信念,促进了对于稀薄的共识层的探索。[1]

自由民族主义对教育的相关论述在今天的全球移民时代具有很强的现实指导意义。教育是一个国家存在和发展的精神命脉,一个民族的传统、意识形态和主流文化都是通过教育灌输给后代的。1763年,法国布列塔尼议会的司法部长查洛泰斯在他的《论民族教育》(近代关于国家教育的第一份重要提议)中写道:国家的儿童"应该由国家进行教育"[2]。法国大革命后,国家教育的理念获得了极大的普及。教育是传播知识的重要过程,又是塑造公民群体的关键过程,教育信念还是一种帮助人们发现并享受人类文化的无限财富,发展他们的智力与创造力,并得到个人满足的方式。教育具有选择、传递、保存、改造和创造文化的功能,并对具有矛盾冲突的多种文化具有整合作用。

公民教育的目的在于将维系自由社会的整套公共价值、政治道德以及相关的批评能力和民主性格传授给未来的公民。通过公民教育,社会成员应该具备容忍差异、平等尊重、理性沟通等自由主义的核心理念。国家不能以强制教育的方式灌输某种特定价值观。通过公民教育,学生应该知晓如何在价值多元的民主社会中理性行动,明确价值的底线在哪里,以维系社会稳定地发展,促进个人自由与社会正义的平衡。学校不仅要传递社会共同的文化和价值取向,而且也应该能够呈现多元的文化,以及文化间的差异,培养学生不仅要懂得尊重差异,还要善于处理差异;不仅能够很好地适应主流文化,而且也应该适应本民族文化和其他亚文化。公民教育应对少数民族以及弱势群体独特的生活方式予以积极的肯定和尊重,承认民族之间的差异,帮助实现社会中多元文化的延续。帮助学生特别是少数族裔学生,提高他们参与国家政治生活的信心和能力,培养他们真正的民主

---

[1] [以色列]耶尔·塔米尔:《自由主义的民族主义》,陶东风译,上海人民出版社2005年版,"前言"第24页。

[2] C. J. Lucas, *Our Western Educational Heritage*, New York: Macmillan, 1972, p. 323.

和平等意识。在教育内容上,既要强调普适伦理,即一种以人类公共理性和共享的价值秩序为基础,以人类基本道德生活、特别是有关人类基本生存和发展的道德问题为基本主题而整合的伦理理念。同时也要呈现多元的文化,使学生既能达致共同的国家认同,也能理解独特的族群文化认同。通过传递容忍文化差异的民主价值观,使人们能够包容和尊重文化差异和价值多元,通过承认文化的差异,培育跨文化的适应能力。自由民族主义教育思想的前设是自由主义思想,倡导人性的解放,尊重公民在民主社会中的自由与平等,其核心理念是尊重人的主体性,倡导个人价值与社会价值并重。

在全球化的时代,文化的多样性和个人身份的复杂性使人们必须重新审视公民身份,以承认和包容多样化为主题的公民教育模式渐渐成为西方公民教育的主流取向。公民教育不仅仅是一个教育问题,它也是民族国家得以凝聚、延续、稳定的根本所在。近年来,由于全球范围内人们频繁的跨国迁移、流动,使公民的定位在全球化背景中超越了传统的国家定位,对民族国家的权威、认同构成了挑战。面对多元文化的挑战,一方面,世界各国要求多元化,提倡尊重多元价值的呼声非常强烈;另一方面,社会的稳定和健康发展又需要有一种能够让大多数人接受的核心价值观。多元文化的出现与发展,对教育产生了重要影响,它促成了教育思维方式的变革,促进了教育民主的发展,促进了教育模式的多元化,也推进了教育的不断变革。多元文化教育是一场为提高一系列不同文化和不同种族的教育平等权利而进行的教育改革运动。既要支持学校教育贡献于一个有凝聚力的文化丰富的社会,又要产生各种多样化的教育选择。

多元文化教育无疑是社会历史的进步。多元文化教育所要解决的问题是在实践中探索出一条与民族一致性和国家统一性紧密结合的最佳途径。多元文化教育不单纯是教育体系,还是凝集力的象征,对增加社会的活跃性和稳定性具有积极的作用。"选择自己生活的自由,必须与其他多种价值的要求放在一起进行衡量;平等、公正、幸福、安全或公共秩序,自由不可能是不受限制的。"[1]

应该教导学生具有于个人有益、于社会有益的核心美德,例如友善、

---

[1] [英]以塞亚·伯林:《自由论》,胡传胜译,译林出版社 2003 年版,第 242—243 页。

诚实、责任、尊重自我和他人等都是带有普遍性的道德价值观，学校道德教育的任务，就是要用这些核心道德价值观来促进学生的道德发展，从而最终减少人们的道德混乱。人类道德观念史表明，人类的不同文化群体之间原本就共享着许多基本相同和相似的道德原则、道德规范、道德观念。这些规则不仅千百年来一直是人类自身用以规范自身道德伦理行为的基本准则，而且实际上也已经成为人类共同的道德信念和价值标准。查尔斯·泰勒指出，至少有以下三种轴心式的基本道德价值是每一种文化都具有的，它们是：尊重他人和对他人的义务；对生命意义的充分理解；人的自我尊严。[1] 从这一意义上说，不同文化的人们达成道德共识不仅可能，而且早已成为一种道德文明的事实。

为了适应变化了的社会，教育中的"文化压迫"现象，即对非主流文化的排斥和曲解必须改变，学校应尊重其他种族文化也是整个国家文化构成部分的事实。其理想目标应是：促进文化多样化的特质与价值，促进人权观念和尊重个体之间的差异，促进每个人都有不同生活选择的机会，促进全人类社会公平与机会均等。在某种意义上，能否合适地解决这些群体的教育机会平等问题，不仅会影响国民的协同力量与国家的发展，而且会约束个人的进步与流动，在严重时它还会引起政治问题。

正如自由民族主义所指出的，民族国家对多元文化的发展具有结构性的限制，这种限制对多元文化的发展构成了很大的威胁。"教育应开放学习族群独特文化的空间，使少数族群独特的文化价值得以展现与延续，以增进族群成员对自身和他人的了解，帮助族群与个人认同的形成，缓和族群之间的矛盾，从而最终形成一个和平、互助的多元社会。"[2] 公民教育要培养学生对于不同文化的尊重。以不同文化、不同族群的角度来建构课程体系。与此同时，要积极开展民族教育，正如塔米尔所说，"民族语言

---

[1] Charles Taylor, *Sources of the Self: the Making of the Modern Identity*, Mass.: Harvard University Press, 1989, p. 16.

[2] 章玉琴：《多元文化论公民观及其公民教育观之探究》，《公民训育学报》1999 年第 6 期。

与民族文学的学习是最有效的方法"①。语言不仅仅是交际的工具,同时也是社会和集团同一性的符号,是集团成员资格和团结一致的象征。每一种语言都有它特定的民族特性,人们之所以学习母语,是因为它最贴近并符合他们自己的特性,它与他们的思想方式最合拍。

自由民族主义理论的教育观体现了一种"多元文化教育"观,这也是当今世界教育的热点问题之一。它既是一股强劲的理论思潮,又是一场声势浩大的实践活动,它在实践中的困境引起了无休止的争论,其实行充满了悖论。但是不管前进的道路上是如何步履维艰,我们仍需风雨兼程。

第八节　本章小结

本章主要借鉴运用了自由民族主义理论的基本假设和观点,对其进行了扬弃,在肯定其积极价值的同时,指出其理论困境和现实局限性,在此基础上,作为分析框架用来分析全球化背景下的国际移民与民族主义问题。之所以在纷繁众多的民族主义理论中做此选择,首先,固然是自由民族主义理论的理论基底——"价值多元主义"在全球自由主义和民族主义的思潮中,有其独特的思想价值;自由主义对于民族主义政治的提升和转换,对于全球化时代由国际移民问题所引发的民族主义诉求,也无疑有着积极的借鉴作用。其次,其理论独树一帜,在人们把民族主义看作邪恶之源、对民族主义痛陈其害之时,自由主义独辟蹊径地从自由主义角度来探索民族主义的积极道德价值,"在追求民族视野的同时保持对一整套自由价值的信仰"②,促使我们能够重新对民族主义之利弊进行思考。民族主义并非在本质上是一种"恶"的意识形态,它一直是而且仍然是鼓舞人心的重要源泉;但是,如果任由一种偏激和危险的民族主义情绪日益高涨,既妨碍了自由的价值,也最终会损害民族的利益。最后,自由民族主义理论还处在发展初期,无论是理论本身还是其现实价值尚有让人质疑之处,有很大的研究拓展空间。最重要的是,无论是拒绝还是坚持,民族主

---

①　[以色列]耶尔·塔米尔:《自由主义的民族主义》,陶东风译,上海人民出版社2005年版,"前言"第12页。

②　同上书,"导言"第3页。

义情感都是特定历史的产物，问题不是我们如何去摆脱民族主义，真实的问题是我们怎样对待民族主义。"既然民族主义看来不会从世界政治中消失，那就不如接受自由主义的民族主义，因为它无疑是民族主义中最温和的一种。既然民族主义是一个不可回避的现实，那就不如尽量用自由主义理念来减低它走向极端的可能。"① 人类在任何时候都不应该放弃对更美好社会的追求和希望，重要的是寻找可以奏效、能够实现的观念和渠道，而不仅仅是令人感动的乌托邦式空想。在全球化的社会历史变革时期，如果没有一种有效的对时代变化的解释话语，狂热的、激进的、攻击性的民族主义将占据主导地位，在这一历史时刻，自由民族主义使我们看到了匡正民族主义政治的希望之光。

民族主义是与身份、认同、共同体感等符号联系在一起的，似乎具有内在排他性，而自由民族主义试图在迁徙自由与民族的内在排他性之间取得平衡或妥协，这是值得肯定和尝试实践的观念。塔米尔通过论证指出，自由民族主义是一种多元的民族主义。自由民族主义要求一种宽容与尊重自己群体之内的成员与自己群体之外的人的差异性的心理状态。自由民族主义的多中心本质有助于把它区别于许多其他常常与民族主义联系在一起的运动——帝国主义、种族主义、法西斯主义以及纳粹主义。"当个体能够与某些他们关心并视作生活规划中的伙伴的特定他者共享自己的生活的时候，他们就能够过得更好。"② 塔米尔把在西方移民大国由移民问题诱发的排外主义的族裔民族主义视为对自由民族主义"乖戾的转译"。排外主义的流行依赖于这样的事实：它们把经济利益的承诺——更好的工作前景与薪水，调低了的房价等——与文化同质性的获得联系起来。自由主义的民族主义与其"乖戾的转译"之间的区分是，后者使用了种族的语言而不是选择的语言，而且它推进的政策事实上阻止个体的归化。③ 众所周知，自由民族主义思想的基础是价值（文化）多元论。伯林是当代多元主义最有力的倡导者，其思想是多元文化主义的重要精神来源。二者都强

---

① 徐贲：《自由主义与民族主义》，《读书》2000年第11期。
② [以色列] 耶尔·塔米尔：《自由主义的民族主义》，陶东风译，上海人民出版社2005年版，第91页。
③ 同上书，第167页。

调多元文化的重要性,关于多元文化主义一种突出的论述是使用"多元文化的"(multicultural,形容词)来解释现代大规模移民所形成的族群差异,在本书所要进行的国际移民问题研究的语境下,把二者进行区分和把握具有特别重要的意义。由自由民族主义理论所谈到的这个"共享的公共空间"(在这样的空间里面,民族的文化、语言以及冲突得到表达)发展的问题,联系本书正在探讨的国际移民民族问题的特定背景,笔者产生一个大胆的设想,可否在不危及公民国家其他族裔根本利益的情况下建立一个文化上的"共享的公共空间",来满足移民少数族裔文化自决的渴求。移民可以属于各种各样的群体,可以在参加移居国社会政治经济生活的同时却在文化上自成一体,也可以根据个人的自由选择完全"淹没"在移居国社会当中。公民权利之所以具有保障自由的性质,是因为其中有普遍人权的内容。① 通过对公民教育和民族教育的区分,自由民族主义认为,国家强化公民教育的做法是合理的,与此同时,民族群体——少数民族与多数民族都一样——应该被赋予拥有除公民教育之外的自己的教育体系(无论是以独立学校的形式存在,还是以专门的课时或专门的课日的形式存在)的自由。公民教育应该尝试在所有人中创造一种公民式的友谊,但是不应该通过把所有人都同化到一种文化中,而应通过尊重文化差异来进行这样的尝试。正是多元民族主义及相关的民族教育的强化,表明了公民教育的重要性;正是对于归属与尊重各种深厚文化的重要性的信念,促进了对于稀薄的共识层的探索。② 值得注意的是,自由民族主义在强调少数族群的文化特点的同时淡化其政治利益,把各移民少数种族和族群引导成多元社会中的"亚文化群体",把这些族群"文化化"和"去政治化"。这是一种将民族问题"文化"化的典型做法,它指出族群间的差异是一种文化差异,希望通过承认与尊重社会不同族群成员间的文化差异,构建一种不同文化共存的和谐的族群关系,促进社会整合。

由以上分析可见,自由民族主义理论的应运而生,提供给我们一个对全球移民时代民族主义问题观察分析的自由主义视角,把理论研究和世界

---

① [德]哈贝马斯:《哈贝马斯精粹》,曹卫东选译,南京大学出版社2004年版,第267页。
② [以色列]耶尔·塔米尔:《自由主义的民族主义》,陶东风译,上海人民出版社2005年版,"前言"第24页。

政治现实相联系，有很强的现实针对性，有助于引导民族主义朝温和、理性的方向发展。其观点有益于我们去探索如何改造现行制度、建设一种能够包容政治文化多元性的政治结构和社会制度，建构一种与这种秩序结构相适应的具有普遍包容性的政治意识形态和社会伦理道德，建设一种以这种政治结构为研究对象、解决国家体系框架下的种族性社会冲突和分裂的新的族际政治学理论。

任何政治理论的最终目的都是寻求可能对其产生作用的当代现实的恰当的解释。这种寻求既是学术性的、也是政治性的——这种寻求的学术性和政治性是同时并存的，不可能单一存在。我们今天对自由民族主义理论的研究，不能仅仅满足于对其理论观点的爬梳和诠释，也不应止步于对其具体文本所体现的思想和认识做深刻系统的理解和阐释，更重要的是要把其思想作为一个活的思想整体来展现其所具有的内在逻辑联系和贯穿始终的基本精神，以及它所具有的多方面、多层次的重要的现代价值和现代意义，使人们能够在现时代的视野之下，关注并实现其深广的价值境遇。

在下面的两章里，笔者将以当今世界上接受移民最多、也是移民带来问题最多的两个地区——美国和西欧为分析对象，通过个案分析，力图阐述两个问题：首先，通过对典型移民国家和地区国际移民和民族主义问题的论述，说明全球化（区域化）背景下国际移民民族主义问题的特征；其次，表明建构正确处理多民族国家内主体民族与移民少数族裔群体关系的多元主义族际政治理论的迫切性。透过对欧美具体个案的分析，有助于我们更准确地解读自由民族主义理论，带着救治现实弊病、引领社会走上理想之途的目的，带着对现实的真切感受，全身心地投入对自由民族主义理论的探索和讨论之中。

第五章

欧洲移民问题
——全球化背景下国际移民问题的一个缩影

欧洲的移民问题在全球化时代极具代表性，是当今国际移民问题的一个缩影。在一体化的进程中，欧盟各成员国越来越多，不同程度地成为移民国家，今天的欧洲联盟及其成员国越来越密切关注移民问题，移民的大量涌入刺激了经济和社会的发展，但也面临着移民社会整合、教育与福利等一系列问题。欧洲移民问题在某种程度上反映了全球化（区域化）下移民问题的特征。

欧洲国家一直是人类历史上国际迁移最活跃的地区，从历史上看，欧洲经历过一个从移民输出地区到移民输入地区的转变。从17世纪起到第二次世界大战结束时止，大约有6000万欧洲人移居到其他大陆。最早步入国际迁入国家行列的是英国、法国、德国等国家。欧盟许多国家在20世纪70—80年代仍然是国际迁出国家，只是在90年代以后才进入国际迁入国行列，如意大利、西班牙、葡萄牙、希腊等国。

困扰欧洲的移民问题并非始于今日，但移民问题在欧洲却从未像今天这样令人关注。从第二次世界大战结束，特别是20世纪50年代欧洲一体化历史进程的开启，一直持续到今天，欧洲的移民进程大致经历了以殖民地移民、工作移民、冷战避难移民和回迁移民、非法移民为特征的四次移民大潮。第一次移民大潮是20世纪40年代中期到60年代，以欧洲国家殖民地宗主国人民回迁和殖民地移民到西欧宗主国为特征的殖民主义和后殖民主义移民；第二次大潮是20世纪50年代初到1973年，以招募外国劳工为特征的工作移民；第三次大潮是从20世纪50年代到90年代，冷战体制背景下的以避难和经济难民为主要特征的来自于原社会主义国家和第三世界国家的移民；第四次大潮是从冷战结束的1990年到今天，以回归西欧为特征的来源于原东欧国家的移民、南欧战争难民和非法移民。由于欧盟地区稳定的经济、社会形势，高水平的福利政策等因素，欧盟国家成为移民的重要区域。经历了长达50多年的发展，西欧国家的外来移民的数量在急剧地膨胀和上升。20世纪90年代以来欧盟的外来移民达到了高潮。整个西欧国家，尤其是德国、法国、比利时、瑞士、瑞典和荷兰都成了移民净输入国，连原来欧洲最主要的移民输出国意大利、西班牙、葡萄牙、希腊等国，从20世纪70年代起也先后成为移民净输入国。① 曼纽尔·卡斯特认为欧洲国家成为移民的重要选择主要有四个原因：第一，苏联和东欧藩篱开放，促使来自该区的移民显著增多。第二，原南斯拉夫的种族隔离造成巴尔干地区的不稳定，及伴随而生的民族主义和种族战争掀起巨大的难民潮涌向德国和意大利。第三，欧洲内陆边界的开放，使位于贫穷非洲大陆前缘的国家，如西班牙、葡萄牙、意大利等国家的移民骤增。第四，欧盟紧缩其边界管制造成非法移民暴涨。截至1999年，欧盟估计其境内的非法移民每年约有50万人。② 据欧盟有关研究专家估计，生活在整个欧洲的移民总数在5600万—6000万之间（包括欧盟成员国之间的移民），其中包括300万—400万非法移民，而且非法移民以每年增加50万人的速度高速增长。

　　移民一直是世界人口流动的重要方式，能够平衡各地区的人口规模和劳动力水平，推动地区经济的发展，不过，也会带来一些棘手的社会问题，例如：接下来笔者论述的几个欧洲发生的典型移民引发的社会问题。欧洲因移民引发的社会问题既是现实的问题，也是历史积淀的问题。欧洲没有解决好第一代移民的融入问题，使问题延续到了第二代、第三代。同时，欧洲又面临着新一轮的移民潮，这就加重了欧洲的社会危机。大量移民的存在，加之对移民的社会整合程度低，对欧洲联盟各成员国的社会就业、社会福利政策、社会安全与控制及各成员国的旧有移民政策甚至国家

---

① Douglas S. Massey et al., *Worlds in Motion*, Oxford: Clarendon Press, 1998, pp. 2-3.
② ［美］曼钮尔·卡斯特：《千年终结》，夏铸九等译，社会科学文献出版社2006年版，第388—389页。

主权提出了严峻的挑战，由此，引发了一系列社会问题，特别是针对外国移民的新民族主义、种族主义（新纳粹主义）及其政党，在西欧社会和政治舞台上重新崛起，引起了欧洲联盟各成员国政府和欧洲联盟层面上的广泛关注。能否解决好移民问题，已经成为各成员国政府所面临的重要问题，也是欧洲一体化能否健康发展的关键问题之一。

第一节　巴黎骚乱带给我们的沉重思考

一　巴黎骚乱事件概览

在西方社会，弱势群体包括土著人、外来移民、女权主义者等。在欧洲，随着民族文化多样性的发展，以外来移民为主的弱势群体大量存在于社会的边缘。文化背景的差异、文化水平高低的不同、不同的移民政策、大量移民的生存和外来移民社会整合的较低程度，对欧洲联盟各成员国的社会就业、福利政策、社会安全与控制及各成员国的旧有移民政策甚至国家主权提出了严峻的挑战。而且时常由于移民不满自己的地位，为要求改善自己的处境而发起抗争。随着大量移民进入，加上经济衰退和失业增加，保守的社会势力往往宣扬排外和仇外的言论，甚至演化成为反对外来移民的社会运动。2005年举世震惊的巴黎骚乱就是移民对自己地位不满的证明。

2005年10月27日，法国首都巴黎郊区发生骚乱，其起因是巴黎东北郊两名男孩为逃避警察追捕在变电站遭到电击死亡。之后，数以百计的青少年焚烧汽车和垃圾桶、打砸店铺，并与警方发生冲突。骚乱呈燎原之势迅速蔓延到法国其他市镇，成为20世纪80年代以来法国规模最大的骚乱，比利时、德国和意大利等其他欧盟国家也随之处于骚乱的旋涡之中。巴黎的这场骚乱不仅是对欧盟寻求共同移民政策的挑战，而且它对欧盟国家今后的政治走向，乃至欧洲一体化建设的进程将会产生不可忽视的深刻影响。骚乱不仅造成了巨大的经济损失，也使国家的权威受到挑战，国家的稳定受到威胁，国家的形象受到损害。它提醒世人，在法国这样一个看上去平和、友善与相对稳定的社会，原来也存在巨大危机潜藏的可能性。在平息骚乱的同时，人们必然要思考发生这场骚乱的深层次原因。

"冰冻三尺非一日之寒",社会危机的爆发通常都经历了长期矛盾积累的过程。在一个社会中,各个阶层的利益都存在一定的得失关系,当利益和社会心态的失衡达到一定程度的时候,一个很小的事件就能够导致某些阶层的大规模群体事件。新老移民压抑已久的不满就像填满了炸药的火药库,一旦擦出火花,必然会产生爆炸性反应。

在法国 19 世纪以来的历史上,与其社会经济发展和重大的事件相适应,法国经历了四次大的移民输入的浪潮:第一次移民潮,从 19 世纪开始到 20 世纪初期、以法国的接壤国家为主要来源国的中欧、南欧和英国的移民潮;第二次移民潮,在 20 世纪上半叶,以中东欧国家为主要来源地、以斯拉夫人为主体的移民潮;第三次浪潮,从二次世界大战以后到石油危机的 1973 年,以先是中南欧移民为主体,后被马格里布等非洲和亚洲国家的移民所取代的移民潮;第四次浪潮,1974 年至今,以来自世界各地的难民和非法移民为特征的移民潮。① 经过四次移民潮,法国最终从一个单纯的民族国家演变成为非典型意义的现代移民国家。当今全法国人口中约四分之一是移民或移民后裔,移民中半数以上来自非洲,移民主要集中于法国的大城市,与此同时,社会上还存在一个总计约 35 万人口的非法移民群,这就是进入 21 世纪之际法国移民人口的基本构成状况。②

此次骚乱的最初事发地——克利希苏布瓦市,位于巴黎东北部的塞纳—圣但尼省,该省是法国有名的穷人区,也是主要的移民区。法国政府当年为缓和巴黎城区住房压力,在郊区及周边省份集中兴建了大批住宅楼。自 20 世纪 70 年代中期,随着越来越多的北非移民流入,法国人开始逃离这个居民新区。高人口密度,移民众多,高失业率,使这些地区逐渐成为贫困、犯罪、吸毒、被遗忘者与被损害者的代名词。这里的基础设施、文化娱乐场所、就业机会等问题被逐渐忽视。这次骚乱的主体是北非的移民,他们感觉他们正在被边缘化,被割裂于社会繁荣之外,他们积怨已久,只是遇到了一个可供爆发的缘由而已。不可否认的是,从社会意

---

① 宋全成:《从民族国家到现代移民国家——论法国的移民历史进程》,《厦门大学学报》(哲学社会科学版) 2006 年第 3 期。

② 李明欢、卡琳娜·盖哈西莫夫:《"共和模式"的困境——法国移民政策研究》,《欧洲研究》2003 年第 4 期。

上说，此次巴黎的骚乱实际上是目前欧洲移民政策诸多潜在问题的一次总爆发。法国骚乱是欧洲普遍存在的移民问题的缩影。法国发生的大规模骚乱表明，在经济持续多年不景气的情况下，欧洲至少是部分"老欧洲"国家已经进入社会矛盾多发期，其中最严重的是移民与主流社会的矛盾。[①] 这次骚乱持续时间之长、危及面之广，充分表明法国政府的移民政策缺陷很多，法国巴黎郊区埃夫里市市长感叹说："我们正在为30多年来的社会、地域、种族隔离付出代价。"[②] 作为欧洲一体化轴心国的法国，其社会的骚乱现象不但应引起欧盟各国的高度重视，也应使一些存在类似问题的世界其他国家警醒。他们当从中吸取教训，引以为戒，未雨绸缪。

欧洲国家舆论认为，在法国引发骚乱的状况，在欧洲国家普遍存在。巴黎秋天的这一幕同样也曾在欧洲其他地方上演。1981年、1982年和1985年几年间，英国主要城市都发生过移民骚乱。90年代，比利时愤怒的移民社群也曾发生暴乱。就在2001年，法国图卢兹地区就因为一名警察在移民区开枪打死一名青年而引发三天的动乱。近年来在欧洲政治舞台上非常活跃的极右组织，有一个共同之处：都具有种族主义色彩，并利用移民问题作为政治楔子。意大利的北方联盟、比利时的弗拉芒集团、法国勒庞的国民阵线，均属此类政党和团体。他们都仇视移民，并宣扬制定极端政策对移民进行控制。巴黎的骚乱为欧洲敲响了警钟：法国的秋季暴风雨也许是欧洲进入冬季的序曲。

二　巴黎骚乱引发的思考一

移民运动是全球化时代的重要特征，移民问题是全球化过程中的一个必然现象。随着社会分工的加深，人员、资金和技术的流动是不可避免的。随着全球化的迅猛发展和日益严重的区域不均衡发展，富国更加富有，穷国越来越穷，进一步加剧了全球性的移民潮，非法移民问题也越来越突出。与此同时，面对严重移民问题压力的欧洲各国，其社会政策在解决劳动力市场方面普遍表现得缺乏灵活性，许多西欧国家在吸引大量移民

---

① Roula Khalaf and Martin Arnold, A Revolt of Youth without Religious Motivation, *Financial Times*, November 9, 2005.

② 凌云：《巴黎骚乱考验法宽松移民政策》，《民营经济报》2005年11月7日第4版。

的同时，也导致国内失业率上升，造成社会矛盾激化。外来移民与当地社会之间的关系问题也成为一个全球问题。① 欧洲各国在处理移民问题时有一个通病，就是把重点局限于移民配额和边界限制，而不会太多去考虑种族日益混合给社会内部带来的问题。巴黎骚乱提醒各国政界，应该更加关注贫富分化、社会平等和移民歧视等问题。

面对日益壮大的移民大军，欧洲各国采取种种措施，如鼓励移民接受西方现代文明普遍价值观，促进移民融入欧洲现代社会。但多数人认为，迄今为止，各国政府推行的融合政策是失败的。外来移民没有完全融入西欧社会，形成了一个对外界相对封闭、对内自有一套规则的"平行社会"。今天，不仅是巴黎，在伦敦、布拉格等重要的欧洲大都市，都已经形成颇具规模且富有特色的移民区。据统计，到2050年约有一半的欧洲人都将达到退休年龄，欧盟人口将减少5400万人。一位德国众议员开玩笑说："我们将成为一个老人的欧洲，坐在轮椅上，没有别人的帮助就不能向前进。"② 外来移民，尤其是可从事艰苦的、危险的重体力劳动的移民需要大量引入。在法国驻华使馆的网站上，人们就可以看到这样一句话，"移民经常被看作一剂解决民族老化问题的良药"③。可见，移民对于解决欧洲老龄化问题是有短暂助益的。据不完全统计，欧盟3.8亿人口中，外来移民达1300多万，占人口总数的3.4%。其中德国的移民是740万，占人口总数的8.9%；法国为480万，占人口总数的6.3%；英国的这一比例为3.8%，均超过了欧盟的平均数。另外，非欧盟成员国瑞士的移民占人口总数的19%，为欧洲国家之最。④ 移民给欧洲创造的不仅仅是财富，在人口老龄化、劳动力日益匮乏的欧洲，移民更给欧洲带来了生机与活力。希腊外长帕潘德里欧曾指出，到2020年，欧盟各国总共需要3000万劳动力，欧盟各国政府在采取更为严厉的移民政策之前，首先应考虑欧洲是否能承受这

---

① 《欧洲舆论：巴黎骚乱为欧洲敲响了警钟》，2003，中国网（http://www.china.com.cn/chinese/HIAW/1020605.htm）。
② 管彦忠：《移民问题是欧洲最厉害的定时炸弹》，2003年7月，人民网（http://www.people.com.cn/GB/guoji/14549/1967471.html）。
③ 杨芳：《移民，欧洲国家的心病》，《海外文摘》2006年第1期。
④ 徐步青：《移民问题，令欧洲苦恼》，《人民日报》2005年11月14日第7版。

么大的劳动力空缺。①。

移民管理失误带来的不仅仅是动荡与不安等社会问题,还直接冲击了欧洲的政治格局。近年来,极右势力在欧洲普遍抬头,法国、意大利、比利时、荷兰和奥地利等国的极右政党在国家和地方选举中频频得手,其重要原因之一是他们在政治上仇视和反对移民,迎合了部分选民的心理。移民作为一个特殊的社会群体,在欧洲国家的社会和经济发展过程中曾起到过极为重要的作用,二战后大批北非、西亚劳工缓解了战后劳动力短缺的状况,促进了西欧各国的战后重建。冷战后对政治移民的吸收曾是冷战中西方集团手中的一张"王牌",这在移民人数比较少、国家经济增长幅度比较大的时候没有引起什么非议。大概从战后到七八十年代,欧洲人对外来移民基本上比较宽容,种族歧视论调遭人唾弃。只是如今事过境迁,随着冷战的终结和世界格局的变化,加之欧洲经济的持续低迷,当年大量引入移民的很多负面影响开始显现,尤其突出的是人口与就业市场的需要严重脱节。20世纪90年代以来,西欧各国普遍出现了经济增长缓慢、失业率高的状况,公众受极右分子舆论的误导,不承认外国劳工的积极作用,责怪他们错误地接受低的报酬,害得自己的工资因此降低;或是每当经济危机来临时,责备他们夺了饭碗,制造失业,等等。外国移民成了西欧社会失业和犯罪问题的替罪羊。就连在被称为移民政策成功典范的瑞典,排外和极右翼主义也在迅速蔓延,焚烧难民营、欺负外国人、散布种族主义、新纳粹动用暴力的顽固核心向所有"非雅利安人"宣战。评论家们把事态的发展归咎于一度被人盛赞,而现在却失败的瑞典移民政策,归咎于经济态势。② 尽管外国移民不是诱发社会福利政策危机的主要原因,但越来越多的外国移民的增加,确实是移居国社会背负上沉重的社会福利负担的重要因素。人们不由得"发展出了一种危及自身安全的感觉,人们普遍感觉到'福利国家之船'已经满了"③。涉及移民的社会犯罪问题经媒体的渲染,进一步加深了移民接受国居民对移民的不好印象,有些媒体

---

① 杨丽明:《欧洲应反思其移民政策》,《中国青年报》2004年2月11日第3版。
② 宋全成:《德国移民问题与无移民政策的移民国家》,《齐鲁学刊》2004年第1期。
③ Weiner, Myron, "On International Migration and International Relation", Vienna: *Population and Development Review*, 1995, p. 441.

将不安分的移民说成是"即将爆炸的社会定时炸弹"和"威胁社会安全的敌人"①。挪威的反移民组织领导人阿纳·迈达尔（Arne Myrdal）把移民比喻成40年代德国纳粹的入侵，认为执政党必须站出来向人民就自己所犯的叛国罪谢罪。

移民问题已经成为角逐政治权力的政党和个人野心家动员民众的一种政治资源，成了极右翼分子的制胜法宝，正是利用反对移民的口号，欧洲的一些以种族主义和排外暴力为标志的右翼政党得势。法国极右翼政党以反对外国移民、主张极端的民族主义为旗帜，赢得法国中下层民众的广泛支持，并在民众支持下持续攀升。德国右翼在竞选纲领中就提出："最近几年的现实是，越来越多的外来移民在享受着我们的福利制度，而不是进入我们的劳动力市场。"不应该让移民分享本国公民的工作机会和福利。②由于这种舆论和每一个公民的切身利益相关，当然也就在相当一部分民众中引起了共鸣。在国家政治的层面上，以反对外来移民为特点的右翼政党，在欧洲一些国家的议会大选中，得到了部分选民的有力支持而获得了长足的发展。在奥地利，尤尔根·海德尔领导的亲纳粹、反欧盟、反移民的右翼民众主义政党自由党（the Freedom Party）在1999年10月的大选中打败保守派人民党，成为仅次于社会民主党的第二大党。这个选举结果打破了奥地利战后长期以来形成的保守党和社会民主党分享政权的政治格局。在2001年11月的丹麦大选中，主张反对移民和反对欧洲一体化的联合人民党获得了12%选票，成为丹麦第三大党，在议会中拥有25个席位，并由它组成了少数派政府。2002年4月21日，法国极右翼政党主席勒庞在第一轮总统选举中击败社会党总理若斯潘，与右派的希拉克争夺总统位置；荷兰被暗杀的极右翼政治家富图恩提出了一系列挑战荷兰"共识政治"的富有争议的观点，并赢得了公众广泛的政治支持。他声称1600万人口的荷兰已经是人口充足的国家，主张荷兰边界向新移民关闭，并要求荷兰的已有移民接受更大程度的一体化，还宣称歧视同性恋者和妇

---

① Patric Richard, *Becoming Europe: Immigration, Integration and the Welfare State*, Pittsburgh: Press of Pittsburgh University, 2004, p. 62.

② 李明欢：《"9·11"之后欧洲移民政策的若干思考》，《华侨华人历史研究》2002年第6期。

女权利的伊斯兰教是缺乏宽容精神的"落后的宗教",甚至要求修改禁止种族歧视的荷兰宪法第一条。① 2002 年 5 月 15 日,荷兰大选结果再惊欧洲,原执政党工党在大选中只获得 23 个席位,遭到惨败,而成立刚三个月、持反移民立场的以富图恩为主席的荷兰右翼政党在荷兰议会大选中取得胜利。尽管由于其他因素最终使上述政党主席未能当选总统,但是以反对外来移民为特征的右翼政党,得到了相当一部分社会大众层面上的支持,却是一个不争的事实。在他们的种族主义论调的宣传下,许多人都把经济萧条和严重的失业现象归罪于移民的大量涌入,他们认为移民的增长使房屋和日用品价格上涨,并因此而产生连锁反应,造成通货膨胀,还有人认为大量移民特别是非法移民的进入造成社会秩序紊乱和犯罪现象增多。"巴黎骚乱"事件后,人们对外来移民,尤其是具有特定宗教背景的异民族移民,产生了更加强烈的警觉甚至是排斥的心理。移民问题已经成为欧洲朝野普遍关心的一大问题,移民政策越来越成为国家社会政策中的一大症结。据英国《星期日泰晤士报》的报道,一位英国官员在伦敦召开的一次会议上表示,摧毁英国甚至欧洲的是蜂拥而至的外来移民。他将这股移民潮称为"逆向殖民",指的是原殖民地国家进入原宗主国的移民。与亨廷顿相类似,他描绘了一个令欧洲人十分恐惧的前景——这批数量巨大的移民很难被同化,因为"全球化已令同化变得多余和不合时宜",他们并不效忠新的居住国。在"逆向殖民潮"的冲击下,欧洲人口迅速膨胀,西方的文明环境遭到破坏,"好像当年罗马帝国面对哥特人这些野蛮人入侵的情况"②。

　　除了极右翼分子的鼓动,西欧民众对移民的歧视和排斥还有其自身深刻的社会心理原因。"殖民主义的长期历史在欧洲社会培育了一种种族文化优越感;在殖民掠夺的基础上建立起来的高度发达的社会福利制度,也养成了欧洲部分公民的利益独占心理。这种根深蒂固的利益独占心理和种族优越感严重地制约着现代公民的价值判断,败坏着公民的伦理道德和社会风气。国家的福利政策在促进民族国家内部的整合和强化共同价值观的

---

① Kirsty Lang, *At Home with Professor Pim*, http://news.bbc.co.uk.hi/English/world/, May 4, 2002.

② 田建明:《移民问题愁煞欧美国家》,《中国民族报》2007 年 5 月 11 日第 5 版。

同时，也助长了欧洲各国普通民众对公民权和社会福利的独占心理，把公民权和与公民权相联系的各种社会权利视为禁脔，不许任何外人染指。"① 2005年5月的"欧宪公决"被否决，表明了法国民众对现行高福利社会模式的依恋和不愿参与自由经济的竞争。二战以来，欧洲国家为缓和尖锐的社会矛盾，逐步建立起了以社会保障为核心的福利制度，其福利水平和政府对社会保障的开支都比较高。20世纪70年代以后，西欧国家先后进入了福利国家的行列，这对处于西欧周边国家和其他地区的部分个人具有很强的吸引力，移民到这些福利国家，成为一种不断增长的极其明显的倾向。随着大量外来移民的涌入，激活了隐藏在公民内心深处的排斥意识，担心移民造成社会影响的情绪弥漫欧洲，反移民的极端言论不绝于耳。

不可否认，来自世界各地的移民对当地社会和经济发展做出重要贡献，但是也给欧洲的社会福利、社会治安带来了强烈的冲击。外来移民的出生率较高，占欧洲人口的比例越来越大，更是引起了当地国民的不安和恐惧。有人担心，不久的将来，外来移民人数会超过当地人口，长此以往，西方价值观和生活方式将会有所改变。"当越来越多的参观者成为长住居民，随后还会成为公民、选民甚至可能成为当权者时，他们将招致原本地居民日益激烈的憎恨。"② 他们不仅担心外来移民的增加会减少自己的就业机会和工资收入，使原有的社会福利水平下降，而且担心这些"低劣"的外族人口的移入会危及本国的"优秀"文化和"文明"生活方式，威胁"文明"社会的和平与安全。从这个角度来说，"移民问题"还"基于真正的文化冲突和对丧失民族特性的担忧"。③ 亨廷顿指出："尽管对经济的关切和经济状况影响了公民对移民的态度，但不论经济状况好坏，反对移民的人数都在持续增长，这说明了文化、犯罪和生活方式是公众改变观点的更为重要的原因。"④ 欧洲人认为他们要"捍卫传统价值"，

---

① 王建娥：《后殖民时代移民问题的本质与政治共同体的重建》，《世界民族》2004年第1期。

② [英]帕特里克·迪克松：《全球化的六个方面》，孙雪晶译，中国人民大学出版社2005年版，第146页。

③ Stanley Hoffmann, "The Case for Leadership", *Foreign Policy*, 81, winter 1990—1991, p. 130.

④ [英]塞缪尔·亨廷顿：《文明的冲突》，周琪等译，新华出版社2002年版，第223页。

也就是认为欧洲应当是欧洲人的欧洲,欧洲文化的欧洲。那么,谁是欧洲人?什么是欧洲文化呢?在那些人看来,日耳曼民族、法兰西民族、英吉利民族等欧洲主体国家民族的价值观和文化传统理应受到捍卫。这一口号与"多元文化"的理念是相对立的。从19世纪后期起,法国基本确定了鼓励外国人忘掉原先的历史和文化,完全融入法国的"雅各宾模式"(Jacobin Model),其具体举措之一就是鼓励外国人学习法国文化,政治上认同法国并入籍法国。① "欧洲新右是要去突出全球范围内的文化差异,而不是民族国家范围内的文化差异;民族国家应是一个同质体,民族国家里不应该有文化差异,就算有,领导权也一定要非常清楚。文化政策越来越紧缩的德国这几年来也形成了一种言论,就是说德国向来不是一个正宗的移民社会,而且将来也不会是。宣称德国有一个领导文化即植根于基督教、启蒙与人文主义的西欧基础价值,而移入者必须要让自己适应于这个领导文化。"②

对此,笔者认为,在一个存在多种族、多族裔的社会里,试图用一种文化整合其他文化的做法,或者把一种文化置于其他文化之上的做法,是与多元文化运动兴起的事实完全相违背的。在精神文化方面,用强迫同化政策让移民放弃原有传统、语言和习俗,这不仅不可能成功,而且会带来反感和抗拒。移民不是被动的行动者,而是有着强烈主体能动意识的行动者,强迫同化只能促使民族更加追求差异性和民族性。不同的文化之间不存在优劣之分,各个族群保持的特殊文化应具有平等的法律和社会地位,每个族群对于其他族群的不同文化应采取宽容的态度,并相互承认、和谐共存。自诩为民主国家的欧洲各国怎么能够在面对其他族裔文化的时候表现出居高临下甚至排斥的态度呢?这与其所崇尚的民主国家人人平等的理念是极不相符的。这与自由民族主义理论的基本信条——赞同个人权利与自由,肯定个体追求平等尊重与关切的权利的信念,是相违背的。

有舆论评论说,法国的"融合与同化"是一年内第三个信誉扫地的模式,此前还有英国的"互相宽容、互不干扰"态度和荷兰的"绝对宽

---

① 李明欢、卡琳娜·盖哈西莫夫:《"共和模式"的困境——法国移民政策研究》,《欧洲研究》2003年第4期。

② 赵刚:《"多元文化"的修辞、政治和理论》,《社会学研究》2006年第3期。

容"理念。这就带给我们一个问题:在多元文化已经成为一种无法否认、不能忽略的既成事实的时候,究竟应该以什么样的态度和政策来对待多元文化的存在呢?

为解决这个问题,我们需要关注多元文化主义与自由民族主义关于这一问题的不同主张。

"多元文化主义的最根本要义,是主张不同种族、不同民族和所有其他不同社会文化群体的平等性。因此,多元文化主义的思想理论主要是围绕着民主社会里的平等问题展开的。多元文化主义关注的是不同社会文化群体的权利。"①

多元文化主义强调的重点是群体权利。而自由民族主义则主张文化权利是个体的选择。"在发现我们出生其中的文化与民族的归属框架以后,我们可以对于它们进行批判性反思并实施我们对于未来的文化承诺与归属的选择。换言之,民族文化并不是一个牢笼,文化联系并不是镣铐。"②

"因为我们已经假设人必须具体生活在文化中,所以,如果存在与他们自己的文化不同的文化以供比较,那么,批判性地反思他们的文化只会产生积极的结果,他们可以从这种不同的文化中学习与借鉴,他们也可能归化到这种文化中。文化的多元性因而就具有了内在的价值。"③

正如雷兹指出的:"如果拥有一种自主的生活是最终的价值,那么,拥有范围足够广泛的可能的选择是一种内在的价值。"④ 这也就说,个体有权利选择其希望和不希望归属的民族群体,个体有提出特定的文化要求的权利。在这种情形下,有可能会产生一种新的危险,即如果各移民少数族裔都坚持自己的独特文化认同,是否会危及对民族国家的认同?

巴黎骚乱暴露出了法国国内存在的深刻的社会问题,不仅仅是贫富悬殊、种族歧视,还有掩盖在其后的被有意无意忽视的国家认同危机。法新社总结说,这场骚乱是"法国社会不断分裂的信号"。⑤ 这使笔者联想到

---

① 王恩铭:《也谈美国多元文化主义》,《国际观察》2005年第4期。
② [以色列]耶尔·塔米尔:《自由主义的民族主义》,陶东风译,上海人民出版社2005年版,第28页。
③ 同上书,第19页。
④ J. Raz, *The Morality of Freedom*, Oxford: Clarendon Press, 1986, p. 203.
⑤ 唐惠颖等:《巴黎骚乱震惊欧洲》,《环球时报》2005年11月7日第2版。

亨廷顿在 2004 年的著作《我们是谁——挑战美国的民族认同》中的某些观点。这部作品可以说是亨廷顿的世界"文明冲突论"之理论框架的缩小版，即美国本土的"文化冲突论"。① 虽然他这本书是针对美国问题而来，但在书中也表明美国所面对的问题在世界范围内广泛存在。他认为大量接受移民的国家就会面临认同的危机。不同文化的价值被广泛承认，特定文化的优越被多元文化共存的价值所取代，这是个很危险的现象。亨廷顿的《我们是谁——挑战美国的民族认同》一经出版，即在美国国内和国际社会引起广泛的争议和批评。笔者不想就亨廷顿论述中的谬误之处进行批判，国内外学者的相关评述已经很多。在这里，我只是提醒大家注意亨廷顿的书中在充斥种族主义宣示似的语言和观点的同时还是不乏睿智之言的。在书中，亨廷顿提出了一些问题，例如：国家认同对于国家的稳定和发展的重要性；移民的大量涌入对一个国家主体文化和国家认同的冲击等等，这都是值得世人严肃思考的。大量来自异质文化的移民及其后代既没有被充分吸收到结构与产业迅速调整中的经济过程中去，也没有主动或被动地融合为广义的西方文化的一部分。那些置身于西方物质文明和精神文化之外的移民及其后裔正在成为许多城市社区的经济、社会和安全问题。在此次骚乱中，就暴露出移民对自身身份认同的模糊和对法国国家认同的淡漠。法国本土有 95 个省，第 75 省是巴黎市，巴黎市外面被三个省包围——西边的 92、南边的 94 和东北部的 93。由于历史原因，来自法国海外殖民地的移民一般都住在 93 省，而巴黎人向外居住，则会选择 92 和 94 省，这就造成了 93 省类似贫困隔离区的问题。"我们是法国人，但与真正的法国人相比，我们是外国人。"② 当记者访问这次骚乱地区的青年时，青年如此回答。虽然他们是法国公民，从理论上来说享有和本地法国人一样的权利，但事实却并非如此。他们被视为二等居民的事例不胜枚举。移民和移民后代的角色处在相当尴尬的境地，许多移民后裔觉得他们既不是原籍国公民，也不是真正的法国人。对于那些在法国生活、接受法国教育、置身于法国的竞争生存空间的移民群体的人们来说，故国对他们是遥远的，而法国又视他们为"他者"，他们没有一个属于自己的世界。

---

① 郝时远：《民族认同危机还是民族主义宣示？》，《世界民族》2005 年第 3 期。
② 《我们是法国人，但不是"真正的"法国人》，《参考消息》2005 年 11 月 7 日第 3 版。

这些信仰伊斯兰教的"黑皮肤法国人"（他们的肤色通常都较本土法国人更深）虽然出生在这里，却因为信仰、文化和肤色的差异时刻被提醒自己的"异族"身份。"德维尔潘也承认，名字看上去像外国人的求职者，经常无法和拥有'法国名字'的人那样被一视同仁。同样，在法国很少能看到一个非白人的教授。"① 痛苦、愤怒、迷惘中产生的自我失落感非常强烈。在对移民群体的集体歧视和敌意的氛围下，少数族群聚居、遭受隔离、失业、贫穷、环境恶化、遭受更严酷的隔离……形成一个悲惨的恶性循环。这些与主流社会隔阂的贫民区，已经逐渐成为阻碍移民融合的"孤岛"。法国《费加罗报》的社论甚至说，这些毫无生气的社区成了500万人生活的"牢狱"。生活在这种境况下的移民群体心中的愤懑和绝望逐渐累积，他们缺乏对东道国的认同感也就毫不奇怪了。移民后裔在法国社会文化中长大，对原来的本土文化已经陌生，但又不能真正融入法国社会，日积月累，居住在"困难"街区的移民后代感到失望，他们感觉受到了侮辱、被国家和政府抛弃。他们生在法国、长在法国，却与法国社会格格不入。这些生长于欧洲文化环境、思维与西方逐渐趋同的穆斯林青年群体，追求平等是他们的梦想。面对残酷的社会现实，他们的梦想被打碎。

人活在世界上，最可怕的不是贫穷，而是失去了希望。让我们看看发生在德国的一个有关移民后裔的真实事例，2006年春天，位于德国首都柏林的吕特利中学全体教师联名上书柏林教育主管机关，指出学校的日常教学生活已走到了失控的边缘，要求解散学校。随之，"教师向学生投降"这条新闻登上了德国各大媒体头条，连篇累牍的报道引发德国各界对教育和移民问题的反思。德国的中学教育按质量分为文科中学、实科中学和主科中学。文科中学九年制，实科中学六年制，主科中学学制为5—6年。文科中学的大部分毕业生将进入大学学习。主科中学的学生一般都是一些成绩落后并且几乎没有职业前景的学生。吕特利中学83.2%的学生是移民后代，这个比率在十年间翻了一番。全校没有一名教师拥有外籍背景。吕特利中学地处柏林最大的新克尔恩区。该区的特点是高移民率、

---

① 田竹山、沈沂：《巴黎大火"烤"问法国移民政策》，《财经时报》2005年11月14日第4版。

高失业率和高犯罪率。吕特利中学的校园生活是德国移民社区生活的缩影。吕特利中学的问题不是单靠教师能够解决的。比如社会问题和贫困问题。移民融入德国社会政策的缺失导致了类似吕特利中学这类学校同整个社会的脱节。学生们没有前途，家长失业，整个社会的问题都在学校里发生了碰撞。①

  在传统左翼政党影响严重削弱的今天，移民后裔只能通过犯罪和破坏来表达自己的"绝望性反抗"。这些年轻的城市贫民对他们愈加难以立足的整个现代经济制度充满敌意：他们把怒火发泄到暴富者可望而不可即的象征符号上，譬如银行、自动取款机、超级市场、汽车销售处、宾馆。自卑和自尊共同交织的心理促使相当一批激进青年通过暴力形式来唤起公众的注意。于是，他们组成各种团体，不时制造暴力事件，目的之一是显示他们的存在，希望受到关注。如何解决移民生活的困境，疏导这股因长期陷入绝望而产生的愤懑之情，重建日益陷入危机的国家认同，确实是个应该认真研究的课题。在这里，哈贝马斯的观点或许可以为我们提供一些启示。哈贝马斯告诉我们，正如我们可以把"政治结构"划分成不同的层面一样，我们可以把"文化"自身也划分为不同的层面。可以把一个国家内部的"文化"也看作是一个多层面的结构，至少具有"民族"国家和"族群"这两个重要的层面。② 在尊重各族群传统文化的同时，一个民族国家，非常需要从历史的发展和文化的传统中提供一个各族共享的"共同文化"。各个族群的传统文化与作为政治实体的国民认同文化是两个同时并存的不同层面。当一个多民族的国家无法把国内的各民族塑造成一个民族时，在现代国家内也可造就一种国民属性高于民族属性、国民文化高于民族文化的结果。国家可以在保持每种移民文化特性的同时，又表现国民文化的共性。各个民族群体可以把自己文化遗产中的一些积极因素纳入整体文化，这些文化形成竞争、渗透关系，促进国家文化的丰富多彩。国家必须建立起有效的核心价值观念，在鼓励多元文化发展、化解新老国民的身份焦虑的同时，用共同的国民文化来凝聚不同种族和区域的

---

  ① [澳]墨美姬、布雷特·巴里主编：《印迹2："种族"的恐慌与移民的记忆》，邓文华译，江苏教育出版社2004年版，第24页。
  ② [德]哈贝马斯：《后民族结构》，曹卫东译，上海人民出版社2002年版，第76页。

移民。

值得关注的是,伊斯兰极端主义对移民社群的加速渗透是法国移民问题中的新现象,也是导致法国社会关系日益紧张的新因素。法国综合情报局的报告指出:"9·11"事件后,激进伊斯兰传教士在法国"敏感街区"的活动增加,他们大肆宣扬移民要与法国体制和文化决裂的思想,使青年一代移民感觉自己成为种族歧视和种族主义的受害者,从而产生反法国的种族主义情绪。与此同时,在贫民窟化的或正在走向贫民窟化的街区出现了大量移民封闭社群,他们实行一种与国家体制并行的管理方式,过着对外封闭的生活。除拒绝西方价值观外,他们还将来源国文化、价值观与伊斯兰教信仰混在一起。这些社群与本土法国人之间的关系极为对立。据统计,在法国630个"敏感街区"中,激进伊斯兰教士活跃的街区有200多个,存在着社群封闭现象的街区有300多个,两者合计约涉及180万人。[①] 2005年7月,伦敦地铁发生的有史以来最大规模的恐怖袭击带给英国和世界更大的震撼:这些冷血的"人弹"袭击者并非来自境外,而是在英国土生土长的穆斯林。用英国首相托尼·布莱尔的话说:"特别让人震惊的是,这些人竟然都是在英国出生并在英国长大的,我想,对全世界承认这一点是尤为重要的。"[②] 这一点确实相当重要。在普通英国人心目中,他们都是没有"受过压迫"、完全"融入"英国社会的英国人,但是,近20年英国的养育之恩在短暂的恐怖训练和狂热的宗教感召下不堪一击,他们从英伦的学子转眼就变成了国家的敌人,这让世界不寒而栗,几乎动摇了英国引以为豪的移民管理模式的根基。

对身处西欧社会最底层的移民群体自身来说,探讨个人的生存条件和所处的政治文化环境,可能比身份问题更有意义。生存原则是移民的至上原则,一切有利于生存的社会关系、经济资源、价值观念和文化传统,都会被保留和利用。在21世纪的今天,在人民生活富足的西欧,大批移民却处境艰难。2005年4月和8月,巴黎发生了一系列纵火案,共有48名来自西非的移民在大火中丧生,这深深触动了法国人的神经,他们这才意识到巴黎原来还有许多破旧不堪的危房,在这里甚至没有可以用来救火的

---

① 王朝晖:《法国社会危机的根源及影响》,《现代国际关系》2006年第10期。
② 杨芳:《英国:移民成了"问题一族"?》,《世界知识》2007年第15期。

自来水，电力设施也隐藏着危险。2004年2月5日晚，30多名亚裔拾贝者在英格兰西北部莫克姆湾海滩捡拾鸟蛤时突遇涨潮，酿成19人溺水而亡的惨剧。莫克姆湾事件使在英国的外国移民的生存状态问题浮出水面。英国莫克姆湾事件所暴露出的一些非法移民的悲惨境遇与实际情况相比，其实只是冰山之一角。

这次巴黎骚乱，既不是一次政治革命，也不是一次穆斯林革命，是处于法国社会最底层的移民群体，对政府和当今法国社会制度不满的一次大规模宣泄行为，尽管是非理智的，但是在某种程度上也可看作在为自己的基本权利抗争。在抗争的过程中，族群成为群体凝聚的一个理想单元和进行社会动员的有效工具。利用这一工具，移民群体可以积极去捍卫和争取本族的政治权利和经济利益。从这个意义上来说，对移民或族裔群体的整合，最重要的就是加强和改善其社会经济权利和地位，在就业、教育和住房领域采取切实行动，对移民及子女给予更大的保障，实现移民对主体社会的政治经济和社会生活的平等和充分参与。

三 巴黎骚乱引发的思考二

愤怒的市民说："我们受够了！每天担心自己的车被毁，担心被人攻击，这个国家没有安全感！这一切该彻底结束了！"[①] 骚乱地区民众对所受损失和事态蔓延表示不满，2000多名民众曾赶到巴黎附近的克利希苏布瓦市，打着"反对骚乱、赞同对话"的标语，举行反骚乱游行。许多法国妇女看到城市一片狼藉的景观哭泣不止，并通过媒体表达了其内心苦楚。这充分表明法国普通民众对骚乱这种极端方式的不满和愤怒。民意测验显示，多数法国人支持强硬派的内政部长萨科齐，2007年萨科齐成功当选法国总统再次说明他关于"选择性移民"和强化治安的主张对选民来说还是很有说服力。有很多人担心，移民问题引发的冲突会让极右分子坐收渔翁之利。瑞典《每日新闻》毫不留情地预言："法国极右翼将赢得下届选举。"柏林《世界报》社论指出：如果法国政府和反对党不能团结一致，共同解决问题，那我们就能够预料18个月后大选的胜者是谁了。

---

① 《几十座城镇陷危机 巴黎骚乱震惊欧洲》，2005年11月，人民网（http://world.people.com.cn/GB/14549/3840504.html）。

各政党人士也好，住在"问题地区"的几百万移民也好，都将成为事件中的失败者。① 这种说法不是危言耸听，这是法国社会和整个欧洲社会所面临的一个现实危险：移民的过激和非理性行为会引发移居国民众的强烈反感，促进其民族主义情绪的发展，从而加剧种族主义的影响，这样，就会引起极右派在政治选举中的胜利和成功，进而引起民主制度的危机。骚乱暴露出来的犯罪和治安问题，加强了公众对于社会治安和本身安全的关注，使他们更倾向于接受一个主张强力保护社会秩序的政府，而这方面立场更为强硬的是传统的右派，因此骚乱的结果使欧洲国家政坛向右转的趋势恐怕会更加明显。既然已经预见到了面临的危险，就要采取措施来避免它成为现实，这需要移民群体和各国政府以及普通民众各方的共同努力。

法国社会体制确实存在若干弊病，特别是法国移民政策的缺失，移民的不满与愤怒是可以理解的，但是这些移民青年却选择了错误的表达方式——骚乱，不但玷污了自己的形象，也危害了社会。他们在主张自己权利的同时，并不注重履行义务，他们缺乏遵守法律和社会秩序的观念，在暴力和犯罪的社会环境中已经养成用暴力表达情绪的习惯。他们在骚乱中祸及无辜、目无法纪的狂暴行为已经构成犯罪。我们必须牢记的是：任何人在任何时候都不能以任何理由，将自己的行为置于法律之上。

内政部长萨科齐是这样对法国民众讲话的："你们受够了这批社会渣滓了吧？我们一定要将他们彻底清除。我实话实说，如果你向警察发射子弹，你就不是'青少年'，而是暴徒。"②

他的讲话在许多法国人听来虽然刺耳却反映了他们心里的某些真实想法，据此间一项民意调查显示，尽管外界普遍认为主张对骚乱采取强硬措施的内政部长萨科齐的讲话对形势起到了火上浇油的效果，但仍得到50%以上民众的支持。

当生活的平静已被打破，社会气氛已到人人自危的境况时，法国民众呼吁政府采取切实有效的措施，迅速制止令人发指的暴乱，恢复社会秩

---

① 《几十座城镇陷危机 巴黎骚乱震惊欧洲》，2005年11月，人民网（http://world.people.com.cn/GB/14549/3840504.html）。

② 《巴黎多个市镇爆发骚乱，种族融合问题不容忽视》，2007年10月，人民网（http://world.people.com.cn/GB/8212/54907/）。

序，这是无可厚非的。在这种情况下，骚乱青年要求内政部长辞职再停止骚乱的说法是站不住脚的，必须先恢复秩序，再展开对话沟通。如果"沟通"变成"城下之盟"，法国社会将就此进入无政府状态，法国人民将陷入没有安全保障的困境。和谐的社会，应该是一个人人遵纪守法的安宁社会。这些移民青年从"弱者"到"暴民"的蜕变过程是可悲的，这不仅无助于缓解他们所面临的困境，而且有可能使形势朝更坏的方向发展，加剧法国社会不同族群间的裂痕，给极右分子离间族群关系以可乘之机。从各国政府层面来说，近二十年来，大多数民主政治家都把移民问题视为困难，视为麻烦的根源，针对存在的问题实行类似"零移民""零容忍"政策；把平息移民骚乱称为"清除社会渣滓""扫荡问题街区"，这些强硬做法和强硬措辞不仅无助于问题的解决，而且有可能使既有矛盾更加激化。正如一位法国官员接受《解放报》采访时说："只有通过消除歧视，而不是部署更多防暴警察，才能重新恢复秩序和平等。"[①] 对于政府来说，应该努力在消除歧视、排除成见的同时积极开展沟通对话，多去倾听移民群体的所思所想，借此机会加强国家理性与人民理性的建设，在不断自我革新与前进中追求社会的稳定。

移民既不是被动地接受移居国的社会、制度和文化安排，也不是绝对排斥移居国的诸如此类安排，他们是根据在移居国的生存发展环境以及他们自身的生存能力来建构适宜他们生存和发展的社会经济空间和相应的价值理念和社会认同。认为这些非精英移民非常封闭、保守、僵化以至没有办法融入移居国社会或者只有完全接受移居国的所有安排而不可能通过他们自己的建构得以生存和发展下去的看法，是对这些移民的偏见和误解。

欧洲社会之所以能保持不断的社会创新力，移民的不断建构行动起到了一定的作用，尽管这里面也有一定的负面效应（比如犯罪率的上升和所谓地下经济等），这里的关键问题是移民的建构行动缺乏移居国社会的积极回应以及彼此之间的有效互动。[②] 采用以人为本的社会关怀政策是必要的。《费加罗报》此前的一篇社论指出，政府应该采取坚定态度，积极

[①] 唐惠颖等：《巴黎骚乱震惊欧洲》，《环球时报》2005年11月7日第2版。
[②] 王春光：《巴黎的温州人——一个移民群体的跨社会建构行动》，江西人民出版社2000年版，第254页。

预防和维护社会治安，同时在对年轻人的教育、培训上多费心力，并且要对解决多年来因移民政策所导致的社会问题充满信心。从各国普通民众层面来说，迄今为止，虽然在法理上已经废除了种族歧视，但历史上遗留下来的种族主义影响还长期存在，并从社会生活的不同层面，不断得到强化。移民群体依然感受到生活在移居国的"他者"的被动地位，他们仍被排斥于移居国白人主流社会以外。虽然法律面前人人平等的观念早已深入人心，人们在公共领域受到歧视，大可依法起诉。但个人歧视则是另一码事。它是观念、态度的问题，我们不能为道德立法，这完全取决于个人自身。欧洲人为自己国家的民主制度而自豪，他们把自由、平等作为理念，然而在接纳移民方面，却违背了自己的信条。移民和他们的后代虽然已经成为移居国公民，却没有得到平等的对待。欧洲人在移民问题上通常只注意到了移民给社会生活带来的消极影响，而有意或无意地遗忘了移民对社会和经济发展所起的积极作用。历史学家曾就法国移民问题指出："若是让外国劳工返回母国，法国整个国民经济的基础就要塌陷。"[①] 中国古代思想家推崇"海纳百川，有容乃大"，欧洲各国的本土居民要学会用宽容的心态来对待移民，生活在同一个国家内的不同的人群之间，不仅存在着区别和竞争，同时还存在着相互影响、相互借鉴、相互融合的关系，本土居民和移民之间的和谐共处对整个经济和社会的健康发展是必不可少的。

巴黎骚乱使世人看到了法国社会内部的不和谐，暴露了长时间以来，法国政府对移民弱势群体缺少关注，这也是欧洲各国普遍存在的问题。骚乱提醒我们：一个社会若是不能对弱势群体给予充分的注意、了解和代表，必将面临很大的社会风险，这个国家将会由于内部矛盾的恶性发展而导致社会离心力不断增强，一旦发生外在的冲击，包括战争、自然灾害、恐怖袭击等，就有可能造成很大的社会动荡，这个国家的所有族群将饱尝政治分裂和经济衰败所带来的苦果，在这一过程中，可以说这个国家所有族群最终都是"输家"。移民问题是欧洲各国内政永恒的主题之一，要真正解决好移民问题，是非常复杂而艰难的。关键的问题是如何达到融合。

[①] [法]安德列·阿芒戈等：《20世纪法国人口》，转引自王家宝《法国移民问题浅析》，《史学理论研究》1996年第3期。

必须消除当地移民的失落感和受排斥感,甚至是失败感、异类感。但有一点可以相信,移民在欧洲如果有了自尊、地位和发展的前途,自然会为融入新的家园而付出努力,矛盾冲突也就会少一些。为此,不仅要通过制度上的创新来保证弱势群体以主体身份来参与社会发展并分享成果。更为重要的是在重视不同群体在文化和物质上的共同繁荣的同时,维护弱势群体最基本的尊严,以平等之心看待所有人,祛除一切人为贴标签的思维。

阿克曼主张,自由国家不应该被看作私人俱乐部而应该被看作是公共对话的舞台,这样,"在一种理想的理论中,所有满足对话与行为条件的人都有权利要求被承认为自由国家的完全公民"①。自由民族主义理论拥护者——塔米尔则认为,我们应该在关注非成员的需要与接受他们为成员之间进行区别。② 举个大家能够普遍接受的例子,一个本土的无政府主义者仍然是公民,而与他有同样观点但不是出生于这个国家的别人将不能被赋予公民身份。在这样的情况下,出生权比所有契约理论所要求的、关于成员身份的条件都更有力量。自由民主的原则规定,一个民族实体可能被看作有权利限制移民,以便维持一个能够生存的多数的存在。③ 在吸纳能力有限的情况下,面对汹涌而至的移民潮,欧盟应该把"疏导"与"堵塞"结合,以"疏导"为主。正如欧盟一些明智的政治家所建议的:向发展中国家提供经济援助,帮助这些国家发展经济,最终解决非法移民问题。欧盟可以试着采取支持最贫穷的非洲国家经济发展的措施,开展脱贫项目,在非洲本地提供更多的工作位置,在非洲国家建立"工作中心",有选择地吸引非洲的移民,同时支持非洲国家发展经济,减少贫困。这种"软办法"可能证明比花钱加强边界控制和将非法移民驱逐出境更有效。

曾经有过的历史经验也证明了这一点,欧盟在某些方面是跨国移民、自由贸易和区域融合之间关系的样板。当然,与自由贸易区不同,欧盟谋求产品和生产要素的自由流动,跨界移民既是经济融合的目标,也是实现融合的手段。配额制和关税壁垒的取消,在欧盟国家内导致了对国外商品

---

① B. A. Ackerman, *Social Justice in a Liberal State*, New Haven Conn.: Yale University Press, 1980, p. 88.

② [以色列] 耶尔·塔米尔:《自由主义的民族主义》,陶东风译,上海人民出版社2005年版,第129页。

③ 同上书,第165页。

的更大开放（进出口同国内产品的比例），人均收入差距的缩小（工资成本和人均产值），其间接结果是使欧盟内部移民减少。"在20世纪80年代，当意大利、西班牙、葡萄牙和希腊等国的人均GDP达到4000美元时，从南欧向西欧的移民几乎消失了。当经济合作和发展组织成员国之间的人均GDP差距下降到50%，成员国间的移民数量也减少了。"① 由上可见，想要抑制移民倾向，移民输出国经济形势的改观是关键所在。

可行的政策是引导而不是限制移民。移民的存在是客观事实，承认现实，积极引导，共图繁荣。这是一个漫长的过程，从而也决定了解决移民问题的长期性。民族只有在充分的发展中才能自觉地融合，民族只有在自觉融合的过程中才能自然地消亡。随着全球化和欧洲一体化的逐步发展，终有一天，各国国家社会将被欧洲社会所取代，那时将不再有法国和法国人、德国和德国人，也不再有所谓移民与本土人的区别，但人类的灿烂文化将依然存在，"自由、平等、博爱"的精神将长久地闪耀光辉。

第二节 欧洲极右势力的发展

欧洲的国际迁移浪潮的到来和由此引发的社会、经济、政治、文化问题是排外民族主义兴起的诱因。20世纪80年代中期以后，欧洲经济增长速度减缓，失业人数居高不下，以反移民为目标的排外民族主义活动在全欧洲与日俱增。相对弱势的阶层——不管是现在第一次受到社会境遇下降的威胁，还是已经下降到零散的边缘群体之中——尤其明确地把自己认同于自己集体的意识形态化优势，并且排斥一切异己的东西。这是一种普遍滋长的富裕沙文主义的阴暗一面。② 在移民浪潮影响下，对外来移民的排斥日益成为欧盟国家中一个比较严重的现象。欧洲议会1984年召集调查会议，就法西斯主义和种族主义在欧洲的兴起提出报告，首次对反移民敌对行动的程度和意义进行评估。1985年委员会得出结论说：一种新型的幽灵——恐外症，现在缠扰着欧洲政治。报告把恐外症描绘成一种隐伏的"怨恨"或"感情"，一种先于法西斯主义或种

---

① [俄] C. 伊万诺夫：《劳动力移民：因素与选择》，青扬译，《国外社会科学》2006年第6期。
② [德] 哈贝马斯：《哈贝马斯精粹》，曹卫东选译，南京大学出版社2004年版，第267页。

族主义、能为它们准备条件,但就其本身而言却又并不属于法律和司法管辖范围的态度。①

20世纪90年代以来,原欧洲殖民地国家的外来移民数量的增加,加上欧洲经济复苏乏力,反移民的极右思潮在欧洲的影响力大大上升,欧盟国家反移民的情绪越来越明显,反移民运动也越发激烈,这导致了欧盟种族主义和排外主义的高涨。不少关于移民问题的极端言论不绝于耳,极右势力都异口同声地大喊"反移民"的口号。在德国、法国、意大利、奥地利等国家,所谓的新纳粹、新民族主义等右翼势力借此成长起来。尽管新兴起的欧洲极右翼政党有着不同政治风格的领导人,政治观点也各有差异,但他们的核心性议题都是一样的。他们都坚持认为全球化和欧洲一体化背景下的大规模移民与国内犯罪率上升之间有着直接的联系,并试图将其与人们对工作安全和民族身份的担心、对欧盟或民族国家政治腐败的不满联系起来。

近年来,针对移民的种族暴力行为时有发生。在德国,民众对外国人的敌视和排斥情绪的上升为德国纳粹势力的复活提供了条件,这些新纳粹分子频频发动对土耳其等外来移民的事件,袭击、殴打外国人的案件时有发生。在德国统一后的几年中,种族排外事件呈几十倍、数百倍地逐年增长,仅1992年就发生了3000多起暴力排外事件,其中包括震惊世界的"罗斯托克事件"。1992年8月22日,近千名的新法西斯主义分子对罗斯托克郊区的难民营进行了数天的暴力恐怖袭击,他们纵火、投掷石块、谩骂、殴打,并高呼"德国是德国人的""外国人滚出去"之类的口号,而当地围观的德国居民却纷纷为之鼓掌叫好,以致这一事件引起德国很多城市新法西斯主义组织的响应,萨克豪森集中营的犹太人纪念馆也是在这一系列暴力恐怖活动中被焚毁的。② 在法国,占移民人口一半以上的北非移民,成了种族暴力的主要目标。2001年夏,英格兰北部奥尔德姆、利兹、布拉德福德等城镇连续爆发了针对亚裔的种族骚乱。甚至在移民较少且有

---

① M. D. Evregenis, Report Drawn Up on Behalf of the Committee of Inquiry into the Rise of Fascism and Racism in Europe on the Findings of the Committee of Inquiry, PE DOC A2-160/85, Brussels, November 25, 1985, p.60.

② 吴华等主编:《全球冲突与争端》(欧洲·美洲卷),世界知识出版社1998年版,第234页。

长期宽容传统的瑞典、挪威和意大利,也发生了敌视和迫害外来移民的现象。在北欧一些国家,反对穆斯林、犹太人的组织也很多,它们引发了一系列的犯罪活动,受到人们的广泛关注。① 从欧盟民众的民意调查中可以发现,排斥外来移民的运动有着一定的群众基础。根据 1997 年在欧盟 15 国的 1.6 万人中进行的有关种族主义和恐外症的民意调查,有三分之二的人认为自己至少在某种程度上是种族主义者,即使在那些宣称自己绝对不是种族主义者的人中间,也有 20% 的人认为他们的国家深受移民之苦。只有少数人认为他们的国家从移民身上获得了好处。有 48% 的调查对象认为如果没有移民,他们的国家就会变得更加美好;而 43% 的调查对象同意"来自欧盟国家以外的合法移民,如果失业应该被遣返回自己的国家"的说法。② 西欧的极右政党,它们的名称各异,政治主张也不完全相同,有的非常偏激,有的相对温和,有的法西斯色彩浓厚,有的则不应扣上法西斯帽子。但无论哪一个国家的极右政党,在仇外排外这一点上都无一例外。它们的成员仇视移民,把本国失业和治安等社会问题都归罪到移民身上,在各类选举中,反对移民都是各国极右政党主打的牌。勒庞如此,富图恩如此,奥地利的海德尔和意大利的博西也是如此。

欧洲社会正在经历的种族构成变化所带来的这些社会阵痛,并不是经济衰退时期发生的孤立偶然事件,而是从本质上与民族国家内在排斥机制相联系的。这种内在排斥机制就深藏在作为民族国家核心制度的公民权授予范围之中,深藏在作为民族国家政治上层建筑的代议制民主制度中,并且通过代议制民主制度的各种渠道一再地表现出来。③ 借助民主的力量,通过选举走上政治前台,是极端右翼组织的一大特点。欧洲民间弥漫的反移民情绪让不少政客试图通过强硬的移民政策来讨好选民。欧洲右翼政党以"人民的利益"为借口,声称自己是一种为普通人代言的政治主张,事实上其更多地反映了欧洲政党政治的需要,反映了极右翼政党在扩大选举基础方面的政治需要。欧洲各国极右势力的共同旗帜是反移民、反欧洲

---

① 谢晋宇:《欧盟面临的新挑战:反移民逆流》,《南开学报》2000 年第 2 期。
② 同上。
③ 王建娥:《移民地位和权利:对现代民族国家及其政治制度的严峻挑战》,《民族研究》2002 年第 5 期。

一体化、反全球化，强调社会治安问题。极右势力的排外主张赢得了选民的选票，使其在欧洲部分国家通过民主选举而"崛起"。

意大利是新纳粹势力所在的重要国家，宣称移民是意大利高失业率的根源。"意大利社会运动"是意大利新纳粹势力最重要的组织，该组织在1994年全国大选中得到13.5%的选票，并和其他两个右翼政党组成了联合政府，轰动一时。意大利的北方联盟成立于1984年，2001年贝卢斯科尼领导的右翼政党意大利力量党在大选中获胜，与排外的北方联盟等极右翼政党结盟组阁。在法国，"新民族主义"党派获得了许多选民的支持。法国的"国民阵线"组织是主张排斥移民的重要右翼势力。在1992年的法国市政选举中，"国民阵线"得到的选票高达14%，其领导人勒庞更是喧嚣一时，他不仅在欧洲议会的选举中获得成功，而且在此后的法国总统竞选中出尽了风头，他一度和希拉克竞争法国总统职位，这体现了右翼势力在法国的分量。2000年2月，海德尔领导的奥地利极右翼政党——自由党在选举中以高达27%的选票获胜组阁，成为欧洲二战后第一个参与执政的极右翼政党，这引发了欧盟14国对奥地利实施联合制裁。以反对外来移民为旗帜、采取取悦于大众的、蛊惑人心策略的欧洲极右翼政党的迅速崛起，迫使世界对极右翼势力予以更大的关注。

在抵制全球化和欧洲一体化的新民族主义浪潮高涨的时代背景下，西方极右翼政治思潮的突出特点是民族主义，尤其是极端民族主义和种族主义。他们宣称，目前在欧洲的犹太人和穆斯林人，已构成了对欧洲文化和白色人种的极大威胁。把"民族"和"种族"当作政治认同的最高标准，人权和公民权则被置于从属地位。他们强调民族和种族的"纯洁性"，因此坚决反对民族或种族的融合及同化，尤其是反对与非欧洲人或非白种人的融合及同化。欧洲极右翼政党充分利用社会大众传播媒体，广泛传播纯化民族文化理论，反对移民文化，主张主流文化，迎合了社会中下层选民的心理。西欧这块最早产生民族国家的大陆，民族文化、民族情感、民族认同感又特别强烈，这就导致移民文化与所在西欧民族国家主流文化和基本价值观的激烈冲突。[①] 尽管欧洲的政治上层和社会大众层面，广泛倡导

---

① 宋全成：《欧洲移民问题的形成与欧洲极右翼政党的崛起》，《山东大学学报》2005年第6期。

的是多元文化，但在很大的程度上，社会中下层民众所认可的所谓的多元文化，仅仅是欧洲民族国家的多元文化。也就是说，欧洲民族国家以外的宗教和文化，往往被看作是外来文化。现代国家早就没有了早期部落的血缘关系色彩。尽管如此，种族纯粹的种族主义信条依然存在。我们的政治行动和行为，甚至我们的感情，并不一定总是取决于事实真相，往往受到信仰的左右。①

自由民族主义要求一种宽容与尊重自己群体之内的成员与自己群体之外的人的差异性的心理状态。② 其认为：当个体能够与某些他们关心并视作生活规划中的伙伴的特定他者共享自己的生活的时候，他们就能够过得更好。这种伙伴关系创造的不仅是特定的人际关系，而且是影响我们对于道德领域之理解的特定的权利与义务。③ 在自由民族主义的诠释下，民族主义可以是更加多元的、更少种族中心的。"能够尊重并珍视别的人民那种与自己的相似的承诺——与自我中心主义者不同，他们能够这样做而又不把别的人民看作是竞争者与对抗者。"④ 自由主义的民族主义的多中心本质有助于把它区别于许多其他常常与民族主义联系在一起的运动——帝国主义、种族主义、法西斯主义以及纳粹主义。极右翼分子推出的"民族多元主义"，利用了伪科学的"达尔文主义"的生存竞争观，其实质是一种"种族中心"的民族主义的后达尔文式的畸变。该理论抛弃了生物种族主义和种族至上的观念而代之以不同的种族共处的思想，使极右翼免于种族主义的指责；同时，它以差异为前提条件，以保护文化属性为名，使其反对通过移民或结婚而形成的文化融合合理化。这实质上是一种文化种族主义。法国政治右派排外论调已广为人知，它采取塔吉夫（Taguieff）所称的"差异的种族主义"形式，赞扬非欧洲移民社群根本的、不可贬损的文化特性，同时又认定它们威胁东道国的民族特性。这种排外论调的核心是为了维护自己的生物—文化认同，而反对"文化混种"，与早先那

---

① [美] 菲利克斯·格罗斯：《公民与国家——民族、部族和族属身份》，王建娥、魏强译，新华出版社2003年版，第23页。
② [以色列] 耶尔·塔米尔：《自由主义的民族主义》，陶东风译，上海人民出版社2005年版，第86页。
③ 同上书，第91页。
④ I. Berlin, *Against the Current*, Oxford: Oxford University Press, 1979, p.343.

种"不平等的种族主义"(塔吉夫语)相比,它并不把"别人"说成劣等,而是鼓吹绝对的、不可化约的"自我"差异和不同文化特性的互不相容。这种新论调的一个关键概念是"根"(rootedmess)。为了既维护法国的特性,也维护移民们不同的特性,移民应该留在自己的聚居区内或是回国去。"差异的种族主义"体现着法国右派制订的战略,以求掩盖那些已经成为秘密的种族主义的东西。① "认为个体的身份是生下来就固定了的,这与作为自由、有选择能力的行动者,作为自己生命的创造者的个体观是矛盾的。"②

与此类似的,早在20世纪60年代末,英国右派就总是喋喋不休地鼓吹"英国文化"和"民族共同性",竭力使自己与种族范畴保持距离,坚决否认仇视移民社群、要求控制移民数量与种族主义有任何关系。英国右派认为,按本性人都愿意生活在自己的同类中,而不愿意生活在多元文化的社会。大批移民将会毁掉"民族的同质性",危及多数人的价值观和文化,引发社会冲突。这些都是以忠诚和归属感为核心而形成的不理智的、出于本能的恐惧心理。③ 1992年9月,欧洲极右翼在欧洲议会设立的欧洲人权和技术小组,针对外国人的暴力、同时也对外国人(移民)的暴力行为起草了一个决议,认为:要保持欧洲文明的独立性和纯洁性,就必须完全禁止向欧洲共同体国家移民、并遣返大多数经济难民和非共同体国家的公民,只有这样,才能终止欧洲社会大众的排外情绪,才能防止欧洲被亚洲和非洲殖民化。④ 这种文化主义的排外性话语是一种政治辩证法的产物,一方面,是谴责与纳粹种族理论沆瀣一气的种族主义,另一方面,则企图掩盖反移民计划的种族主义含意来为右派争取政治威望。这种论调中

---

① 韦雷娜·斯托尔克:《欧洲的排外新论调》,肖孝毛译,《国际社会科学杂志》(中文版)2000年2月第1期。

② [以色列]耶尔·塔米尔:《自由主义的民族主义》,陶东风译,上海人民出版社2005年版,第42页。

③ M. Barker and A. Beezer, "The Language of Racism: An Examination of Lord Scarman's Report on the Brixton Riots", *International Socialism* 2 (18), 1983, p. 125.

④ 李景治、张小劲:《政党政治视角下的欧洲一体化》,法律出版社2003年版,第166—167页。

虽然没有"种族"字眼,却仍然是种族主义,一种"不提种族的种族主义"。① 欧洲大大小小的极右势力尽管形形色色,但核心理论却大同小异。它们都奉行种族优越论,即认为本种族、民族较其他种族、民族优越。强烈抨击威胁到本民族纯洁性的东西,坚决反对民族或种族的融合及同化,尤其是反对与非欧洲人或非白种人的融合及同化。臭名昭著的原南非白人种族隔离政权,不仅一点也没有表现出"同化"黑人的念头,反而一直在鼓动黑人独立,大力扶持"祖鲁文化复兴"之类的"传统复兴"组织。这些组织大都以保持传统特性为号召,极力阻止"西方价值"侵入黑人部落。② 史密斯认为:"要实现这样一种愿望,即通过使本土文化政治化的方式,创造和再生一种与其英雄的祖先一致的同质性道德共同体,需要纯洁其公民,严格排斥或毁灭一切相异之物。……今天,在欧洲和俄罗斯我们仍然可以还可以看到希望纯洁新生共同体的苗头。……而排犹主义紧随浪漫的保守民族主义之后再次出现。……所有这些运动中有一个共同的逻辑,即本土化动员、文化政治化以及共同体纯洁化。"③ 欧洲极右势力的做法、试图把移民藏于黑暗之中,把移民排斥在公共领域边缘,通过强化文化差异来加固种族隔离墙。如何揭穿这种"伪善的"种族主义的真面目,自由民族主义的观点可以作为参考:"在决定什么时候一个人应该被赋予一种权利的时候,外在的偏好不应该加以考虑。文化权利应该仅仅通过参照其对于成员的价值而得到合理化,即使在这种价值不能获得维护一种文化的充分意义的时候也是这样。"④ "个体不仅应该有权利选择其希望归属的民族群体,而且也应该享有界定这种成员身份的意义的权利,即是说,他们应该决定他们希望采取的文化实践,决定表达这种文化的方式。正是出于这样的原因,只有当一个文化的成员提出特定的文化要求的时候,这个要求才有权得到优先考虑。……而接受一个非成员提出的、关

---

① J. Rex, "Race as a Social Category", In J. Rex ed., *Race, Colonialism and the City*, London: Routledge Kegan, 1973, pp. 191–192.

② 秦晖:《差异权,还是文化选择权?——评塔吉耶夫"种族主义源流"》,《南方周末》2004年8月12日第1版.

③ [英] 安东尼·D. 史密斯:《全球化时代的民族与民族主义》,龚维斌、良警宇译,中央编译出版社2002年版,第79—80页.

④ [以色列] 耶尔·塔米尔:《自由主义的民族主义》,陶东风译,上海人民出版社2005年版,第38页.

于归属于一个特定群体的成员应该被孤立在一个封闭的少数民族居住区的要求在道德上则是不合理的。"① 个体不应该被看作受到历史与命运强加于他们的责任的牵累，而应该被看作可以自由地遵从他们选择的文化与宗教。即是说，个体有选择的自由。他们可以拒绝说自己共同体的语言，拒绝他们自己的文化，并归化到一个不同的文化中。他们也可以留在自己的文化中，发展特定的相互责任，保留并巩固一种排外感，并因此而贡献于维护一个民族作为一个活生生的社会单位的存在。② 在自由民族主义看来，当移民个体在非常具备公民资格这样的正当印象之下进入了特定的领土之后，回溯性地改变这些关系是不正当的。法国的勒庞、德国的新纳粹分子，在鼓吹放逐现有人口的时候，实际上是依赖于这样的主张：一方面把排外封闭正当化，另一方面又把全球责任正当化，这样的观点被他们乖戾地加以转译。他们不仅要求回溯性地改变条款，而且（也是最重要地）首先呼吁驱逐，然后再呼吁资源的再分配。他们把经济利益的承诺——更好的工作前景与薪水，调低了的房价等——与文化同质性的获得联系起来。在这样做的时候，他们使用了种族的语言而不是选择的语言，而且它所推进的政策事实上阻止个体的归化。③

当新纳粹分子打着民族主义、排外主义的旗号奔走于欧洲大陆之时，一个几乎被遗忘了的恐惧再次从历史深处走来。欧洲固然是文明的发祥地，是欧洲文艺复兴和民主的发祥地，但我们不应该忘记，种族主义和种族清洗也同样产生于欧洲。种族主义和法西斯主义构成了欧洲历史的一部分。这种历史传统对当代欧洲政治文化具有一定影响，人们不应该低估欧洲人头脑中对那些外来移民所抱有的种族偏见。

作为曾经有着法西斯肆虐经历的国家——德国和意大利，新纳粹主义在这两个国家的复兴尤为引人关注。20世纪90年代以来，德国发生的仇外暴力事件几乎每年都在2000起左右。④ 德国统一以后，针对外国移民的暴力行为层出不穷，其中最有名的德国新种族主义的恐怖行为发生在下

---

① ［以色列］耶尔·塔米尔：《自由主义的民族主义》，陶东风译，上海人民出版社2005年版，第28—29页。
② 同上书，第85页。
③ 同上书，第167页。
④ Jeffery Cole, *The New Racism in Europe*, London: Cambridge University Press, 1998, p. 15.

列地区：1991年9月17日到22日，在东部Hoyerswerda那里，政治避难申请者从他们的住所中被新种族主义分子驱赶出来，在被运走的公共汽车上遭到石块的攻击，而且被击伤。在Rostock-Lichtenhagen，1992年8月23—27日，政治避难申请者在公众的注视和公开鼓掌下，在他们已被焚烧的住处被围攻。在西部的Huenxe，1991年10月3日，两个难民的孩子被种族主义分子用火烧成重伤。1992年11月23日在Moelln，1993年5月29日在Solingen，很久以来就有德国人居住，并在那里出生和成长的土耳其家庭的成员，在他们的房子里被烧死，或受重伤。1994年3月25日晚上，在Luebeck，1938年民族社会主义的大屠杀以后的德国历史上，再次点燃了犹太人教会的教堂。据德国内务部统计，1992年德国发生2544起仇外暴力事件，1993年又发生1609起，2000年发生了德国统一后历史上创纪录的15651起排外暴力犯罪案件。① 上述针对外国人的暴力行为以及其他城市针对外国人的骚乱，迫使外国人、特别是土耳其出生的年轻的拥有护照的外国人，形成了防御和进攻的准备。在整个德国增长着种族社会紧张状态的危险。特别是来自其出生地国家的跨越国界的政治组织——政党这一冲突的潜在因素，如土耳其库尔德工人党（PKK）在德国的渗透，更增加了德国移民社会的动荡和不安，在土耳其被禁止合法存在的库尔德工人党和在德国的无数库尔德组织遥相呼应。② 德国社会针对外国移民的暴力行为，引起了世界各新闻媒体和许多国家的关注，这自然使人们回忆起了以种族灭绝为特征的法西斯主义。捷克总理泽曼2002年5月8日在波兰南部城市奥斯威辛举行的犹太人殉难展开幕式上说，新纳粹主义在欧洲的势力越来越强大，我们应该反对这种倾向，如果对它不予重视，我们的后辈将来仍会看到类似奥斯威辛式的集中营。③ 这不是危言耸听，在21世纪的莫斯科，竟然出现了一些禁止"亚洲面孔"进入的公共场所，这已经不是什么愚蠢的光头党在为非作歹，而是日常生活中最"寻常不过的法西斯主义"。因为寻常，所以更加可怕。④

---

① 姚宝等：《当代德国社会与文化》，上海外语教育出版社2002年版，第249页。
② 宋全成：《德国移民问题与无移民政策的移民国家》，《齐鲁学刊》2004年第1期。
③ 刘立群：《德国极右翼势力问题探究》，《欧洲研究》2003年第2期。
④ 《高加索面孔禁止进入》，《参考消息》2006年4月16日第6版。

意大利的新法西斯势力比其他任何国家更强大和危险，其组织名称繁多，有"意大利社会运动""墨索里尼行动小组""新秩序""民族先锋""工人民族联盟""民族民主党"和"全国右翼联盟"等。其中"意大利社会运动"是其中最重要的组织，该组织在 1994 年的全国大选中得到了 13.5% 的选票，并与其他两个右翼政党组成了联合政府，五名纳粹分子出任政府部长，在当时的世界政坛上轰动一时。该党有几十万党员，在意大利政坛的势力不可小觑。这些新纳粹组织宣称，移民是意大利高失业率的根源，煽动民众的排外情绪。①

目前的极右分子已经不是低教育水平的乌合之众。据英国学者杰夫瑞·达普兰称，他采访过的 62% 的极右分子都是受过中等以上教育的，其中受过大学教育的人占相当比例。另一些调查则显示，他们受的教育高于国家或者社区人口的总体水平。② 现在的种族主义运动和组织是很有战略的。从组织上讲，它们有领导，有可资利用的社会资源，有一定的政治凝聚力，有长远的政治纲领和政治抱负，已经形成一种有声有色的社会运动。他们很讲究运动的宣传，很精心地挑选他们所用的语言，以此来吸引大众的关注和认可，其目的是要在本民族的人民中唤起一种爱国主义的热情，寻找一种民族的象征和价值。③

西欧各国的极右翼势力在沉寂多年后开始复苏，他们一般都打着民族和国家的旗号，反对外来移民，反对欧洲一体化，把欧盟委员会称为集权机构。尽管欧盟各国非常关注极右势力的活动，并且曾经把 1997 年定为"反种族主义年"，但是在欧洲一体化不断深化的时候，种族主义和极端民族主义的回潮却不能不说是一体化中的逆流。极右翼政党的政治主张日益影响着主流政党的政策走向，不利于欧洲一体化进程和经济全球化的共同意识、合作意识。各国极右翼政党都主张保护民族企业、民族文化，实施严格的移民控制政策，并扬言将年年干扰国际重要会议，阻挠全球化进程。欧洲各国的极右势力在移民问题上大做文章，打着"反移民"的旗

---

① 谢晋宇：《欧盟面临的新挑战——反移民逆流》，《南开学报》2000 年第 2 期。
② First International Conference on Healing Racism, Slated, Connecticut College, Canada, October15 - 17, 1999. 转引自谢晋宇《欧盟面临的新挑战——反移民逆流》，《南开学报》2000 年第 2 期。
③ 谢晋宇：《欧盟面临的新挑战——反移民逆流》，《南开学报》2000 年第 2 期。

号争取选民，在政治上频频得手，使不少传统左右翼执政党受到威胁。西欧各国主流执政党为了与极右翼政党争夺选民，迫于压力，在对外政策上更趋保守，影响国际合作，在一定程度上将阻碍欧洲一体化进程。目前，新保守主义政党与右翼政党之间表现出日益趋同的发展趋势，在移民问题、跨国多元文化问题、反对官僚主义政治阶级等一系列问题上已经和海德尔没有什么区别了。荷兰、丹麦的保守主义政党在移民、避难法以及反对外国刑事犯等问题上比海德尔表现得更强硬。① 保守党与右翼结盟的一个例证是玛格丽特·撒切尔1978年那一番受到大量引用的言论："人民确实很害怕这个国家被不同文化的人所淹没。你们知道，不列颠的特性对民主、对法律、对全世界起了多少好的作用。因此之故，如果它有被淹没的可能，人民将会作出反应，敌视那些进来的人。"② 1994年，欧洲各国首脑在希腊卡夫举行的首脑会议上，经法德两国联合提议，成立了一个专门关于种族主义与排外问题的咨询委员会。该委员会于1994年11月发表了第一份报告，对种族主义案例在数量和深度上的发展表示担忧和关切。该报告将减少种族排外事件与严格控制、协调移民数量以及各国移民政策联系起来，这使人们对该报告就移民问题所采取的基本立场产生了疑惑，它究竟在为谁说话？③

欧洲民众的情绪有一种倾向正日益加剧，就是把一切由经济衰退和资本主义调整带来的社会经济弊病——失业、住房短缺、高犯罪率、社会服务不足——都归咎于移民，说他们缺乏"我们的道德和文化水平"。要求停止移民的鼓吹者尤其给问题添油加醋，增加了民众对移民的仇恨。关于"移民潮"和"移民炸弹"的提法加剧了民众中弥漫的恐惧心理，把日益蔓延的社会不满从经济衰退这个真正的原因中引开。此外，还提出了这样的人口论点：第三世界之所以需要向外移民，就是因为"人口炸弹"正

---

① 吴茜：《冷战后西方极右翼政治思潮的新变化及其影响》，《当代世界与社会主义》2003年第5期。

② P. Fitzpatrick, "Racism and the Innocence of Law", in P. Fitzpatrick and A. Hunt eds, *Critical Legal Studies*, Oxford: Basil Blackwell, 1987, p. 121.

③ M. Mc Guinness, "Integration to Disintegration? Nationalism and Racism", in E. Angus ed., *Changing Europe Some Aspects of Identity, Conflict and Social Justice*, London: Ashgate Publishing Ltd., 1996, p. 66.

在他们那儿滴答作响即将爆炸，而这要归咎于移民们自己的不谨慎。这种论调掩盖了现代贫困的经济、政治根源。失业日益增多、住房短缺和社会服务不足显然并非移民的过错，但是"他们"还是被有效地制作成为"我们的"社会经济问题的替罪羊。可从来没有人提出这样的问题：不容忍和侵犯行为为什么没有针对自己的同胞？排外主义的论点之所以如此具有说服力，一个很大的原因是它诉诸"民族习性"，一种由现代单一民族国家观念传达的关于归属和政治、经济权利问题的排外主义思想。这一思想的核心是认为从外面来的外国人、陌生人没有权利享受国家的资源和财富，特别是由于这些资源显然正在越来越稀少。①

第三节 欧洲一体化与移民问题

当今的欧盟作为世界上一体化程度最高的地区性组织，已覆盖了欧洲大陆从北极圈到地中海，从大西洋到黑海的广大地区。它的不断扩展固然在改变着欧洲的格局，但更重要的是其在世界范围的启示意义。欧洲联合自强的统一实践，不单是对历史上曾有过的统一帝国的怀念，它更是对欧洲分裂状态的不满和对政治变革的追求。半个世纪间，欧洲一体化进程由浅入深、先易后难，为欧盟赢来史无前例的和平与富足：彻底告别分裂甚至敌对状态，成员国由6个发展到27个，一个拥有近5亿人口的共同市场建成，国民往来自由，约3亿人拥有了统一的货币，成为多极化世界的重要一极。

自1998年开始，欧盟开始启动新一轮的扩大。与欧盟所经历的几次扩大相比，这一次扩大更具挑战性，而这种挑战性主要来自候选国和欧盟成员国之间在经济发展水平上的明显差距。正是这种收入和福利水平之间的巨大差距，导致了在东扩尚未正式启动之际就出现了由东向西的大规模移民浪潮。"对西欧国家来说，对来自苏联的坦克和导弹的恐惧已经被东

---

① ［澳］墨美姬、布雷特·巴里主编：《印迹2："种族"的恐慌与移民的记忆》，杨淑学译，江苏教育出版社2004年版，第88页。

扩进程中可能失控的大规模移民潮和跨国界犯罪活动的深深忧虑所取代。"① 在临近2004年5月1日的那段日子，欧洲各报纸的文章标题都不约而同地显露出悲观消极的情绪。因为2004年5月1日将有10个新成员加入欧盟，它们中大部分是中欧国家。当时的报纸上鲜有庆贺之辞，相反，大部分报纸都在警告将出现潮水般的中欧移民，他们会来西欧抢夺工作机会，挤占社会福利额度。随着10个新成员国正式加入欧盟，欧洲正经历着它短暂历史上最巨大的变化之一。这些国家在经济能力上是弱小的，它们的人均收入比其他15个成员国要低得多，但在人口数量上，它们要大得多。共同市场的一个主要特征就是人的自由流动。这是一个潜力巨大的移民潮。中东欧新入盟国家经济发展水平远低于欧盟的平均生活水平。加入欧盟，意味着边界开放和人口的自由流动。人口向生活水平高的区域流动是一条规律。现今的西欧各国，正饱受高居不下的失业率的困扰。而大批外国劳工的涌入，势必会造成劳工市场压力的进一步增大，引发社会不稳定因素的发展，如民众排外情绪的高涨和极右势力的膨胀等。出于压力，当时15个欧盟成员国中有12个采纳了所谓过渡性安排——限制劳动力从东欧向西欧移动。唯独英国和爱尔兰仍保持其市场开放。然而就是这两个国家也采取了一些限制"谋利者"的措施，如英国设立了登记注册制度。2005年法国与荷兰两国的民众先后以全民公决的方式否决旨在确保欧盟有效运作以及欧洲一体化进程的《欧洲宪法条约》，导致一体化进程搁浅。事实上，法国和荷兰民众公投否决欧盟宪法的一个原因就是对移民的忧虑。由于近年来土耳其移民在西欧急剧上升，民众担心欧盟接纳土耳其入盟，更多的土耳其移民会冲击西欧社会。扩大后的欧盟所面对的最大考验之一，就是如何在未来几年乃至数十年中应对外来移民带来的挑战；如果欧洲社会能够成功应对这一挑战，外来移民会使欧洲更加富强，反之则可能造成生活水平下降和社会分化。

不可否认，在欧洲一体化的历史进程中，移民事务一直是一个相当敏感的问题。与日趋完善的经贸同盟一体化相比，欧盟移民政策的一体化不仅起步较晚，而且在发展过程中也步履维艰。尽管在欧洲联盟中，移民政

---

① Heather Grabbe, The Sharp Edges of Europe, Extending Schengen Eastward, *International Organization*, 55, 1, Winter 2001.

策的一体化还是一个新生事物，但在最近的 20 年里，它愈来愈受到欧盟层面和各成员国政府的广泛关注。移民问题业已成为欧盟中至关重要的政治问题。移民事务涉及成员国国家主权的核心领域，也与成员国国内的经济、社会安全息息相关。在欧盟内部和外部均存在着移民政策一体化的动力和需求。"当成员国允许人员自由流动，并且消除内部边界时，就会出现协调外部边界控制的功能需要。"[①] 如果内部边界彻底消除，欧盟公民和来自第三国的公民能够在欧盟区域内自由流动，那么各成员国必须共同努力协调其移民和避难政策。因此，移民政策一体化不是偶然的，它是欧洲一体化的本质要求，也是欧洲一体化的必然结果。

然而，面对半个世纪愈演愈烈的移民潮，欧盟国家并没有采取共同的、协调的、富有成效的对策。移民问题的激化使欧盟有些国家右翼势力抬头，反移民势力壮大，欧洲公民对此深感忧虑和不安。这与一体化的目标明显背道而驰。因而，在一波又一波的移民潮之下，加强欧盟各国移民事务的合作，协调各方的移民政策，成为欧盟超国家机构和各成员国的当务之急。只有把移民、避难事务置于欧盟超国家机构之内，才能更加有效地解决各方的矛盾，平衡各方利益。

欧洲需要制定积极的"一体化"移民政策，并从欧盟的层面上制定统一的移民政策规定框架。欧盟移民政策是指在欧盟框架内形成的政策，是移民运动国际化和欧洲各国加强合作的结果，也是欧洲一体化深入发展的表现。在欧盟范围内，劳动力和人员流动的障碍已经消除了，在这个意义上，它超越了其他地方的自由贸易区。

一 欧盟移民问题的政策框架

从 20 世纪 80 年代以来，历经特莱维小组《申根协定》《都柏林公约》《马斯特里赫特条约》《阿姆斯特丹条约》以及《尼斯条约》、坦佩雷首脑会议的发展，欧盟制定了自己关于移民问题的政策框架，其内容主要由《申根协定》《马斯特里赫特条约》以及《阿姆斯特丹条约》三个重要文件的相关条款构成。下面让我们对这一重要历史进程进行回顾，并

---

① Stephan Stetter, "Regulating Migration: Authority Delegation in Justice and Home Affairs", *European Public Policy*, March 1, 2000, p. 80.

对相关的重要文件做一简要介绍。

在历史上,欧洲国家之间发生了无数战争,各国在边境设立了无数的边卡岗哨,相互严密防范。为了结束那段以邻为壑的黑暗历史,20世纪下半叶的欧洲领导人决心以开放的心态将西欧建立成一个自由、安全和公正的地区,并确保这些地区居民的自由流动。在这种神圣使命感的驱使下,德国和法国的领导人1984年签订了一个相互开放边界的协定,迈出了历史性的第一步,随后,1985年6月14日,西欧的法国、德国、卢森堡、荷兰、比利时、葡萄牙和西班牙等七个国家的首脑在卢森堡的申根签订了一个逐步开放边界的协定——《申根协定》,《申根协定》规定:将逐步完成对签字国内部边境的控制。在申根区域内已经没有各国的内部边界控制,成员国公民的流动无须签证。关于政治避难问题,明确了在申根区域内只能提出一个政治避难申请的规定。《申根协定》体现了人员自由流动和内部安全两方面的目标,表明了在移民、避难事务中,欧共体各国存在着广泛的共同利益以及存在一体化的可能性。该协定经过10年的准备和铺垫,于1995年3月26日全面生效。《申根协定》的签字国在这一天正式取消内部边境,各国国民无需申请签证和出示护照,仅凭一张身份证就可以相互间跨国旅行和自由流通。申根协议的实施彻底动摇了欧盟国家传统的移民政策的根基,使一维的移民政策因过于狭隘而缺乏效力。因此,制定多维的多边移民政策来取代一维的双边移民政策就显得十分迫切。

尽管20世纪80年代中期,成员国在移民和避难事务中业已开始一些合作,但是这些合作都游离在欧共体的框架之外,仅仅是以政府间合作的形式存在着。1992年2月7日,通过各方的妥协,为欧洲未来指明方向的《马斯特里赫特条约》《简称〈马约〉》正式签署。次年11月1日,生效实施。在《马约》中,外来移民问题被列入欧盟的司法和民政事务领域,这是一种政府间合作的机制。在第K.1条中明确指出:

为实现联盟的目标,尤其是实现人员的自由流动,和在不妨碍欧洲共同体权力的前提下,成员国应将下述方面视为具有共同利益的事务:

(1)避难政策;

(2) 管辖人员穿越成员国外部边界并对之实施控制的法规;
(3) 移民政策及对第三方国家国民的政策:
——第三方国家国民进入成员国领土和在其中流动的条件;
——第三方国家国民在成员国领土上居住的条件,包括家庭团聚与取得就业的条件;
——防止第三方国家国民在成员国领土上非法移民、居住与工作;……①

《马约》的里程碑意义,正是在于各成员国在司法与内务事务上的合作不再脱离于欧盟的体系之外。至此,移民、避难、外部边界控制正式纳入欧盟的框架之内,并确定为欧盟各成员国的共同利益。欧盟成员国第一次在一个一揽子条约中出于共同利益对避难、签证和迁移政策给予了解释。《马约》的签署和实施正式拉开了欧盟移民政策一体化的大幕,为日后各成员国就移民和避难事务的紧密合作奠定了基础。

1997年6月欧盟阿姆斯特丹首脑会议完成了对《马约》的修改,批准了新的欧盟条约,即《阿姆斯特丹条约》(简称《阿约》)。在这次修改中,移民政策是变动最大的。《阿姆斯特丹条约》规定所有的欧盟成员国将在条约生效5年内对以下问题进行关注:

(1) 关于边境控制问题。在欧盟内部边境内,不再进行控制检查;
(2) 关于签证政策。对颁发签证、签证的格式以及第三国国民享有最多三个月的居留和旅游自由的操作过程和前提条件采取统一的措施;
(3) 政治避难问题。确定了统一的评判标准和操作过程,以此来决定哪些成员国负责审查由第三国国民在成员国提交的避难申请;
(4) 移民政策问题。制定统一的进入欧盟和在欧盟居留的前提条件与控制措施,以及对某些第三国的国民已经在成员国合法居留而又不想到其他成员国居留的情况确定统一的权限和立场。《阿姆斯特丹条约》首次提出移民政策合作的构想。从此,欧盟超国家机构真正获得了部分处理移民事务的权力。

《阿约》生效实施4个月后,欧盟召开坦佩雷首脑会议,这是欧盟首

---

① 《欧洲共同体条约集》,戴炳然译,复旦大学出版社1993年版,第494页。

脑第一次专门针对司法与内务事务召开的会议。欧盟决定将与移民来源国展开某些合作，建立欧盟共同的避难制度，公平对待来自第三国的合法居民，并进一步采取更有效的措施治理移民流动，决定把避难政策与移民政策纳入未来欧盟"共同司法与安全空间"。在移民政策一体化的层面上，坦佩雷会议的意义在于欧盟采取了全面、综合的方法来治理移民问题，摆脱了原先以移民控制政策为导向的思维模式，移民整合、与第三国加强合作等领域得到了充分重视。

2000年12月7至11日，欧盟首脑会议在法国尼斯举行。会议通过的《尼斯条约》为新世纪继续推进欧洲一体化奠定了坚实的基础。《尼斯条约》扩大了限定多数决定的适用范围，但是由于德国的强烈反对，移民和避难领域的表决机制变化不大。

但最近几年欧盟移民政策一体化进展缓慢，迄今取得进展的只有警察合作。欧盟有了警察"资料交换信息系统"，它在监控移民方面发挥了作用。但在司法领域的合作，仍未见进展，因为避难批准权、难民庇护权等涉及国家主权，欧洲国家各有各的考虑。目前，欧洲各国的合作主要集中在打击非法移民。在移民政策方面的一体化趋势是更加重视移民的基本人权，更加平等地对待移民文化和生活方式，同时，积极鼓励移民参与社会发展。

对于欧盟各成员国来说，移民、避难等事务往往是相当敏感的，这些事务与国家的高级政治密切相连，与成员国的国家利益息息相关。各成员国若要在这些领域中达成共识，进而采取一致行动，涉及主权让渡以及让渡多大程度等问题。因此，欧盟的移民政策一体化注定是一个极其艰难的进程。在现阶段，移民政策一体化存在着以下几个制约因素：第一，决策效率低下。关于欧盟移民、避难事务的合作，现阶段主要在政府间合作的框架之下进行，这意味着其决策机制必须严格履行"一致同意"的原则。而这一框架下的决策效率涉及各个国家的利益，一个国家的反对意见就可能使谈判陷入瘫痪的局面。第二，"不全面的移民政策"。欧盟在近20年的移民政策一体化进程中，对于移民控制政策给予了充分的关注，但是对于针对移民者的政策一直考虑得较少。因此，欧盟的移民政策一体化一直是相对片面的一体化。真正解决共同面对的移民问题，必须考虑欧盟境内合法移民者的整合。移民者能否真正融入欧洲社会之中，将关系着欧洲一体化进程的顺利进行。①

　　1992年《马斯特里赫特条约》签署以后，欧盟作为一个一体化组织的经济和文化吸引力进一步增加。欧盟各成员国之间在社会、经济和文化上的差异性很大，特别是后加入的欧盟成员国与原先的成员国之间在经济发展水平上存在着巨大的差距。为追求高收入和舒适生活，大量的新成员国公民涌入老成员国。所以，在法国、英国、德国、比利时、荷兰、意大利等国家，从90年代开始，来自中东欧和南欧的移民人数（包括合法或者非法的移民）与日俱增。欧盟扩大为25国后，外部边界扩大，偷渡现象频繁，多国合作协调不易，给打击带来一定难度，这从客观上增加了前往欧盟的移民。西欧是富裕之地，是东欧、亚洲和非洲移民的首选之地。成为西欧公民是那些希望一夜之间改变命运的穷人的理想捷径，而《申根协定》的生效，无疑使这种移民浪潮更加汹涌了。《申根协定》规定的欧盟内部人员自由流动的空间，也变成世界各国合法或非法移民的自由流动空间。尽管欧盟各国的移民传统和移民政策很不相同，表现出明显的差异。但是其中任何一个国家所制定的移民政策都会对其他国家产生影响，根据《申根协定》，获得《申根协定》成员国一个国家的签证，就等于获得了前往其他成员国的签证。因此，每一国家的移民政策的制定和实施，不仅需要《申根协定》的视角，而且需要具有欧盟层面上的视角。非法移民一旦进入西欧，就可以利用自由流动的便利条件，在茫茫人海中消失得无影无踪。如果弊端暴露又无法有效克服，无疑将会使那些本来就对欧洲一体化持怀疑态度的人更加却步不前。那些为了开放边境而在1985年《申根协定》上签字的国家，正在呼吁拥有"对外边界"的欧盟成员国要更严格地巡查这些边界。在1998年6月，法国向其与意大利之间的边境线上增派了警力，目的是阻止库尔德难民入境。德国也要求在意大利境内设置沿路边检站，它还对其与波兰之间的边界加强了控制。纵然如此，《申根协定》还是造成了来自南斯拉夫以及后来来自阿尔巴尼亚的逃亡者的大批涌入。比利时政府宣布，从2000年1月10日起，它将不再执行《申根协定》中有关相互开放边界的规定，而是重新在其所有边界口岸和

---

　　① 关于欧盟移民政策一体化进程这部分内容参考了陈菲《欧盟的移民政策一体化进程》，《国际资料信息》2005年第9期。

机场设立过境检查岗亭；卢森堡紧随其后，也表示将立即恢复边界控制和检查。它们的目的只有一个——阻止汹涌的非法移民潮涌入国内。2004年欧盟扩大时，包括法国和德国在内的欧盟成员禁止新加入的国家立刻享有工作机会。只有英国、爱尔兰和瑞典在一夜之间开放了它们的劳动力市场。其结果是英国出现了有史以来最大的移民涌入潮。英国的面目正在改变。2006年在伦敦出生的孩子中，有一半以上是外国移民所生。在整个英格兰和威尔士，这一比例接近四分之一。[①]

二 欧盟移民问题的思考

目前，欧洲国家在管理移民方面存在着很大问题，尤其是没有实现对移民在经济上的同化和融合，再加上大量非法移民的存在，移民问题成为欧洲社会一个重要的不稳定因素，并极可能被恐怖势力所利用。欧盟成员国中的极左和极右势力近年来发展迅速，它们在反失业、反移民的口号下，对传统主流政治形成了冲击，有些国家的反移民党派甚至进入了政府，这无疑会加剧社会矛盾。移民问题可能带来的另一个严重后果是某些成员国政策的"内向化"，如在欧盟扩大方面将更为保守，在移民政策上将更为强硬，而这有可能反过来进一步加剧国内移民与主流社会的对立。

巴黎骚乱在加重人们的印象——欧洲的一体化之路还很漫长。欧洲的发展离不开移民，同时，欧洲的发展，特别是欧洲一体化的进程，也回避不了移民带来的问题，移民已成为欧洲大多数国家共同面临的一大心病。对移民问题的忧虑，已经直接影响到欧盟未来的发展。

欧洲的建设是一种双重的进程：一方面是内部边界越来越可以自由通行，另一方面却是对外的边界封锁越来越紧。法律上实行严格的控制，把被称为共同体成员之外的移民排除在外。文化超越国家而实现欧洲一体化的思想以及要给予民族地区文化和特性以空间的要求，成为激烈争论的问题，因为它们常常使人感到对国家主权形成了挑战。欧盟各国此起彼伏的种族主义、反移民浪潮，也在不同程度上影响了欧洲一体化进程。面对日益严重的移民问题，欧盟国家需要改变一直以来主要是建立在民族国家主权基础上的移民政策，积极寻求统一的、欧洲联盟层面上的、建立在超民

---

① 《移民问题成英公众关注焦点》，《参考消息》2007年8月8日第6版。

族国家主权基础上的移民政策框架，确立欧盟各国共同遵循的移民政策准则。这就会涉及敏感的国家主权的转让问题，能否实现既是建立在国家主权之上的同时又是统一的、超国家的欧洲联盟的移民政策，这取决于欧盟国家政府及政府间的共同努力，更取决于一体化的进一步深化。目前，针对欧盟共同移民政策的发展，在成员国中仍然存在不同认识。有的成员国认为应将移民政策的决策权交给欧盟超国家机构，由其决定所有成员国统一的移民政策；而有的成员国则认为他们有充分理由根据本国国情采取不同的政策。欧盟移民政策的发展和欧盟建设总体目标是密切相关的，欧洲一体化发展方向决定着欧盟共同移民政策的统一程度。

移民已成为欧洲社会不可分割的一部分，传统单一族群的欧洲社会正被多元文化多种族群社会所取代。因此，处理好与移民少数族群的关系，彼此真正相互尊重并努力融为一体，才能最终解决社会分化带来的各种问题，有利于欧洲真正一体化的前进步伐。欧洲内部市场将造成水平方向的大规模流动性，并大大增加不同国籍的成员之间的接触，除此之外，来自东欧和第三世界贫困地区的移民将加剧社会的表现为多元文化的多样性。各民族国家的公共领域在文化上还相互分隔着。也就是说，在它们所根植的情境中，政治问题还只在各自民族史的背景下才有意义。但在将来有可能从各个不同的民族文化中分化出一个共同的政治文化。有可能出现这样两者的分化，一方面是一个欧洲范围的政治文化，另一方面是从近代早期以来分裂的艺术、文学、历史、哲学的各民族传统等。

欧洲的统一是以经济为中心进行的，而在文化和语言方面却强调了其多样性。欧洲观念是欧洲人对欧洲这一特定地理区域和文化政治实体所具有的实在的或想象的特征的认知。为了支持欧洲经济和政治联盟，欧洲需要发展共同文化以及彼此目的一致的感情。移民的情况却与此相反，特别是那些来自贫穷的南方（最近还有来自东方的）、到富裕的北方来寻求栖身之地的移民，在整个西欧都被视为不受欢迎的、危险的陌生人或外国人。

战后欧洲的整合以一种全新的思维使欧洲各国能够真正搁置争议、放下争端，朝着更为互利和更加一体的方向发展。在欧洲一体化蓬勃发展的今天，欧洲观念有着无法忽视的现实意义，对欧洲观念的重视与提倡有助于建构一种超越国家和民族的欧洲文化认同，有利于推进欧洲联合的发展与深化。安东尼·D.史密斯指出："在政治传统、法律传统、文化遗产和象征主义等方面的历史中，有希望找到把欧洲作为一个共同体而与世界其他地区区分开来的整体经历和集体记忆，找到为欧洲各民族提供了共同参照的东西。"① 通过强调和发掘欧洲文化的共性以及加强欧洲范围的文化交流与合作，缔造一个文化上更为紧密和团结、各民族间的认同更加一致的欧洲，有助于帮助欧洲人认识到他们在诸多领域分享的共同命运。或许经过几代人的积淀后，能够真正形成欧洲人的共同的欧洲认同，与民族国家及民族认同相互竞争，直至替代它们。

如何在当前所处的社会经济条件下，从社会经济维度、生态维度、参与性民主维度、文化和人权维度、超越民族国家维度及平等和自由维度上既鲜明地突出自身的特色，又维持欧洲一体化的继续深入发展，是处于欧洲联盟框架中的各个国家所面临的共同问题。在民族国家仍占主体的欧盟中，欧洲民众对于本民族文化认同的选择形成一种对欧洲一体化的离心倾向，由此引发出的一系列问题，成为制约欧盟发展的瓶颈。在经济一体化走向成熟后，困惑的欧洲正面临政治统合的困境，更不用说"欧罗巴合众国"种族与文化身份的界定了。欧洲一体化的继续深入最为需要的是一种社会心理的建设。

历史上，欧洲统一的尝试不是没有，为什么都失败了呢？"第一个原因在于统一者自身；第二个原因是与他们统一的对象有关。这些统一者想要欧洲的精神归属于他们。他们专心致志地用军事手段达到欧洲意识的统一，于是，坚持精神的不可侵犯性的欧洲奋起反抗。这些统一者完全忽略了这些民族的精神，他们下定决心要忽视这一切，忽视他们的历史、观念和语言。"②

"欧洲人的身上缺乏欧洲的理念，他们的利益或情感的共同体只有在物质上把他们纠集起来。"③ 亨利·基辛格说，"欧洲背弃了传统的民族国

---

① Athony D. Smith, "National Identity and the Idea of European Unity", *International Affairs*, 1992, p.70.

② [法]朱利安·班达：《对欧洲民族的讲话》，余碧平译，上海人民出版社2005年版，第12—14页。

③ 同上书，第17页。

家思想，但没有在结构和情感上让一个高一级的共同体占据它的位置"①。梁漱溟曾说："欧洲人在经济生活上水陆交通上彼此往来密切相依，却不能统合为一大单位者，其身近而心不近也。"② 在欧洲民族国家认同仍然占据首要地位的今天，创建当代意义上的欧洲各国共享的欧洲文化认同，将成为欧盟继续整合深化所面临的重要问题，它不仅为欧洲公民接受政治经济统一的现实奠定心理和文化基础，也制约着欧洲一体化的未来进展。对欧洲文化认同的构建，并不意味着排斥或否定民族文化认同，也不意味着民族文化特点的丧失。塔米尔认为："作为一个自己公开宣称的多民族实体，欧共体将不寻求塑造一个同质的文化共同体。欧共体能够成为多民族组成的共同体，这个共同体公开地承认其构成单位的差异性。"③ 就文化认同而言，民族的和欧洲的这两个层次远非对立，而是至少能够在一个相当长的时期内和平共存。所以，构建欧洲文化认同是在保持各民族文化认同的前提下，获得一种超国家的新的认同，使欧洲人在自我界定的同时，能够自觉意识到他们还同属于一个更高的整体。多样性和统一性的有机结合是构建欧洲文化认同的正确途径。

欧洲思想意识在漫长历史的长期形成和演变过程中产生的各种内在力量，孕育了欧洲一体化进程，成为建设欧洲认同的核心力量。④ 欧洲认同的核心，与其说是痛苦学习的结果，不如说是学习过程本身。这段历史所需要的模式，将既不是同化也不是纯粹的共处；它将启发我们，怎样才能建立一种越来越抽象的团结他者的模式。⑤ 欧洲一体化的进一步发展需要欧盟各国重视从现实、实践和差异性出发，通过开放式的经验过程去发现和论证，并在普遍交往和平等对话的基础上逐步加以确认。哈贝马斯把政治文化作为铸造现代集体认同的关键，这使人们有足够的余地来设想超越民族国家边界而形成一种共同的政治文化的可能性，从而为像欧洲联盟这

---

① 杨芳：《移民，欧洲国家的心病》，《海外文摘》2006年第1期。
② 梁漱溟：《今天我们应当如何评价孔子》，《东方学术概观》，巴蜀书社1986年版，第91页。
③ [以色列] 耶尔·塔米尔：《自由主义的民族主义》，陶东风译，上海人民出版社2005年版，第156页。
④ [意] 玛丽亚·格拉齐娅·梅吉奥妮：《欧洲统一，贤哲之梦——欧洲统一思想史》，陈宝顺、沈亦缘译，世界知识出版社2004年版，"中文版前言"第12页。
⑤ [德] 哈贝马斯：《哈贝马斯精粹》，曹卫东选译，南京大学出版社2004年版，第292页。

样超民族的集体认同提供基础。欧洲的宪法爱国主义不同于美国的宪法爱国主义，必须从对同一个普遍主义法律原则的不同的、受民族史影响的理解中共同生长出来。瑞士是一个例子，表明一种这样的共同的政治文化自我理解，是可以从不同民族属民身份的文化取向中分化出来的。欧洲现在作为一个整体遇到了第二次机会。这次机会的运用，大概不可能是以欧洲过去的实力政治的方式，而只能在改变了的前提下运用：对其他文化的非帝国主义式的理解和学习。①

欧洲决不仅是一个市场，而是一种在历史中发展壮大起来的社会模式。② 欧洲一体化不是凭空而来，它是一个从观念形态到社会实践的历史过程。欧洲一体化的产生和发展不仅得益于欧洲民族过程本身，而且得益于民族过程中一体化思想的不断积累。在社会层面上，现代欧洲提出了一整套处理思想冲突、社会冲突和政治冲突的程序和机制。欧洲还在痛苦而且常常是厄运缠绕的经历中，学会了处理宗教权力与世俗权力之间的争斗、学会了处理信仰和知识之间的分裂、学会了处理区域性的宗教冲突，最后还学会了克服好战的民族国家之间的敌对状态。任何一种现代化进程在时间范畴内都会经历到断裂、不稳定性和紧张等。③ 欧洲观念的内涵随着社会的发展会不断丰富和日益充实。

从欧洲一体化的发展来看，民族国家的自治权和保护其公民不受外界影响的能力下降了。单个的国家已无力控制全球化强有力的经济和文化逻辑。必须加强跨国机构以使它们能对市场的过度力量加以约束，处理社会排斥、贫困化及环境恶化等问题。跨国机构必须是贴近人民的、民主的，必须反映世界人民的需要和愿望。从长远来说，世界社会需要有全球性政治机构。欧盟的一体化进程能否进一步深化，将对21世纪产生极大影响。如果欧盟各国当前的经济和社会困境得不到解决，民众无法恢复对欧洲一体化的信心，欧盟各国长期无法在重大经济和社会政策以及机制改革等问题上达成一致，欧盟的内聚力不可避免地会继续弱化，欧盟作为一个整体

---

① ［德］哈贝马斯：《哈贝马斯精粹》，曹卫东选译，南京大学出版社2004年版，第265—266页。
② 同上书，第286页。
③ 同上书，第291页。

也会趋于松散。有学者认为,这一过程可称作欧盟的"解构",未来甚至不排除欧盟解体的可能性;也有人认为欧盟可能会演变为一个自由贸易区,或者成为"联合国的一个地方版"。不容否认的是,欧洲的极端主义(包括极左和极右)以及民族主义等正呈上升之势,"疑欧"和"反欧"活动将在今后相当一段时期内对欧洲一体化造成很大牵制;欧洲的结构性困境在相当长时间内也很难得到解决。①

在欧洲一体化的进程中,越来越多的成员国成为移民国家。移民的大量涌入刺激了经济和社会的发展,但也对就业、福利、社会安全等提出了严峻的挑战。在对待移民问题上,欧盟各国一直存在着限制移民和积极移民两种截然不同的呼声,移民问题成了影响欧洲一体化进程的关键之一。欧洲一体化进程必然要求欧盟各国在超国家层面上对移民问题有一个共同的标准。然而,在移民问题上,民族国家仍然发挥着关键的作用。处于十字路口的欧洲一体化正面临进退两难的困境,"要不我们将欧洲降格为纯粹的自由贸易区,要不我们就再次致力于实现欧洲公民的梦想并选择一个政治意义上的新欧洲"②。但是,如果欧盟政治经济一体化在深度和广度上获得成功,通过与其他成员国共享各自让渡的国家的主权,实现各成员国根本利益的最大化,那么,欧盟模式无疑将产生巨大的示范效应。但是,一旦欧盟不能解决上述的问题,不能及时解决内部成员国之间的发展不平衡而引起的各种国家利益的矛盾,那么这些问题都将危及欧洲的前途。

第四节　本章小结

如果说,美国、加拿大和以色列是典型意义上的移民国家的话,那么,西欧则是现代移民国家的代表。尽管西欧国家在20世纪80年代以前,历届政府都竭力否认自己国家作为移民国家的存在,但是在80年代以后,随着外国移民数量的急剧增加和由此导致的移民社会问题、经济发展迟缓、加剧的劳动力市场紧张、日益恶化的社会治安以及反移民的欧洲

---

① 张健:《欧盟的困境、变化及其影响》,《现代国际关系》2006年第2期。
② 同上。

极右翼政党在西欧政坛上的异军突起，西欧国家的政府逐渐接受了曾引为自豪的"民族国家"成为非典型意义上的现代移民国家的观念。① 20 世纪 60 年代以来，尤其是冷战结束以后，欧洲特别是西欧成为国际移民的重要目的地，移民的到来改变了这些国家人口的民族文化构成，越来越多传统意义上的单一民族国家成为多民族、多文化的国家。在以德意志民族为核心的德国 8200 万人口中，有 9% 即 740 万人是外国人；以法兰西民族为自豪的法国总人口 6100 万人中，有 430 万外国人；而在一向被称为向世界开放、宽容和对外国人政策成功的典范的瑞典，有 170 万有外国背景的人（即外国移民和他们的孩子），占其总人口 880 万的 19.3%。② 外来移民问题从另一个侧面，折射出今天欧洲社会、政治、经济等方面的不同需要和不同心态。"与 19 世纪和 20 世纪中期的民族状况相比，新移民已经极大地改变了欧洲的面貌和文化特征。这种种族上的大变化堪与公元 5 世纪和 10 世纪的种族变化相比，现在的一些民族，如意大利和法兰西，就是在那个入侵和大迁徙的时代形成的。这种种族上的巨大变化——许多非常不同的文化突然遭遇和结合，有时甚至是多种多样的文化，往往会造成紧张气氛，甚至引起相互冲突。"③

巴黎骚乱实际上是目前欧洲移民政策诸多潜在问题的一次总爆发，它宣告了法国式同化政策的失败。有舆论评论说，法国的"融合与同化"是一年内第三个信誉扫地的模式，此前还有英国的"互相宽容、互不干扰"态度和荷兰的"绝对宽容"理念。这就带给我们一个问题：在多元文化已经成为一种无法否认、不能忽略的既成事实的时候，究竟应该以什么样的态度和政策来对待多元文化的存在呢？在这里，我们需要关注一下多元文化主义与自由民族主义关于这一问题的不同主张，相信能对我们解答这一问题提供有益的借鉴。"多元文化主义的最根本要义，是主张不同种族、不同民族和所有其他不同社会文化群体的平等性。因此，多元文化

---

① 宋全成：《从民族国家到现代移民国家——论法国的移民历史进程》，《厦门大学学报》（哲学社会科学版）2006 年第 3 期。

② 宋全成：《欧洲的移民问题与欧洲一体化——以德国为例》，《北京大学学报》（哲学社会科学版）2002 年第 1 期。

③ [美] 菲利克斯·格罗斯：《公民与国家——民族、部族和族属身份》，王建娥、魏强译，新华出版社 2003 年版，"导言"第 5 页。

主义的思想理论主要是围绕着民主社会里的平等问题展开的。多元文化主义关注的是不同社会文化群体的权利。"① 多元文化主义强调的重点是群体权利。而秉着尊重个人自由的原则，自由民族主义主张文化权利是个体的选择。"在发现我们出生其中的文化与民族的归属框架以后，我们可以对于它们进行批判性反思并实施我们对于未来的文化承诺与归属的选择。换言之，民族文化并不是一个牢笼，文化联系并不是镣铐。"② 这也就是说，个体有权利选择其希望和不希望归属的民族群体，个体有提出特定的文化要求的权利。作为一种温和的民族主义，自由民族主义强调民族群体价值观与个人自由价值观的相互协调，以便遏制由自由主义过分发展所带来的个人主义和由民族主义极端主义所造成的绝对集体主义。从这个意义上说，移民有保持自己文化特性的权利，也有选择融入主流社会的自由。"文化的权利意在允许个体在他们自己选择的文化中生活，决定他们自己的社会归属。"③ 进行文化选择的权利只有在一个文化的多元性得到保护的世界上才是有意义的。文化权利是让个人生活在他们所选择的文化之中，让他们自己决定自己的社会依归，不断创造他们所从属的文化，不断确定这一文化的边界。

冷战结束，欧洲一体化取得重大进展，建立了欧洲单一货币"欧元"，建立了欧洲快速反应部队，东扩的成功使成员国已增至 25 个。这一发展趋势引起了部分民族主义者的忧虑与不安，他们认为地方文化、局部经济利益和本土资本正受到激烈冲击，他们为部分失去国家主权而担忧，对不能再使用自己国家的货币而悲痛，对听从超国家的欧洲的决定而愤怒，于是在欧洲范围内产生了反对国际金融资本全球化、一体化，国际商品文化排斥本土文化的仇外惧外情绪，出现了以加强本土企业竞争力、主张本土利益优先的大规模抗议运动，一些极右派政党趁机打出"反对欧洲统一"和"退出欧盟"的旗号，轻易地赢得了部分选民的选票。④

当前欧洲极右势力兴起的主要社会原因，与部分选民对全球化和欧盟

---

① 王恩铭：《也谈美国多元文化主义》，《国际观察》2005 年第 4 期。
② ［以色列］耶尔·塔米尔：《自由主义的民族主义》，陶东风译，上海人民出版社 2005 年版，第 28 页。
③ 同上书，第 6 页。
④ 林红：《后冷战时代的欧洲新民粹主义》，《国际论坛》2005 年第 4 期。

一体化进程中形成的失业、移民、犯罪等社会问题的担忧不无关系。随着欧洲一体化进程的不断深入，西欧各国国家主权让渡范围日益扩大，在西欧一部分有着深厚民族国家传统和民族主义情绪的民众中引起不安，虽然欧元的流通已经把欧洲一体化实实在在地摆在了每一个人的面前，但它没有回答民族特性、民族文化的前途问题。诚如安东尼·D. 史密斯所言："对现代欧洲的居民而言，似乎不存在有意义、有效力的，能够将他们联合起来的共同的欧洲神话与象征符号。"① 当勒庞打着"法国人优先"的口号、以捍卫法国主权的面目出现，当丹麦人民党和挪威进步党怀疑欧盟和欧元会损害他们的民族特性，当海德尔宣传欧盟东扩会造成来自东欧的廉价劳动力抢走奥地利人的饭碗时，社会下层民众极易被极右翼势力反欧洲一体化、反移民的口号所蛊惑和煽动。我们可以把这种现象看作全球化与民族国家的理论争辩在欧洲政治中的具体表征，是欧洲民众对民族国家前途极度困惑的结果，更是威斯特伐利亚体系和欧洲政治联合这两大观念体系之间无法对接的理论真空的必然反应。英国社会学家拉尔夫·达仁道夫认为："只要公民社会仍然局限在民族的边界之内，它就必然与排他的态度、措施和规则相结合，而排他的态度、措施和规则是违背公民地位和建立在它的基础之上的社会本身的原则的。"②

西欧社会对移民的态度，以及各国政府的紧缩移民政策，既是民族国家对全球化进程的一种本能的抗拒和抵触，也是民族国家体系进入危机过程的征兆。极右势力的崛起充分表露了各国选民对民族国家前途和个人命运的巨大心理困惑。斯蒂芬·卡斯尔斯指出："许多国家兴起的反移民运动的潜在动机是害怕全球化和经济重组造成混乱。移民之所以成为目标，是因为他们是这种变化最明显的符号，而变化的真正原因则隐而不显、复杂难辨，难以对其施加影响。"③

全球化意味着自上而下地以强大的力量迫使地方社会发生急剧变化，

---

① [英] 安东尼·D. 史密斯：《全球化时代的民族与民族主义》，龚维斌、良警宇译，中央编译出版社 2002 年版，第 163 页。
② [英] 拉尔夫·达仁道夫：《现代社会冲突》，林荣远译，中国社会科学出版社 2000 年版，第 66 页。
③ [奥] 斯蒂芬·卡斯尔斯：《全球化与移民：若干紧迫的矛盾》，黄语生译，《国际社会科学杂志》1999 年第 2 期。

长时期以来，欧洲走向联合的进展取决于高层工作的顺利进展，而"自下而上的全球化"的制衡性力量的发展，才是使世界更平等的主要希望所在，因为在这种情况下，经济和社会的变化不再意味着对众多人的排斥和使他们贫困化。由此观之，由移民问题所引发的欧洲民众对一体化的抗拒，也具有其积极意义。它既表明民族国家进入了危机过程，也表明在步步深入的一体化进程面前，民众并非是无助的囚徒。

我们从欧洲民族国家的形成过程中可以认识到，现代民族认同有一种人为的特征，它只有在特定的历史前提下才得以形成，并且要经历一个漫长的过程，也就是说，跨越了整个19世纪。这样一种认同性是得益于一个痛苦的抽象过程：民主国家的公民用民族属性的意识取代了地方主义和封建主义的忠孝观念。果真如此，我们就没有理由认为，这种公民团结的形成不能越出民族国家雷池一步。不过民族意识产生的前提条件也使我们注意到，一种真正的认同形式要想超越民族界限，就必须满足下述实际条件：第一，必须有一个欧洲公民社会；第二，建立欧洲范围内的政治公共领域；第三，创造一种所有欧盟公民都能参与的政治文化。① 只有当各国交往过程都保持开放的时候，欧洲公共领域才有可能出现。② 随着全球化、区域化的发展，一种新型的跨国政治、经济和文化关系正在出现，而欧盟在这方面表现得最为突出。在欧盟的政治体制和社会文化体系不断发展完善的同时，一种"欧洲"认同意识的产生不仅是一体化发展的需要，也是它的结果。但是我们不应该过分夸大这种趋势，因为它还处于发展中，这种新的跨国体制要真正成型还需要一个过程。

塔米尔在《自由主义的民族主义》一书中，对欧洲一体化持一种积极赞同的态度。她认为这不失为对民族自决呼求的一种较为妥善的解决办法，民族自决的权利可以通过——文化的自主性、地域自治性、联邦制度等得到实现。"如果脱离一个急于把自己表现为代表一个同质化的民族的中央国家，归向地方性的或国际性的、明显带有多国性质的机构，将会减

---

① [德]哈贝马斯：《哈贝马斯精粹》，曹卫东选译，南京大学出版社2004年版，第289页。

② 同上书，第290页。

轻对于少数民族的压力，有助于保证它们在更大的框架中的权利与利益，那么许多人或许会发现，这样的框架为他们提供了一个更加可行且合意的满足其民族利益以及经济利益、生态利益、战略利益的方法。……在地区性组织中，传统的多数和少数概念不再适用，因为这些组织是真正多国的。只要各个民族单位承认自己是地区性的政治、经济以及战略系统的一部分，那么，它们自己的独立生存就不再是一个问题。"① 正如麦克考米克所说："如果选择不再是在对统治有争议领土与人口的主权国家的各种竞争的诉求之间进行，而是变成对包含许多民族性、文化传统以及群体构成的跨国共同体内部的政治权威的层次划定的选择，那么，由某种从属原则、某种悖论引导的选择就会极大地减轻，对一种身份的承认不再必然以否定其他身份为代价。"② 在塔米尔看来，统一并没有抑制而是鼓励着各种民族的、种族的、文化的、语言的观念与情感的繁荣。"地区性组织更可能巩固使小民族能够兴旺发达的条件。这个事实提供了对创立这样一个机构的正当性的进一步证明……合作的优点可以表述为它允许自由追求民族生活。……一方面朝向合作，同时另一方面朝向自主的步骤，赋予了小型的民族以在民族国家时代被剥夺的利益。"③ 与此同时，"地区合作对于大民族的成员也是有益的，这些民族无论多么大、多么繁荣，永远都不能为他们的成员提供通过地区性组织所得到的利益。旧的民族可能分裂并因此失去它们作为大的统一实体的优势。被认为超越了民族主义的西欧，是这类不稳定性的极好例子。现在，分离主义倾向普遍出现于西欧民族，它们已经意识到其联合的脆弱性。……由于没有一个民族能够保证它将永远保持统一，所以民族就有理由加入政治组织，在这个组织中，这样的分裂将给它们造成最小的伤害。……地区性组织将使得国家能够作为平等的伙伴进行合作，而不是支持一个民族对于另外一个民族的统治。……较之以压迫与统治为基础的政治机构，一个把民族之间的平等视为当然的地区性组织，更可能保护宽容与差异"④。从这一独特视角去审视欧洲一体化的

---

① ［以色列］耶尔·塔米尔：《自由主义的民族主义》，陶东风译，上海人民出版社2005年版，第7页。
② 同上。
③ 同上书，第156—157页。
④ 同上书，第157—158页。

影响，对化解全球移民时代的身份危机问题，确实有着重要的意义。

　　欧洲一体化是欧洲各民族国家及其人民逐步相互认同而形成一个共同体的过程。欧洲认同被看作所谓的欧洲的心灵和灵魂。这种欧洲文化精神由一系列的历史遗产组成，包括罗马法，希腊精神，基督教，启蒙时代的理性、民主、人权、法制等。我们既不能幻想在一夜之间用欧洲认同来代替民族认同，也不能够否认欧洲人的集体认同感正在增强，人们越来越意识到欧洲的存在，欧洲认同正处于发展中。欧洲各国共同的历史和文化遗产、它们对过去分裂历史的反省以及长期一体化带来的相互信任和利益融合，这些都是其他区域目前所不具备的。欧洲从一个国际社会向某种形态的政治共同体的发展已经远远走在了世界其他地区的前面。研究表明，欧盟的大多数年轻人已经认为自己是"欧洲人"了，在各国乃至整个欧洲，他们自己对身份的看法慢慢发生了改变。专家们预测，到2030年，大多数欧洲人会认为自己具有多重身份，而不仅仅是某一个国家的国民。[①] 欧洲一体化反映了一种新趋势，一种受到现代社会蓝图和方案影响的趋势。带着60年的积累，带着启迪后人的希望，欧盟将继续前行。在未来，欧洲一体化的发展将继续为世人瞩目，从它的身上我们看到了世界大同的先声。

---

① 《欧盟国民身份认同发生变化》，《参考消息》2006年11月21日第6版。

第 六 章

"我们是谁?"
——以美国为例分析全球移民时代的身份认同危机

美国哈佛大学肯尼迪学院的著名教授亨廷顿（Samuel P. Huntington）一直是国际学术界和政界关注的人物。亨廷顿在"9·11"之后最重要的著作当数 2004 年在纽约出版的《我们是谁——美国国家特性面临的挑战》。这部作品可以说是他的世界"文明冲突论"理论框架的缩小版，即美国本土的"文化冲突论"。[①] 他在书中警告说，大规模拉美移民将使美国日益分化成为"两个民族"，墨西哥人对美国文化构成最严重的威胁，他们缺乏融入美国社会的兴趣和实现"美国梦"的意愿，教育水准不高且拒绝接受守法、工作勤奋和尊重人权等基本理念。墨西哥移民无论是在规模上和持续时间上，还是在抵制同化的能力上，均属史无前例。这增加了美国西班牙语化和变成双民族国家的可能性。美国现在所面临的社会和政治上的分歧与冲突，正是双民族社会（比如加拿大和比利时）的一般特征。他认为，一个国家如果缺乏具有领导地位的文化价值作为精神主体，那这个国家的认同一定是不牢固的，现在美国国内流行的多元文化理念与美国的整体国家认同，以及美国的国家利益，是背道而驰的。如果文化多元主义者的理念在美国的国家政治生活中真正占了上风的话，美国社会也就真的成为所谓"马赛克"（mosaic）式的社会了，这就会使整个社会失去凝聚力，公民也

---

① 郝时远：《民族认同危机还是民族主义宣示?》，《世界民族》2005 年第 3 期。

会因此而失去对国家的忠诚和认同感。① 他认为，美国面临着未来"分裂"的危险，甚至可能遭受与其他失败国家（如罗马和斯巴达）相同的命运，因为其"国家认同"的基础正在削弱。

在书中，亨廷顿认为，自20世纪60年代起，美国人的爱国热情，尤其是对美国国家认同的认识有下降的趋势。在"9·11"事件发生之前的一些涉及美国认同的民意调查中，许多人不用"我是美国人"来作答，而是热衷于标榜自己的族群或种族认同。多样性取代了强调美国人的共性。"18世纪和19世纪通过艰辛工作和战争而建立起来，又在20世纪两次世界大战中得以巩固的全国团结和国家认同感似乎在衰竭。从许多方面来看，美国到2000年时已不如此前百年间那样举国一体。在美国人各种特性、身份的旗杆上，星条旗似乎是处于降半旗的位置，而另外一些旗帜却在迎风飘扬。"②

《我们是谁——美国国家特性面临的挑战》一书中弥漫着浓厚的民族主义情绪。亨廷顿以对抗的视角来看待美国国内的"文明冲突"，称移民、多元文化、西班牙语成为第二语言的趋势和美国精英对世界公民身份的强调等，都对美国人的团结和"美国信念"的认同提出了挑战。亨廷顿的断言虽然有些夸大其词，但仔细探究美国的历史和现实却发现不乏"佐证"。确实如他所说，历史是充满意外的，苏联解体发生之前的十来年，是没有多少人预料过它的解体的。现在回想一下，苏联的解体确实经历了一个从量变到质变的发展过程，而在这一过程中，却很少为人所察觉。那么作为比苏联的国民成分复杂得多的一个多民族的移民国家，美利坚合众国在未来可能会解体或起根本变化，也就不全是危言耸听的了。我们暂且抛却亨廷顿这本新作里那些十字军式的语言和他保守的类似种族主义的倾向，单就他所探讨的美国国家认同危机问题来说，我们不能否认，在冷战结束、美国失去了其宿敌苏联以后，在寻找新的敌人的过程中，伴随着全球化和新的移民浪潮的冲击，"我们是谁——美国人的自身定位"问题确实愈益严重，旧有问题浮出水面，新

---

① ［美］塞缪尔·亨廷顿：《我们是谁——美国国家特性面临的挑战》，程克雄译，新华出版社2005年版，第3页。

② 同上书，第4页。

的问题层出不穷。这正如小约瑟夫·奈所说的:"自由资本主义在冷战以后所面对的重要挑战者和竞争对手是族群民族主义(ethnicnationalism)。"① 亨廷顿认为,如果任由这种情况发展,最终美利坚合众国也会遭受斯巴达、罗马等等国家同样的命运。苏联的遭遇表明,在缺乏人种、民族和文化共性的情况下,意识形态的黏合力是弱的。然而有的社会当生存受到严重挑战时,也能够推迟其衰亡,遏制其解体,办法就是重新振作国民身份和国家特性意识,振奋国家的目标感,以及国民共有的文化价值观。在 21 世纪初,"9·11"事件让美国人面临的挑战是:如果他们不受到袭击,他们是否还能继续这样做。② 冷战的结束使两大阵营划分世界的政治格局寿终正寝,外在敌人的消失结束了西方世界铁板一块的局面,内部的分裂与纷争浮出水面,次国家的、超国家的认同开始占上风。"在比较通常的情况下,保卫国家安全的职能降低了,这就降低了国家当局的权威,人们也不像过去那样认同自己的国家,相反,却更多地认同国家层次以下的和跨国的群体。"③ 对这种现象,亨廷顿感到痛心疾首,"我们美国人不再是原先的我们,也不知道我们到底会变成谁"④。

亨廷顿的《我们是谁——美国国家特性面临的挑战》一经出版,即在美国国内和国际社会引起广泛的争议和批评。认为"'文化冲突论'是立足于种族主义立场的美国民族主义的宣示,其实质是以退为进的全球霸权主义"⑤ 的有之;认为"亨廷顿从任何意义上都是美国——乃至整个西方世界和西方文明的卫道士"的有之;⑥ 批评亨廷顿缺乏基本的思想史知识的有之;不一而足。应该说这些学者的评论都是很有见地并且言之有理的。但是,笔者认为,我们在对亨廷顿论述中的谬误之处进行批判的同时,也应该注意到其书中还是不乏睿智之言的,我们不能对其观点全盘否

---

① [美]小约瑟夫·奈:《理解国际冲突:理论与历史》,张小明译,上海人民出版社 2002 年版,第 324 页。
② [美]塞缪尔·亨廷顿:《我们是谁——美国国家特性面临的挑战》,程克雄译,新华出版社 2005 年版,第 11 页。
③ 同上书,第 15 页。
④ 同上书,第 11 页。
⑤ 郝时远:《民族认同危机还是民族主义宣示?》,《世界民族》2005 年第 3 期。
⑥ 宁:《塞缪尔·亨廷顿批判文化多元主义》,《外国文学评论》2005 年第 1 期。

定，有必要对其进行一分为二的分析。亨廷顿提出了一个值得世人严肃思考的问题：国家认同对于国家的稳定和发展的重要性。亨廷顿认为，美国的国家认同不断下降只能给国家带来混乱，并导致对作为一个整体的美利坚民族的解构。这种看法是有其合理之处的。历史上国家的解体多源于国家间的战争，而在今天，解体的主要原因却是国内不同民族、宗教、语言、区域群体在身份认同上发生了变化，对原国家存在的合理性做出了否定的回答。之所以会出现这种情况，全球化是重要原因之一。美国社会存在的国家认同危机不自今日始，但外在的威胁常常掩盖了国内裂痕，使之免于付诸公开的讨论。亨廷顿把出现这种状况的原因归之于"出现了全球经济，通信和交通运输大有改善，人口流动幅度上升，民主制度在全球扩展，冷战结束，作为一种可行的经济制度和政治制度的苏联共产主义也结束了"①。在他看来，要求外来移民同化于美国白人的清教徒文化完全是必要和正当的。在这里，我们姑且不去评价亨廷顿为挽救美国国家认同所开出的药方是否正确，单就他敢于在多元文化主义盛行的今日美国，直抒胸臆地表明自己的立场，表明这种在很多人看来近似种族主义的文化观，就不得不让人佩服他的勇气。

亨廷顿认为尽管美国曾积累了丰富的同化移民的经验，然而面对开始于20世纪60年代的第三次移民浪潮仍然感到束手无策。在此次移民浪潮中出现了一个突出现象，即来自于其他文明的移民拒绝融入西方社会，典型的如拉美裔移民，他们继续坚持和宣扬原有的社会价值观、习俗与文化，使西班牙语成为美国的第二大语言。"全球化，多文化主义，世界主义，移民，贬低和反对国家特性、国民身份的情绪都冲击了美国人的意识。人种和民族属性和性别方面的特性、身份登上了前列。与先辈移民不同，许多移民保持着双重国籍，忠诚于两边的国家。拉美裔移民大量涌入，使美国语言和文化的统一成了问题。强调多样性取代了强调美国人的共性。"② 亨廷顿所描绘的一幅拉丁美洲和其他文化不断侵蚀美国统一性的暗淡图景虽有夸大之嫌，但在如今的美国社会，国家认

---

① ［美］塞缪尔·亨廷顿：《我们是谁——美国国家特性面临的挑战》，程克雄译，新华出版社2005年版，第12页。

② 同上书，第4页。

同被割裂的状况确实存在。他所分析的造成这种状况的原因，如全球化、通信和交通工具的进步、移民的大量涌入、意识形态敌人的消失等等也都所言不虚。

对于那些在美国生活、接受美国教育、置身于美国的竞争生存空间的少数民族群体的人们来说，故国对他们是遥远的，而美国又视他们为"他者"，他们没有一个属于自己的世界。痛苦、愤怒、迷惘中产生的自我失落感要对"我是谁？"找出一个答案也就不足为奇了。在这一过程中，族群成为群体凝聚的一个理想单元和进行社会动员的有效工具。利用这一工具，各族群可以积极去捍卫和争取本族的政治权力和经济利益。亨廷顿提出的用盎格鲁—撒克逊文化来整合美国社会所存在的其他移民文化，借此来恢复美国的国家认同的观点，本身在立论方面就存在很多漏洞，落实起来更是障碍重重，无论在理论上还是实践中都是极不可取的。他的主张与美国多种族、多族裔的社会多元运动兴起的事实完全相违背。在精神文化方面，用强迫同化政策让少数民族放弃传统、语言和习俗，这不仅不可能成功，而且会带来反感和抗拒。强迫同化只能促使民族更加追求差异性和民族性。作为一个移民国家，美国的民族多样性可以说是与生俱来的，来自不同国家的移民带来了各自不同的语言、习俗和宗教。非英裔移民的大量增加，改变了以盎格鲁—撒克逊人为主体的民族结构。美国化运动造成了民族关系的紧张，暴露出强迫同化的低效性和反民主性。"多元文化主义的最根本要义，是主张不同种族、不同民族和所有其他不同社会文化群体的平等性。因此，多元文化主义的思想理论主要是围绕着民主社会里的平等问题展开的。多元文化主义关注的是不同社会文化群体的权利。"[①] 从这个角度来说，多元文化主义本身所表现出来的对平等权利的追求，其实质也是一种对民主理念的追求。

下面我就以亨廷顿的论述为引子，以美国为例具体分析评述全球化时代移民群体的族裔文化认同日益增强对东道国主流文化认同的影响，以及移民接纳国主体族裔的排外主义形成的原因及其影响，在论述过程中寻找"我们是谁"的答案。

---

① 王恩铭：《也谈美国多元文化主义》，《国际观察》2005 年第 4 期。

第一节　移民对美国盎格鲁—撒克逊统治地位的挑战

一　少数族裔人口的增长引发美国主流社会忧虑

美国是一个典型的移民国家，一直以来都是世界上吸收国际移民数量最多的国家。北美大陆最初的移民主要来自西欧地区，以盎格鲁—撒克逊民族为主。由于移民中的白人占绝对多数，而且白人处于社会权力金字塔的顶端，所以不可避免地造成了以英语为官方语言，以盎格鲁—撒克逊清教徒的政治、文化理想和体制以及价值观为美国主流文化的主要内涵。19世纪中后期，德国、爱尔兰以及东南欧移民大量涌入美国，改变了美国人口的民族构成。1882年后美国实行限制性移民政策，移民的数量与来源受到一定程度的控制。1965年通过的新的移民和国籍法，改变了对有色人种的歧视性移民政策，大量的拉丁裔与亚裔移民涌入美国，美国人口的种族与民族构成出现新的变化。少数族裔比例不断上升已成为当代美国人口变动的一个显著特征。

按照美国政府的划分，少数族裔是指除了白人之外的各族裔美国人。自20世纪初以来，美国少数族裔人口增长一直就比较快，占总人口的比例一直在上升，而白人的比例却持续下降。[1] 在美国人口结构改变过程中，拉美裔移民人口比重急剧攀升尤为引人注目。拉美裔移民的增长有两个重要原因：一是地理上相对接近，二是经济发展水平的巨大差距。2000年美国的人口普查显示，来自国外的移民已经达到3530万人（包括移入者和其所生的子女），这些占美国总人口12%的移民主要来自拉丁美洲，成为这个国家最大的少数民族。由于拉美移民持续和大规模地涌入美国，以及拉美裔保持的高生育率，使拉美裔在美国人口中的比重不断攀升：2000年为12%，大约3470万人；到2002年，拉美裔移民人数又增加了近10%。随着拉美裔育龄妇女人数将在10年或20年后进入最高点，预计到2050年，拉美裔的人口比重将达到25%。[2]

---

[1] 陈奕平：《人口变迁与当代美国社会》，世界知识出版社2006年版，第20页。
[2] *Population Challenges and Development Goals*, United Nations, New York：2005, p. 33.

移民是美国的立国之本，它既是美国社会的生机所在，现又成了美国社会的矛盾焦点。自 1776 年美国《独立宣言》发表以来的 240 多年来，美国人口于 1915 年达到 1 亿人，其间用了 139 年时间；1967 年达到 2 亿人口时，用了 52 年时间；而今达到 3 亿人口时仅用了 39 年时间。美国人口普查局将人口增长的主要原因归于移民人数的增长。统计数字表明，在新增人口中，合法的与非法的移民高达 40%，其中西班牙裔拉美移民又占了多数。据报道，每个西班牙裔移民妇女平均要比其他移民妇女多生育一个孩子。美国人口在 2006 年 10 月 17 日突破 3 亿大关。作为世界仅次于中国和印度的第三人口大国，美国人口的增长模式却与中国和印度有相当不同，美国人口增长的重要因素是外来移民。有数据表明，纽约白人将成为少数人口。人口统计学家称，由于外国移民不断涌入纽约及其郊区，以及非西裔白人继续大批迁移到美国其他地区，纽约大都会地区的面貌已经发生了深刻的变化。据布鲁金斯学会发表的对 2004 年人口普查结果的分析，这种转变将使纽约成为除南部和西部地区之外的第一个白人人口不占多数的大都会地区。从 20 世纪 80 年代开始，白人就成了纽约市的少数人口。但是现在，在移民不断增加及其高出生率的影响下，这种转变正在扩展到范围更大的大都会地区。非西班牙裔白人早已是大都会地区年龄在 15 岁以下的人口中的少数人口。[①] 如今，在夏威夷、新墨西哥、加利福尼亚和得克萨斯 4 个州以及首都华盛顿，"白人"已成为少数族裔。在马里兰、佐治亚和内华达，白人的比例都低于 60%。加利福尼亚、纽约、得克萨斯和佛罗里达是吸引移民最多的州，但如果其他州有就业机会，这些移民也乐意前往。政府智囊机构布鲁金斯学会的人口学家威廉·弗雷说："全美国都在经历一场超乎寻常的多样性大爆炸。"弗雷也指出，移民的拥入是经济繁荣的标志之一。他提醒人们注意，西弗吉尼亚州的移民最少，因为该州经济发展裹足不前。在所有的州里，只有西弗吉尼亚和夏威夷的白人在增长，不过，夏威夷的白人是少数族裔。美国经济的发展需要很多拥有技能的新移民。南卡罗来纳的人口学家麦克法兰说："移民从事各种工作，建筑、食品加工、服务业，所有领域都有移民在工作，而以前

[①] 《纽约白人比例继续下降》，《参考消息》2006 年 3 月 13 日第 6 版。

他们主要集中在农业。"①

美国人口的移民增长模式导致美国人口结构和文化组合的演变,在美国社会中引起了相当大的担忧和争议。美国历史上就是个移民国家,在某种意义上,除印第安原住民外,大家都是移民。但美国建国后,形成了所谓"黄蜂"(WASP,即白种的盎格鲁—撒克逊清教徒)主流文化,这一文化成为美国文化的主色调。近年来,在美国的不少地方,少数族裔成为人口多数,"黄蜂文化"开始受到冲击。历史上,美国曾以"大熔炉"而自豪,但这种现象似乎发生在欧洲移民为主的时代,后来美国移民的来源日趋多元化,美国似乎变成了一个文化"马赛克"。不少少数族裔人群聚族而居,形成独特的文化社区。有人担心,久而久之,美国会成为巴尔干式的种族分立和冲突之地。"人们无可回避地认识到,在若干年内,黑人、讲西班牙语的人和东方人将充塞所有的中心城市,使白人处于少数的地位。"② 一个族群人口的大规模迁移会直接导致迁入地区各族群人口相互比例的改变,导致族群之间在资源分配方面的竞争关系,而这种物质利益的竞争关系往往与族群之间的文化冲突结合在一起。③ 移民族群有可能在体质、语言、宗教、生活习俗、价值观念、行为规范等方面与本地族群之间存在差距。如在体质上(肤色、毛发、体形等)存在着明显差异,这会降低移民与本地族群之间的认同感,彼此之间视作"异类",而使两者之间的日常交流特别是相互通婚具有障碍。语言方面的差异带来交流的困难,造成彼此的距离与隔阂,有时因语言不同还可能造成交流双方之间的误解;而在宗教、生活习俗等方面的不同,也会增加族群之间的文化隔阂,影响移民与本地族群成员的日常交往与合作。④

从目前的情况看来,拉美裔移民不认同 WASP 文化、与美国主流社会的融合度很低的事实,的确引发了一系列问题。例如,西裔学者对双语

---

① 李宏伟:《美种族多样性创新高》,2006 年 8 月,中华网(http://news.china.com/zh_cn/news100/11038989/20060819/13553328.html)。

② [美] 西奥多·怀特:《美国的自我探索》,中国对外翻译出版公司译,美国驻华大使馆文化处,1984 年,第 400 页。

③ 马戎:《民族社会学——社会学的族群关系研究》,北京大学出版社 2006 年版,第 329 页。

④ 同上书,第 340 页。

论最为执着。他们从政治、法律平等和个人与文化自由选择等角度论证在教育、传媒、政治经济活动等方面打破英语垄断地位的必要性。他们认为，根据平等自由原则，各种母语都有在美国生存的权利。美国应该像欧洲一样拥有多样化的语言。1968年，美国国会通过了《双语教育法》，作为对《1965年基础教育法》的修正，从而为双语教育提供了法律保障。在多元文化主义者的影响下，法案在70年代又几度被修改，大大推动了双语教育的实践。根据法律，学校必须尽力实施双语教学。推而广之，广告招贴、交通指示牌、选票等等也照此办理。在佛罗里达等双语制实施最用力的地方，英语地位受到了严重挑战。如迈阿密，英语沦为次要语言，一个人若要在此工作，就必须掌握西班牙语，否则只有离开。① 美国《新闻周刊》指出，现实情况是，美国的整个西南部、得克萨斯州以及芝加哥、纽约和迈阿密等城市，已经变成了纯粹的双语社会，这意味着由英语、WASP文化和新教徒信仰占据主导地位的日子，在美国已经不复存在。② 据统计，有64%的美国拉美裔人在家讲西班牙语，约93%的拉美裔人以西班牙语作为第一语言，其中96%的拉美裔人首先学的是西班牙语，其子女讲西班牙语的占46.4%。美国是排在墨西哥、西班牙、阿根廷和哥伦比亚之后的第五大讲西班牙语的国家。③ 由于多数拉美移民及子女以西班牙语为母语，因此不少人讲英语有困难。尽管大多数美国人表示反对，但是西班牙语正在楔入而成为美国的语言。

　　2006年，围绕一首西班牙语版本的美国国歌在美国国内展开了争论。美国国歌《星条旗永不落》（*The Star-spangled Banner*，曾译为《星条旗歌》）的歌词原是美国独立战争期间，由一位名叫弗朗西斯·斯科特·基的美国律师创作的一首诗，在1897年由"进行曲之王"苏萨给它配上乐，并在1931年正式成为美国国歌。2006年，为给"五一"大游行造势，聚集美国20多位著名拉丁歌星，录制了一套新的美国国歌，其中，除一个小姑娘自选用英语演唱了《星条旗永不落》外，其余的墨西哥等

---

① 吕庆广、骆洪：《反多元文化主义与美国的忧患情结》，《云南社会科学》2005年第2期。

② 辛本健：《美移民问题："我们"与"他们"？》，2006年4月，星岛环球网（http://www.singtaonet.com/op_ed/ed_world/t20060412_189309.html）。

③ Bob Brooke, Strength in Numbers, *Hispanic*, Jan/Feb2000, Vol. 13, Issue 1.

族裔多位歌手，均选择用西班牙语演唱了西语版美国国歌。这首西语翻唱的美国国歌，保留了原曲的基本结构，但是改编成了拉丁曲风，歌词没有直译，有些地方做了修改，歌名也改成了《我们的国歌》（Nuestro Himno），收录于《我们美国人》（Somos Americanos；We Are Americans）专辑内，并在美国发售，所得的收入将全数捐献给"全国首都移民联盟"（National Capital Immigration Coalition）。出版这张唱片的 UBO 唱片公司，也呼吁美国各地的西班牙语电台在周五同时播出这首歌，以声援 5 月 1 日在美国各地举行的争取移民权益大游行。《我们的国歌》的其中一名歌手皮特布尔说，美国是由移民建立的国家，这张唱片所说的"美国梦"就是：挣扎、自由、机会以及"他们想把我们击倒的所有方法"。美国总统布什 4 月 28 日明确表态，反对用西语唱美国国歌。布什总统认为，美国国歌应该用英语来唱。他说，难道法国人接受人民用英语唱他们的国歌《马赛进行曲》吗？一份移民杂志 Vdare.com 的撰稿人贝文思也持有反对意见。她说，这首歌有点无病呻吟，如果想说关于这方面（美国移民）的事情，可以把它们写在标语板上，但不要把它们放在国歌里。① 美国会不少议员也纷纷表示反对，甚至提出不具法律约束力的决议，规定未来国歌只能用英语演唱。《今日美国》报与盖洛普联手搞的一次民意调查显示，69% 的受访者认为美国国歌应该只用英语唱，也有 29% 的人认为用西语唱国歌也行。美国的第一位黑人女国务卿赖斯对西语版国歌的态度则较为开放，她表示，曾听过各种国歌，有饶舌版的、有乡村音乐风格的、有古典的，各种不同版本的国歌一直在推陈出新。值得注意的是，美国"第一夫人"劳拉在接受电视台采访时，并没有夫唱妇随，她认为西语版的美国国歌没什么不好，"我认为，我们是个移民国家，我们是欢迎外来人的。这形成了我们的多样性，这也正是我们如此强大、文化如此丰富的原因"。劳拉还坦承，我们大家几乎都是移民，我们的家庭在不同的时代、由于不同的原因从世界各地移民来美。②

---

① 《布什批评西班牙语美国国歌》，2006 年 4 月，《联合早报》，http://www.zaobao.com/special/newspapers/2006/04/bbc060430.html。

② 《公然与布什唱反调 劳拉支持西班牙语版美国国歌》，2006 年 5 月，星岛环球网（http://www.singtaonet.com/global/america/t20060504_205322.html）。

拉美裔移民喜欢高密度地聚居于某一区域,如今,拉美移民的数量剧增,并且居住集中,如墨西哥人主要居住在南加州、得克萨斯州等西南地区各州;古巴人集中于迈阿密,多米尼加人和波多黎各人主要居住在纽约市。另外,由于拉美裔人口的高速增长、居住集中、非法移民数量庞大的特点,在美国许多拉美裔集中的地区已经形成了移民飞地,他们得以充分发展自己的文化组织和产业,建立了自己生存所需要的一切文化资源,包括广播、电视、报纸、杂志等。在这样的小社会中,仅凭西班牙语,他们就可以生存下来,而并不需要融入主流文化之中,西裔人好比在美国建造了一个隔绝于主流社会的小世界。如美国的迈阿密,那里的拉美裔已经无须学习英语以便融入美国主流社会,相反,他们对自己的西班牙语文化的自豪感日益增长。[①] 以佛罗里达州的迈阿密市和康涅狄格州的首府哈特福德市为例,拉美裔移民已经取得了对美国许多城市的"主导权"。在2003年,哈特福德市人口的40%是拉美裔移民,该市的首任拉美裔市长宣布哈特福德市已经成为一个拉丁裔美国人的城市。而迈阿密是美国拉美裔移民人口比例最高的大城市。截至2000年,迈阿密人口的2/3是拉美裔移民,75.2%的迈阿密成年人在家时不说英语(其中的87.2%的人说西班牙语)。移民也在政治上建立了主导地位:迈阿密市长、警察局长和迈阿密的戴德县县长、警察局长和检察长,来自迈阿密的美国国会议员,以及来自迈阿密的佛罗里达州议员的1/2是古巴裔移民。拉美裔移民对迈阿密的主导使英裔美国人和美国黑人变成了经常被忽视的"少数民族";在迈阿密,同化入美国主流社会或美国化既不必要,也不受欢迎。由于无法与政府官员进行沟通,并且受到商店售货员的歧视,英裔美国人被迫同化入拉美裔移民的社区里(这就是所谓的"逆文化适应"),或者不得不离开迈阿密。在迈阿密,古巴移民经常在汽车保险杠上贴着:"直到最后一个英裔美国人离开迈阿密之前,请在汽车里挂上古巴国旗。"[②]

在过去的几十年里,特别是新近的形势表明,拉美裔移民同化的滞后和障碍给美国核心文化带来了直接的挑战。拉美移民集中居住在特定区域,非美国文化和思想持续走强,美国主流社会所认同的流行了几百年的

---

① 周聿峨、刘虎:《拉美裔移民与美国国家特性危机》,《暨南学报》2006年第3期。
② 辛本健:《拉美移民正在分裂美国》,《南方周末》2004年3月18日。

盎格鲁—新教文化的影响力必然下降。它很可能对美国的内政乃至美国的特性带来严重的干扰和影响。在内政方面，美国不少地方少数族裔已经形成了强大的族裔政治实力，他们选举本族裔的官员来管理地方事务，选举本族裔的各级议员来争取自己的利益；除了因受迫害而来到美国的移民之外，那些对祖国仍怀有效忠情结的人，往往主动或在其祖籍国的号召下积极行动，影响美国的国家决策，为祖籍国利益工作。民族是稳定的人们共同体，一旦形成之后，很难消失，也很难与其他民族合并形成另一个民族，但通婚的情况例外。因为几代通婚之后，原来的民族意识自然消失了。但是，自20世纪70年代以来，拉美裔的异族通婚率缓慢下降。1977年，拉美裔人的婚姻有31%是异族通婚，而1994年，异族通婚只占25.5%，1998年只占28%。拉美裔人总的异族通婚率低，主要是因为人数最多的拉美裔群体，即墨西哥人，族内通婚率高。即便是在异族通婚中，渐渐出现非拉美裔一方接受拉美裔文化，他们的子女往往自称拉美裔人。[1] 在1992年的一次对移民儿童进行的调查中，出生于墨西哥的孩子没有一个人回答自己是美国人。至于在美国出生的孩子，墨西哥裔的只有3.9%说自己是美国人。而其他各族做同样回答的人有28.5%—50%。[2] 拉美裔以一个超级庞大且集中的群体在美国的存在，实际上已经具有将美国分裂为两大群体的危险。一个是相对集中于新教文化下，坚持"美国信念"的群体；另一个是拒绝同化、忽视同化或者没有机会受到同化的不断增长的拉美新移民群体。[3]

  人口规模是族裔群体参与政治进程的基本条件，特别是在美国这样一个常常要求少数服从多数的民主体制下，族裔群体庞大的人口数量可以保证该族裔群体在积极寻求实现其政治目标的过程中有一个广泛的政治基础。随着移民的大量增加及逐渐成为美国公民，移民的政治影响力也逐渐显现，源源不断的新移民为族群移民文化注入了新鲜血液，使其能够长久保持活力。"从长远看，人数即是权力，在多文化的社会，在民主政治和消费者

---

[1] [美]塞缪尔·亨廷顿：《我们是谁——美国国家特性面临的挑战》，程克雄译，新华出版社2005年版，第200页。
[2] 同上书，第201页。
[3] 周聿峨、刘虎：《拉美裔移民与美国国家特性危机》，《暨南学报》2006年第3期。

经济中，更是人多势众。"① 这些数量上占据优势的族裔群体无论其社会经济地位如何，其始终是美国政客们不敢忽视的政治力量，这些族裔群体能够利用这种数量优势来对美国的政策制定过程产生重要的影响。如果祖籍国或民族的经济和政治状况越差，在美国的同族群体就更强烈地保持对祖籍国的民族文化认同，更积极地参与在美国的各种政治活动，争取本族裔群体的民主政治权利，提高社会政治地位，并更多地关注涉及祖籍国的外交政策。② 马里兰州前共和党参议员马赛厄斯（Charles Mc C. Mathias, Jr.）认为："民族利益群体的秘密武器，既不是金钱，也不是政治技巧，因为其他社会利益集团同样可以获得这些东西。它们的秘密武器，是为了某些特别的政治目的而激发起许许多多美国人对它们的文化或祖籍地强烈感情共鸣的能力。"③

拉美裔人口的急剧增加不但极大地影响了美国社会与经济，也强烈地冲击着美国政坛，拉美裔移民居住地的集中在政治上具有十分重要的意义。

随着美国拉美裔人口的增加即在 20 世纪 90 年代越来越多的拉美裔人成为美国公民，美国拉美裔人的政治影响力也逐渐显现。美国国会和州议员及地方议会议员名额的分配是根据人口变化来进行调整的，拉美裔人口的剧增，自然使其在各级议会的议员名额增加。2000 年美国人口普查后的国会选区划分显示，拉美裔人口至少占 10% 的选区多达 156 个。其中加利福尼亚 33 区和 34 区（洛杉矶）、得克萨斯 15 区（格朗德河谷）和 16 区（埃尔帕索）、佛罗里达 21 区（迈阿密）拉美裔人口的比例都在 70% 以上。④ 明眼人都看出，没有拉美裔的支持，要想在加利福尼亚和得克萨斯这样的地方赢得选战的胜利是不可能的。西裔的政治影响力在 2000 年美国总统大选中已逐渐显露出来。

民意测验专家本迪克森认为："2000 年选举的最大新闻是新移民选民

---

① ［美］塞缪尔·亨廷顿：《我们是谁——美国国家特性面临的挑战》，程克雄译，新华出版社 2005 年版，第 210 页。

② 朱全红：《论美国族裔群体的双重文化认同》，《学海》2006 年第 1 期。

③ Charles Mc C. Mathias, Jr., Ethnic Groups and Foreign Policy, *Foreign Affairs*, 1981, p. 71.

④ Jessica Lee, Spanish Enters Political Arsenal, *USA Today*, 05/08/2002. 转引自陈奕平《人口变迁与当代美国社会》，世界知识出版社 2006 年版，第 64 页。

的爆炸——外国出生者政治影响的上升,200万来自一个特别的选民集团(拉美裔)的特大选票具有非同寻常的意义。"斯坦福大学政治学家弗雷加也说:"我们目前所见的是人口增长正转化为选举影响。"① 由于美国的选举团制度增加了大州的影响力,而拉美裔人口主要集中在加利福尼亚、得克萨斯、纽约、佛罗里达和伊利诺伊州,这更增加了拉美裔选票的重要性,使候选人不得不使出浑身解数讨好拉美裔人。据统计,美国两大政党2000年用于西班牙语宣传的开支高达500万美元。用在非英语上的广告开支如此之多,是美国选举历史上前所未有的。这充分说明了拉美裔美国人越来越重要的政治影响力。②

作为移民国家,美国并非今天才被移民问题困扰。历史上,每当美国经济不景气、失业率攀高、犯罪猖獗时,美国的一些人就把一切归咎于移民的大量涌入。由移民带来的这些挑战,也引起了美国一些保守派政治家和思想家的忧虑和质疑。在1992年和1996年大选中的总统候选人布坎南曾说:如果今天的移民(状况)继续下去,非白人多数在美国不是不可能出现。现在美国需要从移民中解脱出来。③ 亨廷顿在《我们是谁——美国国家特性面临的挑战》中说道:"身在美国而心在别国的人所占的比例,很可能高于美国独立以来的任何时期。"④ 前美国移民局官员理查德·拉姆(Richard Lamm)在他的名为《移民时代的炸弹》的著作中也明显地表达了与老本土主义者一样的对移民的担忧。他说:"按照今天的规模,移民在美国的意义已经主要是消极后果——从经济上、社会上和人口统计上看,移民占尽了优势,要解决移民危机,我们美国人不得不面对限制问题,我们不得不面对通过一些法律来限制移民和推动这种法律实施的必要性问题,如果我们做不到这一点,将给我们的后代留下一个争斗、

---

① Lourdes Cue, Election 2000: The Latino Factor, *Hispanic*, Jan./Feb. 2001, Vol. 14, Issue 1, p. 24.

② Ibid..

③ Patrick J. Buchanan, What Will America Be in 2050? *Los Angeles Times*, October 28, 1994, p. 11.

④ [美]塞缪尔·亨廷顿:《我们是谁——美国国家特性面临的挑战》,程克雄译,新华出版社2005年版,第5页。

暴力和失业的遗产。"① 1992年民主党总统候选人戴维·杜克（David Duke）曾宣称，移民破坏了我们文化的纯洁，削弱了我们的价值。著名记者皮特·布赖姆洛（Peter Brimelow）则认为，移民是想攻击美国和进一步诋毁美国民族的那些人的潜在的盟友。②

1994年美国政府进行的社会普查发现，60%的人认为应该减少当前的移民数量，大约2/3的人认为更多的移民将令国家更难保持团结。美国人认为移民不太可能带来更高的经济增长，而且80%多的人认为移民越多，失业率就越高（虽然他们不害怕移民会影响自己安定的工作）。③"随着冷战的结束和跨国移民潮的兴起以及经济全球化时代的到来，在21世纪的前几十年里，带有浓厚移民文化特色的美国，其各种族的人口比例将会在很大程度上发生变化，欧洲白种人后裔（拉丁语系的欧洲白种人后裔除外）在美国人口中所占的比例将会有所下降，美国人口将会主要由那些祖先或本人来自拉丁美洲、非洲、亚洲、太平洋岛国的已获美国国籍的美国人、美国印第安人、其他在美国旅居散居和以难民身份定居的美国人组成。非洲大陆、亚洲大陆、太平洋岛国和拉丁美洲不同肤色不同种族的人口在数量上相加占全球人口的绝大多数。如果用多元文化主义的分析框架来分析美国各种族人口比例变化的大趋势将会意味着什么？这意味着在不远的将来，来自非洲大陆、亚洲大陆、太平洋岛国和拉丁美洲的不同肤色不同种族的美国人及作为印第安人后裔的美国人，加起来将会构成美国人口的大多数，而作为欧洲白种人后裔（拉丁语系的欧洲白种人后裔除外）的美国人在美国人口中将会成为少数。如果我们能够意识到犹太人在美国所谓的民主政治和选举政治中发挥的微妙的也是关键的作用的话，我们就不难理解随着冷战的结束和跨国移民潮的兴起以及经济全球化时代的到来而造成的美国各种族人口比例的变化，将在美国所谓的民主政治和选举政治中产生怎样的结果。这绝不仅仅是简单的数字比例的变化，因为如

---

① Juan F. Perea, *Immigrants Out: The New Nativism and the Antiimmigrant Impulse in the United States*, New York: New York University Press, 1997, p. 17.

② Bill Ong Hing, *To Be An American: Cultural Pluralism and the Rhetoric of Assimilation*, New York: New York University Press, 1997, pp. 28, 147.

③ ［美］达夫妮·斯佩恩：《关于移民问题的辩论》，《交流》2000年第3期。

果用多元文化主义分析框架来分析这种变化的话，那么，美国各种族人口比例的变化趋势将必然会导致美国主流文化的核心基质产生新的裂变和多元重组。文化核心基质的裂变和重组将使美国主流文化不再是简单地延伸和延续欧洲文明，而是将非洲大陆、亚洲大陆、太平洋岛国和拉丁美洲的不同肤色、不同种族的文化与西方文化进行碰撞与整合后而形成的新型的美国主流文化。这种新型的美国主流文化与纯西方文化有巨大差异，与当今流行的美国主流文化也有巨大差异。这种同西方文化进行碰撞与整合后而形成的巨大差异将宣告在我们这颗行星上西方文化已持续了几百年的文化强权和文化霸权的最后终结。"① "'美国人'一直被定义为'白人'。" "到2056年，美国白人将成为少数民族，大多数美国人将来寻根到非洲、亚洲、拉丁美洲、太平洋诸岛和阿拉伯——除了白人欧洲以外的任何地方。"② 美国著名历史学家小阿瑟·施莱辛格（Arthur M. Schlesinger Jr.）认为，美国越来越成为多种少数民族的综合体，美国人的传统理想是要建立一个统一国家去保证全体公民的自由，每个人都能追求他们自己所选择的生活，现在这种理想已经被放弃了，"万众归一"的信条已经瓦解；在"统一"的信念被人们忽视时，"万众"受到崇尚以至于失去了中央核心。他质疑：中央控制到底还能否坚持下去？熔炉是否将会被空想的通天塔取而代之？③

特殊的历史经验、社会关系、价值观等会令族群成员形成某种亲密性的联系。即便是在最有能力融散和同化族类群体的城市环境中，不同的族性集团经常占据着划分明确的街区，这已经限制了他们彼此间的交往。④ 而且这种相互的隔离往往由于职业或阶层而得以强化。因此，一种普遍的忧虑是，当今的移民将会留居在"同族聚居区"内，因而导致社会日益

---

① ［美］圣·胡安:《全球化时代的多元文化主义症结》，肖文燕译，《马克思主义与现实》2003年第1期。

② Ronald Takaki, *A Different Mirror – A History of Multicultural America*, London: Little Brown and Company, 1993, p. 2.

③ Schlesinger, Arthur M. Jr., *The Disuniting of America: Reflections on a Multicultural Society*, Knoxville, TN: White Direct Books, 1991, p. 19.

④ ［英］安东尼·吉登斯:《超越左与右——激进政治的未来》，李惠斌等译，社会科学文献出版社2000年版，第256页。

"巴尔干化"。① 这种以祖籍国文化认同为基础而积聚的族群力量在美国政治进程中始终呈现出不断扩大的态势。第 78 届奥斯卡金像奖最佳影片《撞车》就是反映了洛杉矶各种族群间不团结这样一个社会现实：亚裔看不起拉美裔；中美洲人以被误认为是墨西哥人为耻；非洲裔坚持让拉美裔讲英语。"撞车综合征"在美国已经成为一个普遍现象。对于"要确定一个可认同的民族特性，资源条件远不及其他国家"② 的美国来说，各种肤色的移民之民族意识的高涨更加具有挑战性。亨廷顿曾提出过有名的"文明冲突论"，又指出了美国"我们是谁"的文化认同危机，都是针对上述现象有感而发。

众所周知，美国一向把外来移民的多元化视为同化他们的必要条件。美国以往的移民和当前的非拉美裔移民都被同化进美国社会，并认同盎格鲁—撒克逊的民族文化。但由于拉美移民的属性和势力范围与美国以往的移民存在天壤之别，美国同化以往移民的成功经验，不太可能再次对当前的大规模的拉美裔移民奏效。拉美裔移民必然会在两个重要方面影响美国：美国的许多重要地区在语言和文化上被拉美裔移民主导；整个美国变得双语化和双重文化化。亨廷顿认为，拉美裔移民对美国构成的挑战，要远远大于魁北克省对加拿大构成的挑战，因为魁北克省与法国相隔 3000 英里，每年并没有大批法国人试图合法或非法地进入魁北克省。美国历史学家肯尼迪指出，不久之后，美国西南部的墨西哥裔美国人就会在一个确定的区域内拥有足够的凝聚力和至关重要的大规模人口。因此，他们如果愿意，就可以永久地保持他们的独特文化；他们也可能最终做出美国以往的移民群体连做梦都不敢想的事情：挑战美国现存的文化、政治、法律、商业和教育体系，以彻底改变美国的语言和根本的商业制度。③

---

① [加] 威尔·金里卡：《少数群体的权利：民族主义、多元文化主义与公民权》，邓红风译，上海人民出版社 2005 年版，第 261 页。
② [美] 乔伊斯·阿普尔比：《历史的真相》，刘北成等译，中央编译出版社 1999 年版，第 78 页。
③ 辛本健：《拉美移民正在分裂美国》，2004 年 3 月，《南方周末》电子版（http://www.nanfangdaily.com.cn/zm/20040318/xw/tx1/200403180021.asp）。

二 美国将会出现另一个"魁北克省"？——以墨西哥裔移民族裔认同感的不断加强为例

如果世界上还有一个国家令美国感到恐惧，那它肯定是墨西哥。在美国，甚至流传着"墨西哥人重新征服美国"的说法。这不仅是因为美国有2000多万墨西哥移民、每年有几十万人偷渡到美国，还因为他们拒绝同化，保持着自己的传统。

2000年人口普查表明：西班牙裔美国人在20世纪90年代增长了58%，是美国人口总增长率的4倍多，人口总数已达到3530万，占美国总人口的13.6%。据估算，到2050年他们将超过非洲裔美国人，成为美国的第一大少数族裔，届时，每四个美国人中就将有一个西班牙裔。西班牙裔美国人是一个由拉美不同国家移民组成的种族多元体，墨西哥移民是其中的主体，他们的移民规模最大、历史最久。墨裔移民移入量由1961—1970年的453937人增长到1991—2000年的2249421人。进入新世纪后的头几年，墨裔移民的数量平均每年大约为17万。[①] 墨西哥移民人口比例的大幅度增加，已经对美国社会产生了较大的影响，而且这种影响力将越来越大。

墨西哥移民流向美国有传统文化和地理上的原因。美国南部大片土地原本是墨西哥领土，边境两岸的居民在文化方面有着比较密切的联系。墨美边境长达3200公里，西段是1200公里长的陆地边界，东段是长达2000公里的格兰德河，墨西哥移民只要越过这段边境便可进入美国境内。这些为墨西哥移民进入美国提供了便利条件。[②] 墨西哥移民的历史一直可以追溯到1821年。当时，美国还是一个地区小国，怀着扩张野心，千方百计拓展自己的疆域，先是鼓动当时属于墨西哥的得克萨斯地区独立，继而发动了墨西哥战争（1846—1848年），之后又陆续从墨西哥吞并了今天美国的加利福尼亚州、科罗拉多州、亚利桑那州和新墨西哥州等地区。这样，原居住地的约八万墨西哥人就自然成了美国人，占当时美国总人口的

---

① Yearbook of Immigration Statistics 2004〔EB/OL〕. http：//uscis gov/graphics/shared/statistics/yearbook/YrBk04Im. htm.
② 张蕾：《墨西哥小伙遭美国警员射杀——墨美又因移民问题引发争端》，《人民日报》2006年1月10日第3版。

4%。20世纪，美国出现了三次墨西哥移民浪潮。20世纪前30年，由于墨西哥国内局势动荡，致使成千上万的墨西哥人前往美国寻找出路，形成了第一次移民潮。30年代美国经济大萧条，大批美国人失业，老移民对众多墨西哥移民极其仇视，从而使许多移民被强行遣返。第二次世界大战到1964年是第二次移民潮时期。"二战"中，数百万美国人参军，国内劳动力短缺，联邦政府不得不于1942年通过了关于从墨西哥引进劳力的"临时劳工"计划。于是，大批墨西哥人趁机迁居美国，而此次浪潮同样以遣返告终。这充分表明美国在移民问题上的实用主义原则。1965年，美国联邦政府制定了较为宽松的新移民法后，出现了第三次墨西哥移民潮，并延续至今。①

最近研究族群共同体的视点发生了变化，其重点开始从英裔居民对少数族群所持有的族群意识转为少数族群自身所具有的族群意识。通过"族群意识"来研究移民的族群团结特征非常重要，而该特征的前提则是自立愿望大于同化愿望。"如果说白人对其他种族抱有歧视的态度，那么同样可以这样说黑人，甚至拉美裔。这恰恰是因为每一种族的人都只与同种族的人结成团体。我们因此看到了由某一特定种族组成的社区，并不是政府强迫他们这样做，而是出于他们的'自觉'。"②"这种族群意识之所以得到强化，并非由于某个具有区别于其他居民的种族性和文化性特征的群体被限制在某特定地区和某特定经济角色，而是因为他们在准入在该社会占统治地位的职业和角色时认识到自己的异质性。"③在欧洲人口国际迁移中，爱尔兰的海外人口超过国内人口曾被作为迁移后果巨大的典型例子。而在迁入地，"新大陆"国家几乎成了欧洲人的第二故乡，确实是种族的再分布，以至于这种改变世界种族格局的迁移为"欧洲中心论者"所津津乐道。④

---

① 李锋、王波：《美国的墨西哥移民》，《世界知识》2002年第7期。
② 《美国社会仍存在种族主义》，《参考消息》2006年8月28日第4版。
③ A. Poltes, The Rise of Ethnicity: Determinants of Ethnic Perceptions Among Cuban Exiles in Miami, *A. S. R*, 1984, p.385. 转引自［日］广田康生《移民和城市》，马铭译，商务印书馆2005年版，第71页。
④ 朱国宏：《中国的海外移民——一项国际迁移的历史研究》，复旦大学出版社1994年版，第334页。

在迁移研究中，移民的人数是最重要的因素，特别是与当地居民数量规模相比的相对规模。美国社会科学家雷伯森曾撰文专门分析移民和本地族群在相互交往和冲突中彼此处于不同的优劣情势时，族群关系可能出现的各种局面。① 数据显示，在过去40年中，有大约1600万墨西哥人移民美国，而其中至少有一半是非法移民。但在2009—2014年，大约有100万人回到了墨西哥。但相比之下，在同期仅有87万人从墨西哥进入美国。在2005—2010年，140万人从墨西哥移民美国，而在更早的2000—2004年，墨西哥移民的数量达到这个数字的两倍还多，有大约300万墨西哥人移民美国。② 墨西哥裔的影响已经延及社会生活的每一个角落，而且还在不断增长。

2004年美国上映了这样一部电影——《没有墨西哥人的日子》：一天清早，突然整个加利福尼亚州警方接到了几千个报警电话，称家人、朋友或者同事在一瞬间失踪。而这些失踪者无一例外的都是拉美裔人。很快，失踪人员的数字直线上升，直至整个州所有的拉美裔人全部失踪，没有任何征兆。庄稼没有人收割、饭店没有服务员、街上的垃圾没人清理……一时间加利福尼亚陷入了瘫痪。人们开始重新审视对于那些曾经在自己身边为这个城市服务和贡献的拉美裔人。他们多么希望这只是一个梦，那些身边的人能够重新回到这个世界上。在经历了整整一天后，失踪的人们重新回到了这里。他们并不知道究竟发生了什么，只是周围的人惊异的眼光和转变的态度让他们隐约感觉到这个世界仿佛变了，变得让他们陌生，变得让他们感到了自己的重要。该剧用荒诞的喜剧手法，揭示了当今美国社会生活中一个重要问题，即如何看待墨西哥裔移民的作用。影片以其独特的视角，真实反映了在美国以墨西哥人为主要群体的拉美裔人的生活现状和美国人对这些拉美裔人的不同态度。导演利用其充分的想象力制造了一个震惊天下的事件：拉美裔人消失。影片讽刺意味浓重，将墨美之间这"剪不断、理还乱"的移民问题深刻地剖析在观众面前。

---

① 马戎：《民族社会学——社会学的族群关系研究》，北京大学出版社2006年版，第333页。

② 《长达40年的墨西哥移民潮或终止　美墨不再判若云泥》，2015年11月，凤凰财经（http：//finance.ifeng.com/a/20151120/14079976_0.shtml）。

墨西哥移民曾被描述为 wetback（湿背人），因为大量墨西哥移民是游过美墨边境的格兰德河非法进入美国的，后来成了非法移民的代名词。亨廷顿认为，在美国移民和同化问题中，墨西哥居于中心地位。① 大多数在美国生活的合法和非法的墨西哥移民与其母国保持着定期交流，其间还建立了美墨之间跨越国界的社会、文化和政治的网络——"跨国区""跨文化社区"或"跨国村"，并带来两国间的相互渗透，从而在两个国家都形成了一个介于内外政策之间的政策领域。② 新墨西哥大学教授查尔斯·图克斯罗预测说，到 2080 年左右，美国的西南部各州与墨西哥的北部各省将会组建"北部共和国"。今天，许多人已经把美国西南部与墨西哥北部并称为"去美国"（exAmerica）地区或"美墨"（Amexica）地区或"墨西福尼亚"（Mexifornia）。墨西哥前总统厄尼斯托·桑德罗在 1990 年代表示，墨西哥已经延伸到它的边界之外；他的继任者维森特·福克斯则认为自己是 1.23 亿墨西哥人的总统，其中 1 亿在墨西哥，2300 万在美国。这种趋势可能导致美国境内由墨西哥移民主导的众多区域逐步整合为一个自治的、拥有自己的文化和语言的、经济上能够自给自足的集团。一项调查就显示，没有一个出生于墨西哥的儿童认为自己是美国人；在出生于美国的墨西哥裔儿童中，认为自己是美国人的少于 4%。美国国家情报委员会前副主席格雷厄姆·富勒因而警告说，"我们可能正日益面临一项堵塞（美国的移民）'大熔炉'的挑战，墨西哥移民的聚居地区是如此集中，以至于它不希望或不需要同化到美国的使用英语的多种族的主流社会之中"③。就此，亨廷顿不无担忧地评论："在美国人于 19 世纪三四十年代从墨西哥夺取的土地上正在出现墨西哥人口上的'复地运动'。"④ 据调查发现，在拉丁裔等少数民族聚集地区，绝大多数人首先认同于本民族，其次才认同于美国。在与墨西哥接壤的几个州，一些激进的拉丁裔组织公

---

① ［美］塞缪尔·亨廷顿：《我们是谁——美国国家特性面临的挑战》，程克雄译，新华出版社 2005 年版，第 202 页。

② ［德］赖纳·特茨拉夫主编：《全球化压力下的世界文化》，吴志成、韦苏等译，江西人民出版社 2001 年版，第 217 页。

③ 辛本健：《拉美移民正在分裂美国》，2004 年 3 月，《南方周末》电子版（http://www.nanfangdaily.com.cn/zm/20040318/xw/tx1/200403180021.asp）。

④ ［美］塞缪尔·亨廷顿：《我们是谁——美国国家特性面临的挑战》，程克雄译，新华出版社 2005 年版，第 183 页。

开拒绝与美国同化，不承认美国西南边界，主张收复1848年的失地，将加州等地变成"阿兹特兰国"。他们在等待不愿被同化的墨西哥人构成优势以实现目标。①

在今天的全球移民时代，移民输出国政府，特别是发展中国家政府，看到了移民之于本土政治、经济和社会发展的意义，开始有意识地利用和拓展这种全球化的资源为国家建设服务，以鼓励和吸引他们的海外"公民"回国服务和为国服务。此外，移民输出国政府日益调用跨越国家边界的民族团结意识，以鼓励海外移民汇款和投资。墨西哥的情况就是典型的事例。墨西哥有两大经济支柱，一个是在美国的墨西哥人每年寄回来的汇款，另一个就是石油出口。② 据墨西哥央行公布的一份报告，2003年在美国的墨西哥人汇往墨西哥的外汇收入达132.66亿美元，比2002年增长了35.2%，几乎是2000年侨汇收入的2倍。侨汇收入成为墨西哥外汇收入中仅次于原油出口收入的第二大外汇收入来源，相当于墨西哥2003年原油出口值的79%，占当年国内生产总值的2.2%，超过了外商直接投资和旅游收入。③ 墨西哥前总统福克斯将美国新建的隔离墙比喻为见证了墨西哥人民耻辱的"21世纪的柏林墙"。他批评美国在移民问题上实施双重标准：美国是一个由移民构成的国家，现在却要"虚伪"地阻止其他国家公民的移入。④ 墨西哥政府明确表示对生活在美国的墨西哥人负有责任，并将设法保护他们的权益。⑤ 国家开展民族主义的语言，恰好因为移民在国家领土边界之外，但却在想象的共同体之内。⑥

与其他移民相比，墨西哥裔移民具有鲜明的种族性，他们的族性意识非常强烈。1999年的一项调查表明，54%的墨西哥裔美国人认为他们的

---

① Brent Nelson, *America Balkanized*, Monterey, Va.: American Immigration Control Foundation, 1994, p. 32.

② 冀明、丰帆：《墨西哥也想当"金砖"》，《环球时报》2006年12月14日第7版。

③ 左晓园：《移民：可以借重与显效的力量——旅美墨西哥移民对墨西哥的影响》，《拉丁美洲研究》2004年第3期。

④ 张蕾：《墨西哥小伙遭美国警员射杀——墨美又因移民问题引发争端》，《人民日报》2006年1月10日第3版。

⑤ 《墨西哥希望与美国达成移民协议》，《参考消息》2006年3月29日第6版。

⑥ 吴前进：《冷战后华人移民的跨国民族主义——以美国华人社会为例》，《华侨华人历史研究》2006年第1期。

西班牙特征比美国特征更强，或认为他们只具有西班牙特征；37% 的墨西哥裔美国人认为他们的西班牙特征与美国特征等同。他们用 Chicano（"奇卡诺人"，西班牙语，意思是"住在美国的墨西哥人"）来取代 Mexican American（英语，意为"墨西哥裔美国人"，是较官方的称谓）。他们始终保持墨西哥人的文化习俗，并对自己的语言和文化传统感到自豪，强烈的母语意识是墨西哥裔移民的另一个鲜明特征。墨西哥裔移民广泛使用西班牙语，这不仅使西班牙语成为美国第二大语种，而且使在美国出生、成长起来的墨西哥裔移民的孩子也建立起很强的种族观念。语言习惯直接影响到墨西哥移民的教育状况。浓厚的家庭观念是墨西哥移民的又一大特征。他们像意大利移民一样，往往"对家人热情，对外人敌视"。此外，70% 的墨西哥人平均年龄在 40 岁以下。换言之，即便不再出现大的墨西哥移民潮，他们的总人口仍会不断增加。①

　　让我们看下面的事例。1998 年 2 月，在美国洛杉矶举行了一场足球赛，比赛双方是美国队和墨西哥队。在 9 万多球迷云集的赛场上，放眼望去是"一片红白绿三色旗（墨西哥国旗）的海洋"。球迷们在演奏美国国歌的时候起哄。当几位美国球迷试图展示一面星条旗的时候，遭到了水果和啤酒罐的攻击。一位美国球迷向《洛杉矶时报》抱怨道："这是怎么回事？我竟然不能在自己的国家升起一面美国国旗！"2002 年世界杯第二轮比赛中，墨西哥队遭遇美国队，那些美籍墨西哥人感到有些不知所措了。对这些移民而言，墨西哥是他们的祖国，而美国又是自己的新家，他们真不知道应该支持哪一方。一位已经在美国定居 20 年的美籍墨西哥人说道："我们是美国队的球迷，但我们首先是墨西哥队的球迷。我们在墨西哥长大，但我们现在领的又是美国人的工资，但我们的脚还是会踏在墨西哥的土地上。"无疑，最终支持墨西哥队的美籍墨西哥人占多数。② Univision 是美国第一大西班牙语电视台，面向美国的西班牙裔观众。在世界杯足球赛中，Univison 最为支持的不是美国队，而是墨西哥队。原因很简单，美国的西裔人口中有六成以上来自墨西哥。每当墨西哥出赛，电视台给人的

---

① 李锋、王波：《美国的墨西哥移民》，《世界知识》2002 年第 7 期。
② 《支持美国还是墨西哥，墨西哥移民左右为难》，2002 年 6 月，新浪网（http：//sports.sina.com.cn/o/2002-06-17/17280505.shtml）。

感觉就是，大家期待中的"国家队"出场了。①

由于以上所谈到的种种墨西哥裔移民认同感强烈的情况，加之墨西哥裔移民大都集中在美墨战争前后被美国侵占的土地上，一些美国人很是担心：随着墨西哥裔移民的不断增加，他们可能会逐步从地域、社会和文化等诸多领域收复他们在 19 世纪后期因战败而被并入美国的领土。亨廷顿认为，当前"对美国传统的国家特性的唯一最直接、最严重的威胁来自拉丁美洲，特别是来自大量的持续不断的墨西哥移民，以及他们远比黑人和白人高得多的出生率"②。"墨西哥移民持续不断加涌入美国会降低文化同化的动力。墨西哥裔美国人不再视自己为必须适应处于支配性地位的群体并接受其文化的一个小团体的成员。随着数量的增加，他们变得更加坚持他们自己的种族认同和文化。"③ 对此，有学者提出不同看法。针对墨西哥裔移民的涌入可能导致美国南部和西南部部分地区"魁北克化"的说法，布兰迪斯大学教授劳伦斯·法克斯（Lawrence H. Fuchs）在评论《我们是谁——美国国家特性面临的挑战》时说，把加拿大的魁北克问题与假设的墨西哥裔美国人的分离运动进行类比是不能成立的。他列举了至少四点理由：第一，魁北克的法裔加拿大人不仅仅是支持法语，他们还反对英语；墨西哥裔美国人领袖虽然有时倡导保留自己的语言，但他们并不排斥英语。第二，在美墨战争后，墨西哥的一半多领土被美国占领，但墨西哥裔美国人却没有这种历史记忆。而法裔加拿大人对法国在英法战争中的失败却有着深刻的记忆。第三，魁北克的天主教徒一直心怀怨恨，并推动法裔加拿大人的分离主义。而美国西南部的宗教组织却号召墨西哥移民及其后代通过取得公民身份、学习英语以及参加青年活动等活动融入到美国社会之中。第四，美国和加拿大的立国观念（founding myth）完全不同。在加拿大，其核心观念是两个民族建立一个邦联；而美国是要为追求个人自由和机会的人，无论其祖先、种族或者宗教派别，建立一个共同的家园。"实际上，没有证据可以让人相信墨西哥和中美洲移民及其后代将会继续保持他们对其祖先国家的政治忠诚。"他接着说，大多数墨西哥裔

---

① 任意：《不怎么支持美国队的美国人》，《世界博览》2006 年第 8 期。
② Samuel P. Huntington, The Hispanic Challenge, *Foreign Policy*, March/April 2004, p. 32.
③ Ibid., p. 44.

美国人是非常愿意按照正当的法律程序、言论和集会自由、宗教自由、政教分离等规则生活,以及在监督、制衡和分权的限权政府体制下生活。很多人愿意为这一制度斗争甚至献出生命。①

显然,在缺乏足够经验支持的情况下,做出墨西哥裔移民的涌入会挑战美国的国家统一和完整的论断,其科学性是值得怀疑的,而且也远远不能反映现实的复杂性和未来的不确定性。移民同化问题非常复杂,恐怕很难从短期和表面的现象中推出恰当的结论。但不可否认的是,墨西哥裔移民的特例十分生动地反映了随着大量新移民的涌入,美国国民身份认同面临的某种程度的危机。不能否认的是,各移民少数族裔群体在张扬自己的个性、伸张自己的利益的过程中,难以避免自发性和非理性因素的发展和膨胀,往往出现为了本族裔群体的利益而放弃国家和整个社会的利益的情况,有导致社会的冲突和分裂的可能。种族集团的要求在不同的国家各不相同,从要求宪法保障少数民族权利、维护土著文化、加速国家结构联邦化和政治分权,直到要求完全独立。无数事实证明,规模较大的种族集团并非从不改变自己的要求。对这些要求加以抵制,往往导致他们以实行较高程度的自治作为可以接受的最低要求,毕竟,历史和现实一再告诫我们,某一族裔集中居住在某地一向是民族分离主义滋生的温床。

第二节 美国主流社会的排外主义思想剖析

美国是一个由诸多外来移民群体及其后裔组成的多民族国家,各民族在历史上为了改善自身的社会、政治和经济条件而围绕经济和政治资源常常发生激烈的竞争和碰撞,由此产生的种种矛盾和冲突,构成了美国社会生活中的一个重要层面。本土主义的排外思想在美国可以说根深蒂固,反对外来移民的思潮从来没有停息。② 排外势力的活动在美国历史上一直是时隐时现,始终未能绝迹,19世纪后期及20世纪初的排华、排日运动,20世纪80年代和90年代美国保守势力掀起的反移民浪潮等,都是很明

---

① Lawrence H. Fuchs, Mr. Huntington's Nightmare, *The American Prospect*, Aug. 2004, Vol. 15, No. 8, p. 71.

② Peter Brimelow, Time to Rethink Immigration?, *National Review*, June 22, 1992, p. 34.

显的例子。

尽管美国人普遍支持平等和民主的价值观,但是主流社会对移民和少数族群一直存在着或多或少的敌意和歧视。"在美国,白人仍然被许多人视为美国人的代表性面孔,移民仍是孤立的。"① 让我们看以下两个事例:微软公司和美国国家广播公司联合网络新闻站(MSNBC)在报道1998年奥运会女子花样滑冰决赛的一篇文章里,从标题到内容,种族歧视一目了然。文章标题是:"美国人击败了关(颖珊)"。文中写道:美国人以其毫无争议的实力超过关(颖珊),关取得银牌。② 文中冠、亚军分别指特拉·利平斯基(Tara Lipinski)和关颖珊(Michelle Kwan),两人都是美国公民,只不过关颖珊是亚裔,利平斯基是欧洲血统。第二个事例,在美国,一些反移民情绪强烈的地方政府,还利用所谓社区规划法规,要把新移民驱逐出各类住宅区。在弗吉尼亚的马纳萨斯市,新法规规定民宅只允许屋主及其直系亲属居住,总人数也不得超过规定。③

建国伊始,美国就成为一个白人的国家,WASP是美国的主流文化,绝大多数欧洲白人移民的宗教信仰是决定美国民族文化价值取向的关键。新教徒不仅在美国总人口中占绝对优势,而且成为美国政治、经济和社会精英群体中的主流,代表了多数工商业、企业的所有者和管理者。正如调查所显示的,美国目前是基督教西方世界中一个最具宗教性的国家。基督教信仰在美国市民生活和政治生活中经历了一个复兴。根据2003年哈利斯公司(Harris)的调查,79%的美国人说他们信仰上帝,他们中,1/3强的美国人说他们在一个月中至少去做一次宗教礼拜。有的欧洲政治家指出在美国有可能产生犹太和基督教原教旨主义的现实危险。④

有美国学者把当代本土主义对移民的责备归结为以下六个方面:第一,移民威胁美国的政治秩序。这种威胁包括三方面内容:(1)移民可能为某一个试图削弱、毁灭或颠覆美国的外国政权工作,这些外国移民被

---

① 《〈龙在他乡〉讲述移民辛酸》,《参考消息》2007年3月27日第6版。
② Mia Tuan, *Forever Foreigners or Honorary Whites*? London:Rutgers University Press, 1998, p. 40.
③ 李文云:《美国出现反移民风潮》,《人民日报》2006年1月20日第7版。
④ Peter Schneider, Separated by Civilization, *International Herald Tribune*, April 7, 2004, p. 6.

认为是不忠于美国或者颠覆美国,如第一次世界大战中的一些美籍德国人就被认为是德国间谍;19世纪末20世纪初,本土主义还曾经指责一些犹太人、日本人是间谍;如今,一些本土主义者说某些墨西哥移民是其本国利益集团的代言人。(2)本土主义者相信,多数外国出生的美国移民不具备成为美国这个民主共和国良好公民的素质,或者说,这些移民难以克服其原来的低等传统,难以融入美国文明社会,缺乏成为美国公民的感觉和思想。(3)即使移民不是外国间谍,即使移民能够和愿意学习和参与美国社会政治活动,但移民的政治利益和价值观与美国本土的公民有很大差别。他们担心移民会选举他们认为不符合标准的人进入美国政界,进而干扰了美国政治生活的正常发展。第二,移民威胁美国的经济体系。与政治威胁不同,认为移民对美国经济的威胁还有一种积极的观点——移民刺激了美国经济增长,因为移民使生产廉价商品的工人不得不努力工作,商人扩大经营规模,移民同时又成为美国市场的消费者,但是,对移民经济威胁的主要责难绝不是这种带有赞誉色彩的观点,而是把移民视为美国劳动力市场的主要竞争者并导致美国本土劳动者就业不足或失业的主要原因之一。第三,移民威胁美国生活方式中的社会和文化要素。他们把移民视为美国生活方式的社会和文化威胁者,认为那些难以同化的移民拥有自己传统的生活方式,对美国生活方式构成威胁。这些移民不是混合或同化到美国民族中来,而是使美国人的生活方式更加艰难,不是使美国人的生活变得更好而是更遭,例如犯罪率上升,移民带来的各种不同文化与美国主流文化发生冲突,甚至会排斥本土文化,把美国的主流变成支流文化,使美国文明失去光辉。第四,移民威胁美国的自然环境。20世纪以前,美国没有人担心人口过剩、资源匮乏,现在则不同。有些美国人认为,移民人口出生率高,不但会降低美国的人口素质,还会带来资源利用的问题,例如油料、洁净水、住宅供应,以及空气污染问题等。第五,移民威胁美国的种族关系。主要表现为:(1)大量欧洲多种族移民的到来增加了白人与非白人的冲突;(2)大量欧洲非熟练工人的到来增加了白人与非白人之间的冲突;(3)大量非白人移民的到来增加了非白人之间的冲突。第六,移民威胁美国大众的身心健康。①

《美国历史辞典》对"本土主义"的定义是:"偏爱本土居民、反对外来移民的政策,这一政策曾经赞同美国历史上反对罗马天主教的行为,但不是针对任何一个特定的外国集团,直到20世纪,很多美国人还认为天主教是对美国传统的新教和民主制度的威胁。"② 根据《牛津英语辞典》的说法,"本土主义"是"偏爱本土人而歧视外来者,保护本土居民的利益以反对移民的政策或行为"③。结合今天的现实,我们可以做如下归纳:所谓本土主义运动实质上是美国历史上的一场以排外思想为理论根基,以反对天主教、犹太教、亚洲和拉丁美洲移民为主要任务,以一些兄弟会性质的组织为骨干,以维护美国白人主流文化为主要目标的运动。

18世纪70年代,美国出现了一些特殊的组织,这些组织寻求认定美国民族的特征,并由此证明哪些人是外国人,其中比较重要的有"马萨诸塞移民与报道协会"(Massachusetts Society for the Information and Advice of Immigrants)、"联邦党华盛顿受益者协会——汤姆马尼"(Tammany, the Federalist Washington Benevolent Society)、"纽约技工和商人总协会"(the General Society of Mechanics and Tradesmen)、"纽约汤姆马尼协会"(New York's Tammany Society)、"美国印第安象征协会"(the American Indian Symbolism of the Society)、"宾夕法尼亚民主协会"(the Democratic Society of Pennsylvania)、"纽约市华盛顿受益者协会"(New York's Washington Benevolent Society),等等。最初,上述组织主要是一些具有反对欧洲移民情绪的地方性互助团体,其出发点也主要是想保护美国本土居民的利益不受外来人的侵犯,所以,本土主义还没有被广泛使用和接受。从19世纪40年代开始,这些组织逐渐以反对外来移民,特别是欧洲天主教和犹太教移民为主,并开始参与国家政治,美国本土主义运动也开始为美

---

① Pyong Gap Min, *Mass Migration to the United States: Classical and Contemporary Periods*, New York: Altamira Press, 2002, pp. 37 - 54, 106.

② *Dictionary of American History*, New York: Charles Scribnerps, 1976, Revisededition, Vol. 5, pp. 2 - 3.

③ *The Oxford English Dictionary*, Oxford: Clarendon Press, 1989, Second edition, Vol. 10, p. 238.

国人所承认。① 这场运动断断续续存在多年，至今余波未尽，它从下层开始，波及上层统治集团，是美国社会政治运动中的重要事件，也对美国政府政策的制定产生了一定程度的影响。

总体看，美国本土主义的本质是反对外国移民，这种排外思想在不同的历史时期有不同的内容和表现。在不同的阶段，美国本土主义所反对的是不同的移民集团，如反对爱尔兰移民，因为他们是天主教徒；反对德国移民，因为他们不讲英语而讲德语；反对亚洲移民，因为皮肤颜色的差别和文化背景不同。② 当本土主义把反对欧洲天主教和犹太教移民作为自己的主要目标时，他们是要维护盎格鲁—撒克逊白人民族的利益；当他们把反对非洲、亚洲和拉丁美洲移民作为主要目标时，是为了维护欧洲白人移民的利益，这是一种典型的狭隘民族主义。③ 如富兰克林在1751年，曾经认为德国的移民将会对美国民族构成威胁。他说：" 如此大规模的德国移民到来，几年之内我们这里将变成德国的殖民地，不是德国移民学习我们的语言，而是我们要学习他们的语言或者感觉好像生活在外国一样，我们这个英语民族已经在荷兰邻居的包围之中，已经被不协调的习惯所困扰。现在，大量的德国人到来将很可能给我们带来同样的问题。"④ 19世纪下半期社会达尔文主义出现后，成为美国本土主义反对外国移民的一个理论依据。他们认为，移民不再是人类进步的推动力量，而是种族混杂和生物退化的媒介。⑤ "同样的付出，基因好的学生成绩要好。受遗传和移民天生的低素质的限制，各种形式的美国化都不能把他们塑造成高素质的美国公民，能够接近并提高复杂的文化。"⑥

各种迹象表明：现代美国本土主义仍然存在，同以前相比，它有了很

---

① Dale T. Knobel, *America for the Americans: The Nativist Movement in the United States*, New York: Twayne Publishers, An Imprint of Simon & Schuster Macmillan, 1996, pp. 20–29.

② 董小川：《美国本土主义运动评析》，《美国研究》2004年第3期。

③ 同上。

④ Hans Kohn, *American Nationalism: An Interpretative Essay*, New York: The Macmillan Company, 1957, pp. 137–138.

⑤ Stephen Steinberg, *The Ethnic Myth, Race, Ethnicity, and Class in America*, Boston: Beaco Press, 2001, p. 78.

⑥ Paula Fass, *Outside in: Minorities and the Transformation of American Education*, Oxford: Oxford University Press, 1989, p. 61.

大的变化：尽管都是针对外来移民的，但以前主要是针对欧洲天主教和犹太教移民，而现代则主要针对有色人种移民，特别是亚洲和拉丁美洲移民。① "非我族类，其心必异"，许多美国本土主义者认为，移民是美国主流社会的不稳定因素，因为移民的价值观有别于主流文化的价值观，这不利于美国的社会统一。当代，随着移民不断涌入美国，拉美裔被看作是对欧美血统的一种威胁。这种威胁不仅使对拉美裔的陈旧歧视信条重新复活，而且使新的歧视模式在政治、就业、学校以及执法机构中合法化了。② 本土主义在美国重新甚嚣尘上，"在美国，声称自己是'美洲印第安人'或'本土美国人'的人的数量在 1960 年到 1990 年间几乎翻了 3 倍，从大约 50 万增加到约 200 万，这种变化远远超出了标准人口学能够解释的范围"③。

拉美裔美国人不但面临社会、经济地位低下问题，而且还要面对主流社会白人保守势力的种族歧视与偏见。面对大量拉美裔移民的涌入，美国国内保守势力掀起一股反移民浪潮，一些排外势力趁机活动，酿成多起袭击和迫害西裔移民的暴力事件。美国立法机关也相继通过了包括"187 法案"、《辛普森—罗迪诺法》（又称《1986 年控制和改革移民法令》）和《1996 年非法移民改革与移民责任法案》，尤其是《1996 年非法移民改革与移民责任法案》强化了对边界地区非法移民的监视与惩处。在教育、就业、住房及司法方面，对西裔美国人都存在一定的隔离与歧视现象。④ 杰闵·拉斯基指出："当我们面对现实时，看不到人们无视肤色而只重客观素质，倒是看到历时数世纪的摧残数百万非洲裔美国人和其他少数种族群体生活机会的种族主义、奴隶制度和歧视问题。"⑤ 近些年来，随着拉美裔移民的剧增，对移民的歧视与排斥的论调更是不绝于耳，在美国一个新纳粹网站上，有新纳粹分子甚至公然宣称："我们正在迎来一场内战。

---

① 董小川：《美国本土主义运动评析》，《美国研究》2004 年第 3 期。

② Jr. Adalberto Aguirre and Jonathan H. Turner, *American Ethnicity: The Dynamics and Consequences of Discrimination*, New York: McGraw-Hill, Inc., 1995, pp. 149–150.

③ ［英］艾瑞克·霍布斯鲍姆：《认同政治与左翼》，周红云译，《马克思主义与现实》，1999 年第 2 期。

④ ［美］温森特·帕里罗等：《当代社会问题》，周兵等译，华夏出版社 2002 年版，第 177—190 页。

⑤ 黄兆群：《美国的平权措施：引发的争议及存废前景》，《世界民族》1993 年第 2 期。

你准备好了吗？我们应该开始大规模杀戮，让世界上的野人们重新害怕我们白人。解决移民入侵的唯一办法就是大开杀戒。""美国极端种族主义和新纳粹主义组织从2004年的762个增加到2005年的803个，造成这一现象的原因很多，但拉美移民人数的增多是最主要因素。"①

少数族裔低下的社会经济地位及主流社会种族歧视的普遍存在，结果导致一系列涉及少数族裔的社会问题，比如暴力、犯罪、种族间的仇视与冲突。对于美国少数族裔面临的一系列社会问题，尤其是犯罪问题，美国社会学家温森特·帕里罗等人的分析颇有见地："为什么少数民族群体成员与主导民族成员之间，在暴力和财产犯罪以及逮捕、定罪和刑罚中有这种不同？在某种层面上讲，答案在于刑事审判体制中存在偏见，但这又是一个更大问题的一部分。因为社会问题存在相互联系，在教育和就业中的根源问题首先解决之前，这一制度性歧视也许不可能克服。"② 正是由于西裔的社会、经济地位低下，加之不少人是非法移民，且美国社会的各种制度化歧视仍然存在，极容易引发一系列社会问题，包括犯罪、暴力、疾病和混乱等，尤其是大城市的西裔聚居区。

现代美国人的排外思想渊源既有经济方面的，也有政治和文化方面的，其中经济和文化因素最为重要。包括欧洲移民在内，前往美国的移民大都是生活所迫，所以，穷人移民成为美国人担心的一个重要问题。③ 两个族群在经济能力方面相互之间的差距越大，隔阂也就越大，因为在族群之间的体质、文化、宗教差异之外还有一层"阶级"差异。④ 在他们看来，移民这个词总是与贫穷连在一起的，而贫穷又常常与犯罪联系在一起。从总体上看，西裔美国人的社会经济地位仍然较低，由于受教育程度低以及不少人不太懂英语，所从事的职业也多属中低层次，家庭收入自然也较低。依照这种观点，拉美裔移民理所当然成为被他们歧视的对象。⑤

---

① 《新恐怖威胁拉美移民》，《参考消息》2006年5月30日第6版。
② [美]温森特·帕里罗等：《当代社会问题》，周兵等译，华夏出版社2002年版，第190页。
③ 董小川：《美国本土主义运动评析》，《美国研究》2004年第3期。
④ 马戎：《民族社会学——社会学的族群关系研究》，北京大学出版社2006年版，第339页。
⑤ 陈奕平：《人口变迁与当代美国社会》，世界知识出版社2006年版，第68页。

特别是西裔中的墨西哥移民，作为社会的底层，他们大多数只能得到较低收入的工作和保持较低的消费水平，集中居住在相对贫穷的街区，因此他们被大多数白人居民看不起，同时自身也具有某种自卑感和社会逆反心理。由于墨西哥裔居民与白人居民在收入和消费方面的明显差距，存在居住隔离现象，彼此带有较深偏见，白人和墨西哥裔居民之间的街头冲突时常发生。①

但是也有学者认为排外思想的产生更重要的原因在于文化因素，如托马斯·米尔（Thomas Mill）就认为，现代本土主义得以存在既不是就业机会竞争和社会福利待遇等经济问题，也不是所谓非法移民问题，而是涉及种族、文化和宗教多样化的问题。②"如果我们从种族这一分析维度来进行分析的话，那么属于欧洲白种人后裔（拉丁语系的欧洲白种人后裔除外）的美国人作为居于强势地位的社会主流群体，相对于属于黄种人、黑种人及其他有色人种的美国人来说，多少年来总是莫名其妙地拥有一定的优越感，拥有一定的文化强权和文化霸权。如果我们从宗教这一分析维度来进行分析的话，信奉基督教的美国人作为居于强势地位的社会主流群体，相对于信奉伊斯兰教等其他宗教的美国人来说，整体上享有一定的文化强权和文化霸权。如果我们从美国人的祖先国籍这一分析维度来进行分析的话，那么属于盎格鲁—撒克逊人后裔的美国人特别是属于英国人后裔的美国人作为居于强势地位的社会主流群体，相对于其他美国人来说，近两百年来无疑拥有一定的文化强权和文化霸权。如果我们从祖先生活地域这一分析维度来进行分析的话，那么祖先来自西欧的美国人作为居于强势地位的社会主流群体，相对于祖先来自非洲、亚洲、拉丁美洲和太平洋岛国的美国人来说，有一定的优越感，并享有一定的文化强权和文化霸权。如果我们从语言文字这一分析维度来进行分析的话，那么听说英语和读写英文的美国人在语言文字层面上作为居于强势地位的社会主流群体，相对于使用法语、德语、阿拉伯语等其他语言文字的美国人来说，无疑要享有

---

① 马戎：《民族社会学——社会学的族群关系研究》，北京大学出版社 2006 年版，第 339 页。

② David H. Bennett, *The Party of Fear: From Nativist Movements to the New Right in American History*, Chapel Hill: University of North Carolina Press, 1998, p. 111.

一定的文化强权和文化霸权。"①

　　肆意践踏少数族裔的文化权利，漠视它们的身份诉求，往往造成极大的民族张力，进而引发民族认同的危机。美国的这种一元文化主义实际构成了一种意识形态和制度性实践，它把其文化普遍化而排斥任何其他不符合它所设计的高等文化模式。而非主流民族就要放弃自己的文化观念和信仰，而归属到主流民族的文化价值观下。对此，自由民族主义认为："如果我们希望把个体当作自己生活的主人加以尊重，我们就必须接受他们的某些在我们看来不如别的选择那么有价值的选择。……因为不然的话，自主与多元就成为一句空话。"② 民族文化以其鲜明的文化符号浇铸出强烈的认同意识，使任何民族文化与异族文化接触时，往往以自己所认同的文化作为文化的价值尺度。对"差异"的过分强调带来的是只对自己所属的群体文化有兴趣，对其他文化采取隔绝、冷漠甚至排斥的态度。就一个社会来说，过分强调"差异"有可能造成各群体为了各自的权益而分裂与冲突，煽动民族主义情绪，导致对异己的排斥甚至迫害。虽然羞辱可以伤害一个人的内心，但他不是通过个人的而是通过团体或文化的贬损而受到伤害。"对一种文化的价值所造成的伤害程度，以至于对其文化认同重要性的否认，构成了最为严重的一种屈辱——对文化权利的侵犯。"③ 关于北爱尔兰的宗教冲突，马格里特写道：只有某个人因属于某个团体而为自我特征感到耻辱时，羞辱才会产生。如果一个社会的制度让人因为自己"合法地"属于而感到耻辱，譬如因为作为爱尔兰人、天主教徒或者贝尔法斯特（Belfast）博格赛德（Bogside）区的居民而感到羞耻，那么这个社会就不是一个合理的社会。④ "被迫实现的同质化只会加大少数派的异化和仇恨，这方面的典型例子是美国人对印第安人的同

---

　　① ［美］圣·胡安：《全球化时代的多元文化主义症结》，肖文燕译，《马克思主义与现实》2003年第1期。
　　② ［以色列］耶尔·塔米尔：《自由主义的民族主义》，陶东风译，上海人民出版社2005年版，第21页。
　　③ ［澳］墨美姬、布雷特·巴里主编：《印迹2："种族"的恐慌与移民的记忆》，马振涛译，江苏教育出版社2004年版，第73页。
　　④ Avishai Margalit, *The Decent Society*, Cambridge, CA: Harvard University Press, 1995, p. 108.

化过程。"①

移民群体的社会地位低是经济实力和政治地位相结合导致的结果。"移民及其后代融入民族国家的程度不仅取于社会经济过程、少数族裔群体的价值观和雄心，也取决这个接纳国的大多数人民对待移民的态度和行为。"② 在日常细微的社会过程中所产生的歧视和偏见等"族群意识"或相互的"抑制性认识"的问题，同各种有关移民的制度上的问题——"结构性限制"——一样，在移民的适应形态方面起到了重要的作用。③ 格尔森（Louis L. Gerson）在分析移民对祖籍民族认同产生的原因时非常精辟地指出："移民的民族主义产生的根源不仅在于他们对祖籍国的情感（这种情感在他们移民美国时往往是不存在的），而更多的可能是产生于那些拥挤不堪的贫民窟中，因为在那里由于孤独、贫困、偏见以及本土主义者和其他族裔群体对他们经常性的攻击使他们培育了群体意识。"④ "弯枝"成为伯林论述民族主义的一个中心隐喻。"一种受到伤害的'民族精神'，打个比喻说，就像一根被强力扳弯的树枝，一旦放开就会猛烈地弹回去。民族主义，至少在西方，是压力引起的创伤所造成的。"⑤ 弯曲暗示了民族遭到的羞辱性征服，但是，这个被迫弯曲的枝条终究要反弹回去，以鞭挞使其民族精神遭到欺辱者。"对占统治地位的意识形态的适应（阶级统治下的杂交性）同尼采所说的被羞辱一方的'憎恨'有着类似的性质：外表上被迫向主人臣服，但内心里却充满着仇恨和复仇的渴望。在这种情况下，他们所缺少的不是欲望，而是机会和抵抗的武器。"⑥

---

① Charles Taylor, *Hegel and the Modern Society*, Cambridge: Cambridge University Press, 1979, p. 115.

② Alec G. Hargreaves, *Immigration, Race and Ethnicity in Contemporary France*, London: Routledge, 1995, p. 149.

③ ［日］广田康生：《移民和城市》，马铭译，商务印书馆2005年版，第71页。

④ Louis L. Gerson, *The Hyphenate in Recent American Politics and Diplomacy*, Lawrence: The University of Kansas Press, 1964, p. 5.

⑤ ［美］内森·嘉德尔斯：《两种民族主义概念——以赛亚·伯林访谈录》，陆建德译，辽宁教育出版社1999年版，第259—260页。

⑥ ［澳］墨美姬·布雷特·巴里主编：《印迹2："种族"的恐慌与移民的记忆》，马振涛译，江苏教育出版社2004年版，第71页。

第三节 民族认同与文化身份

认同这个概念首先在社会心理学领域提出来。"认同"一词最先为弗洛伊德提出,意指个人与他人、群体或模仿人物在感情上、心理上的趋同的过程。① "心理学家普遍认为,个人或集体界定他们自己的方式在于,将他们自己与他者区分开来,或将他们自己置于他者的对立面。"② "每一个社会集团或认同在感觉上都是封闭的,不是每个人都能进入。"③ "人的自我认同是后天通过与外在世界互动而产生的,认同是联结内在个人与外在世界的桥梁,将个人缝合至社会结构中。"④ 身份的建构离不开"他者","他者"是界定自我的参照系。"他者"与自我并非二元对立,而是相辅相成的,随着自我的建构,"他者"也会不断发生变化。英国社会心理学家泰菲(H. Tajfel)等人提出了社会认同理论,这种理论逐渐发展成为自我类化(self-categorization)理论,认为当个人以他们的社会组织成员身份来界定他们自己的时候,这种由社会类别化来定位的自我知觉在社会行为中会产生心理区辨效应。⑤ "一个种族群体中的成员资格是一个社会认定的问题,是各个成员之间相互自我认定的问题以及其他群体的认定问题。要有效地发挥作用,并因此获得社会认定,种族群体似乎需要最起码的规模。"⑥ 这样,社会认同将重心由人际认同(interpersonal)转到群际认同(intergroup)。社会心理学家的社会认同理论为群体认同以及民族认同提供了心理机制的解释。

---

① 陈国强主编:《简明文化人类学词典》,浙江人民出版社 1990 年版,第 126 页。
② [英]马克·B. 索尔特:《国际关系中的野蛮与文明》,肖欢容等译,新华出版社 2004 年版,第 11 页。
③ [美]T. H. 埃里克森:《族群性与民族主义》,王亚文译,敦煌文艺出版社 2002 年版,第 64 页。
④ Stuart Hall, The Question of Identity, In S. Hall, D. Held and T. McGrew Eds., *Modernity and Its Futures*, Cambridge: Polity Press, 1992, p. 287.
⑤ H. Tajfel, *Social Identity and Intergroup Relations*, Cambridge England: Cambridge University Press, 1985, pp. 47–51.
⑥ [美]伊曼纽尔·沃勒斯坦:《沃勒斯坦精粹》,黄光耀、洪霞译,南京大学出版社 2003 年版,第 5 页。

由于社会结构多元化，出现了公民身份的认同危机，个人除了具有各种社群成员的身份之外，还需要具有公民身份，从而在一个政治公共领域里得到普遍的承认，并享有相应的权利和义务。在多元社会里，人们对权威产生了怀疑，一种永恒不变的主导价值失去了昔日的光辉，个人面临多方面的价值选择。"我到底是谁？"成了个人必须面对的问题。如科恩所说，"一个人只有通过知道他不是谁，才能知道他自己是谁"。温特指出认同虽然从根本上说是一种主体或单位层次的特征，根植于行为体的自我领悟。但是这种自我领悟的内容常常依赖于其他行为体对一个行为体的再现与这个行为体的自我领悟这两者之间的一致，所以，认同也会有一种主体间或体系特征。① 霍布斯鲍姆认为：首先，集体认同是从消极意义上被界定的，也就是通过强调自我与他人的不同来实现的，体现了对立和排他；其次，认同如同外衣一样可以互换或叠加，人们不是只有一种身份，只是认同政治的鼓动者假定其中的某一种身份决定或者主导着政治取向，具有外部的强加性；再次，认同和认同的表达方式并非固定不变，而是可以根据需要不断变化，表现出身份的可变性或流动性；最后，认同取决于可能发生变化的环境，客观环境对主观认同具有迫使性。②

"民族认同是民族国家通过政治与文化的动员来建构共同意义的过程，在所有形式的集体认同中，它最具根本性和包容性。"③ "民族认同是民族成员对自己所属族群的认知与情感依附。"④ 民族认同不仅可以帮助确立民族国家的身份，而且还能使它获得巨大的凝聚力和复原力，对其统一与稳定起着至关重要的作用。所谓文化身份，简单说就是各民族在世界多元文化背景下所显示出来的自身的特点。它不同于民族性这个概念，民族性虽然也是指民族文化的特点，但它基本上是自发地形成的，而民族身份却是为了避免被其他文化同化而主动追求和创造出来的。文化身份（cultural identity）乃是一个民族或社群在共同生活的历史过程中所形成的

---

① [美] 亚历山大·温特：《国际政治的社会理论》，秦亚青译，上海人民出版社2000年版，第282页。
② [英] 艾瑞克·霍布斯鲍姆：《认同政治与左翼》，周红云编译，见杨雪冬等主编《"第三条道路"与新的理论》，社会科学文献出版社2000年版，第108—110页。
③ Anthony D. Smith, *National Identity*, Las Vegas: University of Nevada Press, 1991, p.141.
④ 陈国强主编：《简明文化人类学词典》，浙江人民出版社1990年版，第126页。

民族心理结构和带有民族印记的文化形式特征。"文化身份"也可以说是一个民族或社群的文化认同，是某种共性和本质的表现。① 自由民族主义认为："现代身份的两个最重要方面——过一种自己发自内心喜欢的生活的内在需要与有所归附的需要。除非个体生活在文化多元的环境中，否则他们就不能实践他们的文化选择权利。"② 越来越多的人强调文化认同的意义是因为文化身份不但提供成员有意义的选项，而且文化的衰退，会减少成员的选择和机会，成员的追求也难以成功。文化认同提供自我认同一个稳定的基础和安全的归属感，这也意味着人的自尊必然使其族群文化受到尊重，如果一个文化没有被普遍尊敬，其成员的尊严和自尊自然也不会受到尊重。

当然，以上所给出的有关"民族认同"和"文化身份"的定义是相对的，正如自由民族主义所说：文化的与民族的归属既是被选择的也是建构性的③，"民族认同"和"文化身份"都属于社会建构的范畴，是一种情境化的东西，是人们在不同环境中可资利用的资源，都是我们作为个体在不同时期和环境中，能够加以利用的有边界的资源单位。人们的族群意识和认同格局依环境和各类影响因素处在不断变化的动态过程之中，所以"民族认同"和"文化身份"的概念并非固定不变，而是会根据环境和利益的变动，持续地处于更新、重新诠释和论辩中。当民族的社会、政治和经济条件改变时，"民族认同"和"文化身份"会以适应新环境的方式来更好地回应成员的物质、象征和情感需要，它们依赖于一定的社会背景而被召唤。

所谓身份、认同等都不是固定不变的，而是流动性的、复合性的。民族认同和文化身份在全球化社会中变得越来越复杂。我们很难想象什么纯粹的、绝对的、本真的族性或认同。构成一个民族认同的一些基本要素，如语言、习俗等，实际上都已经全球化，已经与"他者"文化混合，从而呈现出不可避免的杂交性。我们只能在具体的历史情境中，根据具体的

---

① 杨传鑫：《论文化及文学的全球化、民族性与多元化问题》，《中南民族学院学报》2001年第2期。

② ［以色列］耶尔·塔米尔：《自由主义的民族主义》，陶东风译，上海人民出版社2005年版，第19页。

③ 同上书，第22页。

语境建构自己的身份。全球化产生的结果难以控制和预测,"我是谁?我从哪里来,到何处去?""人生的意义与价值何在"等文化认同问题重新成为时代的问题,而且愈益突出,拷问着许许多多人的心灵。由于文化的封闭时代被打破,也由于文化扩展的方式越来越与现代的科学技术相结合,导致文化主体的角色越来越多样化和复杂化,从民族认同或文化认同中寻求普遍与共同的内容越来越必要和迫切,但同时又是越来越困难。"在后现代社会中,由于身份认同的碎化,多重社会认同的现象比以往更加普遍。"① 这样就出现了既有族群范围内的认同,又有国家范围内的认同。个体文化身份的"混杂"是全球化的必然结果。"由于地区和全球层面上的政治变革弱化了人们对所居住的国家的倾向性,民族国家作为认同源泉的意义正在减弱。"②

在全球化的影响下,人们逐渐转向在民族国家的范畴以外寻找自我认同的源泉。"民族文化认同是人们形成群体和进行有组织政治活动的自然基础。"③ 族群边界的"清晰化"和个体"族群身份"的固定化,使族群边界成为一个社会问题。而当族群身份与某些优惠政策或歧视政策相关联时,族群边界就进一步成为政治问题。"肯定性行动"计划就是一个典型的例子。在20世纪60年代此起彼伏的民权运动的高潮中,美国政府启动了"肯定性行动"计划,在就业、教育等领域对黑人、少数民族、妇女等社会弱势群体给予某些优待和照顾。四十多年来,关于"肯定性行动"计划存在和实施必要性的争论从未间断过。目前的情况是,取消"肯定性行动"计划可能会激起少数民族的强烈不满,甚至可能引发新的种族冲突;而继续实行"肯定性行动"计划,则会引起越来越多的白人和在"肯定性行动"计划中利益受到伤害的人士的反对。

对"肯定性行动",自由民族主义理论提出了自己的解释。首先,倡

---

① [美] 罗宾·科恩、保罗·肯尼迪:《全球社会学》,文军等译,社会科学文献出版社2001年版,第160页。

② [英] 安东尼·吉登斯:《社会学》,赵旭东等译,北京大学出版社2003年版,第69页。

③ Patrick J. Haney and Walt Vanderbush, The Role of Ethnic Interest Groups in U. S. Foreign Policy: The Case of the Cuban American National Foundation, *International Studies Quarterly*, 1999, June, Vol. 43, p. 341.

导认真考虑文化与民族的差异，承认即使在最自由的国家，少数民族的成员也有冤情，应该制定出减少这种冤情的方法。① 持续遵循文化中立的观念妨碍现代民族国家承认少数群体所遭受的不利处境，以及保证他们有特殊权利与特殊保护的必要性。② 自由民族主义的这一观点肯定了制定类似"肯定性行动"这类政策措施的初衷。其次，"肯定性行动"计划，经常被错误地解释为是针对群体的。但是事实上，赋予群体以代表权，或主张各种各样的群体都应该比例恰当地在所有的公共领域有其代表，其动力不是对于群体福利的关切，而是对于其个体成员的关切。③ 自由民族主义对"肯定性行动"的阐释为我们提供了解决"肯定性行动"所面临的困境的一个可能的选择，即现有的以种族和性别为基础的"肯定性行动"计划可以为以个人需要为基础的"肯定性行动"计划所代替。这样一来，在制定对移民等少数族裔的优惠措施时可附加一些限定条件，以社会经济地位和个人的实际需要而不是种族作为优待的依据，缩小了对少数民族的照顾范围，这有助于缓解各方的矛盾，不失为一个在道义上和实践中都行得通的妥协之策。

全球化事实上加强了所谓"认同政治"。以他者性（otherness）为根源的身份政治（identity politics）依靠不断地产生和消灭他者寻求自我的存在和生存。"认同"所包含的政治意义表现为两种相反的取向：其一是市民社会中的非主体部分可以通过其社会历史、文化背景和性别、阶级、种族、民族地位（或处境）来塑造或培养他们的认同政治；其二是构成国家或构成市民社会的主体力量试图通过同质化的认同来消除社会异质性。④ 齐美尔最先用"陌生人"概念来描述那些脱离以血缘和地缘关系为人际纽带的乡村进入城市所遭遇到的那种人际疏离的城市心理。齐美尔着重指出，在陌生人与群体的关系中，距离扮演着十分重要的角色。⑤ 社会

---

① ［以色列］耶尔·塔米尔：《自由主义的民族主义》，陶东风译，上海人民出版社2005年版，第149页。
② 同上书，第152页。
③ 同上书，第39页。
④ 郝时远：《美国等西方国家社会裂变中的"认同群体"与ethnic group》，《世界民族》2002年第4期。
⑤ 周晓虹：《西方社会学——历史与体系》第1卷，上海人民出版社2002年版，第326页。

距离指不同民族、种族、宗教、职业的人们之间的亲密程度。文化是决定社会距离远近的最重要的因素，文化差异越大，社会距离也越大，陌生感也就越强。①"陌生人心理带来的不确定性会引发两种相反的行为：一种是由于好奇而引发的探求心理，另一种却是由于不安全感而引发的排斥心理。后者则更经常地是由于受到威胁、攻击等行为而采取的自我保护的本能所形成的戒备甚至于敌视的固执心理，最终成为跨文化交际中难以逾越的心理障碍。"②

移民群体的迅猛发展，已经使社会的利益格局和利益关系发生了重大的变化，产生了具有不同利益要求的利益主体，社会群体在新的政治经济文化背景下催生的价值认同差异现象已初露端倪，个人选择的自由和社会价值的多样性已成为当代价值观念变化的一个鲜明特点。族群的需求是不同且多元的，主流文化所主导的单一认同，不能满足族群的多元需要，结果会造成族群间彼此矛盾、紧张、冲突的产生。③

文化身份是隐藏在社会的各种力量和抗争之中，由内部差异决定的。移民在新的环境中往往被视为他者，其外来者的身份决定了他们很难被当地社会所认同，这使他们对本土的依恋加强。因此，在主流文化中寻求自身的文化认同就成为一个普遍现象，这就影响或者威胁到了居住国的文化认同问题，曾经明确的文化中心变得模糊，致使文化认同发生危机。对于移民来说，他们往往把自己的身份定位为自居边缘。对他们而言，地缘观念以及由亲属血缘关系构成的集体意识，使他们得以在陌生环境中维持集体的历史延续性，并借此通过认识自己和新环境来逐步适应。这是处于边缘地位的移民群体发掘自身与主流文化差异性的一种文化政治实践。族裔文化认同是移民从祖籍国带来的文化遗产，是维系族裔群体成员保持群体关系的重要纽带，也是族裔群体与其他社会利益群体最主要的区别。对于这些处于边缘地位的移民族群而言，族群认同具有重要意义，拥有它，你就知道自己是谁，来自何方，你就拥有力量和权利来要求承认自己的平等

---

① Everett M. Rogers, Thomas M. Steinfatt, *Intercultural Communication*, Illinois: Waveland Press, 1999, p. 44.
② 王涛：《跨文化交际中的东西方价值观差异与道德融合》，《东南大学学报》2005年第9期。
③ 张秀雄：《建构适合台湾社会的公民资格观》，《公民训育学报》1999年第6期。

尊严。"他们理解我，就像我理解他们一样。而这种理解在我的内部创造了'在这个世界上我并非无足轻重'的感觉。"① 从积极的意义上来说，移民群体作为文化身份的"混杂"者，实际上是沟通异质文化的桥梁，既传播原民族文化，又将其他民族的文化传载到原来的民族。文化身份"混杂"者是对原民族文化身份的肯定与超越，在拓宽自己生存空间的同时，也使原民族的文化扩延了空间。但是，这样的文化身份的混杂，也产生了很多问题。从移民个人角度来看，如果移民个人偏执于历史记忆，而拒斥另一种文化时，他会焦虑不安，有一种人格分裂感，这是典型的"水土不适"，他会很难在异国他乡的环境下生存。如果他醉心于现实的文化环境，而忘了原民族的文化身份，会给人留下"民族背叛"的印象，感受另一种众叛亲离的痛苦。而对文化身份的过分强调，会使人产生极端民族主义情绪。过分强调单一的认同，往往就会导致分离主义。

把作为政治共同体的国家与族体或民族分离的结果，是承认双重或多重的认同（政治认同和民族认同）。② 举一个移民群体双重文化认同表现得最为普遍的典型例子——语言的使用。费希曼指出，一个族群需要其母语时，是因为在那个语言社区中，主流语言无法满足该族群沟通的功能，而促使此族群愿意保存自己的母语并使用自己的母语，以便能借助母语表达自己的思想。③ 英语一直是美国主流社会用以融合来自世界不同文化背景民族的主要手段，也是强化其美国认同的重要组成部分。虽然美国宪法并未明确规定英语为美国的官方语言，但长期以来，英语是美国政府机构和学校使用的正式语言，然而，在现代美国社会，英语的这一历史地位受到了极大的挑战。除了关于学校中是否实行双语教学的争论外，社会生活中族群使用祖籍国语言的现象随处可见，其趋势已经引起美国主流社会的普遍担忧。2000年美国人口普查结果显示，美国居民5岁以上人口中多达4695.2万人在家说英语以外的语言，占5岁以上人口的17.9%，其中

---

① I. Berlin, *Four Essays on Liberty*, Oxford: Oxford University Press, 1969, p. 156.
② [德]菲利克斯·格罗斯：《公民与国家——民族、部族和族属身份》，王建娥、魏强译，新华出版社2003年版，"导言"第7页。
③ Joshua Fishman, *A Language and Ethnicity in Minority Sociolinguistic Perspective*, Clevedon: Multilingual Matters Ltd., 1989, p. 12.

说西班牙语的人数为2810.1万，说亚太语言的为696万。① 在佛罗里达、加利福尼亚、得克萨斯和新墨西哥等少数族裔聚集的州，一些地方根本就听不到英语。总部位于洛杉矶的西班牙语媒体公司Univision近些年不断扩张，旗下所拥有的有线电视网、电视台及因特网络等的观众和客户呈直线上升的趋势，这也从一个侧面反映了西裔群体对本族文化认同的不断增强，英语一统天下的地位在保持双重文化认同的少数族群面前开始逐渐动摇。② 亨廷顿担心："1965年后西裔移民的大量涌入会使美国社会在语言（英语和西班牙语）和文化（盎格鲁和西裔）上产生分裂，这种分裂会以美国最严重的社会分裂来加强或者替代黑人与白人之间的裂痕……总之，美国会因此而失去她在文化和语言上的统一而成为一个像加拿大、瑞士或比利时那样有着双语言和双重文化的社会。"③

移民产生和保持双重文化认同的原因是多方面的，既是我们上面所谈到的移民在融入东道国社会进程中的现实和心理需要，也是东道国社会在接纳新移民过程中常常表现出的种族歧视和排外主义所带来的结果。在现代社会中，特定的个体一般都有多重身份，同时在不同的层面上认同于不同的群体，而"没有一种身份是本质性的，也没有一种认同本身可以根据其历史脉络就具备进步和压迫性的价值"④。倘若主流社会强行压制少数族裔，在前者政治力量占据绝对优势的情况下，后者一般会屈从；然而一旦双方力量对比发生大的变化，新的身份诉求、族裔间的冲突乃至整个民族的动荡便会出现，因为"集体认同倾向于以扩张或收缩的方式来填补政治空间"⑤。泰勒把承认作为认同形成的重要条件，他指出认同表示一个人对于他是谁，以及他作为人的本质特征的理解。这个命题的意思是说，我们的认同部分地是由他人的承认构成的；同样地，如果得不到他人

---

① Statistical Abstract of the United States: 2002, Washington, D. C.: U. S. Census Bureau, 2003, p. 871.

② 朱全红：《论美国族裔群体的双重文化认同》，《学海》2006年第1期。

③ [美] 塞缪尔·亨廷顿：《我们是谁——美国国家特性面临的挑战》，程克雄译，新华出版社2005年版，第19—20页。

④ [美] 曼纽尔·卡斯特：《认同的力量》，夏铸久等译，社会科学文献出版社2003年版，第5页。

⑤ Donald L. Horowitz, Ethnic Identity, in Nathan Glazer, et al. eds., *Ethnicity: Theory and Experience*, Cambridge: Harvard University Press, 1975, p. 137.

的承认，或者只是得到他人扭曲的承认，也会对我们的认同构成显著的影响。得不到他人的承认或者只是得到扭曲的承认，能够对人造成伤害，成为一种压迫形式，它能够把人囚禁在虚假的、被扭曲和被贬损的存在方式之中。① 认同实际上是由内在和外在结构建构而成。温特所说的认同的主体间性揭示了认同的社会性质，即认同是在行为体的社会互动和交流中获得确认的。每一个人和每一个群体都希望得到社会的承认。如果一个人或一个群体周围的人或社会给他们反馈回来的是对他们自己的限制、否定或者轻视，那么他们将遭受到真正的伤害、真正的歪曲。这不只是对应有的尊重的缺乏，而且还能引起难以忍受的伤痛。以美国为例，"对非白人裔移民而言，尽管他们已经在美国社会中生活了很多年，享有较高的社会经济地位，适应了美国文化，但还是有一种或者在机构上遭到隔离，或者作为一个族群受到美国社会歧视的倾向。移民对这种结构性限制的认识，抑制了其希望作为一个群体而被主流社会承认的希望，进而使他们为保护自己而维系自己的族群性，这种族群性支撑了其安全、在群体性所属中所获得的满足感、社会性认知以及自我认同。换言之，移民的强烈族群依附感的形成，也许是美国社会结构中所固有的族群隔离、移民的那种受压抑的适应能力、特定时期内移居国社会中各种经济和生态学条件等因素所始料不及的结果"②。族群认同不仅是族群成员对族群文化的接纳，而且还是他们主观心理归属的反映。当一个群体缺少金钱，教育程度又低，还很少有权力渠道，那么就容易被社会主流群体所歧视，一旦一个族群因为歧视而产生认同，那么它更容易成为歧视的靶子。或者，当一些排除在权力和权威之外的族群利用金融资源谋取更多金钱时，经常会因为他们的财富产生敌意，结果成为仇视的靶子。例如亚裔美国人或亚裔欧洲人和犹太人也同样受到歧视。

在美国等西方发达国家中，认同群体在高度城市化的社会环境中，往

---

① ［加］查尔斯·泰勒：《承认的政治》，舒炜译，见汪晖、陈燕谷主编《文化与公共性》，三联书店1998年版，第290—291页。

② K. C. Kim, W. M. Hurh, Adhesive Sociocultural Adaptation of Korean Immigrants in the U. S. : An Alternative Strategy of Minority Adaptation, *Internatioal Migtation Review*, 1984, Vol. 18, p. 189.

往通过"社区空间"或"飞地意识"来维护"族类政治化的边界"。① 由移民群体所产生的社群的分化和聚合及其"认同政治"的诉求,通常也会表现出分离主义的倾向。这种社会裂变"是由于一个团体或文化社团觉得自己未获得大社会的肯定,于是便不愿依循大多数人民的共同理解来运作,因而产生脱离的要求"②。他们经常使用民族主义的话语来强调自我的地位。在意识形态出现变化、政治结构出现松动、国内外环境发生重大变化时,移民族群原有的以本族文化(语言、宗教等)为基础的"族裔民族认同"就有可能发展成为以建立独立"民族国家"为目的的民族主义运动。皮勒·彼得苏(Pille Pertersoo)指出,在认同形成的进程中强调差异是非常重要的。民族,它们的认同和民族主义都需要他者的存在。和他者的相遇是民族主义和民族认同形成的前提条件。③ "族群意识"同移民的社会关系以及共同体的性质之间有着密切的关系。"族群认识或意识"以相互间的"异质性认识"为基础,包含一些偏见和差异认识。移民在移居国和移出国这两个国度里均作为一名"外国人"的地位和意识导致了他们对自己"族裔社群社会"的高度参与,这可能最终导致了其"族裔社群社会"未必受国家架构束缚的特性的形成。

民族文化的差异性以及建基其上的认同的差异性是真实存在的,问题的关键是:认识差异的目的是平等对话还是制造新的对抗,是寻求扩大价值共识还是加深价值危机。认同,应该是以承认和容忍差异为前提的,如果两个民族没有丝毫差异的话,何须认同呢?

在一个合理民族国家框架内,各种合法的认同都有能力保持自身的独立性,尊重和承认它们的价值是这个社会的主要规范之一。在这里需要加以补充说明的是,传统的民族主义观点中把文化与民族的归属看作是一种命运而不是选择,不承认个体能够改变他们的民族归属,认为这反映了对自己的文化的背叛。但自由民族主义则不这么认为。按照自由民族主义的

---

① 郝时远:《美国等西方国家社会裂变中的"认同群体"与 ethnic group》,《世界民族》2002 年第 4 期。

② [加]查尔斯·泰勒:《公民与国家之间的距离》,李保宗译,见王晖、陈燕谷主编《文化与公共性》,生活·读书·新知三联书店 1998 年版,第 211 页。

③ Pille Peterso, *Nationalism and Dialectic with the other: Positive and Negative others in Estonia*, http://www.kent.ac.uk/politics/research/erwp/pille.htm.

观点，个人有选择自身民族和文化归属的权利，即移民有选择同化和不被同化的自由，这是自由民族主义同传统民族主义和社群主义的一个根本区别。正是基于尊重个人自由选择，各种认同都不应该受到压制，它们各自拥有自我表达的方式和途径。

承认差异，尊重个性，包容多样，在尊重差异中扩大社会认同，在包容多样中形成共同价值，在和谐中实现共同发展是多民族共存的基础。"当一个政治实体对于文化差异变得更加宽容的时候，它就减少了民族不稳定的风险。"[①] 承认区别、承认社团，尊重不同的文化和种群，更加尊重社会内部的不同社群的文化认同，更为注重不同社群的代表性，自觉地利用不同社群内部习俗和机制管理不同文化社群。融入不是单行线，而是一个动态的、双向的移民与聚居国居民之间互相适应的过程，因此，主流社会与少数民族社区之间的交流、对话和积极了解必须得到加强。"从结构的黏合度来说，国家类似于太阳系而非一块花岗岩。假如太阳的重力吸引减弱，行星们将会背离。最遥远的那些行星（即冥王星与海王星）将首先从太阳的吸引中逃离，紧跟着的是较内的行星，直到太阳系完全解体。甚至在正常情况下，在椭圆轨道上运转的彗星也可能从太阳引力下解放自己并永久离开太阳系。与此相反的是，也可能发生一些先前不属于太阳系的天体被太阳的重力场捕获的现象。这种情形与国家的情况类似，将太阳引力代之以中央政府，行星们代之以组成民族国家的不同地区组成部分，假如中央政府减弱，一些地区将会要求自治甚至独立，最边缘的集团将首先分离，紧跟着是那些逐渐接近于民族国家核心的集团。"[②] 如果族群矛盾恶化为公开的政治冲突和分裂运动，那将会使整个社会分崩离析，并可能导致内战及外敌入侵，国家急剧衰弱甚至四分五裂，在动乱战火中本国经济基础和各项设施将遭到破坏，这个国家所有族群将饱尝政治分裂和经济衰败所带来的苦果，在这一过程中，可以说这个国家所有族群最终都是"输家"。

---

① ［以色列］耶尔·塔米尔：《自由主义的民族主义》，陶东风译，上海人民出版社2005年版，第166页。

② Bertrand M. Roehner, *Separatism and Integration*, Lanham: Roman and Littlefield Publishers Inc., 2002, p. 9.

多元社会的存在是以某种程度的政治共识为前提的，公民群体需要对基本的政治价值和政治程序表示认同和接受，否则，社会就会出现危机、分裂、动乱。如何使民族国家的宪法和法律及其包含的理念成为具有不同利益要求、不同价值观的公民之间的共识，从而保持社会的统一稳定和发展，已成为一个不容回避的重大问题。实现全国各民族的政治共识，首先要让更多的公民理性地认识到，族裔身份的多样性和不同族群或文化背景的人们在同一国家内共存是不可逆转的社会现实，进而达成消除排斥性、增进包容性，实现社会和道德重建的基本共识。

第四节 对"我们是谁？"的回答
——重建美国国家认同

对与他者的差异的过分强调很可能导致对他者身份的扭曲和否定。很多时候，过多地鼓励少数族裔保留自己的文化传统，则意味着没有把他们看作主流社会的一部分，久而久之，反而把他们边缘化了。实际上原住民族和他者之间的关系在不同的情境下并非不可转换。在大不列颠群岛，苏格兰可能视英格兰为他者，但是在欧洲和世界范围内，苏格兰人和英格兰人都不得不承认他们属于一个国家。为了解决与处置多种族的美国社会所造成的内在的脆弱性，美国早期的思想家们在多年的实践中开创了一系列的理论，如民主、自决、个人自由与尊严、平等的理想等，以创造一个崭新的民族认同感。美国建国初期的精英们所关注的是摆脱欧洲的黑暗，在认同与融合的基础上建立一个新的社会与政治社团。正是这些美国信条保障了美国这个多种族移民所构成的社会得以生存和发展。《一位美国农夫的来信》被奉为美国各个民族大融合的经典文献，信中对于"什么是美国人"的回答几个世纪以来被认为是一个美国人必须达到的理想境界："他把一切古老的偏见和习俗都抛到身后，从他所接受的新的生活方式中，从他所服从的新政府里，从他所处的新的地位上，获得新的习俗。由于被接纳进我们伟大养母宽大的怀抱里，他成了一个美国人。在这里，来自世界各国的人融合成一个新的民族。"[①] 亨廷顿在其《文明的冲突与世

---

① 朱全红：《论美国族裔群体的双重文化认同》，《学海》2006年第1期。

界秩序的重建》一书中也承认:"历史上美国的民族认同在文化上是由西方文明的遗产所界定的,在政治上则是由美国信条的原则所界定的,即绝大多数美国人都赞同的自由、民主、个人主义、法律面前人人平等、宪政和私人财产权。"① 爱德华·勒特韦克(Edward Luttwak)在其著作《危急的美国梦》中写道:"美国既不像法国和意大利那样有可供分享的民族文化来联合人民,我们的多元文化社会有太多不同的文化;美国也不像日本那样仅仅依靠种族就能团结人民,我们有太多的种族起源。美国人所共有的只是机遇与追求富裕的平等。"②

国家认同是自豪感和爱国主义的问题,不可能强迫获得,只能发展而来。要使移民认识到移居国是他们自愿选择的新家园,应该用全身心去热爱,就要使移民在对主流社会的参与中实现对话与整合。当(以及如果)移民有了一种社会团结感、被关心感时,并且当他们(以及如果)能够对这些关心心怀感激时,他们自己就会开始关心东道国。此时,他们就会开始认同所有的或部分的"我们"或"我们的",以及他们带来的所有充满感情的行李。③ 归属于一个政治实体是特殊义务的根据,而爱国主义的认同过程就是在这种义务之下发生的。④ "问题是,我们的爱国主义能不能经受参与性自治的边缘性而保存活力?如我们已经看到的,一种爱国主义,就是对一种基于某些价值的历史共同体的一种共同的认同。……但这必须是这样的共同体:它的核心价值中包括了自由。"⑤

在美国,爱国主义应被定义为对自由民主和人性原则的维护,而不是对某一单一民族为基础的文化群体的热爱。移民怀着各种各样的"美国梦"从世界各地涌入这片"新大陆",他们的智慧和勤劳为这个国度的繁荣和强大输入了源源不断的新鲜血液,同时也带来了祖先留给他们的难以

---

① [美] 塞缪尔·亨廷顿:《文明的冲突与世界秩序的重建》,周琪等译,新华出版社1998年版,第352页。

② John O'Sullivan, American's Identity Crisis, *National Review*, 1994, Vol. 46, p. 36. 转引自韩家炳《加拿大和美国学者关于多元文化主义的评论》,《国外社会科学》2006年第4期。

③ [澳] 墨美姬、布雷特·巴里主编:《印迹2:"种族"的恐慌与移民的记忆》,李媛媛等译,江苏教育出版社2004年版,第283页。

④ [德] 哈贝马斯:《哈贝马斯精粹》,曹卫东选译,南京大学出版社2004年版,第271页。

⑤ 同上书,第258页。

抹去的肤色、血缘、语言、宗教、习俗和文化，以及他们内心难以割舍的对于故土的牵挂和关怀。作为公民个人，移民在向星条旗效忠的同时，身上依然会保留祖先的印记、传统和血脉。R. 阿尔瓦拉斯通过关注"获得公民权"的过程，分析了移民尤其是墨西哥裔移民整合于移居国社会的过程。在该研究中，他特别把这些移民的"双重归属"意识作为现代移民建立认同的核心特征提了出来。阿尔瓦拉斯指出，关注移民对两个国家的双重归属意识对研究其作为美国公民的自我形象的确立是非常重要的。移民看好自己身为美国公民的行为方式，注重自由表达自我和批评国家的权利，但同时维系着对自己祖国的归属意识。这种"双重归属"意识与其说意味着一种在政治上对祖国的忠诚，倒不如说体现了一种移民对自己出生地的历史文化的忠诚态度。移民永久维系着对祖国的国家认同，这成为一种他们用以维系其文化认同的社会机制。[①] 而当人们通过移民方式获得一国国籍，就表明他们以明示的方式认可了国家权威和宪法，也将承担起相应的政治义务，但这决不意味着要求移民认可该国的主流文化乃至某一特定宗教，这一点对于美国这种移民国家和多元文化社会尤其如此。美国社会民族、种族的构成，从一开始就赋予了美国文化多元性的特点。历史上美国也曾针对大量的外来移民试图通过"同化""美国化"等手段净化美国社会，强迫所有其他民族、种族的移民放弃其原有的民族文化认同，接受盎格鲁—撒克逊主流文化，以保持美国白人主流文化的纯洁性。但历史证明这些手段并不能彻底根除移民们对其母国文化的认同，相反，正是来自世界各个民族和种族的移民为美国文化增添了许许多多的异质文化营养，最后才融合成了现在我们称之为"美国文化"的文化，其特点就是开放、包容和多元。马格勒特·摩尔指出："要想创建一个共同的政治事业，必须先承认不同的身份，国家的政治文化必须尽可能地包容不同群体的传统，确保在整个民族的历史中也有它们的历史。"[②] 民族国家若想长久地维系民族认同则必须摒弃狭隘的同化主义，为少数族裔文化开辟

---

① R. R. Alvarez, A Profile of the Citizenship Process among Hispanics in the United States, *International Migration Rivew*, Vol. 21, 1987, p. 330.

② Margaret Moor, Liberal Nationalism and Multiculturalism, in Ronald Beiner, et al. eds., *Canadian Political Philosophy*, New York: Oxford University Press, 2001, p. 190.

必要的生存空间，在族裔多元的基础上寻求民族的统一。这就要求国家建设和国民统一必须现实地立足于存在民族、文化多样性这一事实上进行。

公民国家建立在公民权和所有公民权利平等的基础上，不论他们的原籍、文化或宗教背景如何，要充分尊重他们的种族文化遗产和权利。而部族国家（以及极端民族主义政体）则是建立在共同的族群或族裔祖先的神话基础上的，权利甚至特权只授予那些主体民族成员（实际上是处于统治地位的政治精英和与此相联系的政治阶级）。本地的族群拥有居高临下的优势地位，而少数民族则被贬低到不同程度的从属地位，成为二等公民。这种种族血缘纽带，与公民政治—地缘纽带是背道而驰的，种族血缘纽带排斥其他不同的种族集团，而公民原则就其广义来说是包容全面的。民族主义部族国家是一个与现代社会基本人权和政治权利持久冲突的政治信念和制度。[1] 在多元公民国家里，许多人都生活在两种文化中，一种是族群的文化，另一种是更广泛的政治和地域文化。由于社会身份的多样性和复杂性，人可以从属于不同的社会共同体，小到家庭，大到国家，文化认同因而是复合型的，由多种维度构成，并随着社会的发展不断增多和日趋复杂。人们对认同的选择也是多样性的，可以拥有一种认同，也可以拥有多种认同。人们往往根据场景与情景的不同，相对自主地在不同的认同之间游移，在对一个较小的认同单位选择的同时，并不妨碍对较大的认同单位的选择。

在当代世界，族群认同的实质就是文化认同，而国家认同的实质就是公民认同。文化认同被等同于民族国家认同，由此而带来了理论困境，这实际上是在民族国家的论述框架中解说的文化帝国主义或文化支配现象，因而文化支配也就成为"威胁民族国家认同的严重祸害"。而按照自由民族主义中的主张，民族自决的要求并不与政治主权的要求同义，其突出了一种文化而不是政治的诉求，就是说这是一种维护一个民族作为一种独特的文化实体而存在的权利。这种对于民族自决权的文化阐释有两个主要的优点。首先，它把这个权利赋予不同文化群体的一般权利的语境中。其次，它在当前的世界上显得更加适合，这个世界正在经历着超民族的经

---

[1] [美] 菲利克斯·格罗斯：《公民与国家——民族、部族和族属身份》，王建娥、魏强译，新华出版社2003年版，第37页。

济、战略以及生态合作的明显优势与不断增长的对于维护民族与文化独特性的关切——这种关切正在导向对于建立自治的民族实体的强烈要求——之间的紧张。① 在自由民族主义看来，国家与民族之间的联系是一种历史的偶然。"国家的主要特质是其权威（主权）的特殊性，其超常的、不断增长的物力资源，其界定清晰的领土。"② 而所有这些特质中的任何一项，都不被认为是"民族"概念的本质特征。③ 这正如沃森所强调的："国家是一个'法律的与政治的组织，这个组织的权力要求公民的遵从与真诚'；而民族则是'一个人民共同体，它的成员通过一种凝聚感、公共文化以及民族意识联系在一起'。"④

塔米尔认为，民族与国家之间概念混淆的产生，反映了现代民族国家出现的历史过程，这个虚假的民族与国家等同的广泛流行不能简单地归于精心策划的民族主义的谬误。"国家应该是人民意志的机构化代表"的信念构成了美国与法国革命的基础。民主的普遍主义的理想与正在出现的民族意识形态的契合反映了当时的社会政治现实。自决权被理解为纳税人的政治表达权的对应物。这样就在国家的公民与民族的成员之间造成了完全的重合。但是自18世纪末以来的历史道路的标志性特征恰恰是一系列社会、经济、政治的剧变——移民、多民族居住的新国家的建立，以及包容原先被排除在政治过程之外的那些群体。这些都削弱了国家公民与民族成员之间的同一性，把公民自我统治的权利等同于民族成员的自决权利不再显得合理。虽然几乎不再存在民族上同质的国家，但是政治话语并没有使自己适应这些新的发展。⑤

自由民族主义有关民族自决权和民族与国家的区分的论述充分说明了族群认同本身无可厚非，族群认同和国家认同是可以共存并续的，族群认同与国家认同并不冲突，而是一致的。拥有两种认同是很自然的事情，

---

① ［以色列］耶尔·塔米尔：《自由主义的民族主义》，陶东风译，上海人民出版社2005年版，第51页。
② K. Dyson, *The State Tradition in Western Europe*, Oxford: Martin Roberson, 1980, p. 591.
③ ［以色列］耶尔·塔米尔：《自由主义的民族主义》，陶东风译，上海人民出版社2005年版，第52页。
④ H. Seton-Watson, *Nations and States*, London: Methuen, 1977, p. 1.
⑤ ［以色列］耶尔·塔米尔：《自由主义的民族主义》，陶东风译，上海人民出版社2005年版，第52—55页。

"祖国有两个，一个是植根于自然，另一个植根于国家"①。现代理性国家和公民国家的一些重要原则，就根源于早期希腊城邦和罗马共和国的民主制度。尽管部落血缘纽带是自然发生的最早的政治联合纽带，地域邻里原则却对公民国家和多民族国家中现代公民权概念的形成做出了重要贡献。这个原则为居住在同一地域上的不同起源、不同文化的人民如何持久而稳定地和平共处提供了一个政治制度方面的答案。② 公民国家承认多民族国家中的双重身份、族体身份和公民身份。族体身份取决于共同的语言、传统和文化，而公民身份则是对国家、对统一国土的认可。③ 公民国家建立在政治纽带之上，并且诉诸政治纽带，其核心制度是公民权。④ 公民权创造出双重的认同：一是对部落的认同（种族上的认同）；二是对国家的认同（政治上的认同）。公民权的出现引起了这两种认同的分离。⑤ 公民权制度在不分种族或血统的情况下，保证国家所有成员平等的或相对平等的权利。公民权是现代民主的公民国家的一项基本制度。在亚里士多德的意义上，国家是公民的联合。翻译成现代语言，就是不分种族和宗教、所有具有公民权的人的联合。它是一种作为多民族国家建设之基本手段的政治制度。公民权在这里创造了一种新的认同，一种与族属意识、族籍身份分离的政治认同，它是多元文化的一把政治保护伞。它同时也是一种新的政治联系，一种比种族联系和地域联系更加广泛的联系。因而，它提供了一种将种族上的亲族认同（文化民族）与和国家相联系的政治认同（国家民族）相分离的方法，一种把政治认同从亲族关系转向政治地域关系的途径。美国的移民可以继续在他们的种族社会中生活，保持他们的日耳曼的、法兰西的、牙买加的或多米尼加的文化联系，而在同时，他们作为美国公民，又建立起了一种新的政治联系。公民国家，由公民组织起来的国家，就是一种政治联系。⑥ 从这个意义上说，公民权的确立无异于在民族

---

① ［美］菲利克斯·格罗斯：《公民与国家、民族、部族和族属身份》，王建娥、魏强译，新华出版社2003年版，第183页。
② 同上书，第42页。
③ 同上书，第49页。
④ 同上书，第27页。
⑤ 同上书，第20页。
⑥ 同上书，第33页。

纽带之外，创造了一种新纽带，一种更高层次、更大范围的纽带。在理论上，这种新纽带将弥补族群纽带的缺陷，改善民族间的关系，实现各族人民之间的大团结，至少可以为一个和睦共处的多民族国家铺平道路，因为这个超越民族界限的共同体成员已经为一种新的统一纽带联结在一起了。一个真正的共同体应该由"共同体感"把人们联系起来，它使人们认识到他们具有的统一性，并把自己看作这个共同体的成员。我们可以通过"政治一体，文化多元"的设想，来强化作为政治实体的民族国家，而把各个不同的族群逐步地引导到主要代表不同文化群体的角色之中。应该承认：各个族群的传统文化与作为政治实体的"民族国家"文化认同是同时并存的两个不同层面，这种文化更多地是一种政治文化。各个族群在对自己族群身份的认同之上，有一个对"国家民族"的整体认同。这是一种社会心理资源，即民族政策所包含的对国家政治体系整体性的强调能够被少数民族接受与认同的程度比较高。

在回答如何在全球化时代重建美国国家认同这个问题的时候，我们可以看看瑞士的例子，和谐的瑞士联邦以其完善的民族政策而堪称世界榜样。很久以来，瑞士一直是解决民族问题的典范。在这个文化与种族差异性相当显著的国度，从未出现过严重的民族冲突。成立于中世纪的多民族的瑞士联邦在七个多世纪的漫长时光中，一直保持了一种高度的社会和谐。多元文化早已经融入瑞士人的生活，体现在社会生活的各个方面：语言、文化与宗教，等等。瑞士一国多语、和谐共存的情况向来备受称赞。瑞士是世界上唯一将所有民族语言都提升为"国语"的国家。在语言教育上，历时悠久的多语教育体制使几乎所有的瑞士人都可以同时讲包括英语在内的四种以上的语言。不同地区的瑞士人在文化与宗教上具有相当大的差异性，但社会成员对这种差异的宽容和制度上对这种差异一视同仁的立场使其始终处于互不干扰、平等尊重的状态中，不会产生社会的结构性冲突。瑞士民族政策最引人注意的是制度的严密性与有效性。在瑞士，语言政策对国民在不同语言州之间联系所应该使用的语言，从通信的信封到法律诉讼，都做了严格的规定，因此在公共领域，尽管语言结构复杂，却井然有序。由于所有的语言都具有平等的地位，语言的繁复正是为了保证不同语言区的人有同样的语言权利，因此瑞士人对这种政策的认同度非常高，保证了政策的有效性。①

  瑞士这个多民族国家在漫长的、并不总是和平的历史道路中，发展起了公民的团结，一种新的强有力的政治地域联系和政治文化。只有在主体民族和各个少数民族都遵守多元主义模式的基本规则、接受社会—政治行为模式的基本游戏规则、无论移民还是当地人都尊重基本价值观念和传统的情况下，这种多民族公民国家制度才会真正发生作用。② 在瑞士，很少发现人们在使用"某某族裔"这样的词语，他们只称自己为瑞士人。那么，瑞士人是个什么样的民族呢？用他们自己的话说，是由"不愿意生活在德国的德国人，不愿意生活在法国的法国人，不愿意生活在意大利的意大利人"组成的。由不同民族组成的瑞士人，又成了一个新的"民族"，称其为"国族"更为准确，这种状态源于瑞士人对自己国家的高度认同。③

  瑞士的例子对于我们正在探讨的问题——在强调不同群体的美国经历的同时，如何将不同群体的传统与美国的民族传统统一起来，即既保持传统的美国信条作为美国认同的基础，也承认美国各民族、种族群体之间的文化差异——极具借鉴意义，其跳出了传统上以文化界定民族的窠臼，既为差异的存在开拓了空间，也为民族文化的发展开启了更多的可能，有助于我们更好地认识文化多样性的价值："文化多样性的价值——即在由有多元文化的群体组成的社会中共存的意义。这种多样性，不仅在于它们丰富了我们的生活，还在于它们为社会的更新和适应性变化提供了资源。"④

  多元化已经渗透到美国社会的每个领域，多种民族文化风格的交错混合是当今美国社会生活的一大特点。但是，各族群在保留自身文化特色的同时，也具有社会整体文化的共同特点。一方面，异质文化相互交融吸纳，形成美国文化的核心；另一方面，在交流融合的过程中，异质文化也

---

  ① 关凯：《多元文化主义与民族区域自治——民族政策国际经验分析》，《西北民族研究》2004年第2期。

  ② ［美］菲利克斯·格罗斯：《公民与国家、民族、部族和族属身份》，王建娥、魏强译，新华出版社2003年版，第36页。

  ③ 关凯：《多元文化主义与民族区域自治——民族政策国际经验分析》，《西北民族研究》2004年第2期。

  ④ ［美］P. K. 博克：《多元文化与社会进步》，余兴安等译，辽宁人民出版社1988年版，"前言"第10页。

保留了各自的某些特征。因此，美国文化的发展是多元性和一体化互相渗透、相互依存的过程。多元文化主义的兴起更多的是代表了美国主流文化开始审视和调整自己与其他民族文化的关系。班克斯认为：以往人们把多元文化的美国社会理解为相互独立、互不关联的亚文化群体和盎格鲁—撒克逊主流文化组成的，从而过分重视文化的差异。① 事实上，在美国社会中，由于多元文化之间的长期交往、渗透和融合，已经存在着一种各民族都能认同的普遍美国文化，即美国人的基本价值观、世界观、文学、音乐、语言及生活方式。亚文化和普遍文化是相互渗透的关系，亚文化之间也是相互渗透与融合的关系，美国社会成为一个普遍文化与各种亚文化并存的社会。

多元文化主义的出现和发展是时代进步的产物，也是历史发展的必然结果。其积极意义在于：它不仅在个人层次上，而且在更广泛的社会层次上，让每个人都意识到自身的价值，从而增强这样一种期待和追求，既让社会承认每个人都拥有民主权利和自由并充分、全面地实现自我的可能性，还力争在法律上，对其文化给予保护，免受任何形式的歧视行为，并创建以更加平等和公正的原则来对待少数民族的制度。

美国的历史虽然曲折，但美国人对一些政治观念（如自由、平等、民主）的追求是共同的。在美国这块年轻的土地上，生活着来自几乎世界上所有国家的移民，移民把自己国家和民族的文化带到了美国。各种异质文化在美国社会发展的进程中不断相互交汇融合，铸造出独具特色的美国民族精神和文化特质。应该说，美国的核心文化的形成是一个历史的过程，来自各个国家、教会和文化背景的移民都对其形成做出了贡献，是各种文化相互影响的结果。其间经历了一个从宗教、教派不宽容到宽容的过程，也是政治思想和价值观念的冲突、理解、融合和传播的过程。政治体制、经济体制和文化体制可以共同发挥铸造民族性的作用，因此，就民族国家的所谓政治民族文化的核心达成一致意见是至关重要的。

哈贝马斯认为，在人性深处，从古以来就有一种对根源感的追求，所

---

① James A. Banks, Multicultural Education: Characteristics and Goals, in J. A. Banks and C. A. McGee Banks eds., *Multicultural Education: Issues and Perspectives*, Boston: Allyn and Bacon, 1989, pp. 7 – 8.

以一定要借助民族的想象，哪怕像美国这样的没有多少民族传统的国家，也要创造一种公民宗教，将自己想象为一个政治民族。① 民族国家的认同在相当大的程度上取决于政治共同体是否代表民意、是否体现了公共利益和人民主权。一个民族国家，如果不仅在族群和文化上给国民以归属感，而且在法律上也给予公民以政治自主性，那么，它就不仅是一个文化的社群，也是一个政治的社群。凝聚起人心、激发起爱国情感的，除了共同的语言、历史、文化背景之外，还有公共的政治文化。这样的民族国家，才是真正给公民们以真实而持久归属感的社群。查尔斯·泰勒认为有两种公民社会：一种是权利型，另一种是参与型。在权利型自由社会中，公民的尊严来自享有各种宪法和法律赋予的基本权利，但这并不能保证公民们对共同体产生情感上的认同；而在参与型的民主社会中，公民们不是将国家看作是一个保护自己利益的守夜人，而是一个体现了自身文化根源和政治归属的社群，公民与国家有同呼吸、共命运的一体感。这样的政治共同体不仅是民主的，也是民族的，正如哈贝马斯所说，它使公民具有双重的特征：由公民权利确立的政治身份和由共同的文化历史背景造就的民族归属感。② 如果美国想要在21世纪继续保持领先的位置，必须在民族和国家认同上建立共识，而原来的白人社会主流价值观已经不能成为这种新的民族认同的基础了。公民认同是一种新型的、与族属意识和族籍身份相互分离的政治认同。在该模式中，民族认同从文化关系向政治地域关系转变，多元文化的存在已经不再是民族建构的障碍，且受到了国家的保护，因而族裔认同与民族认同之间的冲突随之得到了缓解。哈贝马斯指出，现代公民具有双重特征，一种是公民权利确立的身份，一种是文化民族的归属感。在一般情况下，民族国家通过两者的协力实行社会的一体化。但这并不能排除另一个情形，即在没有统一民族文化的基础上建构并维持民族共同体。③

对一个历史命运共同体和一种政治生活形式的归属地位，这二者对于公民自身的认同是具有构成性意义的。公民身份是对于"我是谁？"的问

---

① 参见许纪霖《回归公共空间》，江苏人民出版社2006年版，第125页。
② 许纪霖：《回归公共空间》，江苏人民出版社2006年版，第126页。
③ ［德］哈贝马斯：《包容他者》，曹卫东译，上海人民出版社2002年版，第133页。

题和"我应当做什么?"的问题——当这两个问题在公共领域提出的时候——的回答。① 美国凭借什么把人民联系在一起,让人们感到自己是美国人的呢? 并不是语言、文化以及族群传统,而是政治共同体、政治制度以及他们的民主、自由等理念。作为国家整体,美国是由众多移民群体叠加起来的,时刻需要寻找共同的机体和文化因子来维系国家认同并在世界上表征自己。但是政治共同体的认同——它不应该受外来移民的触动——主要依赖于根植于政治文化的法律原则,而不完全依赖于一个特定的伦理——文化生活形式。哈贝马斯认为,"不能被移民侵害的政治社群的认同并非依赖于作为整体的种族—文化的生活形式,而主要依赖植根于政治文化中的法律原则"②。对外来移民所期望的,必须仅仅是他愿意进入他们的新家园的政治文化,而并不是要因此而放弃他祖先的文化生活形式。所要求的是政治文化适应,而不包括他们的社会文化的全部。③ 而且将新生活方式带进来的外来移民,还能对用来诠释共同政治宪法的那些视角加以扩展和多样化:"人们生活于其中的共同体有纽带也有束缚,但这些纽带和束缚可以是多种多样的。在一个自由的社会里,纽带和束缚应当符合自由的原则。向外来移民开放会改变共同体的特征,但不会使该共同体没有任何特征。"④ 美国社会学家艾伦·沃尔夫(Alan Wolfe)认为:"一种民族文化就是由一个种族集团或者种族决定的生活方式,它要求所有其他人都顺应它。但国家(national)信念只是一套关于美国应该是什么的观念——它是向所有人开放的,无论其信仰、民族或者种族如何。对信念的认同一直在美国的伟大之处中居于中心位置,在盎格鲁—新教文化精英变得反动和缺乏进取精神时,它通过吸收新的移民团体来增加其活力。"⑤ 美国是一个立足于自由和公正的"美国信念"的意识形态国家,而不是

---

① H. R. Van Gunsteren, Admission to Citizenship, *Ethics*, 1988, p. 752.

② 应奇:《从自由民族主义到宪法爱国主义——文化多元主义境遇中的政治论证》,《社会科学战线》2002 年第 1 期。

③ [德] 哈贝马斯:《哈贝马斯精粹》,曹卫东选译,南京大学出版社 2004 年版,第 272 页。

④ J. H. Carens, Aliens and Citizens: The Case for Open Borders, *Review of Politics*, 1987, p. 271.

⑤ Alan Wolfe, Native Son: Samuel Huntington Defends the Homeland, *Foreign Affairs*, May/June, 2004, Vol. 83, No. 3, p. 124.

一个种族国家。美国在文化上越是变得具有多样性，在确立美国人的共性时，"美国信念"的政治价值就越重要，多样性正是其力量之源泉。① 巴巴拉·赫恩斯坦·史密斯（Barbara Herrnstein Smith）提出，在美国没有一种单一的综合性的大文化，没有一种所有的或者大多数美国人参与的大文化，没有一种在数量上占绝对优势的凌驾于其他少数种族文化之上的大文化，没有超越其他文化的文化。所以，美国是多文化的，只有将这种多元性涵盖在民族归属性之中，才有可能造就文化之间的和谐局面。②

必须承认的是，外来移民及其所拥有的民族文化、特殊的社会群体和社会结构，这种状况是不能通过政府的否认、拒绝和排斥外来移民来实现移民的一体化进程和与社会的真正融合的。"人，作为单纯的普遍的人是无法确认自己的，人只能依靠于文化、语言、宗派等特定的共同体……被迫实现的同质化只会加大少数派的异化和仇恨。"③ 要对影响整个美国的政治、经济和文化诸多领域的移民问题予以彻底解决，就必须从国家发展的未来、长远利益、外来移民的根本利益等多角度进行系统性、整体性的思考，在此基础上对已不适应于移民新形势、新情况的作为限制的社会政策看待的旧的社会政策进行根本性的修正。

近代以来的民主政治的一个突出特点就是以选民为中心，而不是以对话为中心。前者把民主当成一个舞台，通过人们的政治竞争，获得多数赞成而决定政策。然而，它所带来的结果是赢者说话算数，少数人或少数民族被排除在制度之外。④ 民主政治应该是公开的、兼容的，要使包括那些边缘群体、族群和种族的所有集团都加入到政治制度中来。在很大程度上，并不是族群认同的出现导致族群矛盾的激化和族群冲突，而是因为不平等的权力关系以及不公正的社会经济分配迫使人们去进行族群竞争，这还涉及平等和正义的问题。那些长期遭受歧视和压迫的群体迟早要发起种

---

① Daniel Lazare, Diversity and Its Discontents, *The Nation*, June 14, 2004, p. 18.

② James L. Jr. Nolan ed., *The America Culture Wars: Current Contests and Future Prospects*, Charlottesville: University Press of Virginia, 1996, p. 9.

③ Charles Taylor, *Hegel and the Modern Society*, Cambridge: Cambridge University Press, 1979, pp. 114 – 115.

④ Will Kymlicka, Wayne Norman, *Citizenship in Diverse Societies*, Oxford: Oxford University, 2000, p. 9.

种抗争运动，改变现有的不合理的政治和经济权力结构，拥有分享社会政治、经济和文化资源方面的平等权利。

自由民族主义认为，虽然不可能保证每个民族都有自己的国家，但是所有的民族都应该有自己的公共领域，在这个公共领域中，他们可以建构自己的多数性。① 作为少数民族的移民完全应该放弃民族国家的理想转而追求这种更加实际的理想，族裔群体在某种程度上就可以至少是部分实现这一理想。"民族身份在这个小型的、相对封闭的、同质的框架中可以得到最好的培育，这个框架既不希望、也不需要超出民族成员的范围。"② 正如肖斐尔（Richard T. Schaefer）所指出的："族裔群体不仅给予它的成员所需要的经济帮助，同时也为他们提供了在更大的社会中与他人竞争所需的心理力量和积极的自尊。这就是为什么我们可以看到人们在积极投身族裔群体之中的同时，努力跨过族际之间的桥梁跻身更广阔的社会之中的现象，保持族裔群体认同可能是成功同化过程中最关键的一步。"③

多元文化的出现和发展是历史发展的必然结果。国家在提倡公民认同的同时，应充分尊重族群的多元化发展。"美国化"运动等于将非盎格鲁—撒克逊的欧洲移民看成是低等民族，不配享有同等的权利，这种做法是违背《独立宣言》所宣示的平等精神的。真正的美国精神应该是所有民族间的民主，而不是某一民族对其他民族的绝对统治。这就要求在民族国家的层面上对于各族群所保持的独特文化传统要持有一种宽容、平等相待的态度。应该培育一种逐步宽容的社会心态，一个逐步开放的社会环境。历史发展到今天，多元文化的繁盛已经成为传统美国白人主流社会不得不接受的方案，同时要竭力避免美国的"巴尔干化"。如果疏导合理（如鼓励异族通婚），美国的民族国家认同不仅不会被破坏，反而会促使美国更加融合。"一场婚姻不仅把两个当事人，还把双方背后的家庭，社

---

① ［以色列］耶尔·塔米尔：《自由主义的民族主义》，陶东风译，上海人民出版社2005年版，第154页。
② 同上书，第156页。
③ Richard T. Schaefer, *Racial and Ethnic Groups*, New York：Addison-Wesley Educational Publishers Inc., 1998, p.129.

区和同族裔朋友，双方背后的文化统统联结在一起。"① 美国的生命力和魅力非常重要的一个方面就来自对不同文化、种族人们的吸纳。"不同肤色和信条的人们之间的性和爱可能有望抑制美国的解体。"②

第五节 本章小结

在 1890 年美国西部开发运动结束之前，美国移民主要来自西欧和北欧；从美国边疆关闭后至 20 世纪 30 年代，移民美国的人主要来自东南欧和南欧的斯拉夫民族；而第二次世界大战之后，特别是 20 世纪 60 年代后，美国移民主要以亚洲和拉丁美洲的移民为主，其中以亚裔、拉丁裔最多。"展望 21 世纪的前几十年，美国各种族人口比例中欧洲白种人后裔（拉丁语系的欧洲白种人后裔除外）的美国人作为过去的绝对多数将变成少数，来自非洲大陆、亚洲大陆、太平洋岛国和拉丁美洲的不同肤色、不同种族的美国人及属于印第安人后裔的美国人作为过去的少数加起来将变成绝对多数。虽然迄今为止，美国各种族人口比例的统计数据还未出现以上所描绘的根本性的变化，但是伴随着冷战的结束，伴随着跨国移民潮的兴起，伴随着全球化时代的到来，伴随着多元文化主义的迅速传播和广泛流行，所有这一切都将会一幕幕地上演出来，并让我们多少年后还对此记忆犹新。"③ 到 21 世纪中叶，现在被称为"少数民族"的美国人将成为美国人口的多数，这种人口发展趋势对传统价值体系无疑具有重要的冲击作用。

20 世纪 60 年代后，亚洲和拉丁美洲新移民的到来打破了传统的同化模式，其移民融合方式有别于早期移民。这些移民在较短的时间内大量进入美国并且集中于某些地区，加之民族文化的相异性，形成了具有本民族特色的聚居区。族裔聚居区无疑保护了移民的民族文化，它的存在一定程

---

① 黄虚峰：《美国多元文化主义背景下的异族通婚》，《华东师范大学学报》2002 年第 9 期。

② David Palumbo Liu, *Asian/American: Historical Crossings of a Racial Frontier*, Stanford, CA: Stanford University Press, 1999, pp. 89 – 90.

③ ［美］圣·胡安：《全球化时代的多元文化主义症结》，肖文燕译，《马克思主义与现实》2003 年第 1 期。

度上使移民的文化同化进程变得缓慢。这是一种双向的发展过程，族裔的特性被释放出来并与美国的主体文化发生化学反应。在这一过程中，族裔团体的文化与美国主体的文化始终处于一种动态调整中，双方的文化都出现了不同程度的改变。体现在移民群体上，"熔炉理论"下的单一美国认同不复存在，取而代之的则是移民的"双重认同"。

多元化给美国带来的第一个重大社会忧虑是美国这个民族还能不能像过去那样存在下去，或者说，美国还能不能保持白人主体的社会。现在不是保持旧有传统的问题，而是如何接受各种各样的移民文化的问题。如果说某些人在美国这个新环境中被同化了，这确实是有的，但熔炉从来没有实现把美国所有的人都同化的目标。如果说熔炉真的发挥了作用，那么它最大的作用就是使新来的与旧有的融合在一起，形成了诸如墨西哥美国人、日本美国人或爱尔兰美国人等新的文化。出于对美国未来前途命运的担忧，亨廷顿发表了他的《我们是谁——美国国家特征面临的挑战》，这位美国学院保守主义权威人物将"文明冲突"的视线从国际社会外部转向了美国社会内部。亨廷顿警告说，尽管以前少有美国人放胆预言美国的解体，但问题是苏联解体前同样也没有几个人预见到，因此，如果美国人仍旧无动于衷，任由目前局势蔓延下去，那么2025年的美国仍旧是我们熟悉的美国将会是一个"最大的意外"——这一对美国民族认同造成空前威胁的因素就是移民问题。在他看来，美国的国家认同，过去有四个组成部分：民族（不列颠族）、种族（白人）、文化（基督新教）和政治（美国宪法），经过一个多世纪中欧、南欧、东欧移民、拉丁美洲移民和亚洲移民所带来的多元文化的冲击，如今只剩下一个东西：共同的政治信念。这也是罗尔斯《政治自由主义》立论的基本事实基础。不过，在亨廷顿看来，仅仅靠政治信念立国是非常危险的，当初的罗马帝国、苏联帝国就是因为缺乏共同的民族和文化，而靠国家意识形态的合力维持整合，最后这些帝国无一例外，统统崩溃解体。为美国之未来忧心忡忡的亨廷顿大声疾呼：要坚决抵制国家认同中的文化多元主义和政治自由主义，坚定地捍卫盎格鲁—撒克逊文化在美国社会中的核心地位，这一由"五月花号"带来的原初定居者的文化，正是美国国家的立国之本。显然，亨廷顿这本书提出的观点,为白宫的基督教复兴做了理论上的背书。① 亨廷顿虽然是从他的宗教保守主义立场出发看待移民,但从另一侧面,也确实反映出移民问题在西方世界的严重性。有学者曾指出,移民问题如果解决不好,就意味着西方文明从中心地带塌陷。

亨廷顿提出了一个值得认真思考的问题,即国家认同对于维护国家统一和稳定的重要性。《文明的冲突》的关注点是由外及内,《我们是谁——美国国家特征面临的挑战》则是由内而外,二者在形式上处于一种对立状态,但其逻辑实质是相同的。亨廷顿最关心的就是如何应对可能发生的文明(文化)冲突,无论是世界范围的,还是美国内部的。美国人是否会走得更远,接受《我们是谁——美国国家特征面临的挑战》的逻辑,从而让他的论断再次成为自我实现的预言呢?

亨廷顿认识到了目前美国国家认同上出现的危机,他认为这将危及国家的统一和稳定。他所提出的这个问题,无论是从他作为一个学者还是爱国者的角度,都是现实的和无可厚非的。他的主要错误在于把国家认同等同于文化认同,尤其是混同于对特定宗教文化的认同,当人们通过某种方式获得一国国籍,就表明他以明示的方式认可了国家权威和宪法,也将承担相应的政治义务,但这决不要求他们认可该国的主流文化乃至某一特定宗教,这一点对于美国这种移民国家和多元文化社会尤其如此。由于社会历史发展进程及民族生存环境的差异性,各民族在长期的历史发展进程中形成了独具特色的文化体系。任何民族文化与异族文化相接触时,往往以自己所认同的文化作为价值尺度。亨廷顿也不例外,他把盎格鲁—撒克逊新教文化视为同化少数族裔和移民群体的必不可少的工具,亨廷顿所要论证的是:作为"核心文化"所产生的"美国信念"属于意识形态,而"意识形态不是确立国家认同的基础"。只有"尊奉盎格鲁文化"才能实现"少数种族"对美国的国家认同。② 在这里,亨廷顿无视少数民族群体在美国的存在日显突出,多元文化已经成为一种无法否认、不能忽略的既成事实,混淆了各个族群的传统文化与作为政治实体的国民认同文化这两个同时并存的不同层面。

---

① 许纪霖:《回归公共空间》,江苏人民出版社2006年版,第118页。
② 郝时远:《民族认同危机还是民族主义宣示?》,《世界民族》2005年第3期。

美国是世界上典型的移民国家，纵观美国移民史，外来移民始终是美国社会发展变化的基础，源源不断来自世界不同地域的移民带来了各自母国的语言、风俗、宗教信仰、历史文化和生活方式，共同创造了美国灿烂而丰富的多元文化。各民族文化最深层的内在面呈现出稳固的特征和独立性，体现出自己特殊的精神和价值倾向。移民分享美国共同的社会生活和文化，已生成新的文化现象。移民文化与社会共同文化互动，能达到一定程度的同化，但最终无法完全被同化，不同移民族群之间的分界是实际存在的也是互相渗透的。尽管在美国以往的两个世纪的历史中，一直存在将各种族融合在一起成为一个整体式占统治地位的想法与实践，但爱默生所言的"熔炉"从来没有成为现实。"熔炉"只是人们的一种理想而已。[①] 把美国的文化一体化实在是一种"美国迷思"。对此，自由民族主义有着清醒的认识："全盘同化几乎是不可能的。"[②] "当盎格鲁—撒克逊以外样式的美国人版本得以发展壮大而被视为危机的时候，熔炉的偏见本质就显露出来。"[③] "所谓的同化，或曰汇入主流的熔炉，意味着放弃那些'非美国的价值'，常常是公开的放弃你的主体性与文化差异，以便接受那些把你塑造成美国人的一元文化价值。后者当然是历史地取得霸权地位的那些阶级和种族的文化价值。"[④] 我们必须先把所谓"美国文化"加以分解（比如印第安文化、黑人文化、拉丁文化、中华文化等），如果无视民族国家内部文化认同多元化的事实，而强行把它们统一于单一的民族国家认同，就可能造成民族国家内部的文化压迫与强制性的文化一体化行为。要知道，民族国家是根据行政领土（国界）而不是文化认同进行划分与辨认的，它也不是严格依据文化认同进行组合的。世界上绝大多数国家都不能被视为同质的文化实体，因而强行建构这种同质性神话，在民族国家内部语境内，无异于另一种文化压迫或文化侵略。"国家对文化事务的介入深深地影响了少数民族的自我形象，他们逐渐感到把所有的国家公民塑造

---

① 朱世达：《当代美国文化与社会》，中国社会科学出版社2000年版，第104页。
② ［以色列］耶尔·塔米尔：《自由主义的民族主义》，陶东风译，上海人民出版社2005年版，第16页。
③ 同上书，第17页。
④ D. T. Goldberg, *Multicultural Conditions in Multiculturalism: A Critical Reader*, London: Blackwell, 1994, pp. 4–5。

为同质民族的努力注定了他们被侵蚀的命运。大众认同、社会化、文化同化、民族建构、归化,所有现代民族国家的神奇词汇,都成为少数民族的梦魇。"① 由于文化认同与民族国家的这种错位,对于认同自主性的吁求以及对于外来文化的抵制也就不一定总是表现为对于民族国家主权的维护。采取高度的一元化,将五彩缤纷的多元文化最后都削足适履地纳入一个预先设定的尺寸中,在某种程度上意味着社会功能的衰退。

与文化一元论形成鲜明对照的另一个极端是多元文化主义的主张。"多元文化主义夸大了差异,加剧了过去体制安排上的不平等和分离的实践。"② 多元文化主义把文化权利阐释为一个共同体维护其本真文化的权利。这无形中把族群边界清晰化,否认各族群成员之间已经出现的文化融合和认同意识的融合。很大程度上暗含了其对文化选择多样化的担忧。他们担心新的、被修改了的传统可能是单薄而缺乏充分意义的。自由民族主义理论指出:"文化权利不仅意在保护个体遵从他们的既定文化的权利,同时也包括保护他们重新创造自己的文化的权利。……在选择的过程中,个体可能借鉴其他民族的传统,创造新的、仍未定型的文化类型。……很难说个体是归化了另外的文化还是改变了自己的文化。"③ 这一点对于移民少数族裔群体来说具有特殊意义。身处异质社会的移民群体,在其身上通常是既带有祖籍国文化的印迹,又表现了对移居国文化模式的适应,这体现出一系列新的(既不同于祖籍国文化又区别于移居国文化)的文化特质,创造出了新的文化现实。这提醒我们,文化选择并不必然意味着在两个结构完好的文化模式之间进行,它也可以包括一系列综合了新与旧的各种变体,结果是文化的选择方案的多样化。自由民族主义理论的这一观点有助于我们更加清醒地认识移民群体的文化现状。

移民踏入新的国度时,也带来了他们的祖籍文化和民族习惯。随着移民人口的不断增加,他们会在东道国形成一个个拥有共同祖籍文化的族裔

---

① [以色列] 耶尔·塔米尔:《自由主义的民族主义》,陶东风译,上海人民出版社2005年版,第148页。

② Subhas, Ramcharan, *Racism, Nationalities in Canada*, Toronto: McClelland and Stewart, 1982, p. 110.

③ [以色列] 耶尔·塔米尔:《自由主义的民族主义》,陶东风译,上海人民出版社2005年版,第41页。

群体。这些族群对祖籍民族和文化的认同长期保持下来,甚至远远超过第一代移民。美国历史学教授斯奈辛格尔(John Snetsinger)指出:"移民(许多情况下还包括他们的后裔)保持了对他们祖籍民族的忠诚。在几个世纪的时间里,一个接一个的移民潮将数不清的族裔群体、成千上万的移民带到美国,并将他们对祖籍民族的认同一代一代地传至今天。这些少数族裔群体,如意大利裔美国人、犹太裔美国人和波兰裔美国人,在对美国热烈地表示新的忠诚的同时,仍然紧紧地抓住他们过去的亲情纽带,这一现象过去一直而且现在依然十分普遍。"① 对于产生这一现象的原因,塔米尔在《自由主义的民族主义》一书中也有所论及:"个体希望自己的孩子移出旧的居住区,有更加成功的生活,从属于别的阶层,结交新的朋友。但是他们仍然希望子女保持民族身份。……连续性与对历史的尊重是内在于民族—文化身份之中的。民族性与(民族)文化被认为是在时间过程中,在语言、传统、规范的代代相传基础上的连续。依据这个概念,通过保持信徒身份而报答祖先是每一代人的职责。"②

自由民族主义理论关于民族自决权的文化阐释表明:目的在于保护少数民族的文化的、宗教的、语言的身份认同,保证他们与多数民族生活在一起的机会,以及与多数民族友好合作而又同时维护自己与多数民族不同的特征,并满足其随之产生的特殊需要的那些措施,是非常重要的。③ 文化弱势群体不仅要求经济权益和发展机会平等,而且要求文化安全和话语权利平等。在全球追求发展的今天,他们要求主流社会承认他们作为能动主体和发展参与者的尊严和能力,包括"发声"和"露脸"的权利,承认其文化作为社会正面资本的价值和意义,使他们摆脱发展客体的从属地位。它把利益和感情的纽带结合在一起了,这样的要求无可厚非。当信仰完全成为个人自由选择的时候,在一个现代多元社会中,不再可能重建统一的社会信仰。在一个多元社会中,只有当公共理性不是简单地反映多数人的文化传统、语言和宗教,而是包括了这个社会各种各样的声音时才是

---

① John Snetsinger, Race and Ethnicity, in Alexander De Conde ed., Encyclopedia of U. S Foreign Policy, New York: Charles Scribner's Sons, 2002, p. 289.

② [以色列] 耶尔·塔米尔:《自由主义的民族主义》,陶东风译,上海人民出版社2005年版,第18页。

③ 同上书,第70页。

有效的。权力应该散布于许多相互竞争的利益群体之间,毕竟政治是一个由竞争者的利益群体组成的领域。当代美国社会不是传统的、独裁主义的社会,而是多元化的、不同种族的和竞争的社会,在这样的社会里,权力并不是任一个人或群体的永久性的特征。在当代社会,走向开放、多元化是社会的大势所趋。面对社会的这一变化,政治也必须相应地跟上时代的步伐,这样政治才能得到大众的认同与支持,政治的合法性才能得到不断的巩固。要允许各种各样的参与者都可以从自己的角度发言、叙述,也就是要赋予新的、独特的、非主流的事物以存在的权利,就是要为"异者"的声音提供舞台,为其提供支持,并为他们的参与与影响清除道路。正如塔米尔所说:"民族群体不仅渴望被接受或容忍,而且要求通过一种将会反映其特殊性的方式重新塑造公共领域。"[1] 自由主义的民族主义要求一种宽容与尊重自己群体之内的成员与自己群体之外的人的差异性的心理状态。只有当不同种族的文化和利益在法律和制度框架内的平等得到真正的确立,尤其是少数种族的群体利益得到充分的尊重,而主流文化能够完全消解它的中心权利和中心意识,少数族裔文化能够提出有别于主流文化的话语的时候,这样的社会的存在才不失其为正当。只有在消除了对少数人歧视的偏见之后,宽容的问题才能提上议事日程。我们赞同国家公民平等的普世主义尺度,这一尺度不但要求一个政治共同体平等地对待其每一个成员,而且要求所有的公民彼此作为有同等价值的、享有充分权利的成员相互承认。[2]

由于自由主义的民族主义是通过对于民族群体生存的普遍性承诺而得到申述的,所以它从定义上说就是多中心的。它假设虽然有一种共同的文明,但存在许多民族,并把特定的民族斗争看作一个主题的不同变体。每一种民族斗争因此都代表一种重新创造民族特殊性的尝试。[3] 它同时也反映着"加入民族大家庭、加入地位平等的民族组成的国际舞台的渴望,

---

[1] [以色列] 耶尔·塔米尔:《自由主义的民族主义》,陶东风译,上海人民出版社2005年版,"前言"第7页。

[2] [德] 哈贝马斯:《哈贝马斯精粹》,曹卫东选译,南京大学出版社2004年版,第476页。

[3] [以色列] 耶尔·塔米尔:《自由主义的民族主义》,陶东风译,上海人民出版社2005年版,第87页。

以及发现自己的适当身份与作用的渴望①。"自由主义的民族主义反映了特殊主义的自豪感与普遍的承诺的奇妙结合,这是自由民族主义所特有的,"这种视角促进了诸多民族之间的同胞关系的观念,这些民族共享着在争取自由与国际正义的斗争中相互帮助的神圣职责"②。尽管美国文化形态各异,不同的族群却分享着一个核心的价值观,即民主、平等的价值观。移民群体也不例外,移民及其后裔最关心的是争取自身的政治权利和经济地位平等。他们接受美国主流文化中那些保证人民基本自由、平等和民主的政治理念,但将保持自身的文化传统、价值观念作为凝聚族群、增强政治力量最基本的黏合剂,以群体的力量反对主流文化中种族主义的歧视与排外,强烈要求和不断争取提高本族群体的政治、社会和经济地位。民主自决权利固然包括保卫自己政治文化的权利,正是这种政治文化为公民权提供了一个具体情境,但它不包括固守一个被赋予特权的文化生活形式的权利。哈贝马斯告诉我们:在民主法治国家范围内,多样的生活形式可以平等共处。但这种生活形式必须重叠于一个共同的政治文化,而这种政治文化又必须不拒绝来自新生活形式的碰撞。③

长期以来,我们更习惯于也更善于在相对封闭的、相对单一的文化生态和文化取向中生活。自18世纪以来兴起的民族国家,向来以文化上和政治上团结一致这个理念为其前提。共同的语言、文化、传统和历史——一直都被视为民族国家的基础,人们把文化的同质性看作是国家的重要特征。这其实是一种虚拟,是统治精英们建构的一种空中楼阁,却成为一种强有力的神话。移民入境和民族多样化确实对此种民族理念构成挑战,因为它们创造了民族渊源不同的"民族国家"。民主国家解决这个问题,倾向于赋予移民及其子女以公民身份。但同化政策的失败以及族群社区的增长都意味着这些公民往往并不就是国民,多民族社会从而出现,给民族认同提出种种重大挑战。面对文化冲突不断、文化选择自由开放的社会现实,从学界到政界,从民族国家到每一个个体都需要经历一场深刻的反思

---

① J. Rawls, *A Theory of Justice*, Oxford: Oxford University Press, 1972, p. 153.
② Ibid., p. 289.
③ [德]哈贝马斯:《哈贝马斯精粹》,曹卫东选译,南京大学出版社2004年版,第273页。

和变革过程。文化问题异常敏感是因为文化认同所引发的价值认同将预示和决定民族国家的文化安全和民族血脉的存续荣衰。就亨廷顿所言的美国目前所面临的"移民威胁"问题,笔者认为其并非完全是危言耸听,但对于这一问题的未来发展却也不必太过焦虑,美国还没有面临"国将不国"的现实危险。这正如格尔等人在其全面性著述《处于危机中的少数民族》的结论部分所指出的,种族冲突绝不是不可解决的。少数民族的权利与需要可以通过权利分享与自治的结合而得到保证。担心这样的安排将不可避免地导致分裂与内战是没有根据的。[①] 我们可以尝试依据自由民族主义对民族自决权的论述,对这一问题进行分析,并寻找把其导入理性发展的路径。

自由民族主义理论认为对政治制度可能分裂的恐惧一直被过高地估计了,这些恐惧一直是由下面的疑虑滋养的:在每个民族承认要求的背后,潜藏着建立一个独立民族国家的诉求。然而,情况并不必然是这样。[②] 民族主义不应该被看作仅仅是控制国家权力与国家机构的努力,应该把文化的而不是政治的诉求置于民族主义的核心,政治权力只是手段,文化才是目的。政治行动是民族主义的重要部分,却不是它的本质。民族利益不是个体所拥有的唯一利益。脱离中央国家的控制与管理,建立少数族裔的完全独立的自治政府,这种使原有国家四分五裂的结果并不能更好地保障少数族裔的民族利益、经济利益、生态利益与战略利益。民族自决的权利可以通过文化的自主性、联邦制度等得到实现。

笔者认为,当一个多民族的国家无法把国内的各民族塑造成一个民族时,在现代国家内也可造就一种国民属性高于民族属性,国民文化高于民族文化的结果。美利坚人其实是国民称谓而不是民族称谓。从国家政治层面看,国民认同是一种可以维系和巩固政治共同体的凝聚力与共识的极为丰厚的社会政治文化资源。富兰克林·罗斯福(Franklin Roosevelt)1943年在给陆军部长亨利·斯廷森(Henry Stimson)的一封信中曾经说:"早

---

① T. R. Gurr et al., *Minoritities at Risk: A Global View of Ethnopolitical Conflicts*, Washington D. C.: United States Institute of Peace, p. 301.

② [以色列]耶尔·塔米尔:《自由主义的民族主义》,陶东风译,上海人民出版社2005年版,第62页。

已确立的并一直在实行中的美国的原则就是,美国生活方式是一种思想中的、心理的方式,美国方式不是、从来都不是种族的和血统的,一个好美国人就是忠于美国和我们的自由民主信念。"① 美国可以在保持每种移民文化特性的同时,又表现美国国民文化的共性。各个民族群体可以把自己文化遗产中的一些积极因素纳入整体文化,这些文化与盎格鲁—撒克逊文化形成竞争、渗透关系,促进国家文化的丰富多彩。美国作为一个移民国家必须建立起有效的核心价值观念,在鼓励多元文化发展、化解新老国民的身份焦虑的同时,用共同的国民文化来凝聚不同种族和区域的移民。而这一美国国民认同的基础不是族群特征,也不是盎格鲁—撒克逊文化传统,而应该是共同历史经验和对美国式自由主义原则的信奉。在一定意义上,不论一个人的祖先是谁、背景如何,到美国后只要恪守一整套理想就可以成为美国人,这套理想就是建国文献中体现的一整套普世的思想和原则:自由、平等、民主、立宪主义、个人主义、有限政府和私人企业制度。

少数民族可获得某些用来保留自己的语言和文化的教育及文化设施,但不得利用族群性作为建立政治联合的基础。在强调保护少数族群的政治与经济权益、强调和维护少数族群的人口边界和传统居住地的同时,注意不要把"族群"问题政治化和制度化,要注重对"国民认同"的培养与巩固,使各个少数族裔群体既对保持自己的独特文化传统怀有信心,同时又对整个国家和社会产生更高层次的责任感和归属感。在达到群体的相互认同和群体间的平等权益的基础上逐步强化国民意识,淡化族群意识。必须促使公民们彼此承认并接受他者的视野。"宽容的态度使我们的行为方式发生某种改变,促使我们超越现有的宗教或世界观的分歧,把另类信仰者和另类思想者作为平等的公民来对待。"② 在这里,我们可以把费孝通教授提出的"多元一体"具体化为"政治一体"和"文化多元"两个层面的结合,在这样一个大框架下来思考多民族国家的族群关系问题。也许

---

① Arthur Schlesinger, Jr., *The Disuniting of America*, Knoxville, Tennessee: Whittle Direct Books, 1995, p.14.

② [德]哈贝马斯:《哈贝马斯精粹》,曹卫东选译,南京大学出版社2004年版,第475页。

这种设想的政治正确和道德完美使其在实际落实中有很多障碍，但不管怎样讲，它为身份探讨提供了较为安全的道德土壤。

　　在今天的全球移民时代，在重新塑造民族国家认同时，要呼应全球化的历史背景对文化上的他者抱以包容的心态，既承认和尊重其他民族的特殊性，又接受本国民族的多样性，同时准备抵制非法的同化或分裂。不仅要为移民少数族裔维持原有身份开辟渠道，也要为整个国家建构牢固的国家认同提供契机。现代社会的人都有多重身份，但这并不仅仅意味着顾此失彼与矛盾的不可调和。少数族裔的身份也许会引起政治诉求，但在多元化的公民社会中我们可以找到合适的表达方式，让它和民族身份较好地结合在一起。借助于"他们"的歧异与压力来营造民族国家认同，是一条路径，但未必是最好的路径。也可以说，这种路径是不稳固的，容易松散的。当"他们"消失后，或者不再具有"差异"的资格后，"我们"还凭借什么成为我们呢？

第七章

国际移民的经济影响

全球化是20世纪80年代世界政治与经济所表现出来的相互渗透与融合的时代趋势，综合来看，全球化是以经济的国际化为核心，伴随着各民族和国家的政治、文化、科技、生活方式等的联系日益紧密，并互相融合的一种多元一体化的发展趋势。从资源配置的角度来讲，全球化要求生产资源无国界的跨界流动分配，以达到全球资源的最优配置，从而提高整个人类社会的生产效率。今日的国际移民问题便肇始自全球化这一重要背景，由此引发的经济影响是不可或缺的一个重要思考维度，对国际移民问题的分析不能游离于经济视野之外。全球化的趋势必然导致人口就业上的高度流动性，迁移已日渐成为现代人生活方式的组成部分，当今时代是"移民的时代"。全球化背景下的当代移民现象有助于改变一些概念的内涵，比如像民族、国家、民族国家、公民权、多元文化观、居住、国籍、社区、身份等概念。全球化进程使国际移民问题变成一个错综复杂的多维度问题。我们如果拘泥于种种惯用思维，便无法把握这一问题不断变化的实质。

由于时代不同，近年来国际迁移呈现出不同于以往的一些新的特点。发展中国家向发达国家的主动迁移成为本次国际移民的重点，从欠发达国家向发达国家迁入的移民在逐年增长。近几十年来，发达国家除少数在个别时期之外，主要是国际移民的迁入国。国际迁移理论的新古典主义经济学派认为，国际人口迁移是由全球劳动力供需分布不平衡所引起的劳动力的调整过程。由于经济增长快且缺乏劳动力的国家比经济发展缓慢且劳动力充裕的国家可得到更高的工资收入，所以工资水平的地区差异导致人们从后一类国家流向前一类国家，一直持续到工资水平的差异与迁移费用达到平衡。在全球化过程中，由于"红利分配"不均，造成南北差距拉大，不少发展中国家被进一步边缘化。为了生存，或为了追求更好的生活条件，大批发展中国家人口向富裕国家移民。与此相对应，经济合作发展组织（OECD）的成员国英国、西班牙、美国、澳大利亚等国家，除了经济比较发达之外，还有两个共同特点：一是在人口结构方面，都已经是高度老龄化的社会，60岁以上的老年人口比例都在15%以上，有的甚至接近1/4；二是这些国家都存在结构性劳动力短缺。这些国家对国内人口流动没有限制，但是由于普遍的人口老龄化日益严重，仅仅依靠国内人口流动无法满足经济和社会发展的需求。因此，除了国内人口流动之外，跨境流动和迁移构成这些国家人口流动的主要部分。①

作为当今国际社会中的重要现象，国际移民对移民接受国的影响是多方面的。人口迁移对于族群的就业结构和当地人口的族群比例、政治格局都会带来不可忽视的影响。② 一方面，移民的到来可以满足劳动力市场的需求，降低生产成本，促进经济的发展；另一方面，新的移民也可能引发不同利益群体之间（如企业主和劳工）的冲突，激起主张保持"民族同一性"的人的不满。正如塔米尔所说："在所有移民聚居的地方，憎恨异族的情绪无所不在。"③ "移民群往往聚居于一定地区，或集中在一定的工厂、作坊或行业工作，而不涉及其他地区及行业。"④ 这种聚居现象及其经济生活所表现出的基于同源、同族、同宗教、同语言等同一性的、在异域他乡环境中的认同，在很大程度上是对现实的种族歧视、社会不公、经济生活困境、信仰歧异甚至"智商测试"等来自主流社会的压力的回应。因此，移民群体所彰显的异质性（包括肤色、祖籍地、语言、宗教、习俗等）和他们在西方民主制度下通过结社来维护自我权益的"认同政治"成为西方发达国家中社会群体"族类政治化"的重要组成部分，也成为

---

① 郑真真：《发达国家人口流动的现状及其相关政策》，《中国社会科学院院报》2005年4月12日第3版。

② 马戎：《民族社会学——社会学的族群关系研究》，北京大学出版社2006年版，第332页。

③ ［以色列］耶尔·塔米尔：《自由主义的民族主义》，陶东风译，上海人民出版社2005年版，第73页。

④ ［英］艾瑞克·霍布斯鲍姆：《极端的年代》（下），郑明萱译，江苏人民出版社1999年版，第468页。

构成美国等西方国家"族类化"的 ethnic group。① 移民和种族等社会问题不仅是确实存在的,而且在全球化与欧洲一体化日益加速的背景下有着一种不断扩展与加剧的趋势。可以说,影响日益增大的欧美排外主义并不仅仅是一种具有种族主义和排外主义倾向的政治思潮或运动,其代表了相当数量的、在一种社会急剧变革时代处于相对失落地位的社会群体。道德的观点要求我们无偏私地对待移民问题,不但从富裕地区的居民的角度,而且从寻求幸福生活的移民的角度思考问题。移民寻求的不止是政治避难、富足的物质生活,而且是自由的有尊严的生活。从本质上说,移民的地位和权利,折射出民族国家和全球化之间的一种持久张力。

第一节 全球化与国际移民

当透视国际人口迁移问题时,我们不得不首先思考我们生活的时代以及这个时代的总体结构性原则,即我们这个时代所具有的最重要的结构性上的特征——全球化,全球化构成了这个时代最主要的结构性原则。

世界历史上最主要的人口迁移浪潮是以 15 世纪哥伦布"发现"美洲新大陆为起点的。15 世纪末 16 世纪初,"地理大发现"使欧洲人口大规模迁移到了美洲,这被称为第一次世界性大规模迁移。而后,国际迁移继续进行,一个显著的特点是殖民者将非洲黑奴贩卖到了美洲,强迫他们从事最繁重的种植园劳动和矿产开采。这被称为被动移民。19 世纪中叶到 20 世纪中叶,随着资本主义生产的大发展,世界上出现了第二次大规模国际迁移高潮,移民人数总计约 1 亿人以上。20 世纪 90 年代以来,又出现了第三次世界性大规模移民浪潮。② 这次移民潮的产生与不断加剧,与全球化的飞速发展有着密不可分的关系。

全球化是当代人类社会的活动空间日益超越民族国家主权版图的界限,在世界范围内展现的全方位的沟通、联系、交流与互动的客观历史进程及趋势,它给人类的政治、经济、文化等诸多方面带来了深刻的影响。

---

① 郝时远:《美国等西方国家社会裂变中的"认同群体"与 ethnic group》,《世界民族》2002 年第 4 期。

② 罗红波:《移民与全球化》,社会科学文献出版社 2006 年版,第 2 页。

在全球化的不断发展中，人类跨越民族、国家的地域界限，超越制度、文化的障碍，在全球范围内相互联系和交往，互相影响和融合，使全球形成一个不可分割的有机整体。

人口全球流动加剧的原因可谓多种，但全球化被认为是一个包含各种因素的宏观解释。移民不仅可以看作是全球化的一个缩影，而且它本身是全球化的结果。英国著名的移民学家斯蒂芬·卡斯尔斯指出："全球化不仅仅是一种经济现象：资本、货物、服务的流通，没有与之并行的观念、文化产品和人员的流动是不能实现的。"[1] 以道格拉斯·马西为首的"南—北移民问题委员会"也认为："只要世界上各种强劲的、资本雄厚的经济是在全球的贸易、信息和生产网络中运行，他们自然要接纳国际移民。无论是理论还是实践都已证明，在降低资本、信息和货物的流通障碍的同时又设置障碍限制工人的流动是困难的。因为移民入境正是构成全球化市场诸因素中的劳力部分"；"与其使用强制手段制止国际移民入境，不如采取一种更有成功希望的（同时比较现实的）态度，即将移民入境看成是一国汇入全球经济的自然产物，顺乎自然，趋利避害"。[2] 多层面、多原因引发的国际人口流动是和商品、资金、信息在全球的流动分不开的。经济全球化的本质特征是商品、资金、信息、人员等迅速跨越国境，在世界市场中的流动。其主要组织形式是跨国网络，如跨国公司、全球市场、国际政府和非政府机构以及跨国文化团体，等等。而实现这种跨越的主要工具则是互联网、传真电话以及廉价航空运输等现代信息和交通技术。全球化的主要经济功能是使资源和各种生产要素得以跨越国界在全球范围内进行配置。科技人员、经营管理人员和劳动力，是生产诸要素中不可或缺的要素。因此，超越国界的人口的国际迁移本身即是全球化的重要组成部分，而其规模、流向、结构、特点等则是全球化具体历史进程的产物。[3]

移民已经成为全球化劳动力市场不可缺少的组成要素。历史延续下来

---

[1] Stephen Castles, *Migration and Community Formation under Conditions of Globalisation*, paper presented to Conference: Reinvention Society in the New Economy, University of Toronto, March 9 – 10, 2001, p. 2.

[2] Douglas S. Massey et al., *Worlds in Motion*, Oxford: Clarendon Press, 1998, p. 289.

[3] Stephen Castles, *International Migration at the Beginning of the Twenty-First Century: Global Trends and Issues*, UNSCO, 2000, p. 271.

的国际间经济发展和社会发展的不平衡形成了结构性国际人口迁移的推动力和吸引力。全球化在经济结构、社会状况及政治稳定方面强化了工业化国家同世界上其他多数国家之间的差距。国际人口迁移是全球化的要素和产物，是历史发展的客观趋势，人为的限制只能延缓而无法根本改变这一进程。伴随着全球化的不断发展，国际人口流动持续加剧，正以不可阻挡的方式塑造趋向多样化的社会，创造多元文化的公民。全球空间是个流动的空间，当前全球化的趋势正在改变着这个空间的结构。全球化将发达国家、半发达国家和发展中国家以结构性链条联系在一起，影响和加速着新型的国际人口迁移。这些链条的内涵是多方面的，但本质上是发达资本主义发展的内在需求所致。人口大规模跨国迁移作为当今世界上一大引人注目的全球性社会现象，从根本上说是地区政治经济发展不平衡的结果。经济一体化的进程正在将世界连为一体，高科技的空前进步也以空间距离的"缩短"与"消失"改变着人们的地域观念。伴随着如此不可逆转的历史进程，一方面，越来越多的经济、文化精英们，以全球为舞台，游走于不同国家之间，凌驾于民族国家的差异之上，为自身谋取最有利的生存空间；另一方面，也有越来越多的普通劳动者，由于更加直接地感受到发展中国家与发达国家之间在生活水准上存在的鸿沟，因而也主动积极地寻求通过跨国流动改善自身的境遇。移民乃是当地社区和国民经济融入全球关系的结果。移民活动是全球化的一个重要因素，也是侵蚀民族国家权威的力量之一。

  人口跨国迁移受主客观诸多因素之影响。除了因战争、灾害、社会动乱等原因而造成的被迫性迁移外，个人为追求更美好的生活条件业已成为当代主动性迁移的重要因素，追求更舒适的经济和人文环境是人们迁移的最突出的原因之一。从经济角度看，移民首先是对不发达状况的回应，追求经济上的富足一直是大规模人口迁移的主要原因。移民往往是经济和社会发展的结果，其最显著的原因多在于世界各个地区之间在收入、就业以及社会福利之间的差异。大多数人只要能保障有一种体面的生活，就会安土重迁，在国内讨生活假如无望改善环境，人们便打算或被迫去国离境。一国与另一国的报酬和工作机会差别越大，移民的趋势就越强。移民是一种个人或家庭解决其贫困生活状况的措施。经济全球化发展加剧了发达国家和发展中国家在社会经济发展水平上的鸿沟，前者完成人口转变，大部分已踏入后工业化社会,人口增速低缓,甚至持续负增长,老龄化程度日渐加深;后者普遍经历了"人口爆炸",并由此产生出巨大的人口增长惯性,虽然多数国家生产力有长足发展,但人口压力依然沉重。受上述基本特点的制约,发达国家和发展中国家分别产生出对于国际人口迁移的强大"拉力"和"推力"。由此决定了当代国际人口迁移的宏观态势。随着资本主义从欧洲、北美、日本向世界其他地区的延伸,市场经济体制不断渗透到发展中国家和一些前社会主义国家,使这些国家的非资本主义社会经济组织结构被迫转型,以适应市场体系的发育和发展,导致发展中国家涌现出一大批潜在的、渴望进入发达国家的移民。人们普遍地开始梦想改变原有的生活境遇,即新开放国家和地区的人民不断被引诱着向外迁移,由此创立了一个不断增长的国际迁移人口群体。从某种意义上说,来自发展中国家的移民群体或潜在的移民群体并不是由于某国发展的不足,而正是发展本身。国际迁移的增长是市场经济全球化的衍生物。①

就移民接纳国的构成而言,"接纳专业移民最多""使用外国劳动力最多""外国劳动力与本国劳动力比例最高"等项目中,排列在头五位的全是发达国家。② 根据国际移民组织 2003 年 6 月发布的 2003 年全球移民报告,在 2003 年全球 1.75 亿国际移民中,约 3/5 去往发达国家。目前,有 5600 万移民居住在欧洲,5000 万居住在亚洲,居住在北美的有 4100 万。③ 一旦移民潮开启,生活水平的差别和业已形成的移民网络就会不断地推动移民过程。从 20 世纪 50 年代起,发展中地区移民就流入发达地区,发展中地区的国际移民出现负增长,而发达地区则是净增长。1950—2000 年间,由前者流向后者的净移民共达 5800 余万人。在 20 世纪最后的 30 年,发达地区的净移民率是最高的。可以说,20 世纪后半叶是国际移民"奔向西方"的时代。④ 联合国的《世界人口监测报告》显示,全球国与国之间的移民数量不断增加,目前已接近 2 亿人口。报告说,到 2005 年年底,出生在一个国家而目前却在另一个国家生活的国际移民,

---

① 佟新:《全球化下的国际人口迁移》,《中国人口科学》2000 年第 5 期。
② 李明欢:《国际移民学研究:范畴、框架及意义》,《厦门大学学报》2005 年第 3 期。
③ 《联合国报告 1975 年以来世界移民人数翻番达 1.75 亿》,2002 年 10 月,中华网新闻(http://news.china.com/zh_cn/international/1000/20021029/11354061.html)。
④ 傅义强:《国际移民及中国跨国移民发展轨迹探析》,《八桂侨刊》2006 年第 3 期。

总数为 1.91 亿人。1990—2005 年的平均年增长率为 1.4%。国际移民的 3/4 集中在 28 个国家,其中 1/5 在美国。迁移趋势继续向发达国家集中,1990 年国际移民中有 53% 生活在发达国家,到 2005 年这一比例已经提高到 61%,其中 1/3 在欧洲,1/4 在北美。由于发达国家的人口出生率低,新移民日益成为这些国家人口增长的主要来源。1990—1995 年,发达国家的人口增长有一半来自新移民,2000—2005 年竟然高达 3/4。

大量移民的进入,不仅增强了民族国家的种族、民族、宗教和文化异质性,而且也给这些国家的政治、经济、文化和社会结构带来了重要的影响。西方社会高度城市化的进程,使整个国家的经济社会同质化增强;历史和现实的移民群体却使种族、民族、宗教和文化的异质性增多。移民少数族裔对国家统一和文化认同造成了一定程度的损害:汹涌的移民潮产生人数众多的少数民族,而且如果这些少数民族来自一个相当另类的社会—文化环境的话,那么通常他们也很难适应新环境。正如人们偶尔也会谈及"拉丁美洲化和亚洲化"一样,同样也有"欧洲的非洲化和伊斯兰化"之类的言论。可以断定存在这样的趋势,即原籍居民所占比例下降,而外来移民(包括他们的社会—文化一体化往往有限的后代)所占比例上升,并且这种状况比过去更为严重。[1]

移民在为发达国家带去廉价劳动力的同时,也给发达国家本国的劳动力带来了竞争压力,引起了移入国公民对外来移民的不满。在历史的进程中,虽然许多国家都曾(或多或少)成功地实现了对大量移民的一体化,但眼下,尤其是未来可预期的国际移民,无论是数量上还是结构上都有着完全不同的内容,这实际上涉及第三世界向北方国家的扩展。对在此过程中社会—文化一体化的前景,人们的估计与其说是乐观的,不如说是悲观的。[2]

现在美国和西欧成为世界上吸收移民最多的地区,20 世纪 80 年代美国每年接受的合法移民大约为 83 万人,1990—1994 年每年平均 113 万人,其中 35% 来自亚洲,45% 来自拉丁美洲,只有不到 15% 来自欧洲和

---

[1] [德] 赖纳·特茨拉夫:《全球化压力下的世界文化》,吴志成、韦苏等译,江西人民出版社 2001 年版,第 43 页。

[2] 同上书,第 44 页。

加拿大。1997 年美国总人口中有 10.1% 是出生在国外的移民，移民的第二代占 10.4%，即直接属于移民家庭的人口为总人口的 20.5%，在 18 岁以下人口中甚至占到 25.3%。① 按照亨廷顿的估计，由于移民数量巨大和移民高生育率的影响，非拉丁美洲裔的白人在美国总人口中的比例将从 1995 年的 74%，减少到 2020 年的 64%，再进一步降到 2050 年的 53%。② 在 1995 年，西欧国家出生人口的 10% 属于移民家庭，在欧洲主要国家中，移民占总人口比例已达 7%—8%，德国、瑞士和奥地利三国超过 10%，瑞士甚至已超过 28%。预计，随着移民人数的增加和欧洲国家人口出生率的持续下降，这一比例还会上升。③ 来到欧洲的新移民中有 2/3 是来自北非和中东的穆斯林，在整个西欧，穆斯林人口达到 1300 万人。面对这样的结果，西方人日益担心："他们现在不是遭受军队和坦克的入侵，而是遭到了讲着其他语言、信奉其他神和属于其他文化的移民的入侵。"④ 这些数量巨大并具有不同宗教与文化背景的移民群体对于欧洲国家和美国族群关系的发展前景具有根本性的影响。

"许多学者预料，工业化、城市化和教育普及会削弱种族意识、普遍性将取代特殊性。"⑤ 然而，美国和西欧国家高度工业化和城市化的进程虽然在相当大的程度上"消化"了农民，却未能溶解那些聚居在一起的移民群体。尤其是在 20 世纪 60 年代以后进入美国和西欧国家的移民，由于面对国家普遍的种族、民族关系的紧张态势和社会生活中根深蒂固的种族歧视，他们不得不聚居在一起，并利用西方国家的民主制度表现出"族类政治化"的"自我认同"倾向。⑥ 因此，西方国家高度城市化的进程虽然"增加了整合性群际交往的机会和可能性，但也增加了来自不同

---

① Alejandro Portes and Ruben G., *Rumbaut*, *Legacies*: *The Story of the Immigrant Second Generation*, Berkeley: University of California Press, 2001, p.20.

② ［美］塞缪尔·亨廷顿：《文明的冲突与世界秩序的重建》，周琪等译，新华出版社 1999 年版，第 218—220 页。

③ Myon Weiner, *Global Migration Crisis*, New York: Harper Collisms, 1995, p12.

④ Ibid.

⑤ ［美］西摩·马丁·李普塞特：《一致与冲突》，张华青译，上海人民出版社 1995 年版，第 352 页。

⑥ 郝时远：《美国等西方国家社会裂变中的"认同群体"与 ethnic group》，《世界民族》2002 年第 4 期。

群体的人们之间发生冲突的场合和可能性"①。文化和社会的重构必将影响到民族性和文化同一性。面对新的经济方式和意识形态的变化，人们如何保持民族性和主体意识，如何保持文化同一性，这显然是不可回避的重大问题。

对西方工业国家来说其实只有两种选择：要么接受千姿百态的多元文化社会的冒险，要么通过更加坚决地控制来减轻移民压力——尤其是来自第三世界的移民压力。第一种选择事实上是否如其支持者所描述的那般令人神往似乎尚存疑问，因为这要付出一系列难以估量的代价和风险，诸如社会保险金的筹措和不断的文化碰撞之类的关键词的确还没有涵盖这一问题的方方面面。第二种选择——即加强对外来移民的控制——则要以政治果敢为前提条件，而这在标榜自由主义的西方民主政治中恐难以做到。②这已成为当今一个严重的时代悖论，在这一悖论中方兴未艾的国际移民潮，业已使相关国家政府面对着一系列较之以往任何时候都更为严峻的社会问题。

第二节　国际移民对世界经济增长的积极影响

毋庸置疑，移民促进了世界经济增长，近代以来的世界经济增长史，同步于国际移民发展的历史。背井离乡的移民怀揣梦想，背负生存的压力，吃苦耐劳，殚精竭虑，堪称最具创业精神的群体，为城市与国家的发展贡献力量。除此之外，当代国际移民有别于以往时代的一个显著特点，表现为受教育程度的显著提高。

国际经合组织在 2014 年发布的报告称，移民对就业市场作出了重要贡献，对税收和社会所作贡献超过了他们个人得到的利益。③ 世界各国和地区的相关研究也对此结论加以佐证。2015 年澳大利亚移民委员会公布

---

① ［美］彼得·布劳：《不平等和异质性》，王春光等译，中国社会科学出版社 1991 年版，第 236 页。
② ［德］赖纳·特茨拉夫：《全球化压力下的世界文化》，吴志成、韦苏等译，江西人民出版社 2001 年版，第 45 页。
③ 《移民涌入欧洲国家的利弊：冲击经济还是刺激产出？》，2015 年 11 月，中国新闻网（http://www.chinanews.com/gj/2015/11-07/7611043.shtml）。

的一份报告指出,到 2050 年移民将为澳大利亚国内生产总值带来 1.6 万亿澳元(约合 7.8 万亿元人民币)的增长。这是澳大利亚就移民行为对澳大利亚的经济影响作出的首份全面分析报告。报告指出,如果维持现有移民政策,到 2050 年澳大利亚人口将从现在的 2300 万增加到 3800 万。如果没有移民,这一数字届时仍将徘徊在 2400 万左右。移民还会将澳大利亚人均国内生产总值提高 5.9%,并将劳动力参与率提升 15%,而低技术工人的实际税后收入将上涨 21.9%。移民将确保澳大利亚仍是一个人口拥有高技能的国家,接受过大学教育的人口比例将提升 60.4%。移民委员会首席执行官卡拉·威尔谢尔说:总体而言,移民更加年轻,受教育程度更高,有更高的劳动参与率……如果我们对解决财政赤字和人口老龄化是认真的,那么一个健康的移民计划至关重要。[1] "大量移民和难民涌入将对欧洲经济产生怎样的影响?"这是近年来欧盟发展面对的重要问题。欧盟委员会称,如果移民具备熟练技能,则 2017 年欧盟 28 国的 GDP 总值将因此提升逾 0.25%;若移民不具备熟练技能,则 GDP 可因移民提升 0.18%左右。同一问题,对于新近退出欧盟的英国而言呢?据伦敦大学学院以及经济合作与发展组织(OECD)的研究,对移民接收国来说,一波新的劳动力流入可带来益处。伦敦大学学院 2014 年研究发现,进入英国的欧洲移民在 2001—2011 年对英国公共财政的贡献超过 200 亿英镑。该研究并称,移民给英国带来了所谓的"生产性人力资本",称这些人力资本如果英国自己培养需投入庞大的教育支出。[2]

各国反移民运动的一个重要动因是"移民大量进入劳动市场会大幅降低本地人的工资"。一般而言,得出这样的结论毋庸置疑。经济学最简单的供求定理告诉我们:劳动力作为一种商品,与任何其他普通商品一样,当供给增加时,商品的价格(劳动力这种商品的价格即工资)下降。理论如此,现实如何呢?要知道理论的推动是有着严格的假设前提的,而现实情况则要复杂得多。据美国著名智库"布鲁金斯学会"2010 年的一

---

[1] 《澳大利亚政府就移民经济影响发布全面分析报告》,2015 年 3 月,中国新闻网(http://www.chinanews.com/gj/2015/03-06/7107397.shtml)。

[2] 《移民涌入欧洲国家的利弊:冲击经济还是刺激产出?》,2015 年 11 月,中国新闻网(http://www.chinanews.com/gj/2015/11-07/7611043.shtml)。

项调查显示，移民带来了高工资和低物价，并由此提高了美国本土工人的总体生活水平。为什么更多人应聘相同的岗位能提高工资呢？其原因在于不是更多工人在应聘相同岗位，而是移民本身能够改变雇主提供的岗位。首先，大量廉价劳动力能拉动农业和餐饮业；其次，移民们不仅能提供劳动力，同时也对劳动力有需求。移民数量的增长能给商业创造更多潜在的消费者。① 更何况，相对而言，移民往往从事工资低、条件差的工作，辛苦的工作换得的是微薄的薪水。

著名经济学家约瑟夫·熊彼特1912年出版了《经济发展理论》一书，以"创新"概念构建一种与主流经济学迥异的经济理论。这一理论对应于世界经济增长乏力的今日，尤为凸显其价值和意义。熊彼特认为，所谓创新就是要"建立一种新的生产函数"，即"生产要素的重新组合"，就是要把一种从来没有的关于生产要素和生产条件的"新组合"引进生产体系中去，以实现对生产要素或生产条件的"新组合"。所谓"经济发展"就是指整个资本主义社会不断地实现这种"新组合"。就此而言，移民是最富创新精神的群体，移民社会通常是创新圣地。在美国这个移民国家，少的是不切实际的空想，多的是达尔文适者生存的理念和市场的裁决。当初，有人在描述硅谷的时候说过这样一句话："这里，就是未来。"硅谷的英雄并不是点石成金的精灵，相反，他们是实用主义的践行者。硅谷从20世纪60年代开始，逐渐成为一个全世界著名的创业、创新圣地。从80年代开始的新一轮产业革命，就是由硅谷发动的，到目前为止，它一直引领着世界科技创新的趋势。这块位于美国加州旧金山湾区的狭长地带，无疑是这个星球、这个时代最伟大的创新中心，甚至不断改变着整个世界。很多人将硅谷的成功总结为因为有斯坦福这样的有创业基因的大学，还有人认为加州宽松的法律体系有助于创新型企业成长，另外硅谷聚集了非常多的风险投资公司是硅谷成功的直接原因，但最直接的原因就是这里聚集了来自全球的"外来务工人员"。有人统计在硅谷超过10亿美元的公司，其中有一半以上的创始人来自外来移民，这还不包括像扎克伯格这样的本国外来人口。美国最新调查发现，在科技产业作出"有意义

---

① 李婉然：《美媒：移民有利于美国经济发展　不会消耗国家福利》，2013年2月，央视网（http://news.cntv.cn/2013/02/02/ARTI1359774853022317.shtml）。

及可市场化创新"的人士中，有超过 1/3 是外国移民，另有 10% 的本地出生的创新人士，双亲至少有一方在海外出生，意味着移民占创新人口近一半的比重。几乎在硅谷成长的同时，在毗邻波士顿的 128 号公路旁，也曾诞生过很多创业型公司。而且波士顿拥有哈佛、麻省理工等世界一流大学，毗邻的纽约是世界金融中心，但在和硅谷的竞争中却败下阵来。不能不说，一个重要原因就是新英格兰地区固化的人口结构使移民和美国其他地区的年轻人很难融入当地。

与硅谷相似，深圳是引领中国创新的城市，深圳的人口构成和硅谷十分相似，这两个地方最大的相似点，就是"外来务工人员"数量大大超过了原住民。为什么说移民造就创新呢？首先，移民本身就是一些不安于现状的人，他们离开家乡来到新的城市，目的就是要改变自己的人生。他们身上天然具有非常强烈的冒险精神，这是原住民所不具备的。其次，移民本身都非常年轻，不怕失败，创业的机会成本低，创业失败也不怕丢脸。最后，非常重要的一点就是移民文化，新移民在新的城市能够互相包容，同时多元文化的互相沟通、碰撞、融合能够使大家取长补短，互相学习，激发斗志。最后还有一点，就是移民城市破除了在原有固化社会里面复杂的人际关系和层级概念，建立了一种全新的秩序。资历、经验、年龄都不再是评价能力的标准。所以"移民社会"一定是一个创新社会。①

世界上最大的移民国家——美国所缔造的奇迹离不开富于创新精神的一代又一代移民的巨大贡献，敢于改变、善于改变、尊重自由市场原则是美国经济一直走在世界前列的重要保证。今天，苹果、谷歌、推特在科技上的引领不是偶然，美国在金融危机中迅速复苏也不是传说。刺激经济增长最重要的因素是创新。简单说来，如果美国公司和员工能想出提高工作效率的方法，经济就能得到增长。加州大学经济学家戈登·汉森认为，移民的涌入有利于创新，特别是高技术移民。汉森还表示，能促进经济增长的不仅仅是高技术移民，低技术移民也能让美国经济变得更有效率。首先，低技能移民比美国本土工人的流动性更强。汉森说美国本土的低技术工人大多不愿意搬家。比如说，当北卡罗来纳州对低技术劳动力需求上涨

---

① 刘戈：《为什么移民多的地方创新成功率更高?》，2016 年 10 月，思客网（http://sike.news.cn/statics/sike/posts/2016/10/219507950.html）。

时，住在美国其他地区的本土工人不太愿意为此搬走。低技术工人流动性不足就会影响劳动市场，减缓经济发展快地区的增长速度或发展滞后地区的复苏步伐。此外，低技术移民的增长也能够让高技术劳动者更有效率。比如越来越多的低技术工人愿意干洗衣服、带孩子等杂活，而高技术人才则可以把多出的时间更有效地利用在工作上。①

第三节　客观看待移民对经济发展带来的"负面"影响

提及国际移民的经济影响，除了其有利于经济增长的积极影响外，还需要回答一个问题——"谁是移民的受害者？"虽然绝大多数经济学家认为移民有利于经济总体发展，但并不意味着每个人都能由此获益。经济学告诉我们：有得必有失，任何收益都需付出相应的成本。与此相关的是一个饱受争议的话题——移民对于本土低收入者所造成的现实及长远影响。

从社会心理学的角度来看，移民涌入对经济增长的经济影响被所有人平均分享，而它的成本则由低收入群体承担，尽管这只是人口的一小部分，但是正因如此，其所感受到的痛苦也尤为真实与剧烈。从目前的个案来看，必定会有一些本土低收入者因为移民的竞争而失业。而作为拥有投票权的低收入群体因为移民涌入而遭受的冲击，往往更容易得以显现并得到政府当局的重视。作为世界上最大的移民国家——美国，其移民政策向来广受关注。现任总统特朗普保守的难民与移民政策颇受争议。据《界面新闻》文章报道，美国各媒体和各阶层的人针对于此移民政策的各方抗议活动此起彼伏，甚至引发了餐饮界的罢工，"我们让他们进来，需要他们劳动、种地。如果没有了他们，国会的餐厅里就没人端盘子。这些人往往报酬过低、没有医保"②。正如全美各商业中心城市的餐厅和商号在抗议活动中的发声，移民人口占比较多的行业中，和人们生活最直接相关

---

① 李婉然：《美媒：移民有利于美国经济发展　不会消耗国家福利》，2013年2月，央视网（http://news.cntv.cn/2013/02/02/ARTI1359774853022317.shtml）。

② 《全美餐饮界发起罢工"总动员"——支持无证移民抗议特朗普》，2017年2月，界面新闻（http://www.jiemian.com/article/1118585.html）。

的就是餐饮以及居民服务和其他服务业。前两者从字面上就可以理解。居民服务和其他服务业主要包括家政服务、理发、清洁工、修理维护四类。对于餐饮、家政服务来说，移民人口减少，意味着相关服务供给的萎缩，但是餐饮和家政的需求却不会出现相应比例的削减。于是，钟点工、服务员、快递员和理发师重新成为本地居民的就业选择，只不过价格出现了显著提升，相当一部分人再也消费不起曾经享受到的由移民提供的廉价家政服务，在餐馆就餐时还需加付服务费并额外给服务员小费，不得不忍受慢得惊人的网速，逐渐适应减少进美发店的频率或者干脆自己理发，自己学会擦车和修车——生活质量大幅下降。事情还不仅如此，需要注意的是，移民大部分是生产者，所以移民人口的削减势必会造成整个社会的总需求大于总供给。制造业工人的大幅减少，使就业市场上出现劳动力短缺，企业为了招揽工人，势必会提高工资，但提高工资则生产成本上升，意味着产品失去竞争力。长此以往，大量制造业企业会选择转移到其他劳动力充裕、劳动力价格低廉的国家和地区进行生产。长期来看，企业的出走会形成一种趋势，原本已形成集聚优势的上下游企业会相伴离开。而生产企业锐减，势必造成当地税收减少，财政收入减少，公共服务水平也随之降低。此外，当代世界经济发展过程中，房地产业的发展对经济增长有重要促进作用。房地产不同于一般商品，既是一种有居住功能的消费品，同时也是一种有保值增值功能的投资品，既和百姓的福祉息息相关，又对经济的增长有重要贡献，所以保持房地产市场的平稳健康发展十分重要。从生产者的角度而言，移民是建筑工人的重要来源，移民人口锐减，将使建筑工人数量相应缩减，建筑工程需要耗时更久方能竣工，商业用地产生回报的期限拉长，降低商业用地的价值。从消费者（使用者）的角度而言，移民家庭拥有自己房产的比例明显偏低，大量移民需要租住和购买房屋，移民的减少，会使房产无法顺利获得租金回报，居住用地的吸引力下降。而作为工业用地的消费者（使用者），制造企业大量外流，导致工业用地价格不断下降，甚至出现工业用地的荒弃。源源不断涌入其中的人口是一个国家或地区经济发展的核心动力，前车之鉴就在眼前，没有了"人"的美国传统工业城市底特律只能成为鬼城。

人们反对移民的另一个重要原因是移民会消耗国家福利。这一点在高福利的欧洲国家尤其得以凸显。作为世界上最早建立福利制度的国家，瑞典以高工资、高税收、高福利闻名于世。瑞典人对待移民的态度向来是高度包容的。但是就是在这个素以社会繁荣安定、生活宁静祥和而著称的国家发生了令世界震惊的移民骚乱。2013年5月19日，瑞典首都斯德哥尔摩的一处移民聚集区胡斯比区发生骚乱，持续了一周时间。骚乱的起因是警察在搜查胡斯比区时，一名69岁的葡萄牙裔移民当众挥刀，被警方击毙，之后引发了当地移民对警察使用暴力的反抗，骚乱很快蔓延到斯德哥尔摩其他移民聚集的贫困地区。数以百计的年轻人焚烧汽车、袭击警察，还焚烧和破坏了部分学校、商店和警察局。这场骚乱导致200多起犯罪事件，60多人被逮捕。

20世纪初开始，瑞典以难民和劳工为主的移民迅速增加，主要来自叙利亚、索马里、阿富汗等战乱国家。两次世界大战期间，瑞典的移民以躲避战乱的难民为主；战后五六十年代，随着瑞典工业发展的需要，导致从欧洲其他国家到瑞典的劳工移民急剧增加。70年代以后，瑞典经济发展发生转变，对劳工需求减少，移民转向以政治难民为主。目前，瑞典有940多万人，约15%是外来移民。瑞典以善待难民而著称，被誉为世界难民之母，各国的难民纷纷涌向瑞典。移民的涌入对瑞典的经济和社会提出了很大挑战，与移民相关的社会问题正是此次瑞典骚乱的深层原因。瑞典的多数移民生活在社会底层，他们由于教育、文化和习俗的差异，较难找到合适的工作，面临着失业和贫困的困扰，依赖政府的福利维系生活。瑞典的青年移民失业尤为严重，移民聚集区的青少年约有1/3是文盲或待业。政府通过福利政策改善移民的生活状况，将60%的福利津贴用于移民，这不仅给国家的经济造成不小的负担，而且也引来一些极右翼分子的不满。很多难民依靠高福利不劳而获，他们的生活水平甚至优于当地的劳动者。[①] 长此以往，对待移民只出不进的福利保障经费难免引发瑞典国民对福利制度未来发展的深层忧虑。

有关移民对社会福利与公共服务水平的消极影响，有学者提出了不同看法。乔治梅森大学经济学家布莱恩·卡普兰说："跟人们固有的观念刚

---

① 秦爱华：《福利国家的移民困境——探寻瑞典骚乱的根源》，《光明日报》2013年6月6日11版。

好相反，福利国家更关注老年人，而非穷人。移民多是年轻人，他们在通过劳动给本土老年人创造福利，而非榨取福利。一些非法移民利用假社会保障卡进行交税，给财政部带来了收益。据社保部首席精算师在2005年的估计，如果不是这些税收，社保体系资金的漏洞会增加10%。"卡普兰还指出："大部分政府开支都是'非竞争性'的，意思是政府可以在不产生额外开支的情况下为更多人提供服务。比如说美国军队不需要增加开支，就有能力为两倍于现在的美国人口提供保护。"① 卡普兰的观点为当代移民问题提供了一个重要的分析视角。

有关移民问题的思考，还有一个重要维度不可或缺——人口学意义的考量。1990年，联合国根据其开发计划署理事会第36届会议的建议，决定将每年7月11日定为"世界人口日"，以唤起国际社会对人口问题的关注。在20世纪80年代之前，国际社会关注人口问题，侧重点是关注人口过快增长对资源和环境问题造成的压力。然而，近年来，国际社会关注人口问题，侧重点是关注低生育率和人口老龄化对经济和社会造成的负面影响。这种关注重点转变的背后，是世界人口形势发生了根本性的转变，旧的人口理论已经过时了。② 这里讲的旧的人口理论指的是马尔萨斯的人口学理论。马尔萨斯在《人口论》（1798）中指出："人口按几何级数增长而生活资源只能按算术级数增长，所以不可避免地要导致饥馑、战争和疾病；呼吁采取果断措施，遏制人口出生率。其理论对李嘉图产生过影响。"③ 在这样的理论影响下，人们很容易会得出这样的结论——人口是经济发展的负担，人口越多对资源环境的压力越大。

应该承认，马尔萨斯人口理论对前工业经济时代确有部分解释力。但是，其并不适用于分析现代经济发展。今天的时代已经迥异于传统农业社会。包括农业生产在内的效率大幅提升，产品极大丰富，农业占比持续下降。人类已经发现了许多新型的合成化工材料，加大了对可再生能源的利用。"人口增加会降低生产力的这一逻辑已经不再适用于工业和服务业。

---

① 李婉然：《美媒：移民有利于美国经济发展 不会消耗国家福利》，2013年2月，央视网（http://news.cntv.cn/2013/02/02/ARTI1359774853022317.shtml）。

② 梁建章：《中国正面临人口坍塌，必须完全放开和鼓励多生》，2017年7月，中华网（http://finance.china.com/list/11173296/20170714/30970784.html）。

③ 张柏然：《英汉百科知识辞典》，南京大学出版社1992年版，第609页。

在现代服务业和信息技术领域,对自然资源的需求更是弱得多,互联网和娱乐行业对自然资源的要求就更少了。两个行业中的产品和服务可以大量复制,几乎不需要使用额外的自然资源。因此,土地和自然资源的制约,已不再成为现代经济发展的瓶颈。而对解决诸如全球变暖之类的问题,创新会显得更为重要。那么,要使创新维持在较高水平,一个国家就需要有大量年轻且受过良好教育的劳动力群体。今天,大多数经济学家都认为,马尔萨斯主义者的人口统计学和经济学理论,只适用于世界上那些还处于前工业经济阶段的最贫穷国家。世界人口发展已经进入了一个新的时代:大多数高收入国家和中等收入国家都有稳定的甚至日益减少的人口,只有低收入国家还存在高人口增长率。因此,我们需要一个新的经济人口学范式。如果一个国家能够吸收世界上最先进的技术,并依靠研究和开发推动其进一步创新,那么在这一前提下,庞大人口规模就会成为创新和经济发展的优势,在工业和信息时代,人口众多是创业和创新的重要优势。美国上个世纪的经济史就是很好的展示。"[1]

很长一段时间以来,我们习惯上以 GDP 来衡量一个国家的经济发展情况。逐步深入建设社会主义市场经济体制的中国,GDP 发展速度惊人,继 2009 年,中国 GDP 总值超越日本,跃升世界第二之后,中国与美国之间的差距也在逐年缩小。根据 2017 年最新公布的数据,中国进一步拉开了与日本的差距,不断逼近美国,按照这样的发展趋势,中国超越美国指日可待。更有甚者,根据国际货币基金组织的统计,以购买力平价进行估算,中国的 GDP 总值早在 2014 年就已经超越了美国,成为事实上的世界第一。有关国家经济发展形势的比较,比较的重点更应放在其未来发展形势的预测。这让人不由想到了 2011 年 1 月 20 日美国前国务卿基辛格博士曾接受的知名电视主持人 Charlie Rose 的一段访谈,尤为发人深思。Charlie Rose 问基辛格:"2050 年中国会崛起为世界上最有影响力的国家吗?"基辛格回答:"中国每年保持 9% 的经济增长率,没有哪个国家能够做到这一点。然而中国将由于计划生育而在 2030 年开始出现巨大的人口危机,这种人口危机是其他国家都未曾有过的。因此,不能根据中国目前的发展

---

[1] 梁建章:《中国正面临人口坍塌,必须完全放开和鼓励多生》,2017 年 7 月,中华网(http://finance.china.com/list/11173296/20170714/30970784.html)。

趋势简单地推测中国将成为强国。没有理由认为美国将落后于中国。"①相比于老龄化日趋严重的中国,基辛格对美国未来发展继续超越于中国充满了信心,换句话说,支撑"美国得以继续维持其全球霸权地位的可能性"这一结论取决于两国差异明显的人口结构变动趋势。

在计划生育政策的推波助澜之下,中国的人口结构已经发生历史性的巨变,人口红利时代一去不返。"几组数据深刻地揭示了未来中国人口的趋势。目前,中国人口抚养比例是5:1,也就是说5个劳动力抚养1个退休人员。到2040年是1.6:1。21世纪初到中叶,中国人口年龄中位数将从不到30岁上升为46岁,成为高度老龄化社会。同时,中国65岁以上人口,从2005年的约1亿人上升至2050年的约3.29亿人,比德国、日本、法国以及英国人口总数还多。"虽然世界上很多国家都面临低生育率和人口老龄化的危机,但中国的人口危机比大多数国家都更严重。原因是,世界上绝大多数低生育率国家都实行鼓励生育的政策,而中国的生育率低于更替水平已有20多年,但至今仍实行限制生育的政策,而且大多数中国人仍然没有认识到未来中国的人口危机有多么严重。

全面二孩政策的实施,让很多人觉得有关人口政策的讨论可以暂告一个段落。但实际上,中国正面临着严重的低生育危机,全面二孩政策依然是仅次于一胎化政策的最为严厉的生育限制政策。从80后到00后不到一代人的时间里,中国出生人口就萎缩了33%。而中国新生儿占世界比例已经由1985年18.4%跌至2015年的12%以下,在可预见的将来会进一步跌至5%甚至3%以下。过去30多年来,中国年出生人口整体大幅萎缩。根据2010年人口普查数据,80后、90后、00后的人口分别是2.19亿、1.88亿、1.47亿。从80后到00后不到一代人时间,出生人口萎缩了33%。尽管全面二孩政策会带来出生人口短暂而有限的堆积反弹,但在此之后,由于处于22—30岁的生育高峰年龄的女性在未来10年将萎缩40%以上,即便全面放开甚至大力鼓励生育也无法避免出生人口的断崖式

---

① 2011年1月20日基辛格接受知名电视主持人Charlie Rose的采访。转引自黄文政、李建新、王亚娟《人口问题上,我们跌入了多少误区》,《世界知识》2015年第19期。

坠落。①

这种改变对中国的经济情况影响巨大。由于现在退休人员多于新增劳动力，许多中国经济学家认为人口问题会成为拖累经济增长的因素。更多人已在发出警示，老龄人和年轻人比例的严重失调，会让建设养老金体系成为政府的沉重负担。

中国社科院有济经学家曾说："养老金体系的目标是实现人口全覆盖，如此将耗资甚巨，因为绝大部分人根本没有缴纳过养老金。本质上说，这意味着财富的转移。"也就是说，这部分人口的医疗支出也将十分巨大。

杜肯大学政治学教授马克·哈斯曾发出警告，随着全球主要国家陷入人口老龄化的问题，未来政府会面临枪和拐杖之间的抉择。马克在人口政治学中提到，"中国政府领导人将在2020年前后面临艰难的抉择：在人口急剧老龄化之际容忍穷困人口增加，或者投入资源以避免这种情况"。

马克认为，如果中国政府选择后者，那么美国将会受益。他进一步预言了"老年和平"的降临，全球所有国家会由于人口老龄化的沉重负担，造成根本无力挑战美国的军事局面。

过去几十年来，中国以及世界其他地区，由于工资和女性劳动参与率增长等多种原因，女性已经不愿意生育多胎。而且中国人口出生率早在1978年就开始下降，当时计划生育政策还没推行。美国的婴儿潮进入退休年龄时，也有来自这方面的压力。然而相对于其他国家，美国应对这一问题的优势地位却被人们忽略，被淹没在关于增加养老金支出的争论中。数据再一次揭示了真相：到21世纪末，中国的人口预计将下降至10亿人以下，回到1980年的水平。而与此同时，美国的人口将增加到4.5亿。也就是说，中国与美国人口比例将从现在的约4.5倍下降到2倍。

中国的劳动力人口减少，但美国在2010—2050年的劳动力则将增加31%。劳动力供给增加将推动经济增长，夯实税收基础，减少养老金体系下的负担。与此同时，美国会继续保持人均收入的巨大优势，在经济方面的优势将成为维持美国对全球安全承诺和能力的保障。

---

① 梁建章：《中国正面临人口坍塌，必须完全放开和鼓励多生》，2017年7月，中华网（http://finance.china.com/list/11173296/20170714/30970784.html）。

美国之所以不必担心人口减少,很大程度上是因为移民。虽然美国的出生率高于中国和许多欧洲国家,但还是低于人口替代率水平,每个家庭少于 2.1 个孩子。维持对移民的开放态度,美国能够不断补充劳动人口。如果美国转而关上大门,它的人口将维持稳定,但人口中位数将加速攀升。皮尤研究中心的研究表明,移民以及后代人数将占美国未来 50 年新增人口总数的 88%。

"几乎不用怀疑,移民能扩充劳动力队伍,总体 GDP 可望得到提升。"[1] 事实正是如此。以下为移民影响美国经济的十个数据:

(1) 2015 年,2630 万外国出生的移民在美国工作,占全美劳动人员的 16.7%。2005 年,这一数据为 15%。

(2) 据皮尤公布的数据,2014 年,居住在美国的无证移民数量降至 7 年来的新低,当年约有 1100 万无证移民居住在美国境内,2007 年,有 1220 万无证移民居住在美国境内。

(3) 2014 年,外国出生人口占总人口比例最高的几个州为:加州(27%)、纽约州(22.6%)、新泽西州(21.7%)、佛州(20%)和内华达州(19.3%)。

(4) 2012 年,外国出生的移民家庭为美国税收贡献了 1069 亿美元。

(5) 2015 年,移民员工的周薪中位数为 681 美元,比美国出生的员工低了 18.6%。

(6) 2014 年,17.7% 的移民的收入在美国贫困线以下,约有 14.5% 的美国出生的居民处于贫困线以下。

(7) 女性移民相比美国女性来说,更难找到工作。2015 年,美国移民劳动人口中,58.3% 为男性,而美国出生的劳动人员中,52.2% 为男性。

(8) 西语裔人口占了美国移民劳动人员的 48.8%,亚裔为 24.1%,白人为 16.8%,非裔为 9.2%。

(9) 从 2004 年到 2014 年,移民占了美国劳动力扩充的 47%。

(10) 移民,或者移民的子女建立了 40% 的福布斯 500 强企业,包括

---

[1] 《移民涌入欧洲国家的利弊:冲击经济还是刺激产出?》,2015 年 11 月,中国新闻网(http://www.chinanews.com/gj/2015/11-07/7611043.shtml)。

Google、Apple 和 Intel。①

美国吸收移民的规模远非其他大国能比：移民生活并工作在美国的每个领域。可以说，移民也许是维持美国繁荣的最关键因素。虽然总统竞选中关于排斥移民的言论喧嚣，但是移民将使美国免于竞争对手的威胁，甚至最终榨干他们的劳动力。② 事实便是如此，和世界其他大国一样，美国近几年来，出生人口呈逐年下降的趋势，据美国疾病控制与预防中心日前公布的数据，2016 年美国婴儿出生率降至每千名女性生育 62 名婴儿，创下有历史记录以来的最低值。③ 但是美国出生率下降的同时，总人口增长，其关键助力之一就是移民的增加，这与另一个大国——日本的情况形成了鲜明的对比，缺少移民的日本在出生率下降的同时，总人口持续减少。

第四节　本章小结

全球经济的持续增长离不开国际移民的贡献，不可否认，多样性和生命力塑造着生机盎然的全球经济，移民的全球迁移符合全球范围内资源优化配置的基本要求。"国内外的实践都证明，政府配置资源效率低下、浪费严重，市场配置资源是最有效率的形式。"④ 最好的政府应该在更大程度上让市场来决定什么样的移民应该被引进，该不该引进移民，引进移民的数量，引进移民的行业，这些问题都交给市场去决定就好了。"美国《时代》周刊刊登评论文章称，美国主流经济学家一致认为，一个更加自由的移民政策有利于美国经济的总体发展。"⑤

"市场自由主义是自由主义传统中的重要流派，有高远的政治目标，

---

① 《移民如何影响美国经济？这十个数据告诉你》，2017 年 2 月，美国中文网（http://news.sinovision.net/politics/201702/00400167.htm）。

② Howard W. French：《移民缓解中国老龄化？》，《21 世纪商业评论》2016 年第 7 期。

③ 《美国老龄化程度严重　或将放开移民政策》，2017 年 7 月，中国妇女新闻网（http://www.womenbooks.com.cn/jy/9731.html）。

④ 高尚全：《市场决定资源配置体现市场经济规律》，2014 年 3 月，人民网（http://finance.people.com.cn/n/2014/0326/c1004-24735743.html）。

⑤ 李婉然：《美媒：移民有利于美国经济发展　不会消耗国家福利》，2013 年 2 月，央视网（http://news.cntv.cn/2013/02/02/ARTI1359774853022317.shtml）。

希望每个公民平等的自由受到充分保障。为了实现这个目标，他们主张严格限制政府权力，将政府功能减到最少，并将资源分配问题交给一个不受政治权力干预且能自然调节的市场体系来处理。这样不仅最有效率，同时最为公正，因为只有市场才能在最大程度上保障个人自由。"[1] 正如自由主义经济学的杰出代表、奥地利学派经济学家米塞斯所认为的：自由市场中每一个理性经济行为体所具有的逐利性和竞争性以市场运行本身所具有的独特的经济计算方法，使自由市场成为人类社会有史以来效率最高、最具活力的分工合作模式，最有利于实现经济资源的有效配置："它是唯一的社会合作和劳动分工体系，能够提高一种审查和计算方式，用来筹划新项目、评价工厂、农场和车间的运行效果。"[2] 米塞斯在《官僚体制·反资本主义的心态》这本著作中有过这样的评述：白领工人除了绝大多数人都共有的对资本主义的普遍憎恨的困扰之外，还有本阶层特有的烦恼折磨着他们。白领工人往往高估自己工作的重要性，而领取的薪水往往少于他们瞧不起的体力劳动者。[3] 越来越多的发达国家的本土居民在移民大量涌入接替成为体力劳动者的同时，已经更多地习惯于从事白领工作，面对蓝领工人逐渐攀升的工资水平，心里产生巨大落差，逐渐倾向于支持对移民采取强硬措施的政府上台执政。特朗普的竞选成功多多少少是对此观点的印证。而在移民问题的处理中，政府作用的过度放大是有违市场自由主义传统的，也是背离全球化时代发展大势的。中国古语有云："泰山不拒细壤，故能成其高；江海不择细流，故能成其深。"集开放、包容于一身的国家发展方略，因更契合于时代的脉搏，而为其生命力的多元找到了具有自我加强特性的发展动力和方式，逐步成长、壮大，显示力量。

"今天的西方社会有一个三重的理想：资产阶级公民权，技术效率和每一个人选择其得救道路的理想。"[4] 这三重理想应该并行不悖。由己及人，由人及己，这是理性经济人的普世情怀，是自亚当·斯密始的一代又一代经济学人所秉持的不变信条。支撑这一情感的绝非一个区区小我所能

---

[1] 周保松：《市场、金钱与自由》，《南风窗》2012年第6期。
[2] [奥] 米塞斯：《官僚体制·反资本主义的心态》，冯克利、姚中秋译，新星出版社2007年版。
[3] 同上。
[4] [法] 雷蒙·阿隆：《论自由》，姜志辉译，上海人民出版社2005年版，第30页。

包容。这正如塔米尔在《自由主义的民族主义》一书中所指出的,为了维护国家的独特性而制定的移民法观念,是许多民族国家的官方政策。但必须注意的是,这一民族的视角并不意味着富裕的民族国家可以不考虑不属于自己民族成员的他人的需要。[1] "那些关心如何避免向移民——他们有可能改变现有的民族与文化现状——敞开国门的压力的富裕国家,应该着手致力改进贫困国家的生活水平,这样做既出于道德的理由,也出于谋划的考虑。"[2] 我们应该清醒地认识到:移民产生的根本原因是国家间的贫富差距,在世界上消灭贫富差别之前,在战争、动乱仍然不断的情况下,从根本上遏制移民潮是不可能的。解决移民问题困扰的根本在于帮助穷国摆脱经济困境。摩洛哥外交部长贝乃萨则认为,由于目前欧盟和非洲之间经济差异巨大,劳工滞留问题实际上很难解决。他说,非洲国家无法解决失业问题才是这一问题的根源,"年轻人找不到工作,这才是他们为什么不远千里,穿越国境进入一个新国家的原因"[3]。

在可能的情况下,尽量多地以合法的方式吸纳移民(世界各国媒体不断地曝光移民黑工的悲惨处境:在随时都有生命危险的莫克姆湾,拾贝工人每天工作9个小时才得到1英镑报酬,而且他们稍有不满就会遭到黑老板的虐待———一切悲剧都源于一个原因——黑工们缺乏一个能够保护自己的"合法身份"),也是帮助发展中国家发展的一个方式。这里所说的移民不只包括发达国家需要的优秀人才,发达国家只想通过移民政策选择别国的优秀人才也是一种掠夺。要知道,汹涌而来的非法移民浪潮中的主力军是无技术的劳工,而目前的移民政策却只是对真正的管理人才和技术工人敞开大门:作为接纳移民最多的欧盟国家,德国从2005年1月开始执行的法律规定只接纳高水平的劳动者进入德国。而意大利也规定只有持有劳动合同的人才能获得居留证。另外,英国计划建立更加先进的系统以便挑选"有用的"移民。西班牙想根据需要按经济领域分配移民定额。[4] 当前欧盟国家移民政策的主要目标是减少和控制来自第三国的移民,形成

---

[1] [以色列]耶尔·塔米尔:《自由主义的民族主义》,陶东风译,上海人民出版社2005年版,第129页。
[2] 同上书,第167页。
[3] 莫书莹:《非洲劳工潮震撼欧盟》,《第一财经日报》2007年1月19日第5版。
[4] 《欧洲各国竞相收紧移民政策》,《参考消息》2006年3月13日第6版。

一种外部严密控制而内部自由流通的欧洲堡垒，以维护内部欧盟公民的利益。欧盟的"关后门"计划受到国际社会的批评。联合国第七任秘书长科菲·安南（Kofi Atta Annan）就曾呼吁欧洲国家放宽移民政策，接纳更多的外来移民。他批评欧盟对外来移民采取拒绝的态度是正在忽略其国际义务，这与其所拥有的财富不相符，给人排外的印象。联合国难民署发言人科勒维尔指出，现在数以百万计的人从贫苦和苦难之地逃离，在其他地方寻找生存之所，而富裕的欧洲就是他们共同的目的地。然而，在抵御所谓的"经济难民"的斗争中，欧洲把自己越关越紧。①

世界银行一份以《汇款与移民的经济影响》为标题的报告认为，汇款与移民的相对收益对于发展中国家的居民远远高于对发达国家的居民，可以与全球商品贸易改革的潜在收益相媲美。预计汇款对新移民的收益为1620亿美元，对发展中国家居民的收益为1430亿美元，对高收入国家居民的收益为520亿美元。报告列举证据表明，移民人数的增加将会使高收入国家的劳动力到2025年增加3%，可以使全球实际收入提高0.6%，即3560亿美元。为了实现这些收益，报告建议，发展中国家寻求与本国移民的目的地国家达成协议，改善移民条件，包括移民入境、寻找和保持就业机会以及将部分收入汇回祖国的条件。统计显示，全世界有官方记录的汇款额在2005年已超过2320亿美元。其中，发展中国家收到汇款1670亿美元，高出包括所有来源在内的发展援助额的两倍。世行报告称，非正规渠道的汇款有可能比官方估计数至少再增加50%，使汇款成为许多发展中国家最大的外资来源。在有记录的汇款额中，接收汇款最多的国家为印度（217亿美元）、中国（213亿美元）、墨西哥（181亿美元）、法国（127亿美元）和菲律宾（116亿美元）。目前全世界的移民人数已接近2亿，他们的生产力和收入是推动减贫的巨大潜在力量。② 我们渴盼有一日"经济的发展能在不打破立宪框架的情况下满足'实际自由'的合理要求；生活水平的提高和劳动者在集体中的逐渐融合，这就是在自由民主制度范围内的改革能逐渐地提供给'实际自由'的具体而平凡的内容"③。

---

① 柴野：《解决难民问题应从根源入手》，《光明日报》2004年10月20日第3版。
② 袁蓉君：《移民汇款：世行关注新热点》，《金融时报》2005年11月18日第4版。
③ ［法］雷蒙·阿隆：《论自由》，姜志辉译，上海人民出版社2005年版，第37页。

结　语

　　现在的民族问题所处的时代是一个全球化的时代，全球化作为一种全球政治、经济、文化的结构性转换和重建，无疑，将形成一种全新的价值依托。民族主义是一种思想体系或意识形态，意识形态是对世界和社会的系统见解，也是一种理论信仰，具体表现为一定的理论政策。民族主义较民族意识更稳定、更系统、更理性化。民族主义表达了一种强烈的、通常已意识形态化了的族际情感。它有时变成一种思想体系，有时变成一种系统化的理论和政策，为实际的民族成长过程提供原则和观念。"并非所有的民族主义都具有相同的形式。他们是在不同的国际环境下并根据不同的国内经验而被型构出来的。"① 全球化打破了原有的空间观念，导致了社会关系、人物身份的交叉与错位。由于构成民族主义本质的全球性要素骤然凸显，使我们得以观察一种新的民族主义表现形式。一是因为这种民族问题与全球性问题相关并因全球化而产生；二是这种民族主义与全球化密不可分。

　　全球化、国际移民和民族主义不能被看作是相互隔绝、自我发展的，我们可以看到它们之间有着紧密的联系。民族主义是民族在生存和发展过程中，基于对共同历史、文化、宗教信仰的认同，面对复杂的社会环境，努力保持自身生存、发展的一种情感和思想体系。民族主义本质上首先是一种抽象的集体的心理状态和情绪，是对民族历史和文化的认同、归属、忠诚的一种强烈的情感和持久意识，这种心理状态的基本特征是对本民族

---

① ［美］克雷格·卡尔霍恩：《民族主义与市民社会：民主、多样性和自决》，黄平、田禾译，见邓正来、［英］J. C. 亚历山大编《国家与市民社会》，中央编译出版社2002年版，第355页。

身份（如共同语言、宗教、文化等）的确认和强调，并追求与之相称的群体权力和地位，文化和经济利益，是强调本民族的特征和传统，维护本民族权益，处理民族问题和对外关系的行动准则与价值观，也是实现民族要求的实践运动，其可以外化为实在的政治行为。在全球化时代国际移民问题研究的语境下，以排外主义、移民群体认同日益加强并挑战东道国原有主流文化等政治现象为承载。民族主义最明显的特征就是：强调本民族的利益。即"它总是倾向于把本民族的利益提高到高于其他民族的地位"①。一般来看，民族主义可以分为政治民族主义、经济民族主义和文化民族主义。政治民族主义属于民族主义兴起的早期显著标志，其基本目标就是要建立一个属于本民族的国家和政府，它与追求国家身份的政治实践紧密联系在一起。经济民族主义，主要指发展中国家尤其是拉美国家在20世纪五六十年代倡导的以经济独立为主要内容的民族主义。而文化民族主义则指民族主义中那些强调要保持和发展本民族文化特色的因素，主张以同质性的文化传统为纽带，力图建立以民族认同为单位的文化空间。② 全球化背景下的国际移民民族主义部分地表现出文化民族主义的特点。

　　本书虽以当今世界上接受移民最多，也是移民带来问题最多的两个国家和地区——美国和西欧为个案分析对象，但是并没有陷入单一个案的、深陷于具体细节的"微观式"的移民史研究中，而是希望能发展出一个比较的、理论性的、宏观的视野，建设一个新的理论架构来理解个案之间的异同。对欧美的个案分析，主要是用来说明全球化（区域化）下国际移民民族主义问题的特征，和建构正确处理多民族国家内主体民族与移民少数族裔群体关系的多元主义族际政治理论的迫切性。在全球化进程中，民族、国家、民族主义、地方社群，乃至阶级、种族、性别、家庭都在重新定位。新的时空背景呼唤新的具有理性认知支撑的民族主义，理性认知是民族主义的最高层次，缺乏它，便不是健全的民族主义。因此，本书以民族主义理论框架为经、以具体案例为纬来编写全书。

---

　　① 宁骚：《民族与国家》，北京大学出版社1995年版，第114页。
　　② 吴前进：《冷战后华人移民的跨国民族主义——以美国华人社会为例》，《华侨华人历史研究》2006年第1期。

首先，本书对全球化背景下国际移民民族主义这种崭新的民族主义类型进行了理论上的阐释。今天，我们所处的环境已经改变，民族这个概念，不是仅仅建立在上层建筑之上的东西，而是已经贯彻到了民众的思想精神中。本书对当代由国际移民问题所催生的民族主义问题的论述主要从两个角度进行。一个是移民移入国主流民众视角，其由于经济、政治、文化等诸多原因对移民形成排斥、歧视。"民族'自我'在任何时候都是相对于'他者'而定义的。"[①] "在他者意识出现之前，根本没有民族主义。"[②] 为了净化共同体，需要对共同体中的外来成分以及族裔少数群体采取强硬态度，现在他们逐渐被看作是经济上的对手，而且还被看作难以融合的文化成分，更有甚者，有人认为他们会腐蚀民族的道德品质和生物纯洁性。要求保持民族的独特文化传统的愿望很快就转化为一种不安，担心共同体的存在会受到威胁，这是一种民族即将衰落的意识，因此进而又会转化为对所有东西的疯狂仇恨。结果他们会谴责少数族裔民族，认为与他们或大民族长期在一起生活过的这些人，对他们民族的生存及特征构成直接的威胁，如有可能就应该把他们铲除掉。另一个是移民视角，作为置身于异国的竞争生存空间的少数民族群体，故国对他们是遥远的，而其所在国家的主流社会又视他们为"他者"，他们没有一个属于自己的世界。痛苦、愤怒、迷惘中产生的自我失落感要对"我是谁？"找出一个答案也就不足为奇了。移民，尤其是移民后裔，陷入了一种两难处境——在一个新社会中，我们应该维系认同和固有价值体系中的哪些部分？又应该如何整合于这个社会？

在当今的全球移民时代，无家的身份焦虑促成了对于精神家园的寻找，这包含了三重维度：对于"家国文化"局限性的重新审视；对于生命自由欲望主题的深刻反思，鞭挞了当下技术理性时代的弊病，以及个人无法脱离时代的人生的悲剧感；对于新的文化人格的建构，成为摆脱现有困境、寻求精神家园的可能途径。一方面，曾经高大神圣的历史幻象已消

---

① ［美］杜赞奇：《从民族国家拯救历史》，王宪明译，社会科学文献出版社2003年版，第14页。

② M. Guibernau, *Nationalism: The Nation-State and Nationalism in the Twentieth century*, London: Polity Press, 1996, p. 51.

失殆尽，精神的废墟、价值的真空，让人们悬浮在无望的虚空之中；另一方面，商业化与消费化时代的到来，如洪水猛兽一般，形形色色的物质刺激让不能承受生命之轻的人的灵魂与精神世界又陷入一次无底的深渊；曾经的价值信仰消失殆尽，新的伦理观念又不尽如人意，民族性的寓言被弃之一边，而现代性的面目又模糊不清，这种价值混淆与精神迷失的现状，使一切文化观念混杂融合形成为一个多元共生、众神狂欢的激变时代，而生存于这个已失去了统一的精神中心与精神走向时代的每个个体，就只能尽其所能地抛开外界的混沌与芜杂，服膺于自己内心的真实感受，表达自我的所思所想所感，来依稀地判断与寻找自己生命的可能形式与精神灵魂的皈依之所。在这一过程中，族群成为群体凝聚的一个理想单元和进行社会动员的有效工具。利用这一工具，各族群可以积极去捍卫和争取本族的政治权力、经济利益和公共文化空间。

各族群在积极捍卫和争取本族的权力和利益时，处于有利地位的族群或处于不利地位的族群，都会努力推动族群问题的"政治化"，以动员自己的追随者并以族群为单位建立一个争取政治权力、经济利益的集团基础。在"政治化"的氛围中，族群矛盾也就成为社会动荡、暴力冲突和国家分裂的主要原因之一。族群意识在一定的政治条件和政治气候下，有可能演变为"民族意识"，换言之，就是从强调文化层面的群体意识转变为强调建立新的政治实体的群体意识。这就是通常所说的"民族主义"。盖尔纳认为，"事实上，当社会生活的经济基础要求文化的同质性或延续性（而不是无阶级性）时，当与文化相联系的阶级差异变得有害时，族群问题就会以'民族主义'的形式进入到政治领域，而没有族群特征和渐进的阶级差异仍会被容忍"。[①] 作为具有一定文化传统与历史的群体"族群"（Ethnic group）和作为与固定领土相联系的政治实体的"民族"（Nation）之间，存在重要的差别。但两者之间并没有一道不可逾越的鸿沟。通过一定的内、外部条件的影响，两者之间可以相互转化，也就是说，族群意识可以转化为"民族意识"，族群问题可以转化为"民族主义"运动。

国际移民民族主义，作为全球化时代民族主义的一种表现形式，以移

---

① Ernest Gellner, *Nations and Nationalism*, Ithaca: Cornell University Press, 1983, p. 94.

民共同体为载体，可以归为族群民族主义（ethnicnationalism）类别之中。既是以往民族主义的延续，同时又有一些新的元素渗入其中，构成了历史与时代背景合而为一的独特结构。作为其内涵的移民群体的族裔民族主义和移居国社会的排外性质的公民民族主义势力的发展走向，很大程度上取决于两者冲突和包容的程度。只有当彼此包容日趋深入的时候，移民群体的族裔民族主义的发展才会有良性发展的舞台和被容纳的空间，这种民族主义的族群性内容有可能融入民族主义的公民性实践中。反之，如果这种融合远不足够，甚至引发与居住国的民族矛盾和冲突的话，那么移民群体的族裔民族主义就有可能会朝两个方向演变：或趋于萎缩、淹没在主流社会的认同中，这种可能在日益鼓励张扬文化个性的今天不太可能实现；或趋于高昂、爆发出新的力量，甚至走向回归祖籍国和分裂移居国的极端。

全球化时代，面对甚嚣尘上的民族主义问题，自由民族主义理论在我们面前提出了一个自由主义的民族主义是否可能的问题。自由民族主义尝试阐明：自由主义忽视民族主义所内含的价值倾向是一个错误，同时也探讨民族主义将通过什么方式对自由主义的思维做出贡献。由于民族主义本身并非普适性的政治价值，其自身特点决定了它并没有一套特定的政体原则和制度安排，也就是说，民族主义本身并非一套自成系统的政治逻辑，它需要附属于某种特定的政治形式以实现自身的价值。从形态上来说，自由主义是一种普世性意义的政治理论，它可以对民族主义给予更高层面上的政治整合，通过自由主义的政治模式和政治价值对民族主义和民主主义的结合给予全新的锻造。从民族主义自身生存的角度来看，在国际社会如果每一个民族都以自己的至上性为权利诉求的依据，就很难达成合理的政治承认，人类社会经过长时间的历史积累和进化所形成的政治秩序也会面临着挑战、解体乃至崩溃。如果它不能有效地寻找到赖以建立的政治基础，那么这种民族主义在给人类造成巨大灾难的同时，自身也将很快消逝在人类的历史长河中。为了自身的生存，它显然只能以更高的具有普世性的国际正义为基石，这种国际法中的政治正义原则，在自由主义的政治理论中可以得到恰当的应对。自由主义的法治秩序和宪政体制成为整合民族主义的政治基础，它把民族的政治主张与民主的运作程序结合在一起，经由自由主义的政治锻造，使自由主义的政治架构在民族和民主的政治关联中凸显出来。自由民族主义注意到了在民族主义的外表下面,存在一系列对人类处境、对什么使人类生活富有意义与创造力,以及对一系列值得骄傲的价值的敏锐理解。

自由民族主义认为,"民族主义"对民族整体利益的强调与其说是对个人权利的否定,不如说是对个人自由的扩展和延伸,其终极目标还是对民族个体利益的保护。将民族利益看作高于一切,而其他群体(家庭、地方社群和教会等)以及个人的价值都必须服从和让位于民族整体的价值,这是自由民族主义所警惕的民族主义反自由的一面。

自由民族主义倡导多元论,我们可以把多元主义分为三个不同的层次,即文化的、社会的和政治的层次。它们分别尊重信仰和文化的多样性、社会的差异以及政治上的"权力的多样化",后者(政治多元主义)主要来自独立但并不相互排斥的团体之多样性。自由民族主义在此的讨论主要涉及的是文化的多元主义。自由民族主义所倡导的多元主义在全球化时代,对弱势文化的生存与发展尤其具有积极意义。文化是世世代代累计沉淀的习惯和信念,渗透在生活的实践中。在文化上主张一元论是很可怕的,按后现代的说法,带有压迫性。文化的发展有着它自身的客观规律性。用人为的强制性手段来解决文化差异,本身就是一种不文明的表现,是违背文化发展的内在规律的,因而也是不可取的。

随着时代的发展,本书认为,应该对自由民族主义的价值论进行提升与转换。首先要在实践中去探索在多元价值之间达成和解的可能。"价值在实践中不是孤立的,它在实践中形成某种关系,而开始相互转化,使本来在概念上的不兼容的价值,在实践中获得和解。"[①] 对于这一点,塔米尔已经有所认识,"合理性以及并非一刀切的妥协是任何有效的政治解决方案的关键"[②]。自由主义的基本原则就是时刻要有"妥协的准备"。[③] 在不断变迁的历史环境中,人类群体不断再创造着自己的文化,民族的持续

---

① 刘擎:《面对多元价值冲突的困境——伯林论题的再考察》,《华东师范大学学报》2006年第11期。

② [以色列]耶尔·塔米尔:《自由主义的民族主义》,陶东风译,上海人民出版社2005年版,"前言"第8页。

③ [英]波普:《自由主义的原则》,见王炎等编《公共论丛:自由主义与当代世界》,生活·读书·新知三联书店2000年版,第147页。

不衰需要新的叙述主旨，需要现实主义的人类学实践。其次，通过对话与反思积极面对价值分歧。要使不同的价值尽可能在共同体中共存，让人们和睦相处，这就要求个人必须保持自我反思和批评，对于任何一种选择必须经过理性的评价，通过不断对话与交流，在现实情景中进行谨慎的、认真的选择判断。正是在与"他者"的交流与观照中，一种文化才能看清自己的局限，才有新的发展。正如自由民族主义所说："在较高的意义上，文化的多样性保证对于自己文化的反思发生在一个名副其实的语境中，这个语境提供了供模仿的模式甚至归化的选择。在较弱的意义上，文化的多样性具有审美的价值。……我们珍视文化的多样性不仅仅因为它提供了不同的生活选择，而且也因为它是完善我们在自己的文化内部的生活、维护作为同一个种类不同变体的不同类型人的一种方式。"[①] 全球化给人的影响当是使之更加开放，心胸更加宽阔而不是愈加狭隘。而任何外来文化要在另外的土地上生存下去，就要适应该地的情性，发生相应的变异。最后，笔者提出的一个大胆设想，以中国的古老哲学思想为我们化解价值冲突，和谐共处提供思想原动力。它告诉我们，人们虽然有不同的文化背景，虽然并不互相认同，可是能够彼此尊重、和平相处。通过对儒家学说和道家学说的批评、筛选与超越，用现代的思想方法去认同其积极精神。单靠一种文化不可能圆满解决未来人类所面临的种种困难和问题，需要发扬多种文化的积极合作精神与和谐互补的立场，求得人类共同问题的合理解决。创造一种让各种文化都能共生共荣的环境。真正的普世和谐并非指不同文明体系的完全融合或所谓的全球整合，而是多元文明体系遵循共同契约准则，通过内部文化认同和外部文化宽容，尽可能把文化冲突限制在最低限度。中国文化传统资源与自由主义民族主义的接榫是一个值得探讨的学术命题。本书的尝试只是一个初步的工作，深入细致全面的拓展还寄希望于来者。对这样一个命题的探讨是一个从现实出发的问题，把弘扬中国传统文化融汇在全球视角的文化和文明的对话中，体现了一种把传统精神转化为现代价值的文化自觉的担当精神。对这样一个关系到民族文化复兴和现代命运的话题，希望有更多的言说衍生。

---

① ［以色列］耶尔·塔米尔：《自由主义的民族主义》，陶东风译，上海人民出版社2005年版，第20页。

一种意识形态包括两个部分：理论（学说）体系和实践系统，它们之间有着密不可分的联系。学说和设想并不是评价政治信念的充分参项。一种充分评价需要理论和策略系统两方面的参项，需要考虑政治活动家提出的将理论化为现实的方式和途径。手段和目的是密切相关的。理论和实践，观念和行为，手段和目的，必须结合在一起考虑。仅仅承认目的是不够的。① 接下来的论述把自由民族主义理论引入了对国际移民和民族主义问题的分析、评判的可行性。通过对自由民族主义相关思想的讨论，分析在当代国际移民民族主义话语的形态特征中，以自由民族主义理论为基本框架对全球化背景下，由国际移民问题产生的新的形态的民族主义进行梳理的可能性与必要性，探讨自由民族主义理论对于全球化时代移民问题的分析具有的独特价值。

　　任何政治理论的最终目的都是寻求可能对其产生作用的当代现实的恰当的解释。这种寻求既是学术性的也是政治性的——这种寻求的学术性和政治性是同时并存的，不可能单一存在。我们今天对自由民族主义理论的研究，不能仅仅满足于对其理论观点的爬梳和诠释，也不应止步于对其具体文本所体现的思想和认识做深刻系统的理解和阐释，更重要的是要把其思想作为一个活的思想整体来展现其所具有的内在逻辑联系和贯穿始终的基本精神，以及它所具有的多方面、多层次的重要的现代价值和现代意义，使人们能够在现时代的视野之下，关注并实现其深广的价值境遇。自由民族主义理论在今天的全球移民时代尤其具有独特的思想价值。正如塔米尔所说："如果同质的民族国家是可能的，那么自由民族主义将不会提出任何问题。"② 为了把理论研究和世界政治现实相联系，为自由民族主义理论的转换和提升找到现实基础，本书以当今世界上接受移民最多，也是移民带来问题最多的两个地区——美国和西欧为分析对象，通过对其的个案分析，说明全球化（区域化）下国际移民民族主义的特征，和建构正确处理多民族国家内主体民族与移民少数族裔群体关系的多元主义族际

---

① ［美］菲利克斯·格罗斯《公民与国家——民族、部族和族属身份》，王建娥、魏强译，新华出版社2003年版，第67页。

② ［以色列］耶尔·塔米尔：《自由主义的民族主义》，陶东风译，上海人民出版社2005年版，"导言"第8页。

政治理论的迫切性。在全球化进程中,民族、国家、民族主义、地方社群,乃至阶级、种族、性别、家庭都在重新定位。新的时空背景呼唤新的具有理性认知支撑的民族主义,理性认知是民族主义的最高层次,缺乏它,便不是健全的民族主义。透过对欧美具体个案的分析,有助于我们更准确地解读自由民族主义理论,理解自由民族主义理论的各种核心价值和基本概念对于现实问题的规范和导向作用。

"在古老的西方民族社会中普遍接受的民族认同里存在着'边缘摩擦',而这种摩擦在今天的西欧也在明确的范围内发挥作用,大量的移民、外籍工人、难民、前殖民地居民以及外国人的大量涌入,不可避免地改变了法国人、英国人或者荷兰人目前'民族认同'的特征。它们的特征已经不再是二战前的,不能再用简单的、相对同质的术语来对其进行描述。"[①] 外来移民群体都有失业率高、贫穷、遭受种族歧视以及社会不公正待遇等尴尬境遇,更为严重的是,他们的国家归属感、对主体文化的认同感非常淡漠,因此,当他们遭遇个人或群体的不幸的时候,更容易产生对其他族群乃至整个社会的不满,从而酿成大的社会动乱,巴黎的骚乱就是明显一例。本书以极具代表性的2005年发生在法国巴黎的骚乱为楔子,来引入对欧洲移民问题的探讨。近年来,在欧洲发生了移民少数民族边缘化和社会分层种族化的趋势,在一些欧洲国家频繁发生针对移民的种族暴力行为,如德国的新纳粹排外主义,以及以排斥移民为号召的右翼政党在选举中的不俗表现,不能不使我们警醒,当前欧洲极右势力兴起主要的社会原因,与部分选民对全球化和欧盟一体化进程中形成的失业、移民、犯罪等社会问题的担忧不无关系。诚如安东尼·D. 史密斯所言:"对现代欧洲的居民而言,似乎不存在有意义、有效力的,能够将他们联合起来的共同的欧洲神话与象征符号。"[②] 当勒庞打着"法国人优先"的口号、以捍卫法国主权的面目出现,当丹麦人民党和挪威进步党怀疑欧盟和欧元会损害他们的民族特性,当海德尔宣传欧盟东扩会造成来自东欧的廉价劳动力抢走奥地利人的饭碗时,社会下层民众极易被极右翼势力反欧洲一体

---

① [英]安东尼·D. 史密斯:《全球化时代的民族与民族主义》,龚维斌、良警宇译,中央编译出版社2002年版,第128页。

② 同上书,第163页。

化、反移民的口号所蛊惑和煽动。2005年法国和荷兰先后否决《欧盟宪法》，一体化进程受阻，欧盟前途蒙上阴影，欧盟东扩后东欧向西欧的移民给西欧社会带来的冲击，更激起人们对移民前景和欧洲未来的关注和思考，欧洲的移民问题不仅是关系到欧盟命运的大事，在某种程度上更反映了全球化（区域化）下移民问题的特征。

在国际政治、经济舞台上，欧盟是一支非常重要的力量，其发展走向对全球政治和经济格局有着重大影响。地区主义是当前国际关系发展变化与理论探讨的一个重要议题。作为一种多边主义形式，地区主义反映了地区范畴内从相互依存与国家合作到一体化、认同与社会聚合的相互作用进程。在欧洲一体化的进程中，越来越多的成员国成为移民国家。移民的大量涌入刺激了经济和社会的发展，但也对就业、福利、社会安全等提出了严峻的挑战。在对待移民问题上，欧盟各国一直存在着限制移民和积极移民两种截然不同的呼声，移民问题成了影响欧洲一体化进程的关键之一。欧洲一体化进程必然要求欧盟各国在超国家层面上对移民问题有一个共同的标准。欧洲国家应该就一种自由的移民政策达成一致。它们用不着面对谋求移民入境、寻求避难的人们的蜂拥而至而固守在富裕沙文主义的堡垒之中。① 然而，在移民问题上，民族国家仍然发挥着关键的作用。民族国家存在的合法性基础，就是它的领土和人民，其存在的终极意义也是为了在它的领土疆域中生活的集体的和个体的人——民族和公民。正是由于这个原因，民族国家竭尽一切所能，顽强地固守着它的阵地，在市场准入和劳动力自由流通上寸土必争、绝不退让，使全球化进程与民族国家体系之间的张力达到了前所未有的程度。民族国家的存在、它的疆界、它的主权、它的管理和干预经济与社会的能力，它对公民权利的控制，与在本质上要求"去国家化"的全球化之间发生了深刻的矛盾，并且构成了全球化进程的现实阻力。② 随着经济利益冲突的加剧，文化上的碰撞与冲突使移民问题更趋复杂化、更加难以解决，甚至引发了种族主义和暴力排外事

---

① ［德］哈贝马斯：《哈贝马斯精粹》，曹卫东选译，南京大学出版社2004年版，第272页。

② 王建娥：《移民地位和权利：对现代民族国家及其政治制度的严峻挑战》，《民族研究》2002年第5期。

件。欧洲的反移民运动，是全球化时代"民族国家和全球化之间的一种持久张力的折射"①。"欧洲共同体的政治未来以另一种方式说明了公民身份和民族认同之间的关系。"②处于十字路口的欧洲一体化正面临进退两难的困境，"要不我们将欧洲降格为纯粹的自由贸易区，要不我们就再次致力于实现欧洲公民的梦想并选择一个政治意义上的新欧洲"③。

　　从长期看，实现各地区和各大洲的人员自由流动是可能的。但是，移民的本质是人，不能仅仅简单地将之视为可流动的生产要素。也就是说，不能在经济和就业状况好时就"进口"移民，而在危机时又可以轻易"再出口"移民，实现移民流动的最佳状态就是融合。移民不可能完全改变其生活方式和价值观念，而且文化的多样性可以提高社会和文化活力，成为接受国的社会和文化财富。多样性的特征将使欧洲文明显得格外丰富，并且处于不断发展之中。欧洲的过分一致并不值得提倡，各国应保持自己的特点，确保欧洲文明能够丰富多彩地发展。从外部来看，欧洲文明具有相异于其他文明的同一性，但从内部来看，欧洲又具有民族、语言和文化的多样性。多样性也是欧洲观念的一个重要内涵，它往往与民族意识结合起来对欧洲一体化的观念构成冲击。但是，换个角度看，多样性问题的提出是在一个更大的认同范围内对某些认同的选择，它与欧洲观念在更多时候所表现出的统一性并不矛盾，而是互相影响、互为补充。从这种意义上讲，欧洲观念是多样性和统一性的有机结合。"宪法原则可以生根于其上的政治文化，根本不必依靠所有公民都共有的种族上、语言上和文化上的共同来源。一种自由的政治文化所培育的只是一种宪法爱国主义的公分母，它使人们对一个多元文化社会的各个不相同但彼此共存的生活形式的多样性和整体性这两方面的敏感性都得到加强。在未来的欧罗巴联邦共和国中，同样的原则也必须从不同的文化传统、不同的民族历史的角度加以理解。各自的传统必须从一个借别人的视角而相对化了的角度而加以掌

---

　　① 王建娥：《移民地位和权利：对现代民族国家及其政治制度的严峻挑战》，《民族研究》2002年第5期。
　　② 同上。
　　③ 张健：《欧盟的困境、变化及其影响》，《现代国际关系》2006年第2期。

握利用，从而使之能够置入一个超民族地分享的西欧立宪文化之中。"①

在谈到美国的移民问题时，本书以亨廷顿在《我们是谁——挑战美国的民族认同》中的相关论述为引子，以美国为例来具体分析评述全球化时代移民群体的族裔文化认同日益增强对东道国主流文化认同造成的影响，以及移民接纳国主体族裔的排外主义形成的原因及其影响，通过分析和论证来探寻"我们是谁"的答案。美国是世界上最大的移民国家，移民的多源性决定了美国文化的多元性。就移民对国家的形成和影响来说，美国可以说是举世无双的例证。如何协调种族间的矛盾，使美国文化既保留美利坚民族普遍认同的文化特质，又注重弘扬不同民族的文化传统，使美国文化在未来的发展中继续保持旺盛的活力，是美国各界必须应对的一个颇具挑战性的课题。亨廷顿认为，共同敌人的持续存在，需要美国国内团结一致，外部威胁培育了冷战时期美国的国家认同，塑造了这一时期美国的"爱国主义"。冷战结束、苏联解体使美国的"爱国主义"一度失去了明确的目标，多元文化主义抬头，美国国家认同面临挑战，"爱国主义"的基础随之发生动摇。美国会像亨廷顿担心的那样，变成一个被多元文化主义、多样性和拉美裔移民等问题撕裂的社会吗？这确实是一个富有挑战性的问题。

20 世纪 80 年代到 20 世纪末，有大约 1500 万移民来到美国，其中多数来自墨西哥、中美洲和亚洲国家。这些移民及其子女占美国现在总人口的将近 10%，有些大城市甚至达到 1/3。这些移民的到来加速了洛杉矶、纽约等大城市本土居民的外流。② 随着移民人口的不断增加，他们在美国形成了一个个拥有共同祖籍文化的族裔群体，这些族裔群体对祖籍民族和文化的认同长期保持下来，始终挥之不去。各移民群体往往继续保持着种族的认同，其人口与政治的分量也不断增加。如果移民来自完全不同的社会—文化环境，但又不愿意或者不能被同化的话，那么就存在着形成亚文化群和各种聚居区的趋势，从而有可能损害国家的统一和本国居民的文化认同。那么出现的将不会是民族融合的国家，而是一个割裂的、多元文化

---

① [德]哈贝马斯：《哈贝马斯精粹》，曹卫东选译，南京大学出版社 2004 年版，第 258 页。

② 董小川：《美国本土主义运动评析》，《美国研究》2004 年第 3 期。

的社会，其中民族归属与社会阶层就会相互制约（民族阶级），这样可能会导致极度的紧张与冲突，部分还会引起对外政策的相应变化。从目前的情况看来，拉美裔移民不认同 WASP 文化、与美国主流社会的融合度很低的事实，的确引发了一系列问题。在过去的几十年里，特别是新近的形势表明，拉美裔移民同化的滞后和障碍给美国核心文化带来了直接的挑战。拉美移民集中居住在特定区域，非美国文化和思想持续走强，美国主流社会所认同的流行了几百年的盎格鲁—新教文化的影响力必然下降。随着移民的大量增加及逐渐成为美国公民，移民的政治影响力也逐渐显现。"从长远看，人数即是权力，在多文化的社会，在民主政治和消费者经济中，更是人多势众。"① 这些少数族裔群体随着数量的增加，其力量也日益壮大，并加入为争取族裔身份、族裔文化的斗争行列中来。

自由民族主义认为："与一个以自己不认同的文化特性为特征的系统之间的疏离感，是个人痛苦与政治不稳定的根源。这些紧张是内在于现代国家的民族本质之中的。除了重新思考我们对于其作用与功能的理解以外没有别的解决办法。"② 在一个存在多个种族与族裔的类似美国的当代典型移民国家里，如何既保留差异族群的声音，又维护国家的统一和稳定？菲利克斯告诉我们："即便是在公民社会中，共同接受的规则、共享的核心价值观仍然是必要的，否则多元主义便无法运行；正是那个更大的民族文化的存在促进了统一，为所有少数族裔提供了栖息之地，多元主义才得以生存并取得成功。"③ 核心价值体系是一个国家和社会的精神支柱，是社会意识的本质体现，决定着社会意识的性质和方向。在和谐文化建设中，抓住了核心价值体系这个根本，才能形成全社会共同的理想信念，增强全社会的凝聚力；才能树立全社会的和谐理念，培育全社会的和谐精神；才能形成全社会的良好道德风尚，形成全社会的和谐人际关系，营造全社会的和谐舆论氛围，塑造全社会的和谐心态。统一性首先是在一个国

---

① ［美］塞缪尔·亨廷顿：《我们是谁——美国国家特性面临的挑战》，程克雄译，新华出版社 2005 年版，第 210 页。

② ［以色列］耶尔·塔米尔：《自由主义的民族主义》，陶东风译，上海人民出版社 2005 年版，"导言"第 9 页。

③ ［美］菲利克斯·格罗斯：《公民与国家——民族、部族和族属身份》，王建娥等译，新华出版社 2003 年版，第 228 页。

家机构中有共同生活的愿望、有共同的价值观、有共同的政治观（共同的信念）。在回答如何在全球化时代重建美国国家认同这个问题的时候，我们可以看看瑞士的例子，和谐的瑞士联邦以其完善的民族政策而堪称世界榜样。在瑞士这个国家发展起来了一种所谓的文化联邦主义。瑞士发展起一种特殊的语言文化自由的制度。从基层的社区开始，扩展到州，再到国家。这种特殊的语言自由是在民主制度的框架内实现的。瑞士的民主制度也是由基层开始，然后逐级向上，直到全国。在这里，文化自由和语言自由与民主的政治制度融为一体。①

按照自由民族主义的观点，民族主义对特定环境、对个人身份的建构的重要性的强调，并不与关于人性的普遍性的观点冲突。② 尽管美国文化形态各异，不同的族群却分享着一个核心的价值观，即民主、平等的价值观。移民群体也不例外。公民身份是对于"我是谁？"的问题和"我应当做什么？"的问题——当这两个问题在公共领域提出的时候——的回答。③ 公民国家把一个人的族属、文化、宗教、政治信仰和他的政治身份以及国家成员身份区别开来。这种分离程序是为罗马人所运用的一种法律发明。④ 公民国家意识意味着在国家出现危机的时刻，每一个公民都能够自觉地将国家视为一个整体加以认同。我们可以把美国看作一个大的政治社群，虽然肤色、族裔、文化和宗教不同，但在"9·11"的危急时刻，却表现出了超党派、超地域和超种族的社群意识，所有国民都意识到：我是一个美国人，我们都是美国人。必须承认的是，外来移民及其所拥有的民族文化、特殊的社会群体和社会结构，这种状况是不能通过政府的否认、拒绝和排斥外来移民来实现移民的一体化进程和与社会的真正融合的。"每个人都拥有内在的尊严和平等的权利。""他们反对社会组织对个人自由的限制，特别是对个人思想的限制。如果社会的措施与个人道德良心相

---

① [美] 菲利克斯·格罗斯：《公民与国家——民族、部族和族属身份》，王建娥等译，新华出版社2003年版，第75页。
② [以色列] 耶尔·塔米尔：《自由主义的民族主义》，陶东风译，上海人民出版社2005年版，"导言"第5页。
③ H. R. Van Gunsteren, Admission to Citizenship, *Ethics*, 1988, p.752.
④ [美] 菲利克斯·格罗斯：《公民与国家——民族、部族和族属身份》，王建娥等译，新华出版社2003年版，"导言"第7页。

抵触，个人有权利加以抵制，公民不服从（civil disobedience）是人的一种最高的职责。"① 彼此尊重、人权平等、理解和对话，才保障了美国民主制度的良性演进。亨廷顿所提出的"移民威胁"，更大程度上是对盎格鲁—撒克逊主流文化的威胁，而不是对美国"民族国家认同"的威胁。在美国，爱国主义应被定义为对自由民主和人性原则的维护，而不是对某一单一民族为基础的文化群体的热爱。从殖民地时期直到今天，美国不间断地吸纳来自世界各国和各地区的移民。移民建立和建设了美国这个国家，塑造了美国的精神面貌与内在气质，在不断为美国注入新鲜血液与活力的同时，赋予它以开放、自由的品性；反过来，这又对新移民构成了强大的吸引力。卡伦认为，真正的美国精神应该是所有民族间的民主，而不是某一民族对其他民族的绝对统治。②

如何既保持差异又保持统一，这几乎是所有存在大量国际移民的国家都在面对的问题。如果在全球化下能继续对多元文化和多元文化社区给予突出地位，那么对传统文化的认同也就将在各国的海外散居人群的心目中保持其价值。自我的经济利益并非当代国际移民少数族群所关注的唯一因素，文化生存越来越成为其所关心的重要问题。许多移民都具有多重认同的特征，在政治上他们认同并效忠所在国，但他们对本族裔的文化传统仍然保留一份深切的热爱与关怀。全球化帮助培育了塑造族群认同的文化土壤，使人类个体更为深切地渴望在全球化的浪潮中固守传统文化的价值，不管这种守候在多大程度上有效。果然如此的话，一种文化传统就应该非政治化，并与种族、民族和部落忠诚远远脱钩。历史和现实告诉我们，追求绝对的、纯粹的民族文化认同是不可能的，这种狭隘的民族主义情绪把族性极端化、绝对化，是一种极端的本质主义。这种极端的民族主义把"民族"或"种族"当作政治认同的最高标准，而人权和公民权则被置于从属地位。人类社会是在交往中发展的，尤其是在一个统一的多民族国家内，不同族群要沟通，就需要一种能够相互理解的语言，进而需要建立起共同的道德标准，形成能够凝聚各族群的共同价值观。倘若每一民族都片

---

① 涂纪亮：《美国哲学史》，河北教育出版社 2000 年版，第 280—281 页。
② Horac M. Kallen, Democracy versus the Melting Pot, *Nation*, February 18, 1915, pp. 217 - 220.

面强调与生俱来的族性，凸显其特殊性，势必加剧民族冲突，甚而导致国家分裂。① 民族和民族主义是不可能消失的，至少在地球上所有的地方都经历向西方式的富裕稳定的现代性痛苦转变之前，是不可能消失的。"当各种文化与种族在单一民族国家内并列出现时，便可能引出种族间的暴力冲突，但没有一种解决方案令人完全满意：不管是在文化上实行完全的封闭，还是向各种民族主义看齐，或者是在普遍推行绝对个体主义的表面形式后面却将种族影响的力量加以强化。有必要在所有这些倾向中找到一个妥协，尽管这很难做到。"② 社会处于转型期，动态的民族关系和社会结构变化使政府需要不断调整自己的民族政策。民族政策调整涉及复杂的社会利益关系格局的调整，因此这种调整不可能是孤立的，需要根据社会结构以及民族或族群实际情况的客观变化做出一定的系统性的调试。过分压抑民族情感会导致反弹，过分宣泄民族认同则会诱发仇恨。要引导民族精神走向宽容、包涵、和平和具有建设性，应该给予民族情感必要的理解和尊重，正视其位置，承认其重要性。③ "在实践的进程中，我们也许永远无法知道让民族主义自我表达的后果是满足其要求还是维持其存在，是消耗其力量还是将其壮大。"④ "文化和民族的多样性在种族和政治方面造成的后果是不明确的，鼓励或禁止都有风险。在这两种情形下，采取过于强硬的态度都会导致对抗。20 世纪末，某些文化的相互混杂有发生冲突的风险。对于一个国家和民主政府来说，多样性不是一条捷径。但是在人类的事物中，困难不总是最坏的可取之道。所以，在统一或多样化时，都应该谨慎处理多样性的问题。"⑤

在全球化的大背景下，每个国家都不得不从传统的、封闭的社会向现代的、开放的、宽容的社会转型，在此过程中，原有的民族国家文化认同确实面临着削弱、衰败和瓦解的危险。多元文化共存成为现实生活中不以

---

① 李明欢：《"多元文化"述评》，《文艺报》2000 年 6 月 20 日第 3 版。
② [法] 吉尔·德拉诺瓦：《民族与民族主义》，郑文彬、洪晖译，生活·读书·新知三联书店 2005 年版，第 149 页。
③ Karl Deutsch, *Nationalism and Social Communication*, Cambridge: Mass., MIT Press, 1966, p. 6.
④ [法] 吉尔·德拉诺瓦：《民族与民族主义》，郑文彬、洪晖译，生活·读书·新知三联书店 2005 年版，第 147 页。
⑤ 同上书，第 197 页。

个人意志为转移的客观事实。文化多元社会就是一种价值多元的社会,多元文化已成为正规的人类生活经验,所有的人都是生活在一个多元文化的世界中。① 人并不是一个抽象的概念,启蒙思想将人抽象为一个理性的主体,自由主义将人确认为是权利的主体,这些虽然是必要和合理的抽象,但无法涵盖人性的全部。历史和现实中的人不仅是理性的,也是有情感的,人的情感总是与一定的族群和历史文化背景相联系,他必须获得一种文化和族群的归属感,必须生活在某种文化的共同体之中,否则无以形成完整的自我观念。② 人们力求通过本民族独特的价值观念去体现本民族的文化特征,进而体现人们生存的意义和价值,这样,民族文化的精神特征被强化了。

今天,在利益分化、重组异常频繁和激烈的社会大变革的过程中,多元文化形态的并存和竞争可能引起其价值主张之间的冲突和对立,文化形态的多元分立及其彼此隔阂、相互离心的状态,容易引发价值的迷失。民族国家中族裔分层是普遍现象,但这并不意味着多数群体有剥夺少数群体使用他们的语言、信奉他们的宗教、维持他们的生活方式的权利。③ 文化是一种生活模式,从这个意义上说,多元文化指在一个社会环境中,每个人都有保持自己的生活方式的权利、各个民族或种族的文化地位同等。按照文化人类学的解释,各个民族、部落的民俗文化传统,有其非常独特的、不可替代的社会文化功能。多元文化形态的并存,给社会生活中的各个领域都树立了多种价值尺度,甚至对同一事物存在多种价值评判准则,而且每一种价值标准都可以从各自从属的文化中找出合理的依据。文化形态之间的冲突主要表现为它们各自的价值主张之间的抵牾。在多元价值的嘈杂声中,人们左右为难,从而陷入价值选择的迷茫中。现实价值选择的困惑,集中地表现为主导价值观念的失落。那么,世界又将面临一个类似中世纪的分散化和地方自治的格局吗?

在全球移民时代,移民离开了熟悉的文化和自然环境——曾赋予了他

---

① W. H. Guodenough, Multiculturalism as the Normal Human Experience, *Anthropology and Education Quarterly*, Vol. 8, No. 4, 1976, p. 6.

② 许纪霖:《回归公共空间》,江苏人民出版社 2006 年版,第 122 页。

③ Jeremy Waldron, Minority Cultures and the Cosmopolitan Alternative, in Will Kymlicka ed., *The Rights of Minority Cultures*, New York: Oxford University Press, 1995, p. 97.

们生命意义的一切,来到异国他乡的土地上,遭遇到来自各种文化背景的人、迥异的语言对话、不同价值观念的冲撞,甚至还要面对种种仇视移民的行为倾向,他们所面对的精神空间的障碍可想而知。一面是自己的出生地祖国所带来的血脉相连的精神给养,另一面又是必须每日面对的生活与奋斗的现实文化环境,处在两者的夹击之中,既无法回归到母体的文化源流里,又不能完全融入异邦的文化谱系中,道德观念、价值判断、生活习俗各个方面的差异都在不同程度上造成了移民两难的尴尬处境。该如何融入新的社会中?要做到何种程度?该如何保留自己的根?两者间有没有平衡点?在哪里?新一代移民,已经跳脱了"落叶归根"和"落地生根"这两种情感归属,游走在两者之间,试图在民族国家的情感和全球化趋势下取得一种平衡。而移民接纳国主流群体为保证主流意识形态的凝聚力,对其他的文化形态存有一种天然的警惕性,以防止文化的多样性损伤其对民众的精神号召力。但是,由于利益主体的分化越来越明显,并必然产生对自身利益的文化表达要求,尽管主导文化从来没有放弃过对思想文化进行规整的职责,却再也无法以"一体化"的姿态维护其至高无上的权威,对民众施加无可争辩的影响。随着全球化的不断发展和各族裔群体间力量的消长,原先被政治权力所压制的文化矛盾便渐渐浮出水面。国际移民潮所引发的移民结构上的变化带来了新的身份诉求。多元文化主义在一定程度上缓解了移民少数族裔的同化压力,为民族文化的发展开启了新的可能,同时也适应了世界日益多元化的趋势。然而,它也造成了这样的一种局面:来自不同国家的移民们在经济、政治上逐步融为一体,但在文化上却不断分化。[①]

如果我们不得不放弃同化移民的期望,那么就必须集中力量创造所有人为之奉献并共同享受的公共环境。因为归根结底,现代社会的团结是公民自由的最终保障。在一个多元社会中,不仅要承认和尊重个人与群体的差异性,而且需要一种统一性。需要有一个公分母,一种超越种族的忠诚,这种忠诚将各个不同种族和文化背景的集团结合为一个整体,一个得到所有居民或绝大多数居民认同和热爱的整体。换句话说,就是一种超越

---

① Jeremy Waldron, Minority Cultures and the Cosmopolitan Alternative, in Will Kymlicka ed., *The Rights of Minority Cultures*, New York: Oxford University Press, 1995, p. 97.

了族属认同的认同。① "民主的公民身份不需要根植于一个民族的民族认同之中。"② 哈贝马斯指出:"今天,民族国家对内面临着多元文化的冲突,对外面临着全球化的挑战,于是就出现了这样的问题,即是否存在着一种替代物,在功能上与有关由公民组成的民族和由民众组成的民族的一揽子方案旗鼓相当。"③ 多元认同和双重效忠为全球化时代移民个人和群体找到了世界主义的认知途径。④ "公民民族的认同并不在于种族—文化的共同性,而在于公民积极地运用其民主的参与权利和交往权利的实践。这里,公民身份的共和主义成分,与对一个前政治性的通过血缘、共同传统和共同语言而整合的共同体的归属性,完全分离开来了。"⑤ "在多元主义社会里,宪法表达的是一种形式上的共识。公民们愿意用这样一些原则来指导他们的共同生活,这些原则,因为它们符合每个人的平等利益,可以获得所有人的经过论证的同意。这样一种联合体是由相互承认的关系所构成的,在这种关系之下,每个人都可以期望被所有人作为自由的和平等的人而受到尊重。每个人无例外地都可以受到三重承认:每个人作为不可替代的个人、作为一个族裔或文化群体的成员、作为公民(即一个政治共同体的成员)都应该能够得到对其完整人格的同等保护和同等尊重。"⑥

民主政治是一个极其复杂的政治系统,在多元社会的环境里,任何一种完备性学说都不可能得到所有人的认可。正如塔米尔所说:"解决办法永远不可能是简单的——即使是在最优的状况下。"⑦ 所以,在现代西方民主制的多数政治原则之下,现实的政治必须要有妥协。否则民主制就难以与其多元主义的理念共存。真正的民主政治是对异质和变动性的承认,

---

① [美] 菲利克斯·格罗斯:《公民与国家——民族、部族和族属身份》,王建娥等译,新华出版社2003年版,第180页。
② [德] 哈贝马斯:《哈贝马斯精粹》,曹卫东选译,南京大学出版社2004年版,第259页。
③ [德] 哈贝马斯:《包容他者》,曹卫东译,上海人民出版社2002年版,第137页。
④ 吴前进:《冷战后华人移民的跨国民族主义——以美国华人社会为例》,《华侨华人历史研究》2006年第1期。
⑤ [德] 哈贝马斯:《哈贝马斯精粹》,曹卫东选译,南京大学出版社2004年版,第253页。
⑥ 同上书,第255页。
⑦ [以色列] 耶尔·塔米尔:《自由主义的民族主义》,陶东风译,上海人民出版社2005年版,"导言"第9页。

意味着不同个体、不同判断的平等存在，在这种充分地承认和体现了不同意见之争的民主政治中，公正不再是确定性的，而是一个应当不断追求的目标。建设一种包容多元、尊重差异的社会风气，建立一个公正和睦的社会秩序，才应该是民主政治的题中应有之义——我们既承认人类整体，也承认文化差异；既承认具有共同性的国家公民，也承认多元文化的社会。宽容是一种政治美德，即一个自由共同体的公民所应具有的美德①；而实现多民族社会所有种族文化集团及其成员在经济、政治、文化等各个方面的一律平等，并保障社会所有成员的人权和尊严，才应该是多元民族社会民主政治的终极目的。② 建设一个不同文化集团在其中和睦相处的多民族国家，确实是一项非常艰巨的政治任务，因为它必须建立在人类本性基础之上。因此，我们只能在人类本性许可的范围内，设计一个美好社会，建立一个充满关怀而非残酷无情让人痛苦的美好国家。③ 容纳外来人的政策和制度在今天世界上的很多地区都曾经存在，具有一种普遍的性质，这种政策对多民族国家和多元文化并存的国家是非常有益的。这种类型的公民权制度和民主内涵，创造出一种共同的联系纽带，不分出身、族属和宗教背景如何。④ 民族国家解决文化冲突的基本方法应该是保留多元文化，发展具有当代特点的民族国家文化，这是一个合理的调整。重点在于实施协调策略：承认文化多样性的客观事实，肯定少数民族的文化价值，保护少数族裔的权益，提升种族社团的社会地位，平息种族歧视和仇恨。把族群主要视为文化群体，承认其成员之间具有某些共性，但更愿意从分散个体的角度来处理族群关系，在强调少数族群的文化特点的同时淡化其政治利益。可以让公民清楚地认识到他们之所以会是一个民族、一个社群或一个国家的成员，他们之所以会居住在一定的地区，他们属于什么样的传统，他们相互之间如何相处，又该如何对待少数民族和边缘群体，他们理想的

---

① ［德］哈贝马斯：《哈贝马斯精粹》，曹卫东选译，南京大学出版社2004年版，第472页。

② 王建娥：《移民地位和权利：对现代民族国家及其政治制度的严峻挑战》，《民族研究》2002年第5期。

③ ［美］菲利克斯·格罗斯：《公民与国家——民族、部族和族属身份》，王建娥、魏强译，新华出版社2003年版，"导言"第10页。

④ 同上书，第22页。

社会究竟是什么样子。"必须在国家公民平等的规范界限之内实践自身的伦理道德,而且还要求他们在这一界限之内尊重异己信仰者的伦理道德。""人们即使对世界观的多元主义持有异议,也会对生活方式的多元化表现出一种平和的容忍。因为唯有如此,不同的价值观,而非彼此抵牾的'真理',才能真正得到平等的体现。一种对处在自身语境中的某个人来说是好的东西,对于处在另一种语境中的另一个人未必是好的。"①"即使人们对不同生活方式的评价各不相同,他们也会以同等的态度尊重每一个人。"②

自由民族主义理论的应运而生,提供给我们一个对全球移民时代民族主义问题观察分析的自由主义视角,把理论研究和世界政治现实相联系,有很强的现实针对性,有助于引导民族主义朝温和、理性的方向发展。在肯定自由民族主义理论的价值和意义的同时,我们也应该清醒地意识到这一理论存在的缺憾。

首先,由于民族主义的现实语境的影响,自由民族主义对"个人""自由"的阐释与经典自由主义相比发生了较大的改变:自由从个体性质的话语变成了集体性质的话语,由纯粹的个人范畴变成了个人与群体关系的范畴,由主要是个人自由概念变成了主要是民族自由和群体自由的概念。在自由民族主义理论中,所谓自由是指个人的自由,不是指集体的自由和组织的自由。这种自由是指对个人强制的免除,是对个人私域的界定和保护,它作为一种目的本身,构成人类最基本的价值,同时又是一种为人们提供助益的手段。自由民族主义所谓的个人是具有独立目的、自主行动和分散知识、能够与他人和社会进行调适和互动的个人。这种个人既不是孤立的、自足的、原子式的个人,也不是组织和集体强制服从下的个人。自由民族主义对"个人"的这样一个界定、对个人与群体关系的解释,与经典自由主义的论述差距很大,其试图在个人和群体之间达到的平衡在社会实践中也很难实现。毕竟,对于自由主义而言,个人的自由是其他一切自由的基础,与自由相关的民主、平等、权利等在深层上都渊源于

---

① [德]哈贝马斯:《哈贝马斯精粹》,曹卫东选译,南京大学出版社2004年版,第479页。

② 同上书,第480页。

个人，自由始终是和个人联系在一起的。个人和群体是天然性二元对立矛盾，个人自由始终和群体自由构成冲突。自由的界线是自由的本义而不是对自由的限制。自由民族主义思想基于对人性的广泛探讨来揭示政治的理论基础，把社会制度建构尤其是政治制度建构建立在对某种过于理想的人性模型即多元论人性模型的确认之上。其次，自由民族主义关于文化的观点太过偏狭，它把文化视为一种内部结构固定的事物，认为各个文化的特征是各自文化所先天固有的、不变的本质属性，并进而把它们永久对立起来。最后，自由民族主义理论价值不可通约性的论断容易造成"形式多元主义"，那就是——不加区别地将各种文化并列起来，反对对它们进行任何价值评估。从表面上看，形式多元主义让民主原则在文化领域获得彻底实现，与之相应的该是文化在各个层面的自由发展，但实际情况却恰好相反。形式多元主义的盛行不但造就了不同层面的文化冲突，而且阻抑乃至消除了批评的声音和校正异端的力量。

　　自由民族主义的兴起，在某种程度上动摇了传统道德存在的基础。一种理论本身的理想与其社会影响并非简单的一一对应，也就是说，理论所起到的社会影响往往不同甚至脱离于理论本身所蕴涵的理念。事实上，自由民族主义对权威的质疑与对个体独立的强调，必然在客观上造成整个社会范围的功利化倾向与情感主义色彩，尽管这并不是他们最初所希望的。与此同时，自由民族主义理论提出的对民族问题的解决方案也提出了更多的复杂问题，按照自由民族主义理论的多元价值观，价值之间不可通约，每个人的价值观只对他自己有价值，对别人而言它毫无意义。这种作为普遍道德原则的自由权利容易导致极端的相对主义。这有导致个人心灵的自我封闭，社会价值规范的解体和人类合理目标的丧失的危险。缺少了公共目标和共同活动，人们就难以形成共同的实践理性。而缺少这样一个理解基础，人们就必然陷入难以沟通和相互冷漠的原子式存在状态；人们在社会中相互碰撞，却不能相互理解。自由民族主义理论将错综复杂的社会问题简单地化为文化问题，进而设想通过文化展示（而且仅仅限于外在文化景观的展示）消除根源于生存竞争的族群矛盾。如果将复杂多样的现代问题都归结为同质化或文化问题的话，其结果只会使问题简单化，使视野变窄。另外，自由民族主义避而不谈阶级的问题，在其对社会的多元想象里头，社会是平面的，社会没有一个纵深，没有一个垂直差异。在阶级鸿沟愈益扩大的时候，根本不去面对阶级议题。在它们看来，社会的内部只有文化的差异性而已，阶级并不存在。其强调的是各个不同的文化孤岛的美学特色，而没有去谈论这些不同的人群在这个社会里所受到的不公平的待遇，以及不公平和差异之间的复杂的相互构成关系。在这里，不平等被悬置了，把重点集中在美学化文化差异上。但是，一个人或群体在社会被歧视难道跟他的物质存在没有关系吗？假如一个群体在这个社会中始终处在一个失业或就业的边缘，以及道德破坏、社区破坏的处境，你能够想象这样一个群体在这个社会中，会跟其他的群体一样成为相互承认、相互认同的主体之一，然后一起点缀这个百花齐放的多元文化地景吗？其结果只能如社会学家彼得·S. 李（Peter S. Li）和 B. 辛格·博拉亚（B. Singh Bolaria）所说的，用文化方案来解决植根于政治与经济基础之上的种族不平等和种族歧视这一难题只是一种幻觉而已。[①] 自由民族主义价值多元论通过提出语言、文化等的不可通约性，肯定了多元价值共存合理性和必要性的同时，也增加了多元文化互相竞争与冲突的可能，这种多元价值共存的世界远不是令人乐观的，它意味着人们不得不接受价值多元并存和纷争的局面。"从许多方面来看，多元主义既是自由主义的产物，也是它的一个问题。"[②] 自由民族主义理论价值多元论的这一理论困境，反映在全球移民社会的现实中，就为我们提出了以下难以解答的问题：首先，自由民族主义没有明确说明在什么样的政治体制中，自由主义能够同民族主义在可能的最大程度上相互兼容，正如乔治·克劳德（George Crowder）所说："多元主义告诉我们的是必须选择、而不是选择什么。"[③] 自由民族主义主张多元与差异，其中含有民主的要素。启蒙运动中所创立的民主强调用共识与公共意志、人道主义把人置于中心位置上，这使自由民族主义理论家必须认真构想民主政治的思想与政制建设。但是一个由移民群体构成的群落如何在主流社会中彰显其文化特质和个体差异性？他们在彰显其文化特质和个体差异性并为之而自豪、为之而产生优越感的时候，能否为主流社

[①] Peter S. Li and B. Singh Bolaria, *Racial Minorities in Multicultural Canada*, Toronto: Harcourt Brace and Company Canada Inc., 1983, p. 462.

[②] Richard Bellamy, *Liberalism and Pluralism*, *Towards a Politics of Compromise*, London: Routledge, 1999, p. 10.

[③] George Crowder, Pluralism and Liberalism, *Political Studies*, 1994, pp. 293 – 305.

会公民或主流社会的极端民族主义者所容忍？允许跨文化移民保持其文化自决的多元文化主义，是社会进步的标志还是可能导致社会分裂的隐患？这是不能回避的社会现实问题，对此，自由民族主义理论并没有提供令人信服的答案。

当然，自由民族主义毕竟不是一种实践性的改革方案，如果我们期望人类普遍的自由价值与对自身民族的特殊偏爱之间达成和解，只能在具体语境的实践中实现，开拓出富有实践性的自由民族主义的改良路径。尽管自由民族主义理论还存在种种问题，但是，无论如何，自由民族主义理论提出了解释文化传统和民族性，以及解决民族、文化等差异问题的新思路，具有广阔发展前景。不管这一设想能否在实践中完全适用，作为一种坚持最低基本价值，同时具有高度智慧的自由改良主义，其理论贡献是不可忽视的。自由民族主义理论有助于我们在全球与多元文化主义的时代，在本土与西方、现代与传统、自由主义与民族主义等之间进行灵活的选择与穿越，在争取国际间平等文化关系与争取国内自由身份之间形成良性关系。

我们的地球无论在过去、现在还是将来，都是不同文化、不同语言、不同宗教和肤色的人们的栖息之地。不同的民族、部落、宗教和种族如何和睦地生活在同一个城市、同一个国家甚至同一条街道，这是一个既古老又非常现代的问题。① 多元文化形态的共存及其产生的多元价值的并行，反映了社会进步和开放的程度。具有不同价值倾向的文化形态从不同方面影响人们的思想观念，在社会生活中留下了各自的印记。要为多元民族创造良好的生存空间显然不能单纯依靠某种"形式上的模型"，而是也要求助于多元民族主义观念的政治内容和以宪法为根据的调控。在民族多元的条件下，特别需要更加关切自由、平等和个人尊严等价值的发展，这些价值应当通过在同一个民主国家共同生活的不同民族之互相适应而得以实现。民族是具有鲜明文化特征和丰富文化内涵的社会群体和利益集团。各民族如何互相尊重和互相团结，多元文化如何和而不同、共存共荣，需要一种共同的"社会纪律"，而多元文化观则是必不可少的，文化人类学的

---

① ［美］菲利克斯·格罗斯：《公民与国家——民族、部落和族属身份》，王建娥、魏强译，新华出版社2003年版，第19页。

多维文化观为不同文化的共存共荣提供了有益的启示。没有一种建设性的梦想，没有对更加美好之社会、更加公正之政治制度的创造性想象，我们就无法创造更加美好的人类社会。我们的态度是一种社会向善论，而非至善论。本书不建议任何简单的解决之道，而是提供一些思考的钥匙和渠道。所有解决方案都不是完美的。困难之处恰恰在于保留住民族归属中能够丰富人性的内容，又要阻止其情感和政治上的偏离。

参考文献

外文资料

Ackerman, B. A., *Social Justice in a Liberal State*, Yale University Press, New Haven Conn., 1980.

Agnew, John, *Mastering Space: Hegemony, Territory and International Political Economy*, Routledge, New York, 1995.

Aguirre, Jr. Adalberto and Turner, Jonathan H., *American Ethnicity: The Dynamics and Consequences of Discrimination*, McGraw-Hill, Inc., New York, 1995.

Alba, Richard D. ed., *Ethnicity and Race in the USA-Toward the Twenty-first Century*, Routtledge Chapman & Hall, Inc., New York, 1988.

Anderson, Benedict, *Imagined Communities: Reflections on the Origin and Spread of Nationalism*, Verso, London, 1983.

Angus, E. ed., *Changing Europe Some Aspects of Identity, Conflict and Social Justice*, Ashgate Publishing Ltd., London, 1996.

Anthony, Smith, *The Ethnic Origins of Nations*, Basil Blackwell, Oxford, 1988.

Ashomre, Harry S., *Civil Rights and Wrongs: A Memoir of Race and Politics 1944 – 1994*, Pantheon Books, New York, 1994.

Avineri, Shlomo and Shalit, Avner De eds., *Commnunitarianism and Individualism*, Oxford University Press, Oxford, 1992.

Barker, M. and Beezer, A., The Language of Racism: An Examination of Lord Scarman's Report on the Brixton Riots', *International Socialism*, Vol. 2, No. 18, 1983.

Banks, J. A. & Banks, C. A. McGee eds., *Multicultural Education: Issues* and Perspectives, Boston: Allyn and Bacon, 1989.

Banton, Michael, *Racial and Ethnic Competition*, Cambridge University Press, Cambridge, 1983.

Baubock, Rainer, *Transnational Citizenship: Membership and Rights in Transnational Migration*, Edward Elgar, Aldershot, 1994.

Bauman, Zygmunt, *Postmodern Ethics*, Blackwell, Oxford, 1993.

Bell, David V. J. ed., *The Roots of Disunity: A Study of Canadian Political Culture* (revised version), Oxford University Press, New York, 1992.

Bellamy, Richard, *Liberalism and Pluralism*, *Towards a Politics of Compromise*, Routledge, London, 1999.

Benner, Erica, Nationality without Nationalism, *Journal of Political Ideologies*, Vol. 2, No. 2, 1997.

Bennett, David H., *The Party of Fear: From Nativist Movements to the New Right in American History*, University of North Carolina Press, Chapel Hill, 1998.

Bennet, Marion, *American Immigration Policies: A History*, Public Affairs Press, Washington, D. C., 1963.

Berlin, Isaiah, *Four Essays On Liberty*, Oxford University Press, Oxford, 1969.

Bhattachayya, Garji, John Gabriel and Stephen Small, *Race and Power: Global Racism in Twenty-first Century*, Routledge, London, 2002.

Bissoondath, Neil, *Selling Illusions: The Cult of Multicuturalism in Canada*, Penguin, Toronto, 1994.

Bothwell, Robert, *Canada and the United States: The Politics of Partnership*, Macmillan Publishing House, New York, 1992.

Brass, Paul, *Ethnic and Nationalism: Theory and Comparison*, Sage Publication, London, 1991.

Bremmer, Ian, *New States, New Politics*, Cambridge University Press, London, 1997.

Brenton, Jane, *Violence and Peace*, Central European University Press, Budapest, 1997.

Breuilly, John, *Nationalism and the State*, Manchester University Press, Manchester, 1993.

Briggs, Vernon M. Jr. and Moore, Stephen, *Still an Open Door*, The American University Press, Washington D. C., 1994.

Brimelow, Peter, Time to Rethink Immigration?, *National Review*, June 22, 1992.

Brooks, Roy, *Separation or Integration? A Strategy for Racial Equality*, Harvard University Press, Cambridge, 1996.

Buchanan, Allen E., Assessing the Communitarian Critique of Liberalism, *Ethics*, No. 99, July 1989.

Buchanan, Patrick J., What Will America Be in 2050? *Los Angeles Times*, October 28, 1994.

Buenker, John D. and Rammer, Lorman A., *Multiculturalism in the United States, A Comparative Guide to Acculturation an Ethnicity*, Greenwood Press, New York, 1992.

Cardell, Karl, *Ethnicity and Demoralizaion in the New Europe*, Zed Books Ltd., London, 1999.

Carens, Joseph H., *Culture, Citizenship and Community: A Context Exploration of Justice of Evenhandedness*, Oxford University Press, New York, 2000.

Casanova, Jose, *Public Religions in the Morden World*, Chicago University Press, Chicago, 1994.

Cashmore, Ellis E. & Troyna, Barry, *Introduction to Race Relations*, Routledge & Kegan Paul, Mass, 1983.

Casto, Max J., *Free Markets, Open Societies, Closed Borders? Trends in International Migration and Immigration Policy in the Americas*, North-South Center Press, Florida, 1999.

Cederman, Lars-Erik, Nationalism and Bounded Integration: What it Would Take to Construct a European Demos, *European Journal of International Relations*, Vol. 7 (2), 2001.

Clark, Ian, *Globalization and Fragmentation: International Relations in the Twentieth Century*, Oxford University Press, New York, 1997.

Carens, J. H., Aliens and Citizens: The Case for Open Borders, *Review of Politics* 49, 1987.

Carmack, Robert M. ed., *Harvest of Violence: the Maya Indians and the Guatemalan Crisis*, University of Oklahoma Press, Norman, 1988.

Castles, Stephen and Miller, Mark, *The Age of Migration: International Population Movements in the Modern Age*, Macmillan, Basingstoke, 1993.

Castles, Stephen, *Ethnicity and Globalization*, SAGE Publications Ltd., London, 2000.

Cohen, Robin ed., *The Cambridge Survey of World Migration*, Cambridge University Press, Cambridge, 1995.

Cole, Jeffery, *The New Racism in Europe*, Cambridge University Press, London, 1998.

Conde Alexander De ed., *Encyclopedia of U.S Foreign Policy*, Charles Scribner's Sons, New York, 2002.

Conversi, Daniele, *Ethnonationalism in the Contemporary World*, Routledge, London, 2002.

Couture, Jocelyne, Kai Nielsen, and Michel Seymour eds., *Rethinking Nationalism*, University of Calgary Press, Calgary, 1998.

Creighton, Donald, *Canada's First Century*, Macmillan of Canada, Toronto, 1970.

Cronin, Ciaran and Greiff, Pablo De eds., *The Inclusion of the Other: Studies in Political Theory*, MIT Press, Cambridge, 1998.

Crowder, George, Pluralism and Liberalism, *Political Studies*, 42, 1994.

Cunliffe, Marcus & Winks, Robin W. eds., *Past Masters: Some Essays on American Historian*, Harper & Row Publishers, New York, 1969.

Daniels, Roger, *Coming to America: A History of Immigration and Ethnicity in American Life*, Harper Perennial Press, Princeton, N. J., 1991.

Delgado-Moreira, Juan M., *Multicultural Citizenship of the European Union*, Ashgate Publishing Limited, Aldershot, 2000.

Deutsch, Karl, *Nationalism and Social Communication*, MIT Press, Cambridge, 1966.

Dinnerstein, Leonard, David Reimers, *Ethnic Americans: A History of Immigration and Assimilation*, Harper & Row Publishers, New York, 1982.

Dinstein, Y., Collective Human Rights of Peoples and Minorities, *International and Comparative Law Quarterly* 1976, 25.

Dreidger, Leo, *Multi-Ethnic Canada: Identities and Inequalities*, Oxford University Press, Oxford, 1996.

Dyson, K., *The State Tradition in Western Europe*, Martin Roberson, Oxford, 1980.

Harper, Elizabeth, *Immigration Laws of the United States*, Bobbs-Merrill Co. Inc., Indianapolis, 1975.

Emmer, P. C., *European Expansion and Migration*, Oxford University Press, Oxford, 1992.

Esman, Milton ed., *Ethnic Conflict in The Western World*, Cornell University Press, N. Y., 1977.

Fass, Paula, *Outside in: Minorities and the Transformation of American Education*, Oxford University Press, Oxford, 1989.

Fishman, Joshua, *A Language and Ethnicity in Minority Sociolinguistic Perspective*, Multilingual Matters Ltd., Clevedon, 1989.

Fitzpatrick, P. and Hunt, A. eds., *Critical Legal Studies*, Basil Blackwell, Oxford, 1987.

Fuchs, Lawrence H., Mr. Huntington's Nightmare, *The American Prospect*, Aug., Vol. 15, No. 8, 2004.

Galston, William A., *Liberal Pluralism*, Cambridge University Press, Cambridge, 2002.

Gardels, Nathan, Two Concepts of Nationalism: An Interview with Isaiah Berlin, *New York Review of Books* (November 21st), 1991.

Geertz, Clifford, ed., The Integrative Revolution, in Clifford Geertz, *Old Societies and New States*, Free Press, New York, 1963.

Gellner, Ernest, *Nations and Nationalism*, Basil Blackwell, Oxford, 1983.

Gerson, Louis L., *The Hyphenate in Recent American Politics and Diplomacy*, The University of Kansas Press, Lawrence, 1964.

Gerstle, Gary, *American Crucible, Race and Nation in the Twentieth Century*, Princeton University Press, Princeton and Oxford, 2001.

Giddens, Anthony, *The Nation-State and Violence*, Polity, Cambridge, 1985.

Gjerde, Jon ed. , *Major Problems in American Immigration and Ethnic History-Documents and Essays*, Houghton Mifflin Company, New York, 1998.

Glazer, Nathan and Moynihan, Daniel P. eds. , *Ethnicity, Theory and Experience*, Harvard University Press, New York, 1975.

Goldberg, D. T. , *Multicultural Conditions in Multiculturalism: A Critical Reader*, Blackwell, London, 1994.

Gollnick, Donna M. and Chinn, Philip C. , *Multicultural Education in a Pluralistic Society*, Prenice Hall Inc, N. J, 1998.

Gordon, Milton M. , *Assimilaton in American Life: The Role of Race, Religious and National Origins*, Oxford University Press, New York, 1964.

Grabbe, Heather, The Sharp Edges of Europe, Extending Schengen Eastward, *International Organization*, 2001, 55, 1.

Granatstein, J. L. et al. eds. , *Nation: Canada since Confederation*, McGraw-Hill Ryerson Limited, Toronto, 1990.

Gray, John, *Liberalisms: Essays in Political Philosophy*, Routledge, London, 1989.

Greenfeld, L. , *Nationalism, Five Roads to Modernity*, Cambridge University Press, London, 1992.

Guibernau, M. , *Nationalism: The Nation-State and Nationalism in the Twentieth Century*, Polity Press, London, 1996.

Guodenough, W. H. , Multiculturalism as the Normal Human Experience, *Anthropology and Education Quarterly*, Vol. 8, No. 4, 1976.

Gunsteren, H. R. , Van, Admission to Citizenship, *Ethics* 98, July, 1988.

Gutmann, Amy, Liberty and Pluralism in Pursuit of the Non-Ideal, *Social Research*, Vol. 66, No. 4, 1999.

Hall, Stuart and Jefferson, T. eds. , *Resistance through Rituals*, Hutchinson, London, 1976.

Hall, Stuart, Held, D. and McGrew T. eds. , *Modernity and Its Futures*, Polity

Press, Cambridge, 1992.

Hammar, Tomas, *European Immigration Policy—A Comparative Study*, Cambridge University Press, Cambridge, 1985.

Handlin, Oscar, *Boston Immigration, 1790—1865: A Study in Acculturation*, Harvard University Press, New York, 1941.

Haney, Patrick J. and Vanderbush, Walt, The Role of Ethnic Interest Groups in U. S. Foreign Policy: The Case of the Cuban American National Foundation, *International Studies Quarterly*, June 99, Vol. 43, Issue 2, 1999.

Hargreaves, Alec G., *Immigration, Race and Ethnicity in Contemporary France*, Routledge, London, 1995.

Harold H. Saunders, *A Public Piece Process: Sustained Dialogue to Transform Racial and Ethaic Conflicts*, St. Martin's Press, New York, 1999.

Hart, H. L. A., Between Utility and Rights, in Alan Ryan ed., *The Idea of Freedom*, Oxford University Press, Oxford, 1979.

Hayes, Carlton J. H., *Essays on Nationalism*, The Macmillan Company, New York, 1928.

Heater, Derek, *Citizenship: The Civic Ideal in World History, Politics and Education*, Longman, London, 1990.

Hether, Michael, *Internal Colonialsm*, Routledge & Kegan Paul, London, 1975.

Heraclide, Alexis, *The Self-determination of Minorities in International Policies*, Frank Cass, London, 1991.

Higham, John, *Strangers in the Land: Patterns of American Nativism*, Athenum, New York, 1970.

Hing, Bill Ong, *To Be An American: Cultural Pluralism and the Rhetoric of Assimilation*, New York University Press, New York, 1997.

Hobsbawm, E. J., *Nations and Nationalism since 1780: Programme, Myth and Reality*, Cambridge University Press, Cambridge, 1990.

Hoffmann, Stanley, The Case for Leadership, *Foreign Policy*, 81 (winter 1990—1991).

Hoffstetter, Richard, *U. S. Immigration Policy*, Duke University Press, North

Carolina, 1995.

Hudson, Winthrop S., *Nationalism and Religion in America, Concepts of American Identity and Mission*, Harper & Row Publishers, New York, 1970.

Huntington, Samuel P., *The Clash of Civilizations and the Remaking of the World Order*, L Simon and Schuster, New York, 1996.

John Dower, *War Without Mercy: Race and Power in the Pacific War*, Pantheon Books, New York, 1986.

John Higham, *Strangers in the Land: Patterns of American Nativism*, 1860 – 1925, Rutger University Press, New Brunswick, 1955.

Jones, Maldwyn, *American Immigration*, Uiversity of Chicago, Chicago, 1992.

Kallen, Horac M., Democracy versus the Melting Pot, *Nation*, February 18, 1915.

Kammen, Michael, *In the Past Lane, Historical Perspectives on American Culture*, Oxford University Press, New York, 1997.

Kedourie, Elie, *Nationalism*, Hutchinson, London, 1960.

Kellas, James G., *The Politics of Nationslism and Ethnicity*, St. Martin's Press, New York, 1998.

Kennedy, John F., *A Nation of Immigrants*, Harper & Row, New York, 1964.

Khalaf, Roula and Arnold, Martin, A Revolt of Youth without Religious Motivation, *Financial Times*, November 9, 2005.

Kim, K. C., Hurh, W. M., Adhesive Sociocultural Adaptation of Korean Immigrants in the U. S. : An Alternative Strategy of Minority Adaptation, *Internatioal Migtation Review*, Vol. 18, 1984.

Kivisto, Peter, *Multiculturalism in a Global Society*, Blackwell Publishing Company, Oxford, 2002.

Kohn, Hans, *The Idea of Nationalism: A Study in Its Origins and Background*, Macmillan Co., New York, 1944.

Kotze, D. J., *Nationalism: A Comparative Study*, University of Cape Town Press, Cape Town, 1981.

Knobel, Dale T., *America for the Americans: The Nativist Movement in the United States*, Twayne Publishers, New York, 1996.

Kymlica, Will, *Liberalism, Community and Culture*, Oxford University Press, Oxford, 1989.

Laqueur, Walter, *Terrorism*, Little Brown, Boston, 1977.

Lazare, Daniel, Diversity and Its Discontents, *The Nation*, June 14, 2004.

Lee, Everett S., A Theory of Migration, in Robin Cohen (ed.), *Theories of Migration*, Edward Elger Publishinf Ltd, Northampton, 1996.

Legomsky, Stephen H., *Immigration and Refugee Law and Policy*, The Foundation Press. Inc., New York, 1997.

Li, Peter S. and Bolaria, B. Singh, *Racial Minorities in Multicultural Canada*, Harcourt Brace and Company Canada Inc., Toronto, 1983.

Liah, Greenfeld, *Nationalism: Five Roads to Modernity*, Harvard University Press, Cambridge, MA, 1992.

Lilla, Mark, Dworkin, Ronald and Silvers, Robert B. eds., *The Legacy of Isaiah Berlin*, New York Review Books, New York, 2001.

Lind, Michael, *The Next American Nation, The New Nationalism and the Fourth America Revolution*, Free Press, New York, 1995.

Liphart, Arend, *Democracy in Plural Societies: A Comparative Exploration*, Yale University Press, New Haven & London, 1977.

Liu, David Palumbo, *Asian/ American: Historical Crossings of a Racial Frontier*, Stanford University Press, Stanford, CA, 1999.

Lucas, C. J., *Our Western Educational Heritage*, Macmillan, New York, 1972.

MacCormick, Neil, Nation and Nationalism in N. MacCormick ed., *Legal Right and Social Democracy*, Clarendon Press, Oxford, 1982.

Magill, Frank N. ed., *International Encyclopedia of Sociology*, Fitzroy Dearborn Publishers, London and Chicago, 1995.

Margalit, Avishai, *The Decent Society*, CA: Harvard University Press, Cambridge, 1995.

Markell, Patchen, Making Affect Safe for Democracy? On "Constitutional Patriotism". *Political Theory*, Vol. 28, No. 1, 2000.

Marger, Martin N., *Race and Ethnic Relations: American and Global Perspec-*

tives, Wedsworth Publishing Company, California, 1997.

Mason, David S. , *Revolution in East-Central Europe: The Rise and Fall of Communist and The Cold War*, Westview Press, New York, 1992.

Massey, Douglas S. et al, *Worlds in Motion*, Clarendon Press, Oxford, 1998.

McCrone, David, *The Sociology of Nationalism, Tomorrow's Ancestors*, Routledge, London & New York, 1998.

Michel, Sandle, *Liberalism and Limits of Justice*, Cambridge University Press, London, 1983.

Miles, Robert, *Racism and Migrant Labor*, Routledge & Kegan Paul, London, 1982.

Miller, David, *On Nationality*, Clarendon Press, Oxford, 1995.

Min, Pyong Gap, *Mass Migration to the United States: Classical and Contemporary Periods*, Altamira Press, New York, 2002.

Milne, R. S. , *Politics Ethnically Bipolar States*, Unicersity of British Columbia Press, Cancouver, 1981.

Mitchell, Christopher ed. , *Western Hemisphere Immigration and United States Foreign Policy*, the Pennsylvania State University Press, Penn, 1992.

Montville, J. V. ed. , *Conflict and Peacemaking in Multiethnic Societies*, MA: D. C. Health, Lexingto, 1990.

Morawska, Ewa, In Defense of the Assimilation Model, *Journal of American Ethnic History*, 13 (2), 1994.

Morgenthau, Hans J. , The Paradoxes of Nationalism, *Yale Review*, Vol. XIVI, No. 4, June, 1957.

Morrison Tony, *Playing in the Dark: Whiteness in the Literary Immigration*, Harvard University Press, New York, 1992.

Morton, W. L. , *The Canadian Identity*, The University of Wisconsin, London, 1972.

Noddings, Nel, On Community, *Educational Theory*, 1996, 46: 245 – 67.

Nolan, James L. Jr. , ed. , *The America Culture Wars: Current Contests and Future Prospects*, University Press of Virginia, Charlottesville, 1996.

Myron, Weiner, On International Migration and International Relation. *Popu-*

lation and Development Review, Vienna, 1995.

Ohanyan, Anna, Nationalism in A Globalizing Context: Governance Focused Intervention in the Developing World, *International Journal on World Peace*, Vol. 20, No. 1, March, 2003.

Ohmae, Kenichi, *The End of the Nation State: The Rise of the National Economies*, Free Press, New York, 1985.

Paul, Spickard, *Mixed Blood: Intermarriage and Ethnic Identity in Twentieth-Century America*, The University of Wiscons Press, Madison, 1989.

Perea, Juan F. (1997), *Immigrants Out: The New Nativism and the Anti-immigrant Impulse in the United States* (New York University Press, New York and London) Miller, Perry (1978), *The Transcendentalists*, (Harvard University Press, Cambridge).

Portes, Alejandro and Rumbaut, Ruben G., *Legacies: The Story of the Immigrant Second Generation*, University of California Press, Berkeley, 2001.

Gurr, T. R., et al, *Minorities at Risk: A Global View of Ethnopolitical Conflcts*, United Sates Institute of Peace, Washington D. C., 1983.

Alvarez, R. R., A Profile of the Citizenship Process among Hispanics in the United States, *International Migration Rivew*, Vol. 21, 1987.

Ramcharan, Subhas, *Racism, Nationalities in Canada*, McClelland and Stewart, Toronto, 1982.

Raz, Joseph, *The Morality of Freedom*, Clarendon Press, Oxford, 1986.

Rawls, J., Justice as Fairness: Political Not Metaphysical, *Philosophy and Public Affairs*, 1985, 14: 223 – 51.

Rex, J. ed., *Race, Colonialism and the City*, Routledge Kegan, London, 1973.

Richard, Patric, *Becoming Europe: Immigration, Integration and the Welfare State*. Press of Pittsburgh University, Pittsburgh, 2004.

Rodrik, Dani, *Has Globalization Gone too Far?*, Institute for International Economics, Washington, D. C., 1997.

Roehner, Bertrand M., *Separatism and Integration*, Roman and Littlefield Publishers Inc., London, 2002.

Rogers, Everett M, Steinfatt, Thomas M., *Intercultural Communication*,

Waveland Press, Illinois, 1999.

RonaldTakaki, *A Different Mirror-A History of Multicultural America*, Little Brown Press, Boston, 1993.

Rorty, Richard, *Contingency, Irony, and Solidarity*, Cambridge University Press, Cambrige, 1989.

Rosenau, Pauline Marie, *Post-Modernism and the Social Sciences*, Princeton University Press, Princeton, NJ., 1992.

Rothschild, Josetph, *Ethnopolitics: A Conceptual Framework*, Columbia University Press, New York, 1981.

Rushdie, S. *Imaginary Homelands*, Cranta, London, 1991.

Ryan, Stephen, *Ethnic Conflict and International Relations*, Dartmouth, Aldeshot, 1990.

Sadowski, Yahya, *The Myth of Global Chaos*, The Brookings Institution Press, Washington, D. C., 1997.

Said, Abdul A. and Simmons, Luiz R. eds., *Ethnicity in an International Context*, Transaction Books, New Brunswick, NJ., 1976.

Samarasinghe, S. W. R. de A. and Reed Coughlam (eds.), *Economic Dimensions of Ethnic Conflict: International Perspectives*, Pinter Publishers, London, 1991.

Saunders, Harold H., *A Public Peace Process: Sustained Dialogue to Transform Racial and Ethnic Conflicts*, St. Martin's Press, New York, 1999.

Schaefer, Richard T., *Racial and Ethnic Groups*, Addison-Wesley Educational Publishers Inc., New York, 1998.

Schermerhorn, RA, *Comparative Ethnic Relations: A Framework for Theory and Research*, Random House, New York, 1970.

Schlesinger, Arthur, *The Disuniting of America*, Norton, New York, 1992.

Schlesinger, A. M., *The Disuniting of America* (revised and enlarged edition)., W. W. Norton, New York and London, 1998.

Schneider, Peter, Separated by Civilization, *International Herald Tribune*, April 7, 2004.

Seton-Watson, H., *Nations and States*, Methuen, London, 1977.

Shaw, R. Paul and Wong, Yuwa, *Genetic Seeds of Warfare: Evolution, Nationalism, and Patriotism*, Unwin Hyman, Boston, 1989.

Shields, Frederick L. ed. , *Ethnic Separatism and Work Politics*, University Press of America, Lanham, 1984.

Shlomo, Avineri & Avner, De-Shalit. , *Communitarianism and Individualism*, Oxford University Press, Oxford, 1992.

Sjaastad Larry A. , The Costs and Returns of Human Migration, *Journal of Political Economy* 1962, 70S: 80 - 93.

Skeldon, Ronald, *Migration and Development: A Global Perspective*, Longman Press, Longman, 1997.

Sliverman, M. , *Deconstructing the National: Imagination, Racism and Citizenship in Morden Fance*, Routledge, London, 1992.

Smith, Anthony D. , *Nationalism in the Twentieth Century*, Martin Robertson, Oxford, 1979.

Snyder, L. L, *Varieties of Nationalism: A Comparative Study*, Holt, Rinehartand Winston, New York, 1976.

Soysal, Y. N. , *Limits of Citzenship: Migrants and Postnational Membership in Europe*, The University of Chicago Press, Chicago, 1994.

Sowell, Thomas, *Migrations and Cultures: A World View*, Basic Books, New York, 1996.

Spencer, Philip and Wollman, Howard, *Nationalism——A Critical Introduction*, Sage publications, London, 2002.

Stak, Jr. ed. , *Ethnic Identities in a Transnational World*, Greenwood Press, Westport. , 1981.

Stacenhagen, Rodolfo, *The Ethnic Question: Conflicts, Development and Human Rights*, United Nations University Press, Tokyo, 1990.

Stavenhagen, Rodolfo, *Ethnic Conflicts and the Nation-State*, Macmillan Press Ltd. , London, 1996.

Steinberg, Stephen. , *The Ethnic Myth*. Boston, Beacon Press, Mass, 1981.

Stetter, Stephan, Regulating Migration: Authority Delegation in Justice and Home Affairs, *European Public Policy*, March 1, 2000.

Suhrke, Astri and Noble, Lela Garner eds. , *Ethnic Conflict and International Relations*, Praeger, New York, 1997.

Tajfel, H. , *Social Identity and Intergroup Relations*, Cambridge University Press, Cambridge England, 1985.

Takaki, Ronald, *A Different Mirror-A History of Multicultural America*, Little Brown and Company, London, 1993.

Tamir, Yael, *Liberal Nationalism*, Princeton University Press, Princeton, 1993.

Tamir, Yael, The Right to National Self-Determination, *Social Research*, Vol. 58, No. 3, 1991.

Taylor, Charles, *Hegel and the Modern Society*, Cambridge University Press, Cambridg, 1979.

Themstrom, Stephan ed. , *Harvard Encyclopedia of American Ethnic Groups*, Harvard University Press, New York, 1980.

Todorov, Tzvetan, *On Human Diversity: Nationalism, Racism and Exoticism in French Thought*, Harvard University Press, Cambridge, Mass, 1993.

Tuan, Mia. , *Forever Foreigners or Honorary Whites?*, Rutgers University Press, London, 1998.

Van den Berghe, Pierre L. , *State Violence & Ethnicity*, University Press of Colorado, Colorado. 1990.

Vincent, Andrew, *Nationalism and Particularity*, Cambridge University Press, London, 2002.

Viroli, Maurizio, *For Love of Country: An Essay on Patriotism and Nationalism*, Clarendon Press, Oxford, 1995.

Waller, Louise H. ed. , *The Ethnic Dimension in American History*, St. Martin's Press Inc. , New York, 1994.

Walzer, M. , *Spheres of Justice: A Defence of Pluralism and Equality*, Blackwell, Oxford, 1983.

Webber, Jeremy, *Reimagining Canada: Language, Culture Community and the Canadian Constitution*, McGill-Queen's University Press, Montreal, 1994.

Weiner, Myron, The Global Migration Crisis, in Wang Gungwu ed. , *Global History and Migrations*, Westview Press, Boulder, 1997.

William, Galston, *Liberal Purposes: Goods, Virtues, and Diversity in the Liberal State*, Cambridge University Press, Cambridge, 1991.

Wilson Clyde N. ed., *Twentieth-Century American Historians*, Gale Research Company, Detroi, 1983.

Wolfe, Alan, Native Son: Samuel Huntington Defends the Homeland, *Foreign Affairs*, May/June, Vol. 83, No. 3, 2004.

Yehoshua Arieli, *Individualism and Nationalism in American Ideology*, Cambridge University Press, Massachusetts, 1964.

中文书目

［美］爱·麦·伯恩斯：《当代世界政治理论》，曾炳钧译，商务印书馆1983年版。

［法］阿兰·图海纳：《我们能否共同生存？——既彼此平等又互有差异》，狄玉明、李平沤译，商务印书馆2005年版。

［美］阿瑟·林克、威廉·卡顿：《1900年以来的美国史》，刘绪贻等译，中国社会科学出版社1983年版。

［英］安东尼·吉登斯：《民族—国家与暴力》，胡宗泽等译，生活·读书·新知三联书店1998年版。

［英］安东尼·吉登斯：《超越左与右——激进政治的未来》，李惠斌等译，社会科学文献出版社2000年版。

［英］安东尼·吉登斯：《社会学》，赵旭东译，北京大学出版社2003年版

［英］安东尼·D. 史密斯：《全球化时代的民族与民族主义》，龚维斌、良警宇译，中央编译出版社2002年版。

［英］安东尼·D. 史密斯：《民族主义——理论，意识形态，历史》，叶江译，上海人民出版社2006年版。

［英］埃里·凯杜里：《民族主义》，张明明译，中央编译出版社2002年版。

［英］埃里克·霍布斯鲍姆：《民族与民族主义》，李金梅译，上海人民出版社2000年版。

[英] 埃里克·霍布斯鲍姆：《帝国的年代》，贾士蘅译，江苏人民出版社1999年版。

[美] 安娜·哈里斯·莱夫、苏珊娜·哈里斯莱夫、桑考斯基：《美国民族百衲图》，邹笃钦译，商务印书馆1995年版。

[法] 邦雅曼·贡斯当：《古代人的自由与现代人的自由》，阎克文译，商务印书馆1999年版。

北京大学西语系资料组编：《从文艺复兴到十九世纪资产阶级文学家艺术家有关人道主义人性论言论选辑》，商务印书馆1971年版。

[德] 贝娅特·科赫、托马斯·康策尔曼、米歇勒·克诺特：《欧洲一体化与欧盟治理》，顾俊礼等译，中国社会科学出版社2004年版。

[美] 彼得·皮特森：《老年潮：人口老化的浪潮将如何改变我们的世界》，王晶译，联经出版事业公司2000年版。

[英] 伯林：《反潮流：观念史论文集》，冯克利译，译林出版社2002年版。

柏忠言：《西方社会病》，生活·读书·新知三联书店1983年版。

[美] 布·罗贝：《美国人民：从人口学角度看美国》，董天民、韩宝成译，国际文化出版公司1988年版。

[英] C.W. 沃特森：《多元文化主义》，叶兴艺译，吉林人民出版社2005年版。

曹卫东、张广海等：《文化与文明》，广西师范大学出版社2005年版。

[加] 查尔斯·泰勒：《吁求公民社会》，汪晖、陈燕谷主编：《文化与公共性》，生活·读书·新知三联书店1998年版。

陈国验主编：《简明文化人类学词典》，浙江人民出版社1990年版。

陈奕平：《人口变迁与当代美国社会》，世界知识出版社2006年版。

陈玉刚：《国家与超国家》，上海人民出版社2001年版。

陈致远：《多元文化的现代美国》，四川人民出版社2003年版。

[日] 池田大作：《展望二十一世纪——汤因比与池田大作对话录》，荀春生等译，国际文化出版公司1985年版。

《大美百科全书》，外文出版社1994年版。

戴炳然译：《欧洲共同体条约集》，复旦大学出版社1993年版。

戴超武：《美国移民政策与亚洲移民》，中国社会科学出版社1999年版。

［英］戴维·赫尔德等：《全球大变革：全球化时代的政治、经济与文化》，杨雪冬译，社会科学文献出版社 2001 年版。

［美］戴维·卡莱欧：《欧洲的未来》，冯绍雷等译，上海人民出版社 2003 年版。

［英］戴维·米勒、韦农·波格丹诺编：《布莱克维尔政治学百科全书》，中国问题研究所等译，中国政法大学出版社 1992 年版。

邓蜀生：《世代悲欢"美国梦"——美国的移民历程及种族矛盾（1607—2000）》，中国社会科学出版社 2001 年版。

邓正来、［英］J. C. 亚历山大编：《国家与市民社会》，中央编译出版社 2002 年版。

邓正来主编：《布莱克维尔政治学百科全书》（修订版），中国政法大学出版社 2002 年版。

［德］迪特·森格哈斯：《文明内部的冲突与世界秩序》，张文武等译，新华出版社 2004 年版。

董小川：《美国文化概论》，人民出版社 2006 年版。

董小川：《20 世纪美国宗教与政治》，人民出版社 2002 年版。

段成荣：《人口迁移研究原理与方法》，重庆出版社 1998 年版。

杜维明：《现代精神与儒家传统》，生活·读书·新知三联书店 1997 年版。

［美］杜赞奇：《从民族国家拯救历史》，王宪明译，社会科学文献出版社 2003 年版。

［英］厄内斯特·盖尔纳：《民族与民族主义》，韩红译，中央编译出版社 2002 年版。

［美］菲利克斯·格罗斯：《公民与国家——民族、部族和族属身份》，王建娥、魏强译，新华出版社 2003 年版。

［加］菲利普·汉森：《历史、政治与公民权：阿伦特传》，刘佳林译，江苏人民出版社 2004 年版。

［美］弗·斯卡皮蒂：《美国社会问题》，刘泰兴、张世灏译，中国社会科学出版社 1986 年版。

高伟浓：《国际移民环境下的中国新移民》，中国华侨出版社 2003 年版。

葛剑雄等：《简明中国移民史》，福建人民出版社 1993 年版。

顾关福：《战后国际关系》，时事出版社1998年版。

［日］广田康生：《移民和城市》，马铭译，商务印书馆2005年版。

郭洪纪：《文化民族主义》，扬智文化事业股份有限公司1997年版。

［德］哈拉尔德·米勒：《文明的共存——对塞缪尔·亨廷顿"文明冲突论"的批判》，郦红等译，新华出版社2002年版。

刘军宁等编：《公共论丛：自由主义与当代世界》，生活·读书·新知三联书店2000年版。

郝时远主编：《海外华人研究论集》，中国社会科学出版社2002年版。

［德］哈贝马斯：《哈贝马斯访谈录：现代性的地平线》，李安东等译，上海人民出版社1997年版。

［德］哈贝马斯：《哈贝马斯精粹》，曹卫东选译，南京大学出版社2004年版。

［美］海斯：《现代民族主义演进史》，帕米尔译，华东师范大学出版社2005年版。

［美］汉斯·摩根索：《国际纵横策论》，卢明华等译，上海人民出版社1995年版。

［德］黑格尔：《法哲学原理》，范杨、张企泰译，商务印书馆1961年版。

何怀宏编：《西方公民不服从的传统》，吉林人民出版社2001年版。

［美］亨德里克·威廉·房龙：《宽容》，迮卫、靳翠微译，生活·读书·新知三联书店1985年版。

黄兆群：《美国的民族与民族政策》，文津出版社1993年版。

李宏图：《西欧近代民族主义思潮研究——从启蒙运动到拿破仑时代》，上海社会科学院出版社1997年版。

［美］J. W. 汤普森：《历史著作史》（下卷·第三分册），谢德风译，商务印书馆1996年版。

［法］吉尔·德拉诺瓦：《民族与民族主义》，郑文彬、洪晖译，生活·读书·新知三联书店2005年版。

季羡林：《东学西渐丛书·总序》，河北人民出版社1999年版。

［日］吉野耕作：《文化民族主义的社会学——现代日本自我认同意识的走向》，刘克申译，商务印书馆2005年版。

［英］贾斯廷·罗森伯格：《质疑全球化理论》，洪霞、赵勇译，江苏人民

出版社2002年版。

贾英健：《全球化与民族国家》，湖南人民出版社2003年版。

江宜桦：《自由主义、民族主义与国家认同》，扬智出版社1988年版。

［美］杰里米·里夫金：《欧洲梦——21世纪人类发展的新梦想》，杨治宜译，重庆出版社2006年版。

金应忠、倪世雄：《国际关系理论比较研究》，中国社会科学出版社1992年版。

［美］卡尔·博格斯：《政治的终结》，陈家刚译，社会科学文献出版社2001年版。

［法］克洛德·列维–施特劳斯：《种族与历史，种族与文化》，于秀英译，中国人民大学出版社2005年版。

孔秉德、尹晓煌主编：《美籍华人与中美关系》，新华出版社2004年版。

［英］拉尔夫·达仁道夫：《现代社会冲突》，林荣远译，中国社会科学出版社2000年版。

［美］拉里·A. 萨默瓦、理查德E. 波特：《文化模式与传播方式》，麻争旗等译，北京广播学院出版社2003年版。

［伊朗］拉明·贾汉贝格鲁：《伯林谈话录》，杨祯钦译，译林出版社2002年版。

［德］赖纳·特茨拉夫主编：《全球化压力下的世界文化》，吴志成、韦苏等译，江西人民出版社2001年版。

李剑鸣：《20世纪美国和加拿大社会发展研究》，人民出版社2005年版。

李景治、张小劲：《政党政治视角下的欧洲一体化》，法律出版社2003年版。

李宏图：《西欧近代民族主义思潮研究：从启蒙时代到拿破仑时代》，上海社会科学院出版社1997年版。

李明欢：《当代海外华人社团研究》，厦门大学出版社1995年版。

李世安、刘丽云等：《欧洲一体化史》，河北人民出版社2003年版。

梁茂信：《美国移民政策研究》，东北师范大学出版社1996年版。

梁茂信：《都市化时代：美国人口流动与城市社会问题》，东北师范大学出版社2002年版。

梁漱溟：《东方学术概观》，巴蜀书社1986年版。

［美］利德基主编：《美国特性探索：社会和文化》，龙治芳等译，中国社会科学出版社1991年版。

《列宁全集》，人民出版社1960年版。

刘国福：《移民法出入境权研究》，中国经济出版社2006年版。

刘澎：《当代美国宗教》，社会科学文献出版社2001年版。

［美］罗宾·科恩、保罗·肯尼迪：《全球社会学》，文军等译，社会科学文献出版社2001年版。

［美］罗伯特·吉尔平：《国际关系政治经济学》，杨宇光等译，经济科学出版社1989年版。

［美］罗伯特·赖克：《国家的作用——二十一世纪的资本主义前景》，上海市政协编译组译，上海译文出版社1998年版。

罗红波编：《移民与全球化》，社会科学文献出版社2006年版。

罗志野：《美国文化和美国哲学》，广西师范大学出版社1993年版。

［英］罗素：《一个自由人的崇拜》，胡品清译，时代文艺出版社1988年版。

［美］路易斯·哈茨：《美国的自由主义传统》，张敏谦等译，中国社会科学出版社2003年版。

［英］马丁·阿尔布劳：《全球时代：超越现代性之外的国家与社会》，高汀泽等译，商务印书馆2001年版。

［英］马克·B.索尔特：《国际关系中的野蛮与文明》，肖欢容等译，新华出版社2004年版。

《马克思恩格斯全集》，人民出版社1995年版。

［意］玛丽亚·格拉齐娅·梅吉奥妮：《欧洲统一，贤哲之梦——欧洲统一思想史》，陈宝顺、沈亦缘译，世界知识出版社2004年版。

［美］曼纽尔·卡斯特：《认同的力量》，曹荣湘译，中国社会科学出版社2004年版。

［美］迈克尔·J.桑德尔：《自由主义与正义的局限》，万俊人等译，译林出版社2001年版。

《马克思恩格斯选集》第2卷，人民出版社1972年版。

《马克思恩格斯选集》第1卷，人民出版社1972年版。

［美］马克·里拉、罗纳德·德沃金、罗伯特·西尔维斯编：《以赛亚·

伯林的遗产》，刘擎、殷莹译，新星出版社 2006 年版。

马戎主编：《西文民族社会学的理论与方法》，天津人民出版社 1997 年版。

马戎、周星主编：《中华民族凝聚力形成与发展》，北京大学出版社 1999 年版。

［美］迈克尔·沃尔泽：《正义诸领域》，褚松燕译，译林出版社 2002 年版。

［美］曼纽尔·卡斯特：《千年终结》，夏铸九等译，社会科学文献出版社 2006 年版。

梅晓云：《文化无根——以 V. S. 奈保尔为个案的移民文化研究》，陕西人民出版社 2003 年版。

缪家福：《全球化与民族文化多样性》，人民出版社 2005 年版。

［美］内森·嘉德尔斯：《两种民族主义概念——以赛亚·伯林访谈录》，陆建德译，辽宁教育出版社 1999 年版。

宁骚：《民族与国家》，北京大学出版社 1995 年版。

［意］尼科洛·马基雅维里：《君主论》，潘汉典译，商务印书馆 1985 年版。

［英］乔治·克劳德：《自由主义与价值多元论》，应奇等译，江苏人民出版社 2006 年版。

［美］P. K. 博克：《多元文化与社会进步》，余兴安等译，辽宁人民出版社 1988 年版。

［英］帕特里克·迪克松：《洞悉先机：全球化的六个方面》，孙雪晶译，中国人民大学出版社 2005 年版。

［荷兰］普伦德：《国际移民法》，翁里、徐公社译，中国人民公安大学出版社 2006 年版。

［美］乔伊斯·阿普尔比：《历史的真相》，刘北成等译，中央编译出版社 1999 年版。

［美］乔治·霍兰·萨拜因：《政治学说史》（上、下），盛葵阳、崔妙因译，商务印书馆 1986 年版。

钱乘旦：《欧洲文明：民族的融合与冲突》，贵州人民出版社 1999 年版。

钱皓：《美国西裔移民研究》，中国社会科学出版社 2002 年版。

钱满素：《美国自由主义的历史变迁》，生活·读书·新知三联书店 2006

年版。

[美] 塞缪尔·亨廷顿:《文明的冲突与世界秩序的重建》,周琪、刘绯等译,新华出版社1998年版。

[美] 塞缪尔·亨廷顿:《我们是谁——美国国家特性面临的挑战》,程克雄译,新华出版社2005年版。

[苏] 斯·尤·阿勃拉莫娃:《非洲:四百年的奴隶贸易》,商务印书馆1983年版。

宋全成:《欧洲移民研究——20世纪的欧洲移民进程与欧洲移民问题化》,山东大学出版社2007年版。

《世界知识大辞典》,世界知识出版社1988年版。

[美] T. H. 埃里克森:《族群性与民族主义》,王亚文译,敦煌文艺出版社2002年版。

[法] 托克维尔:《旧制度与大革命》,冯棠译,商务印书馆1997年版。

[美] 托马斯·索威尔:《美国种族简史》,沈宗美译,南京大学出版社1992年版。

涂纪亮:《美国哲学史》,河北教育出版社2000年版。

[美] 温森特·帕里罗等:《当代社会问题》,周兵等译,华夏出版社2002年版。

王波:《肯尼迪总统的黑人民权政策研究》,上海人民出版社2002年版。

王春光:《巴黎的温州人——一个移民群体的跨社会建构行动》,江西人民出版社2000年版。

王晁主编:《文化马赛克:加拿大移民史》,民族出版社2003年版。

王建娥:《族际政治与现代民族国家》,社会科学文献出版社2004年版。

王联主编:《世界民族主义论》,北京大学出版社2002年版。

王列等编译:《全球化与世界》,中央编译出版社1998年版。

王逸舟:《当代国际政治析论》,上海人民出版社1995年版。

王玉梁编著:《中日价值哲学新探》,陕西人民出版社2005年版。

吴楚克:《民族主义幽灵与苏联裂变》,中国人民大学出版社2002年版。

[美] W. L. 托马斯、[波兰] F. 兹纳涅茨基:《身处欧美的波兰农民》,张友云译,人民文学出版社2000年版。

[加] 威尔·金里卡:《少数的权利——民族主义、多元文化主义和公

民》,邓红风译,上海人民出版社 2005 年版。

[加] 威尔·金里卡:《当代政治哲学》,刘莘译,生活·读书·新知三联书店 2004 年版。

吴华等主编:《全球冲突与争端》(欧洲·美洲卷),世界知识出版社 1998 年版。

[美] 西奥多·怀特:《美国的自我探索》,中国对外翻译出版公司译,美国驻华大使馆文化处,1984。

[美] 西摩·马丁·李普塞特:《一致与冲突》,张华青译,上海人民出版社 1995 年版。

[美] 小约瑟夫·奈:《理解国际冲突:理论与历史》,张小明译,上海人民出版社 2002 年版。

徐以骅:《宗教与美国社会——多元一体的美国宗教》,时事出版社 2004 年版。

许纪霖主编:《全球正义与文明对话》,江苏人民出版社 2004 年版。

许纪霖:《回归公共空间》,江苏人民出版社 2006 年版。

徐迅:《民族主义》,中国社会科学出版社 1998 年版。

[英] 亚当·库珀、杰西卡·库珀主编:《社会科学百科全书》,上海译文出版社 1989 年版。

[美] 亚历克斯·卡利尼克斯:《平等》,徐朝友译,江苏人民出版社 2003 年版。

[美] 亚历山大·温特:《国际政治的社会理论》,秦亚青译,上海人民出版社 2000 年版。

姚宝等:《当代德国社会与文化》,上海外语教育出版社 2002 年版。

杨伯峻:《孟子译注》,中华书局 1960 年版。

杨逢泰、邵宗海、洪泉湖主编:《族群问题与族群关系》,台湾幼狮文化事业有限公司 1995 年版。

杨雪冬等主编:《"第三条道路"与新的理论》,社会科学文献出版社 2000 年版。

[美] 伊曼纽尔·沃勒斯坦:《沃勒斯坦精粹》,黄光耀、洪霞译,南京大学出版社 2003 年版。

余建华:《民族主义:历史遗产与时代风云的交汇》,学林出版社 1999

年版。

于丽华等:《美国透视——美国的婚姻和家庭》,中国社会科学出版社2000年版。

[英]约翰·阿克顿:《自由与权力》,侯健、范亚峰译,商务印书馆2001年版。

[美]约翰·霍普·富兰克林:《美国黑人史》,张冰姿、何田、段志诚、宋以敏译,商务印书馆1988年版。

[英]约翰·格雷:《伯林》,马俊峰、杨彩霞、路日丽译,昆仑出版社1999年版。

[英]约翰·格雷:《自由主义的两张面孔》,顾爱彬、李瑞华译,江苏人民出版社2002年版。

[美]约翰·罗尔斯:《作为公平的正义:正义新论》,姚大志译,上海三联书店2002年版。

[美]约翰·麦克里兰:《西方政治思想史》,彭淮栋译,海南出版社2003年版。

[美]约翰·史丁森、温森特·帕里罗、阿黛思·史丁森:《当代社会问题》,周兵等译,华夏出版社2002年版。

[英]约翰·希克:《信仰的彩虹——与宗教多元主义批评者的对话》,王志成、思竹译,江苏人民出版社2000年版。

[美]约瑟夫·拉彼德、弗里德里希·克拉托赫维尔主编:《文化和认同:国际关系回归理论》,金烨译,浙江人民出版社2003年版。

杨雪冬:《全球化:西方理论前沿》,社会科学文献出版社2002年版。

[法]雅克·阿达:《经济全球化》,何竟等译,中央编译出版社2000年版。

[以色列]耶尔·塔米尔:《自由主义的民族主义》,陶东风译,上海人民出版社2005年版。

俞可平等主编:《全球化的悖论》,中央编译出版社1998年版。

余建华:《民族主义——历史遗产与时代风云交汇》,学林出版社1999年版。

[英]以赛亚·伯林:《自由论》,胡传胜译,译林出版社2003年版。

[英]以赛亚·伯林:《反潮流:观念史论文集》,冯克利译,译林出版社

2003年版。

［英］以赛亚·伯林：《现实感》，潘荣荣、林茂译，译林出版社2004年版。

《云五社会科学大辞典·社会学》，商务印书馆1973年版。

张宝明：《自由神话的终结》，上海三联书店2002年版。

张荐华：《欧洲一体化与欧盟的经济社会政策》，商务印书馆2001年版。

［美］詹姆斯·布坎南、罗杰·D.康格尔顿：《原则政治，而非利益政治——通向非歧视性民主》，张定淮、何志平译，社会科学文献出版社2004年版。

周敏：《唐人街——深具社会经济潜质的华人社区》，鲍霭斌译，商务印书馆1995年版。

周敏：《美国华人社会的变迁》，郭南审译，生活·读书·新知三联书店2006年版。

周晓虹：《西方社会学——历史与体系》第1卷，上海人民出版社2002年版。

周一良、吴于廑主编：《世界通史资料选辑》（近代部分上册），商务印书馆1972年版。

中国社会科学杂志社编：《社会转型：多文化多民族社会》，社会科学文献出版社2000年版。

郑凡等：《传统民族与现代民族国家——民族社会学论纲》，云南大学出版社1997年版。

朱国宏：《中国的海外移民史——一项国际迁移的历史研究》，复旦大学出版社1994年版。

［法］朱利安·班达：《对欧洲民族的讲话》，余碧平译，上海人民出版社2005年版。

朱世达：《当代美国文化与社会》，中国社会科学出版社2000年版。

朱庭光主编：《外国历史大事集》（现代部分第二分册），重庆出版社1989年版。

庄起善：《世界经济新论》，复旦大学出版社2001年版。